中国资产证券化产品投资手册

林华 主编

中信出版集团 | 北京

图书在版编目（CIP）数据

中国资产证券化产品投资手册 / 林华主编 . -- 北京 : 中信出版社 , 2019.10
ISBN 978-7-5217-0973-5

Ⅰ . ①中… Ⅱ . ①林… Ⅲ . ①资产证券化－产品－投资－中国－手册 Ⅳ . ① F832.51-62

中国版本图书馆 CIP 数据核字 (2019) 第 186075 号

中国资产证券化产品投资手册

主　　编：林华
出版发行：中信出版集团股份有限公司（北京市朝阳区惠新东街甲 4 号富盛大厦 2 座　邮编　100029）
承 印 者：北京诚信伟业印刷有限公司
开　　本：787mm × 1092mm　1/16　　印　　张：33.25　　字　　数：292 千字
版　　次：2019 年 10 月第 1 版　　印　　次：2019 年 10 月第 1 次印刷
广告经营许可证：京朝工商广字第 8087 号
书　　号：ISBN 978-7-5217-0973-5
定　　价：118.00 元

中国资产证券化产品投资手册

主　　编：林　华

副 主 编：庞　阳　刘蕾蕾　许余洁

参与作者：尚海金　毛惠中　吴飞龙　郁冰峰

陈文婧　陈芸璐　许　楠　蒋莉薇

序一

近年来，随着我国经济增长步入"新常态"，经济发展的三期——增长速度换挡期、结构调整阵痛期、前期刺激政策消化期——叠加效应开始显现，出现速度变化、结构优化、动力转换的特征。虽然宏观经济基本面向好，但经济运行风险和结构性矛盾仍然凸显，全面深化改革、加快转型升级是现阶段经济运行的一大主题。

资产证券化作为国内市场近年来兴起的一种新型金融工具，是解决我国存量资产流动性不足问题的有效途径。产品的创新试点如雨后春笋般涌现，监管层的引导为业务的发展描绘了路径，参与主体的积极参与为业务的发展注入了活力。然而，与发达经济体相比，我国的资产证券化业务的发展尚属早期，投资端的需求尚未得到充分发掘。以产品带动投资的模式虽然在现阶段取得了一定的成绩，但产品投资发展的先天不足必然会导致业务持续推进乏力，而提升资产证券化业务的投资需求，完善资产证券化产品的投资者结构，是促进业务发展的应有之义。国内资产证券化产品的投资与交易，正是这本书的主题。

美国资产证券化主要是将基础资产转到特殊目的载体（Special Purpose Vehicle，简写为SPV）项下，按不同的现金流对基础资产进行细分，再销售给不同的投资者以满足差异性需求。美国的资产证券化经过长时间的实践，各金融主体之间、金融主体与监管之间的会计、税收等制度设计均已十分完善。国内关于资产证券化的研究已经进行了很长时间，近年来也有长足的进步，但是有两个重要的问题值得重视，那就是在经济"新常态"，特别是供给侧结构性改革的背景下，金融业应该如何对资产证券化业务进行正确的定位，国内资产证券化业务应该如何实现进一步的创新发展。个人认为，金融机构在根据改革总体要求进行产品创新以满足社会需求的时候，要特别注意“稳”字当头，重视对产品的完善。

首先，应该对基础资产进行实质性的隔离，不能完全按照现金流的方式考核资产证券化交易，因为证券化的资产体现在银行报表和体现在机构报表上是有差异的。

其次，在“三去一降一补”的提质增效背景下，2019 年的市场环境还有一个新的变化，即央行要求“稳健性”。比如，自 2017 年一季度开始的 MPA（Macro Prudential Assessment，宏观审慎评估）考核，央行制定的“大资管统一监管新规”，正是对银、证、保机构的表内表外变化以及资产的进出表进行的监督和管理。在这种情况下，不同的金融机构应该如何开展资产证券化业务值得思考。

最后，要有正确的服务意识。在 2017 年的两会上，《政府工作报告》提出，要让“金融机构的重心下沉，突出主业”，非常值得金融从业人员反思。上到机构高层，下到基层人员，只有先在理念上树立起对金融产品及其所发挥的服务作用的正确认识，才能真正掌握进而向社会进行更好的推广。特别是在业务前台，如果对金融与经济发展的关系没有正确的理解，不知道两者为什么要更好地融合，就无法提升服务意识与服务质量。

此外，市场上有一种观点认为，当前大环境的变化增加了金融机构开展业务的难度。这种观点无非是要求金融机构控制增长规模。但这种变化不仅符合企业自身的实际情况，也符合 2019 年的“三去一降一补”任务。仅从机构角度出发，认为其目的是要金融机构控制规模扩张、降低发展速度，是过于片面的理解。我认为，金融机构对整个宏观形势和经济发展的判断与研究还不够，对如何才能完成经济结构调整的研究也不够细化。比如，面对与创新发展有关的市场环境和企业诉求之间的矛盾，金融机构应该如何处理？面对绿色金融、普惠金融、中小微金融等创新难题，金融机构如何判断其行为和经营方式在当前的经济环境中是否能够跟上发展和改革的脚步，踩准“五大任务”的关键点？金融机构在处理不良资产的过程中，要首先反思业务最初是如何达成的，今后如何避免这种风险。在处理“僵尸企业”、去杠杆、去库存的时候，要反思应该如何平衡各方利益。对中小型金融机构来说，在当前以债权融资为主要经营方式的市场环境下，要认识到什么才是合理的创新。

总之，不发生系统性金融风险是整个金融行业的底线，也是中国资产证券化市场长期发展的底线。资产证券化是中国金融市场发展的选择，我们要将资产证券化放在整个金融行业来进行全面、系统的思考。资产证券化作为金融资源的一种有效配置，能够更好地支持我国实体经济的发展和经济结构的转型。同时，市场的发展需要周密的市场基础设施顶层设计，也需要市场各参与机构的成长和竞争力的不断提升。

防范化解金融风险特别是系统性金融风险，是金融工作的根本性任务。站在资产证券化市场的角度来看，推动资产证券化产品的透明化，加强信息披露，让市场投资者和参与主体可以准确计量现金流，用大数据预测早偿和违约，可以使市场有共识，监管看得清，在市场发展的同时有效控制风险。这本书的核心是投资，我国的资产证券化产品持有至到期，定价交易不活跃，主要是因为在现金流计算方法和折现率上没有达成共识，这本书将促进这个共识的达成。因此，我很高兴看到林华在资产证券化领域再著新书。作为一本系统而务实的投资手册，该书为资产证券化市场的从业者、监管机构从业者及理论研究人员提供了很好的参考。

蔡鄂生

从目前市场来看，无论是金融机构还是非金融机构，对资产证券化本身都有很强烈的需求，并且国内资产证券化的发展模式与十多年前已经有所不同。过去的资产证券化主要由投行和产品设计驱动（即卖方驱动，满足融资主体的需求），而对投资者的需求一直不够重视。单方面关注融资者需求，对资产证券化市场的长足、健康发展形成了一定的约束。这本书从投资者角度来介绍我国资产证券化市场的发展。由“产品驱动”向“投资驱动”转型，是我国资产证券化市场发展的必然趋势。试图把握这一转变和趋势的读者（尤其是买方人员），不妨好好读一下这本书。

多年来，我一直从保险资金的角度关注和参与中国资产证券化的建设，保险机构从卖方和买方两个维度参与了市场的运行。保险机构是市场的重要机构投资者，投资信贷资产证券化产品和其他资产证券化产品。同时，保险资产管理机构也可以从产品创新点切入，通过资产证券化为市场的产品创新做出积极的贡献。

从近年来的监管政策看，监管部门一直持开放态度，资产证券化融资方面的政策正在不断完善。例如，2013 年 8 月，中国保监会颁布《关于保险业支持经济结构调整和转型升级的指导意见》，鼓励保险公司充分发挥机构投资者作用和资金融通功能，积极探索服务实体经济的新模式，其中提到“支持保险资金参与信贷资产证券化，盘活存量金融资产，优化金融配置”。在此之前，保监会已明确指出，允许保险资金投资信贷资产证券化产品，允许保险资产管理公司开展资产支持计划发行试点，这是一个突破。2015 年 8 月，保监会颁布《资产支持计划业务管理暂行办法》，保险资产证券化得以启动。该办法规定，施行基础资产的负面清单制，同时放开一些条件，允许产品在资产交易平台上直接发行、登记。2018 年，中国银保监会发布《关于进一步做好信贷工作提升服务实体经济质效的通知》，明确指出，加快推动“僵尸企业”出清，释放、转移沉淀在限控领域和低效项目的存量资金，腾出信贷空间，投向支持类领域和项目，积极运用资产证券化和信贷资产转让等方式，盘活存量资产，提高资金配置和使用效率。这些政策对中国资产证券化市场的发展提供了很大支持。

从国际资产证券化的发展来看，保险资金一直是证券化产品的主要投资者。根据美国保险监督官协会（National Association of Insurance Commissioners，简写为 NAIC）的数据，2012 年年底，美国保险业持有的美国资产证券化存量占市场总量的 11.8%。同时，美联储的数据显示，联邦机构发行的资产证券化产品一直占 10% 左右，若加上私营资产证券化产品，则美国寿险投资的资产证券化产品占比在 2012 年达到 22%。

从我国保险资产管理业的发展看，保险资金作为重要的机构投资者，对我国实体经济、金融市场、民生建设发挥着“稳定器”和“助推器”的积极作用。从资金体量看，截至 2019 年 6 月末，保险资金余额为 17.37 万亿元，较年初增长 5.85%。保险资金运用呈多元化配置的稳健状态：在存款市场，保险资金的银行存款达 2.63 万亿元（占比为 15.16%），且主要为中长期存款，是银行中长期信贷的重要资金供给方；在债券市场，保险机构是第三大机构投资者，目前配置各类债券 5.98 万亿元（占比为 34.45%），涵盖国债、金融债、企业债及各类融资券和票据等金融工具；在公募基金市场，保险资金是最大的机构投资者之一，目前投资各类基金余额约 8 900 亿元；在股票市场，保险机构是第二大机构投资者，持有二级市场股票余额达 1.30 万亿元，且多以大盘蓝筹股为主，持有期限较长，偏好长期投资和价值投资，较少发生高频交易行为；在另类投资市场，保险机构的私募债权、股权、基金、信托等投资余额已超过 6 万亿元，成为实体经济重要的长期资金提供者。中国保险资产管理业协会公布的数据显示，截至 2019 年 6 月底，保险资产管理公司累计发起设立各类债权、股权投资计划 1 161 项，合计备案（注册）规模 26 982.88 亿元；累计注册保险私募基金 20 只，合计规模 1 613.10 亿元；累计注册（备案）资产支持计划50只，注册规模1 675亿元。从上面一系列数字可以看出，保险资金投资资产证券化产品的未来空间十分广阔。

经过十余年的发展，我国资产证券化市场的规模在不断扩大，基本涵盖了银行的信贷资产、小额贷款资产、应收债款、租赁资产、信托资产等。最近几年，大家开始对不良资产（特别是银行不良资产）这一特殊的资产给予高度关注。2019 年 6 月末，银行不良贷款达 2.24 万亿元，不良率为 1.81%。处置这类不良资产，是维护金融安全、保持金融稳健运行的重要环节。同时，非银不良资产也有上升趋势。这些不良资产的处置为中国未来资产证券化市场的发展提供了重要机会。2008 年以前，三次银行不良资产的处置，主要采用剥离的方式，未来将逐渐走向通过市场化的方式处置这种不良资产，这可能给资产证券化市场带来新的变化。

此外，从市场调研的情况看，不良资产处置、不良资产的处置业务收益，与成本的控制和处置的周期有直接的关系，行业收益率通常在 10% 以上。国有四大资产管理公司商业化资产的收益率基本稳定在 15% 左右，有些可能为 12%~18%。在当前利率趋降的背景下，这一收益率水平对市场投资者具有一定吸引力，也将为机构投资者参与资产证券化提供一个很好的选择。当然，对于各类机构投资者而言，必须坚持在风险可控的前提下，参与不良资产的处置。总体来看，市场对中国资产证券化市场的发展有较强的信心，我们也希望通过保险业与其他行业的共同努力，推动中国资产证券化市场不断走向成熟。

看到林华在资产证券化领域又出版了一本新书，我非常高兴。希望这本系统而务实的投资手册能够推动中国资产证券化市场投资领域的蓬勃发展。

曹德云

前言

自2014年以来的短短5年内，中国已发行资产证券化产品3 300单以上，累计发行规模超过6.6万亿元，存量高达3万亿。[①]我个人认为，在市场规模急剧扩大的这些年，中国资产证券化市场走向成熟和标准化。

首先，中国资产证券化产品的基础资产类别已经基本确立，涵盖企业贷款、个人汽车贷款、个人消费贷款、个人住房抵押贷款、不良资产重组、收费收益权、应收账款、REITs（房地产投资信托基金）、商业地产抵押贷款、融资租赁等20余个基础资产类别，形成各自独特的现金流形态，基于基础资产创新而产生的新现金流形态（首单）出现的频率越来越低。

其次，在业务流程方面，产品的交易结构、内外部增信、证券分层已经确定，基础资产筛选、证券评级、产品发行已经标准化，依据主观判断的余地越来越小。

最后，随着市场的成熟，监管越来越到位。从2005年的《金融机构信贷资产证券化试点监督管理办法》开始，银保监会、证监会、中基协（中国证券投资基金业协会的简称）、上交所、深交所等监管监督部门，共计发布40余个关于资产证券化（试行）的工作办法、细则、说明、问答、指引，涉及信息披露、挂牌条件、尽职调查等资产证券化的各个业务流程，强有力地推动了中国资产证券化走向成熟和标准化。

此外，中国资产证券化近年来产生了一些新的变化。

① 统计数据截至2019年7月28日。

第一，随着发行规模的扩大、存续时间的延长、底层资产类别的丰富、发行主体范围的增加以及风险与收益的逐渐分化，中国资产证券化的各类风险事件陆续出现，风险事件的起因涵盖“行业不景气导致基础资产现金流减小”“基础资产逾期削弱信用支撑”“可供循环购买资产小于循环购买金额”“基础资产现金流归集不足触发差额支付”“专项资金被转出监管账户”“对未来现金流预测过于乐观”等。这些风险事件，既有导致提前赎回产品、评级下降、产品提前终止的，也有构成实质违约的。

第二，为了更好地把控产品风险，增加中间业务收入，银行类金融机构开始采用“投行－投资业务联动”的模式，通过资金优势，主动介入基础资产筛选和产品发行，使资产证券化产品的发行由“融资驱动”向“投资驱动”转变。

第三，资产证券化产品的投资模式开始多样化，二级市场逐渐活跃，开始发挥市场定价、市场反馈的作用。近些年来，市场出现了德邦－CNABS 消费金融指数、夹层基金、次级投资、质押回购，以及刚推出的信用保护合约等投资模式或产品，说明投资机构不再将资产支持证券简单地持有至到期。直接的证据是，累计发行量仅有 3 537 亿的资产支持票据（Asset Backed Notes，简写为 ABN）的二级市场交易规模累计达 913 亿元，二级市场的交易比例高达 25%。另外，仅在 2019 年 7 月，银保监会的资产支持证券二级市场交易规模突破 700 亿元，单月增长近 100%。

随着风险与收益的分化、由“融资驱动”到“投资驱动”产品的发行、投资模式的更加丰富，投资者关于中国资产证券化的方法论和世界观发生改变。资产证券化在美国已经有几十年的历史，这几十年的投资经验对中国大有裨益。但是，美国这几十年的历史并不能完全适应中国市场，中国资产证券化市场有自己的独特之处和处理方式。比如，在个人汽车贷款方面，美国的个人汽车贷款是由汽车金融公司发行的，其基础资产包括多种汽车品牌的贷款，而中国的个人汽车贷款仅包含某个汽车品牌或公司的贷款，所以中国的个人汽车贷款或多或少都包含了该汽车品牌的主体信用。收费收益权类资产证券化产品，在中国的累计发行规模超过 2 500 亿元，而在美国是不存在该类产品的。在中国资产证券化产品（特别是企业资产支持证券）中，担保人、差额支付人等外部增信是很常见的，这在美国的资产支持证券中则很罕见。正是这些独特之处和处理方式，使中国资产证券化市场走向成熟，也使我们不能完全借鉴美国资产证券化的投资经验，而应该取其精华。

基于这样的考量，本书立足于中国资产证券化市场，融合了国外的发展经验，介绍了中国资产证券化市场的发展情况、发展趋势和投资环境。在资产证券化产品量化投资的理论知识的基础上，结合中国实践经验，介绍了中国资产证券化估值定价方法和投资分析理论框架。最后，分别介绍了中国各类资产证券化产品的风险特征，并对我国资产证券化投资市场提出几点建议。

本书是中国资产证券化系列图书中继《金融新格局：资产证券化的突破与创新》、《PPP与资产证券化》、《全球REITs投资手册》、《中国资产证券化操作手册》（上下）和《FinTech与资产证券化》之后，第一部从投资角度介绍中国资产证券化的著作。本书的发行也意味着中国资产证券化系列图书正式完成了“海外经验”—“产品发行”—“资产创新”—“投资定价”的闭环。

最后，要特别感谢庞阳先生，他治学严谨、学识渊博、视野广阔，为中国资产证券化市场的发展做出了不少突出贡献，也为本书的出版付出了巨大心血。同时还要感谢许余洁博士、尚海金女士、毛惠中女士、吴飞龙博士以及蒋莉薇女士，他们辛苦撰写稿件，加班加点地修改。也要感谢资产证券化市场中的各位同行，为本书的出版提供了宝贵的意见。希望本书的出版能帮助读者构建中国资产证券化产品投资的理论框架，促进中国资产证券化市场的蓬勃发展。

林华

目录

第一章

我国资产证券化市场必然走向投资者驱动模式

活跃有序的资产证券化市场是控制系统性金融风险的有效工具，投资端驱动则是建立活跃有序的资产证券化市场的关键。不发生系统性金融风险是整个金融行业的底线，也是中国资产证券化市场长期发展的底线。本书的一个核心观点是，经过十多年的发展，由“产品驱动”向“投资驱动”的转型是我国资产证券化市场发展的必然趋势。

在本章第一节中，我们首先总结了近30年来全球系统性金融风险形成的过程，并分析资产证券化市场对防范与化解系统性金融风险的作用。国外经验教训表明，有效的金融系统负反馈机制需要两个条件：理性的定价和活跃的二级市场交易。只有基于理性的定价，活跃的二级市场才能形成有效的负反馈机制，如果市场定价是完全非理性的，那么就会形成泡沫。第二节则描述了我国资产证券化市场的整体情况。在现实中，在我国资产证券化市场规模快速增长的背景下，资产证券化产品的基础资产、交易结构创新迭出。但是，迄今为止，推动市场发展的主要驱动力来自卖方，即原始权益人、发起人，买方投资者的影响较小。第三节指出，随着我国资产证券化产品的不断丰富和多元化，市场对产品结构设计、评级定价方法、信息披露标准、二级市场交易等方面的诉求不断提升，市场由卖方产品驱动模式转为投资者驱动模式有了极大的可能性和必然性。多方面因素已经表明，我国资产证券化市场的转型势在必行。

第一节　系统性金融风险和资产证券化

在回顾金融危机的根源以及资产证券化市场在金融危机中起到何种作用的同时，我们不妨在此先提出两个问题。

为何还会出现系统性金融风险

过去30年来，信息技术在金融领域的应用越来越广泛，金融风险管理的理念和技术不断提高，金融监管标准越来越严格。在此背景下，为什么还会出现系统性金融风险？

金融服务在过去30年积聚在越来越少的金融机构中。图1.1显示，1991—2009年，美国GDP（国内生产总值）增长了4倍多，信贷规模和GDP基本上保持同步增长。图1.2显示，同期美国商业银行的数量不断减少，从20世纪80年代中期的15 000多家缩减为现在的不足5 000家，而且数量减少的趋势仍在延续。不仅是商业银行，其他金融机构的数量也在减少，越来越多的金融服务积聚在越来越少的金融机构中。

图1.1　1991—2009年美国GDP走势图

注：美国GDP经季节性调整后按年率计算。

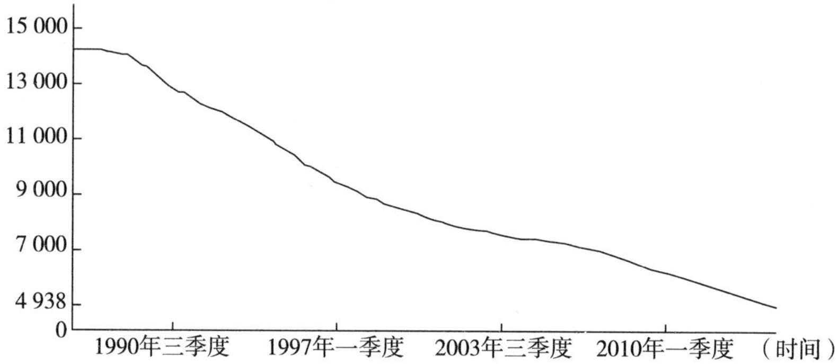

图 1.2 美国商业银行的数量（自 20 世纪 80 年代中期至今）

商业银行数量减少的趋势与新的风险管理理念以及新的监管规则密不可分。20 世纪 90 年代之前，美国的金融机构属于分业经营，商业银行不可以跨州运营，每个州都有自己的商业银行，此时金融风险具有较大的区域性，这造就了传统的风险管理理念——风险隔离。

例如，假定有 100 家银行和 100 家独立（违约风险不相关）的企业，每家银行为一家企业提供贷款。当少数企业违约时，对应的少量银行将破产，绝大多数银行会存活。一般认为，风险隔离是非常有效的系统性风险防范措施。

风险分散则是与风险隔离完全相反的风险管理原则。沿用前面的例子，在风险分散的原则下，每家独立企业的信贷需求将被平均分摊给 100 家银行，每家银行承担 100 家独立企业（即整个信贷市场）信贷风险的一小部分。假定每家企业的风险不变，且违约风险仍然不相关，那么当独立企业数量不断增多时，每家银行的破产风险几乎可以忽略不计。这似乎是非常完美的风险管理策略。因此，20 世纪 90 年代以后，不仅是商业银行，投行、保险、对冲基金等金融机构及所有的机构投资者，都遵循风险分散原则，监管机构也将风险分散原则定为全球风险管理的标准。

风险分散原则对大型金融机构有利。机构的资产规模越大，越容易实现风险分散，风险成本越低，机构就越有竞争优势。20 世纪 90 年代以后，美国金融机构实现混业经营，商业银行可以跨州运作。信贷衍生品是在这个时期诞生的。通过信贷衍生品，金融机构可以将超额的信用风险转移出去，将缺少的风险转移进来，从而更容易实现风险分散。通过信贷衍生品，全球大型金融机构拥有理论上最分散的风险。

当风险分散执行到极致时，每个机构的风险是完全一样的，最终留下的都是相同的系统性风险。风险分散使单一金融机构的风险大大降低，然而新的系统性金融风险也由此形成。这是因为，风险分散原则隐含了一个重要的静态假定，即当风险隔离转化为风险分散时，在金融机构不断增加杠杆的过程中，基础资产的风险特征不变，且违约风险仍不相关，然而这个假定实际上并不成立。首先，落实风险分散原则后，绝大多数金融机构不再完全自持风险，而将部分风险转移出去，因此信贷审核及发放标准降低。其次，风险分散理念实施后，金融机构自认为风险降低，从而不断加大杠杆，这导致市场上资金增多，贷款成本下降，增量资金会追逐更高风险的资产。风险分散在导致金融机构风险同质化的同时，也间接导致基础资产风险关联度的提高。

因此，在过去 30 多年的全球金融市场上，风险管理理念借助信息技术，从传统的风险隔离转变为现在的风险分散原则。在大幅度降低单个金融机构风险的同时，形成了新的系统性风险。由于基础资产的总风险在过程中日益增加，金融机构的杠杆不断加大，金融机构的实际风险远高于理论预期，而且金融机构趋于同质化。这就是系统性金融风险的根源。

值得一提的是，混业经营、风险分散以及相关的金融创新，降低了实体经济的融资成本，提高了融资效率，是过去几十年中发达国家经济发展的重要推动力之一。因此，风险管理原则不可能也不应该退回到传统的风险隔离原则，我们需要建立一套新的系统性风险防范体系。

实际上，美国的资产证券化行业是在新风险管理理念形成的这段时期快速发展起来的。如图 1.3 所示，美国资产证券化市场从 20 世纪 80 年代到金融危机爆发前夕维持着超高速增长，尤其在 20 世纪 80 年代至 20 世纪 90 年代初期，美国资产证券化市场存量及其在债券市场存量中的份额占比快速增加，20 世纪 90 年代中期至今，美国资产证券化市场存量在债券市场存量中的份额占比一直稳定在 40% ~ 45%。

回顾美国资产证券化市场的发展，我们自然而然地提出第二个问题。

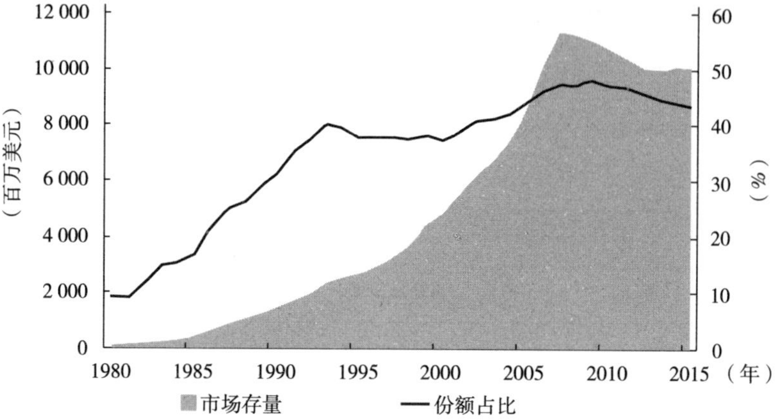

图 1.3　美国资产证券化市场存量（自 20 世纪 90 年代至今）

资产证券化是系统性金融风险的根源吗

资产证券化市场是在新的监管环境下成长起来的，风险分散是资产证券化资产池筛选优化的基本原则，次贷资产证券化是引发全球金融危机的导火索。资产证券化市场是新环境下系统性金融风险的根源吗？

我们认为资产证券化并非系统性金融风险的根源，也并非全球金融危机爆发的主要因素，原因有 3 个。

第一，在全球金融机构规模日益壮大、金融风险同质化程度走高的背景下，资产证券化提供了一种全新的风险隔离机制。首先，资产证券化通过将基础资产“真实出售”给特殊目的载体[①]（Special Purpose Vehicle，简写为 SPV），实现对发行人破产风险的隔离。其次，作为结构化融资的一种，资产证券化基础资产的筛选原则之一就是不同种类资产不能混同。资产证券化在风险分散原则下得出以下结论：证券化基础资产要同质化，基础资产违约风险要分散。所以，如图 1.4 所示，基础资产不同的车贷、房贷、信用卡不能混在一起，但需要把区域、群体不同的车贷、房贷、信用卡分别组合，在同质化资

① 特殊目的载体又称特定目的载体。

产中实现风险分散。因此，资产证券化的风险隔离机制对控制系统性金融风险具有实质益处。

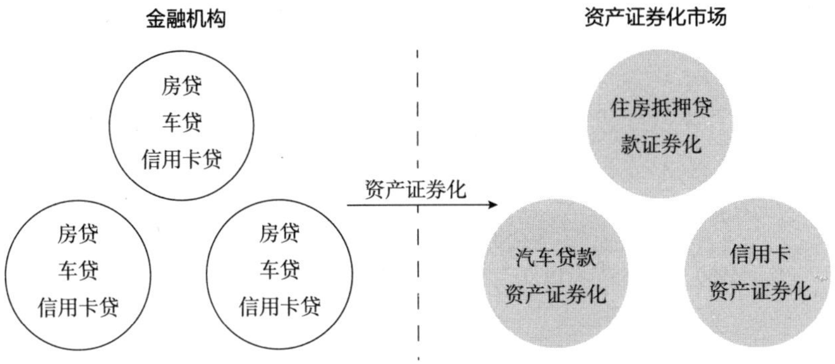

图 1.4　资产证券化的风险隔离机制

高杠杆和金融机构风险同质化是系统性金融风险的根源，剖析金融风险需要正确理解金融杠杆。提到杠杆，我们通常会联想到图 1.5 所示的自然科学中的力学杠杆，这类杠杆从自然科学角度来说是可控且稳定的。金融杠杆却是完全不一样的概念，由于金融市场是动态系统，金融杠杆更像放大线路与核裂变连锁反应（见图 1.6），这两类体系在本质上就是不稳定的。

图 1.5　自然科学中的力学杠杆

第二，资产证券化市场对资本市场可以起到负反馈作用，可以抑制泡沫的形成。商业银行在金融体系中的作用相当于电子线路中的放大器，其他金融机构在不同程度上也有放大器的作用。简单的放大器在电子线路中是不稳定的，要维持放大器的稳定就需要引入负反馈机

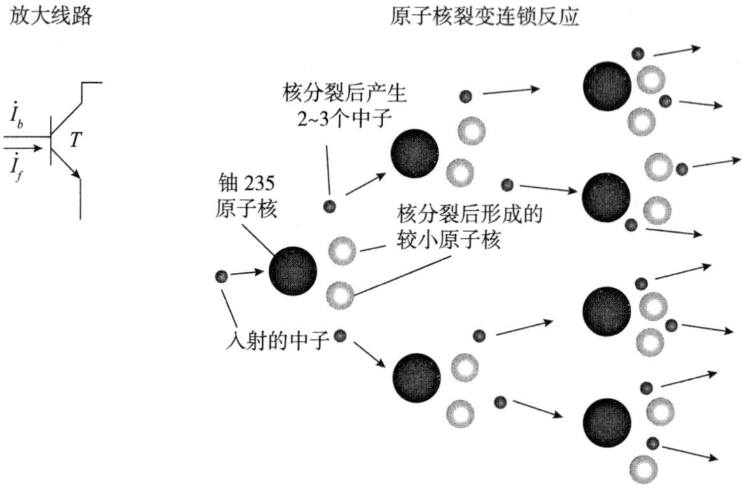

图 1.6　放大线路与核裂变连锁反应

制，如图 1.7 所示的灰色方块。负反馈机制是电子线路稳定的基本要素，也是很多动态系统保持稳定的必要条件。

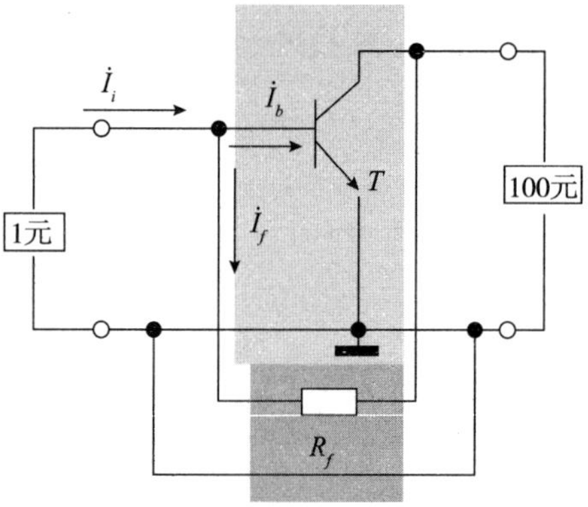

图 1.7　负反馈机制

在金融体系这个动态系统中，基于理性定价的活跃的二级市场可以形成一种负反馈机制。因此，形成有效的金融系统负反馈机制需要两个条件：一是理性的定价，二是活跃的二级市场交易。只有基于理性的定价，活跃的二级市场才能形成有效的负反馈机制，如果市场定价是完全不理性的，那么就会形成泡沫。

资产证券化产品严格按照未来现金流折现定价，因此与其他金融产品相比，其定价是理性的。流通性较差的资产通过证券化的方式，扭转成流通性较好的证券，再通过二级市场交易，形成良性的负反馈机制，这对防范系统性金融风险是有益的。

图 1.8 展示了资产证券化产品的理性定价流程。首先，CNABS（中国资产证券化分析网）实时统计各类基础资产的年化违约率和早偿率。若该证券在二级市场交易，则该产品发行至今的实际年化违约率也会纳入统计——可获取的信息越多，基础资产的对应参数越可靠，证券现金流的预测就越精确。其次，基于基础资产的风险参数预测资产端的现金流，并结合产品的偿付模型，预测各证券的现金流偿付顺序及金额。最后，CNABS 基于一级市场发行和二级市场实时交易数据，构建了针对各细分市场中各评级证券的收益率曲线，结合预测现金流便可获得资产证券化产品的理性定价。随着我国资产证券化行业信息

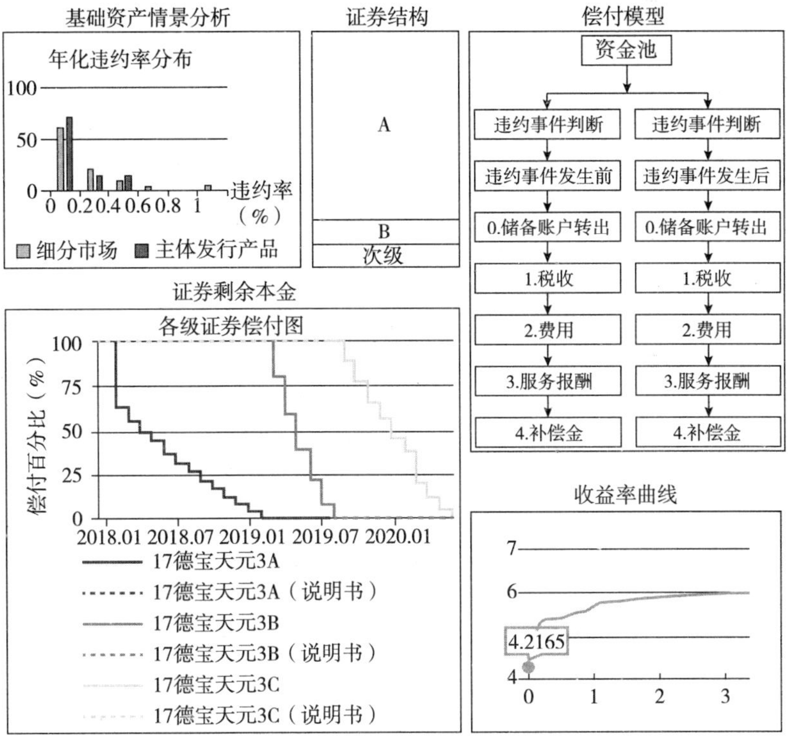

图 1.8　资产证券化产品的理性定价流程

披露的标准化与规范化，越来越多的资产证券化产品可以被理性地估值定价。

很多人认为次贷危机是突发事件，不可预测。其实，次贷危机是可以预见的。图 1.9 是 20 世纪 90 年代至今美国房贷的整体违约率，直到金融危机发生前的几个月，美国房贷违约率都处在下降通道中，并在 2007 年夏天达到最低点。仅通过分析整体违约率数据得出的结论或许是，金融危机根本不会发生，但仔细查看次贷市场的统计数据，就会发现这场危机早有端倪。图 1.10 展示了 2004—2007 年美国的次贷累计违约率。市场参与者即使在 2004 年不清楚次贷风险，到 2005 年就应该清楚了。2006 年，次贷风险已经非常明显，到 2007 年年初，次贷风险已经十分严重。事实上，在次贷危机爆发前，不少投行、对冲基金通过量化分析，决定大规模做空次贷，从而在之后的危机中避免自身的损失，但绝大多数投资者仍被动地依赖公开评级做投

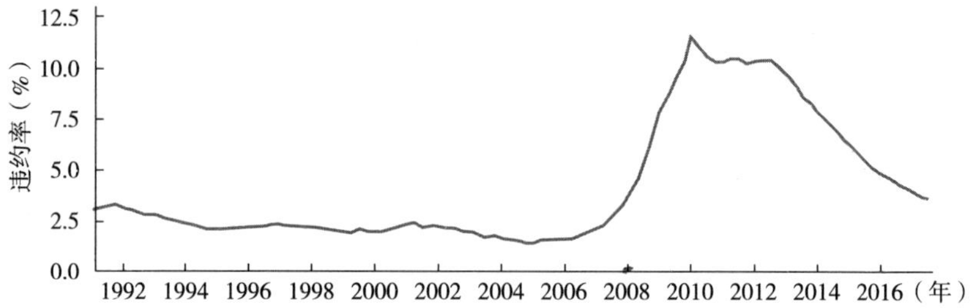

图 1.9 20 世纪 90 年代至今美国房贷的整体违约率

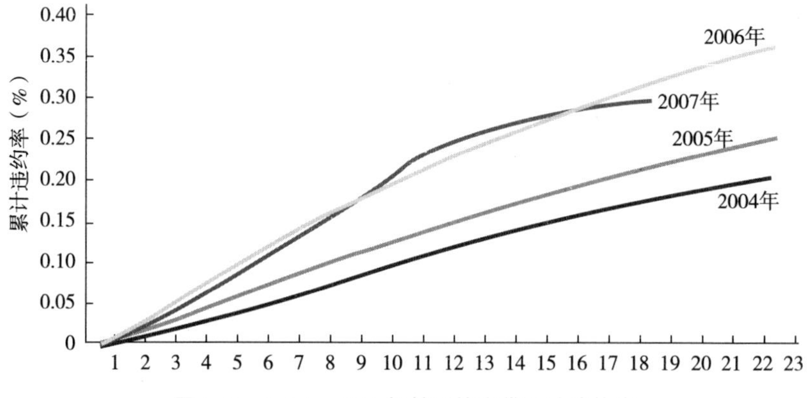

图 1.10 2004—2007 年美国的次贷累计违约率

资决策。如果当时市场是由投资者驱动的，且投资者能够有效地利用分析工具，对资产证券化产品进行独立分析，那么次贷危机便不会发生。在次贷危机中，美国投资者驱动的这一负反馈机制的作用没有得到有效发挥。如果投资者时刻关注基础资产的表现，次贷产品在2005年、2006年就很难卖出，二级市场将向金融市场发出负反馈信号。

第三，资产证券化市场是化解系统性金融风险的有效控制棒。金融杠杆像需要负反馈机制的放大器，其工作原理与图1.11所示的原子核裂变的连锁反应类似。铀235堆积到一定量就会触发连锁反应，这就是图1.12（a）中原子弹爆炸的基本原理，同理，金融杠杆累积到一定程度，灾难性的金融危机就会爆发。然而，核反应也有可控的机制，如图1.12（b）所示，在核裂变连锁反应中插入控制棒，就可以控制连锁反应的速度，不可控的核爆炸就变成了可控的核电站。

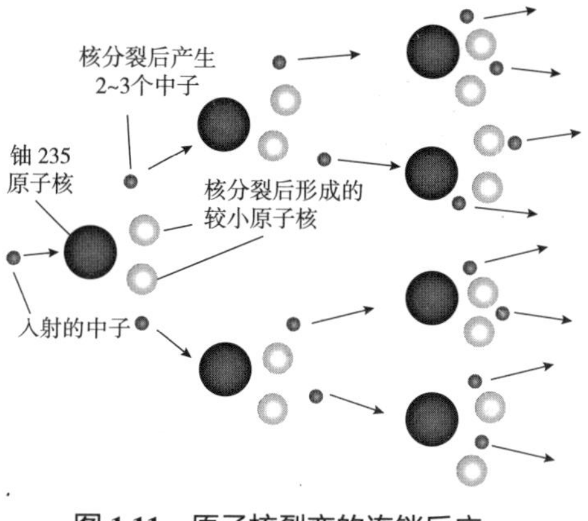

图1.11　原子核裂变的连锁反应

（a）原子弹爆炸

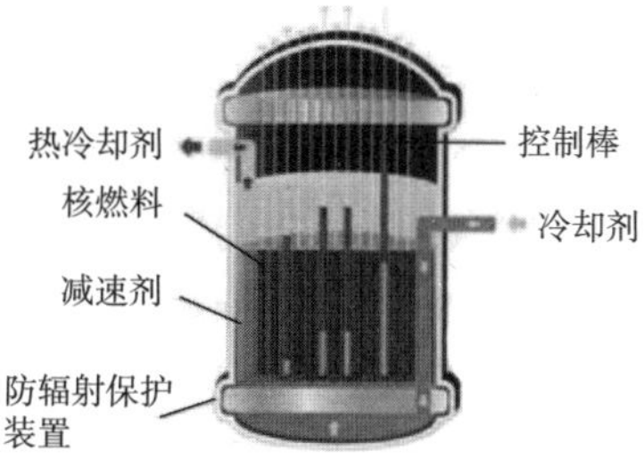

（b）可控核电站

图1.12　原子弹爆炸与可控核电站

全球金融危机源于美国的房地产泡沫，危机爆发后，美联储化解金融危机的主要手段是量化宽松，即通过购买金融资产给市场注资。美国在量化宽松政策中购买的三大类资产，分别是美国国库券、美国房贷资产证券化产品以及两房债券。如果美国没有成熟且规模大的房贷资产证券化市场，那么全球金融危机的持续时间会更长，化解难度会更大。美国监管部门以房贷资产证券化为调控手段，精准救市。房贷资产证券化在整个金融市场中起到的作用类似于核反应堆中控制棒的作用。在泡沫破裂后的连锁反应中，金融体系需要一个可操纵的抓手。如果没有资产证券化，那么就少了一个关键的抓手，缺少了连锁反应中的控制棒。试想，在金融危机发生时，美联储只把钱发给金融机构，通过金融机构将钱流到实体经济，这样传输效率会很低，而且往往流不到实体经济。美国金融危机后的资产证券化如图 1.13 所示。在全球金融危机中，美国高收益债的违约率不高，具体如图 1.14 所示。美国贷款抵押债券（Collateralized Loan Obligations，简写为 CLO）的现金流如图 1.15 所示，在金融危机中，贷款抵押债券为美国企业雪中送炭。金融危机前后，美国贷款抵押债券的本金覆盖率和加权平均利差如图 1.16 所示。

因此，资产证券化不是系统性金融风险的根源，而是有效控制系统性金融风险的工具。首先，不同类型的资产形成不同的资产证券化

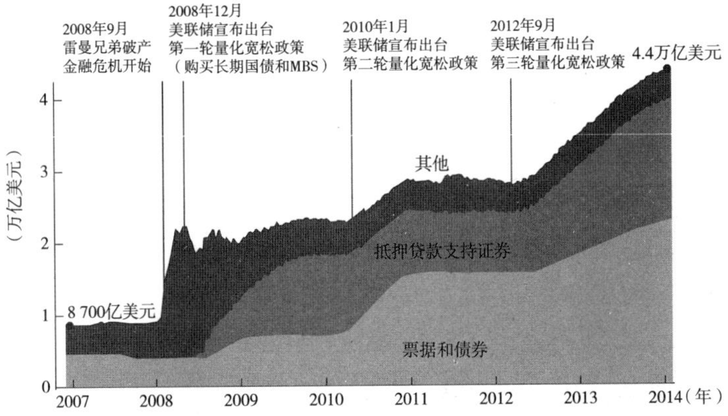

图 1.13　美国金融危机后的资产证券化

资料来源：美国联邦储备系统理事会。

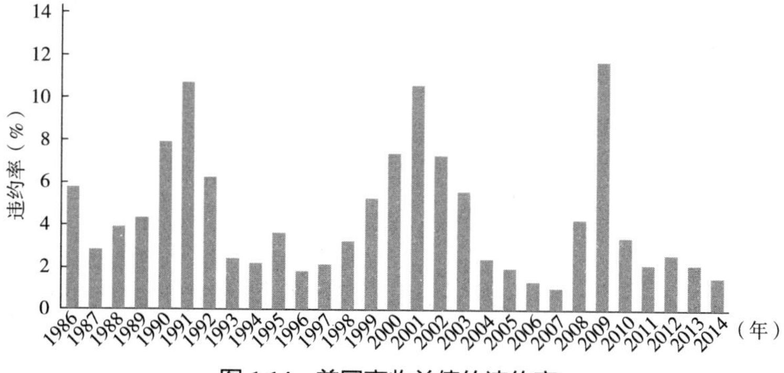

图 1.14　美国高收益债的违约率

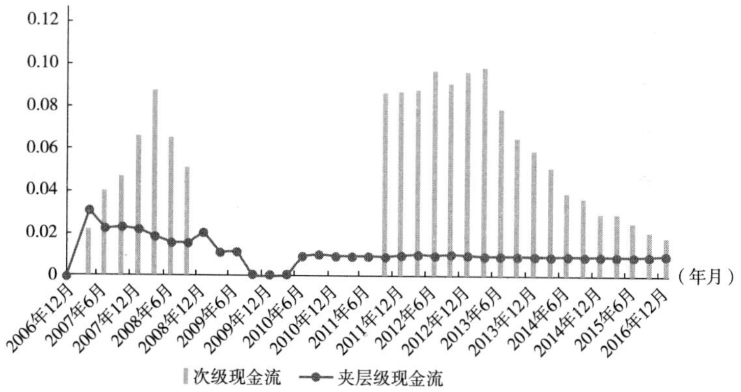

图 1.15　美国贷款抵押债券的现金流

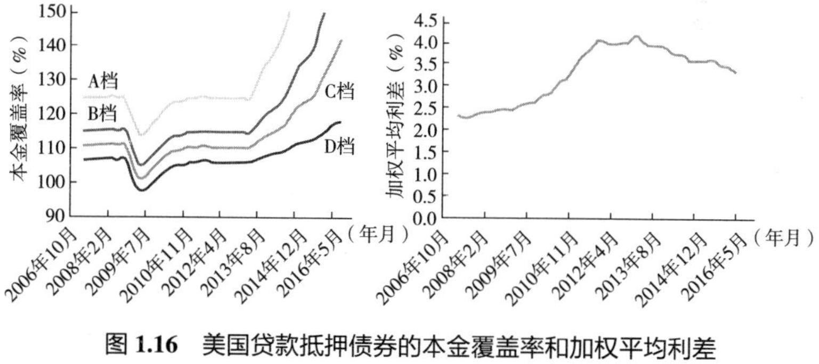

图 1.16　美国贷款抵押债券的本金覆盖率和加权平均利差

产品，使资产证券化自然而然地产生了风险隔离。其次，流通性较差的基础资产通过证券化变为可交易的、流通性较好的金融资产，如果拥有合理的定价机制以及活跃的二级市场，那么资产证券化将成为金融系统中十分有效的负反馈渠道，可以减少金融风险的扩大，抑制泡沫的形成。最后，一旦金融危机发生，活跃有序且规模充足的资产证券化市场可以是化解系统性金融风险的有效控制棒，前提是能够把资产证券化市场做大做好。

第二节　我国资产证券化市场的整体表现

我国资产证券化市场从试点迈向正式的市场化是从 2015 年开始的。2012—2013 年，基础资产类别较少，在 2014 年年底注册制实施之前，我国资产证券化市场处于试点阶段，但是基础资产的类别在短期内增加了很多。2015 年，中国资产证券化市场迅速发展，基础资产类别增多，比图 1.17 中纵轴列出的多（由于版面限制，只展示了部分类别）。图 1.17 总结了在各维度上发生问题的产品数量占发行总量的比例。

图 1.17 中的灰色（代表绿色）区域说明，在对应年份发行的这类资产没有出现任何问题，包括主体、基础资产、产品、触发事件、评级下调等。从图 1.17 中，我们可以看到大多数发行年份中的大多数资产是没有问题的，仅有少量的资产有问题或者出现过比例较高的问题。

在 2014 年发行的收费收益权类产品中，超过 20% 的产品存在一些问题。但随着时间的推移，从 2015 年到 2017 年，问题逐渐减少。当然，这里可以部分归因于问题需要一定的时间才出现，但是收费收益权整体期限并不长，所以可以确定，2017 年和 2018 年发行的收费收益权类产品的质量要优于 2014 年和 2015 年发行的产品。这意味着，在整个市场，监管对不同资产的要求以及判断好资产的标准，是随着市场发行量的增加而大幅提升的。

从图 1.17 中也可以看到，2015 年约有 13% 的融资租赁产品是有问题的，但是到 2016 年，比例下降了很多，2017 年继续有所改善。因此，随着整个市场规模的增大，出现问题的可能性是越来越低的。这是一个市场健康成长的表现。

	2012年	2013年	2014年	2015年	2016年	2017年	2018年	2019年
企业贷款	0.00%	0.00%	2.00%	0.00%	0.00%	0.00%	0.00%	0.00%
专项信贷		0.00%	0.00%					
个人汽车贷款	0.00%		0.00%	0.00%	0.00%	0.00%	0.00%	0.00%
住房抵押贷款			0.00%	0.00%	0.00%	0.00%	0.00%	0.00%
不良资产重组					0.00%	0.00%	0.00%	0.00%
小额贷款		0.00%	0.00%	6.90%	0.00%	0.00%	0.00%	0.00%
金融租赁	0.00%		0.00%	0.00%	0.00%	0.00%	0.00%	
融资租赁		0.00%	0.00%	12.68%	3.03%	0.78%	0.00%	0.00%
收费收益权	0.00%	0.00%	22.22%	17.39%	7.79%	0.00%	0.00%	0.00%
个人消费贷款			0.00%	0.00%	0.00%	0.00%	0.00%	0.00%
住房公积金				0.00%	0.00%			
应收账款			0.00%	0.00%	4.35%	0.00%	1.05%	0.00%
委托贷款			0.00%	0.00%	0.00%	0.00%	0.00%	0.00%
REITs			0.00%	0.00%	10.00%	0.00%	0.00%	0.00%
保理融资				0.00%	7.69%	1.22%	0.00%	0.00%
信托受益权			0.00%	11.11%	2.74%	2.17%	0.00%	0.00%

图 1.17　资产证券化市场的整体表现

资产证券化要成为一个有效的市场工具，必须要为实体经济服务。实体经济包括个人的信贷和企业的信贷，我们首先看个人的信贷。

国内以个人信贷为基础资产的证券化市场

在美国资产证券化市场，住房抵押贷款资产支持证券、汽车抵押贷款资产支持证券、信用卡资产支持证券是 3 个非常重要的指标。参照美国市场的经验，一个人一辈子花钱最多的物品主要有3类：房子、汽车和信用卡。从图 1.18、图 1.19 可以看出，住房和汽车抵押贷款资产支持证券随时间的增长速度是很快的（其中城商行和农商行的发行总额很少)。有关信贷资产证券化市场更多品种的投资实践与案例，将在第八章进行论述。

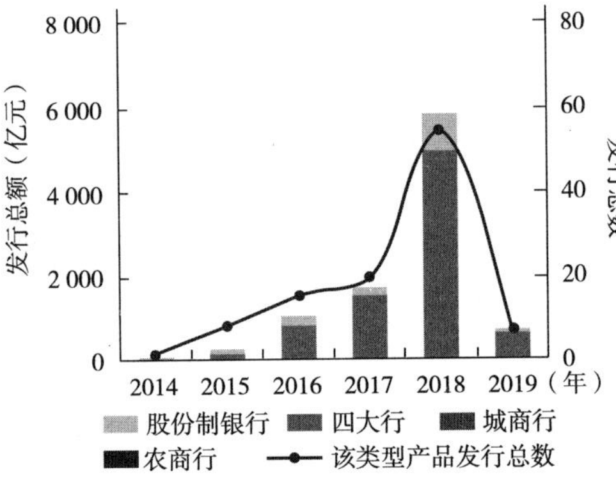

图 1.18　住房抵押贷款资产支持证券

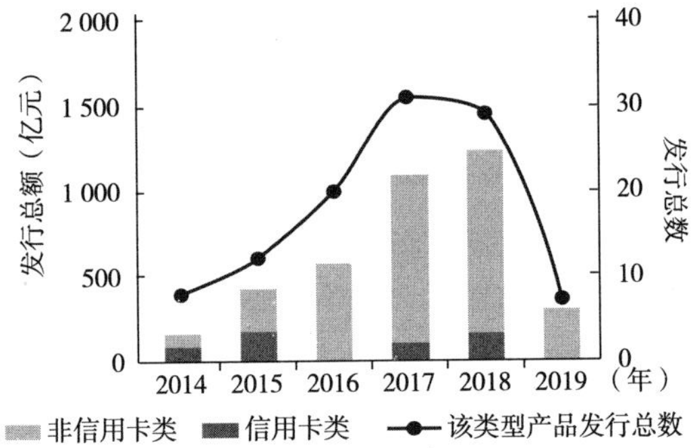

图 1.19　汽车抵押贷款资产支持证券

国内的企业资产证券化市场

在企业资产证券化方面，企业资产证券化产品的总规模逐年上升。

如图 1.20 所示，保理融资资产支持证券的增长速度极快，2019 年的发行总额和发行总数会远超 2018 年。

所以，在 2018 年，资产证券化给中国企业带来了多个融资渠道，尤其是保理融资。我们可以看到，2018 年民企融资实际上是非常困难的。如图 1.21 所示，柱状部分是 AA+ 级以下民营企业债券的存量，

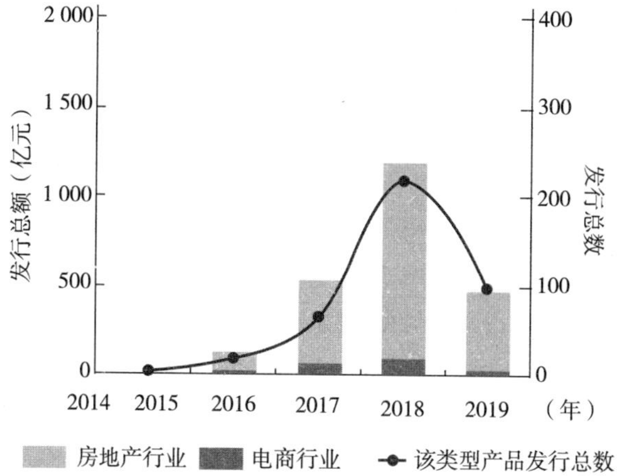

图 1.20　2014—2019 年保理融资资产支持证券的发行情况

从 2018 年 1 月的 2 万多亿元持续下降至 10 月的 1.5 万亿元，下降了 1/4。在流动性方面，成交量从 1 月的 1 000 多亿元降到 10 月的不到 400 亿元。这张图很好地体现了民营企业的融资难。到 2018 年 10 月，整个民营企业的融资渠道处于一个冻结状态，它的存量规模在下降，且下降速度越来越快，同时交易量也在快速下降，说明民营企业存在较严重的问题。这是系统性风险正在形成的一个证据。可以想象，如果没有资产证券化为民营企业和实体经济提供一个融资渠道，那么问题可能会更严重。有关企业资产证券化市场更多品种的投资实践与案例，将在第九章进行论述。

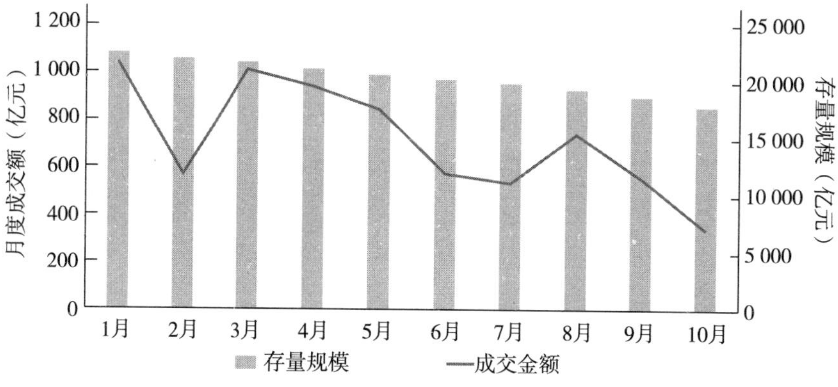

图 1.21　2018 年民营企业债券的存量规模

国内资产证券化二级市场的情况

现在，中国二级市场相比国际市场来说是非常不活跃的。二级市场不活跃不仅仅是资产证券化市场的问题，因为中国资产证券化市场的流动性与信用债的流动性不相上下，而且有些大类资产，如消费贷、房贷的流动性已经比较好。中国信贷资产证券化与企业资产证券化二级市场交易量如图 1.22、图 1.23 所示。

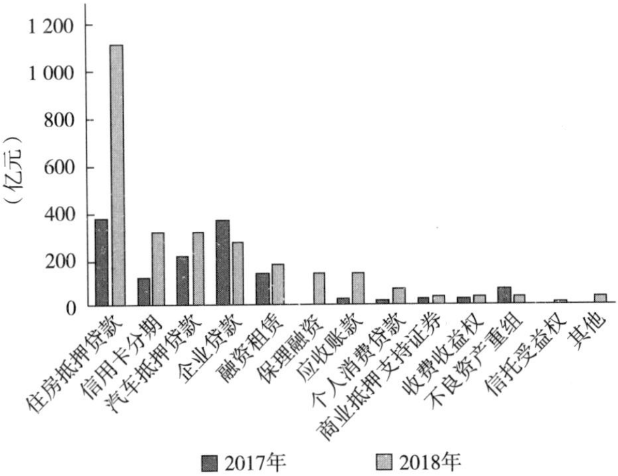

图 1.22　中国信贷资产证券化二级市场交易量

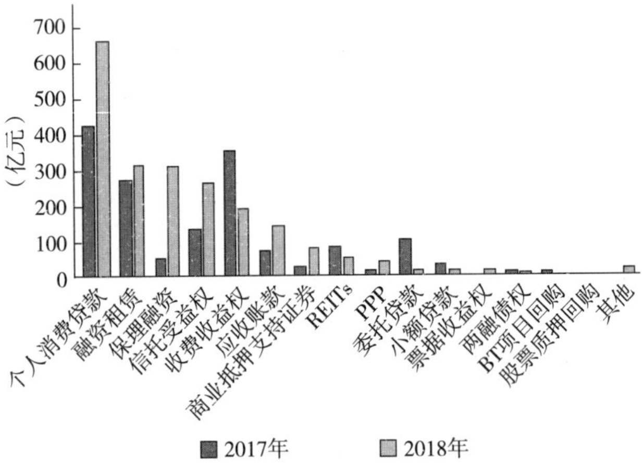

图 1.23　中国企业资产证券化二级市场交易量

第三节　我国资产证券化市场已经走向投资者驱动的新时代

国内市场资产证券化产品的投资需求在大幅增加

投资主体的类型和数量不断增加——从互持到供不应求

随着资产证券化市场发行量的逐步增加，基于承销商的宣传和推动，更多的投资者开始了解并接受资产证券化产品，市场参与者逐步扩大到政策性银行、国有商业银行、股份制商业银行、城市商业银行、农村商业银行、邮储银行、信用社、证券公司、保险机构、财务公司、信托公司、基金、私募、其他非金融机构法人等各类市场主体。2015 年 6 月，我国首次引入人民币合格境外机构投资者（RQFII），将资产证券化产品的投资者从境内延伸到境外。

根据上海清算所的数据统计，2012 年年末，在信贷资产证券化产品投资者中，商业银行占 70.62%（其中国有商业银行占 32.13%），非银行金融机构占 8.53%，非法人机构占 20.85%。经过近 5 年的发展，到 2017 年 8 月，不少新的投资者纷纷参与资产证券化产品的投资，如政策性银行、国家开发银行（简称国开行）、邮政储蓄银行、信托公司、信用社、非金融机构法人等均投资了信贷资产证券化产品。虽然市场普遍存在的银行资金通过证券公司或基金子公司通道投资证券化产品的情况造成了非法人机构投资比例的大幅增加，但投资的参与主体类型增多，各类主体的投资都占据了相当的份额，这是不争的事实。

另外，资产证券化产品的投资模式由最初的以机构互持为主，逐步转变成为了真实的资产配置目的而有选择地进行投资。不少机构已设置专人专岗进行资产证券化产品的甄别与投资，这体现了投资人对资产证券化产品投资的重视以及将其纳入长期配置目标的决心。

证券化产品投资主体的扩容和被关注程度的加深离不开资产证券化市场规模的扩大和资产类别的丰富，更多的发行数量、更丰富的可选资产类别、更完善的产品结构设计，为更多的投资机构提供了进入的机会和选择的余地，也为产品的后续发展提供了可能。

投资模式日趋丰富

投资者通过购买资产证券化产品，可以实现资产配置分散化，获取较高的风险溢价，以及进行资产负债管理等。随着资产证券化产品种类日趋丰富，投资人可依据自身投资需求，选择不同类型的产品，运用不同的投资模式来获取收益。近年来，投资人的投资目的从单纯的持有至到期获得票息逐步向二级市场交易、做市交易等方向发展。2015 年年底，兴业银行发行的“兴银 2015 年第四期信贷资产支持证券”首次实现做市成交，总规模达 65.60 亿元。做市交易的出现，为市场提供了流动性，新的投资理念随业务的发展增加了可能性。在资产证券化市场，有新的投资者进入，一些经验丰富的投资者的风险偏好也开始提升，针对次优级、夹层级和次级产品的投资者开始增加。我国的资产证券化市场早期主要是由融资人提出融资需求，然后发行产品，投资者的选择较为被动，但随着优质资产的逐渐减少，资管投行化的趋势更明显，发起人会依据投资者的要求而设计产品，投资者的选择更加多样化，投资模式也日趋丰富。

投资需求驱动资产证券化市场多层次的深化和完善

投资需求的增加进一步促进资产证券化市场规模的扩张

产品的发展带动了投资需求的增加，而投资需求的增加反过来又促进产品的进一步发展。在 2012 年中国资产证券化市场试点重启后的初级发展阶段，我国资产证券化市场主要是做大存量，而随着发行量达到万亿元，我国资产证券化到达一个新的阶段，越来越多的投资者开始尝试将资产证券化产品作为资产配置的选择。逐渐增加的投资需求会引导市场越来越重视这类产品，企业或金融机构也会积极地寻求将自身资产用于证券化，这种趋势会进一步带动资产证券化市场规模的扩张。资产证券化投资者群体逐渐扩大，从最初以银行为主，慢慢发展到涵盖非银行类金融机构以及境外机构，如合格境外机构投资者、人民币合格境外机构投资者、债券通等，银行从最初的以发起人为主逐步过渡到担任投资人，非银机构投资者数量自 2016 年下半年开始明显增加。此外，市场需求将引导开发更多产品，形成更加规范的大类资产证券化模式，审核、发行以及投资各方，在业务处理、后台报备等程序上将产生规模效应，相应地，成本将有所下降，效率将有所提高，市场将出现新的增长机会和空间，资产证券化市场规模将进一步扩展。

差异化的投资需求推动资产证券化产品的细化、丰富和透明

投资需求在增加过程中必然形成一定的分化，机构投资者投资资产证券化产品的目的不尽相同，在选择产品的标准和尺度上必然各有差异。在差异化投资者需求的积极推动下，产品资产类别的选择、评级定价方法、信息披露标准、二级市场交易等必然会进一步调整以适应投资者的需求。

在基础资产方面，从国际成熟市场看，住房、汽车、信用卡等零售贷款的标准化程度相对较高，易被包装成标准化的资产证券化产品，从而成为市场上较为主流的基础资产。在美国资产证券化市场，住房、汽车、信用卡、学生贷款等零售贷款证券化产品的发行量占全部资产证券化产品发行量的 95%。而我国资产证券化产品目前则更具多样性，信贷资产证券化的基础资产从最初的以银行对公信贷为主逐步发展至各种类型的信贷资产，企业资产证券化的基础资产类型更加丰富，包括融资租赁、小额贷款、应收账款、保理债权、收费收益权、类 REITs 等，基础资产类型和覆盖行业的丰富一方面体现了在证券化产品初期发展阶段参与者的创新意愿，另一方面通过百花齐放的方式为投资者提供更多样和差异化的选择。鉴于资产市场出现的“资产荒”现象，配置资产工具的缺失以及资金的逐利性促使国内资产证

券化产品基础资产不断扩充和多元化发展。2018 年资产证券化基础资产类别如图 1.24 所示。

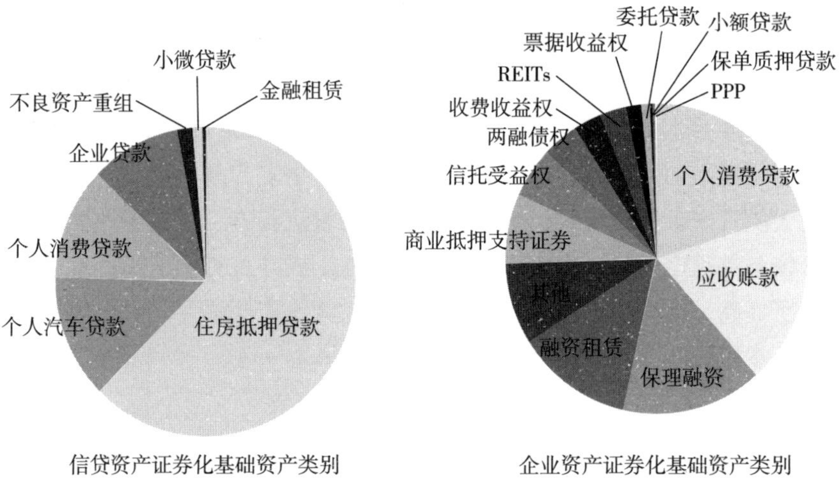

图 1.24　2018 年资产证券化基础资产类别

同时，资产的多样性也增加了产品标准化的难度，增加了投资者选择标的资产的成本。在目前的发展势头下，资产证券化产品是向更加多样化的方向进发，还是缩减资产的类别，向更标准、统一的方向发展，仍有待时间的检验。然而，无论是何种发展路径，对不同资产类型的产品设定相对统一的遴选标准，在产品的结构设计和信息披露上增加对投资者的保护力度，削减发行人与投资人之间的信息不对称，是资产证券化市场良性发展的内在要求，更是满足差异化投资需求，带动证券化产品投资发展的基础。

在产品评级方面，投资者差异化需求会进一步促进产品评级的细化。由于银行对资产证券化产品评级的要求通常较高，而证券、信托公司一般要求高收益，对风险有一定承受能力，不同的投资需求偏好使市场产品的分层细化。相比直接转让基础资产，投资者更认可分层区分不同级别的证券。通过对底层资产现金流的分割和组合，发行人在产品设计中可以设计出期限、风险、利率各有特色的不同档级证券，以满足投资者偏好。投资差异化需求带动了资产证券化产品创新，有利于设计出更多证券品种和更灵活的信用机制、到期日、偿付结构等，“创造”出投资者需要的特定证券品种，从而为投资者提供更多的选择。资产证券化各评级产品的情况如图 1.25 所示。

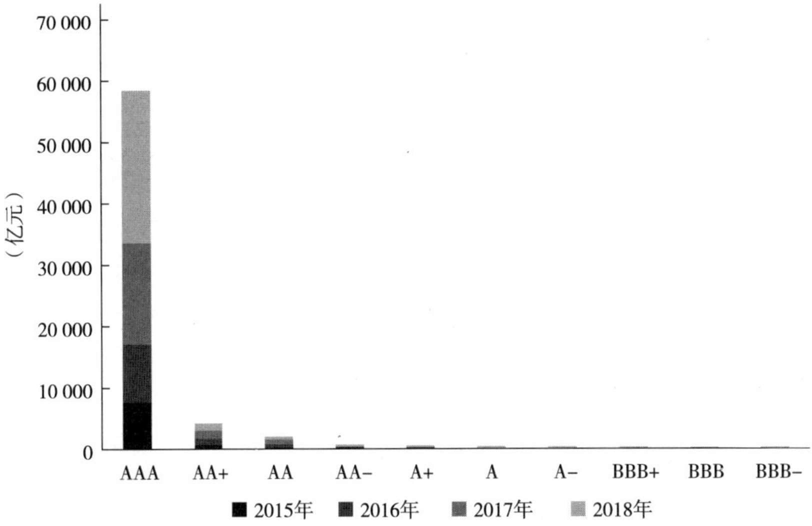

图 1.25　资产证券化各评级产品的情况

从已发行产品的利率结构可以看出，评级相同的证券的发行价格的利差可以很大，这从侧面说明目前产品评级结构的粗线条已经不能完全满足投资人的需求。不同于纯信用类的产品，资产证券化产品的市场接受程度受基础资产所处行业、基础资产现金流的丰沛程度、早偿和违约的可能性的影响更大，而这些因素不是一个评级结果就能够体现的，所以资产证券化产品的评级方式和评级结果有进一步细化的空间。

以满足投资人需求为出发点，使产品和资金方匹配度更高

在资产证券化产品发展到一定阶段后，市场发展的主要驱动力将来自资金方的配置需求。投资者在了解资产证券化产品后，逐渐丰富的投资经验会帮助其判断哪一类资产、何种评级产品和风险收益等级适合自己投资，在投资者形成较为明确的投资偏好后，市场会逐渐形成投资者分层。各类资产会有较为固定的投资者群体，而这些投资群体则会与发行人一起，对此类资产做更深入的研究，共同推动细分类

别资产的发展。

根据上海证券交易所（简称上交所）债券信息发布平台公布的情况和基金业协会的备案情况，2016年有32只企业资产证券化产品在交易所审核通过后，未在无异议函到期前完成发行，企业资产证券化产品从前期的筹备、尽职调查、申报材料的准备到向挂牌机构申报、沟通最终获得通过，需要经历数周甚至数月的时间，而在拿函后却无法完成发行，无论对发行人还是管理人来说，都是极大的伤害。这些产品无法发行，可能是由于募投项目的实际投资进度与投资计划存在差异，但更可能是因为资金方和资产方未能完全匹配。2016年获得上交所无异议函却未能发行的产品见表1.1。

表1.1　2016年获得上交所无异议函却未能发行的产品

项目名称	计划发行金额（亿元）	拟挂牌交易所	项目通过日期
银河捷能供热资产支持专项计划	6.50	上交所	2016-01-06
华信-恒信信托受益权一期资产支持专项计划	21.10	上交所	2016-01-12
万家共赢搜房小贷一期资产支持专项计划	5.00	上交所	2016-01-12
银河凯迪电力上网收费权资产支持专项计划	15.00	深交所	2016-01-22
中信-红星美凯龙信托受益权资产支持专项计划	5.90	深交所	2016-01-22
第一创业保理云优选一期资产支持专项计划	7.20	上交所	2016-01-25
福建漳州市长运集团有限公司客运收费收益权资产支持专项计划	3.80	上交所	2016-01-27
华富恒洋热电资产支持专项计划	1.80	上交所	2016-01-27
第一创业九联科技一期资产支持专项计划	1.83	深交所	2016-02-15

续表

项目名称	计划发行金额（亿元）	拟挂牌交易所	项目通过日期
建投汇宇-中信银行-远洋地产资产支持专项计划	60.00	深交所	2016-03-16
民生加银资管平安租赁1号资产支持专项计划	14.73	上交所	2016-03-16
方正富邦-中信-红星美凯龙信托受益权资产支持专项计划	5.90	深交所	2016-05-17
启源资产支持专项计划	14.80	深交所	2016-05-30
平安汇通世茂物业资产支持专项计划	1.90	上交所	2016-06-03
平安汇通平安普惠小贷一期资产支持专项计划	5.00	上交所	2016-06-08
齐鲁资管春源热力供热收费收益权资产支持专项计划	5.74	上交所	2016-07-21
博时资本-民生银行盈通资产支持专项计划	200.00	深交所	2016-07-26
方正东亚·银川能源学院信托受益权资产支持专项计划	7.00	上交所	2016-09-09
郑东热电发电上网收费权资产支持专项计划	23.20	上交所	2016-09-21
临沂新城热力供热收费权资产支持专项计划	6.00	上交所	2016-09-21
方正富邦融鑫小贷一期资产支持专项计划	1.25	上交所	2016-10-19
融聚-齐鲁资管-悦达租赁2号资产支持专项计划	1.30	上交所	2016-10-27
民生汇富-招商创融-民生金租资产支持专项计划	17.00	深交所	2016-11-14

续表

项目名称	计划发行金额（亿元）	拟挂牌交易所	项目通过日期
农银穗盈-阳光城物业费债权资产支持专项计划	4.70	深交所	2016-11-23
保利协鑫融资租赁应收账款资产支持专项计划	20.85	上交所	2016-12-08
农银穗盈-建投汇居-天地源物业合同债权资产支持专项计划	3.30	深交所	2016-12-16
明阳风电应收账款信托受益权资产支持专项计划	6.50	深交所	2016-12-19
西部证券-无锡金控融资租赁第一期资产支持专项计划	6.55	上交所	2016-12-20
山西煤层气燃气收费收入资产支持专项计划	2.20	上交所	2016-12-20
国金-中交一航局应收账款资产支持专项计划	15.53	上交所	2016-12-23
上银瑞金之上银国君复地购房尾款资产支持专项计划	15.80	上交所	2016-12-26
广发恒进-道生租赁天津地铁第一期资产支持专项计划	10.00	上交所	2016-12-26

资料来源：万得资讯。

因此，在产品发行前期就对投资方的需求做更深入的了解，在产品设计阶段就匹配投资人的需求，是保障产品发行的重要一环。根据前文分析，不同投资者的投资偏好不同，银行大多偏重规模大、重资产的项目，而券商偏重具有较高收益率的项目，基金偏重短久期、高流动性的项目。以银行为例，银行对各个等级的产品均有涉猎，但目前大多数银行对各类资产的筛选算不上精细。一方面，各级别银行之间的投资偏好差异很大，有些银行因资产配置的需要，愿意牺牲流动性以获得更高的收益，而有些银行则更看重对风险的防范，对收益率不敏感；另一方面，银行投资资产证券化产品的部门不尽相同，市场上以金融市场部、同业部和资管部居多，而同一银行不同部门之间因原有业务逻辑不同，其投资风险偏好也存在差异。通常来说，银行相对偏好重资产的产品，符合银行信贷业务喜欢重资产、有抵押项目的思维方式。而对于非银机构而言，长期限证券化产品的流动性溢价与期限利差的吸引力不足。

由“产品驱动”向“投资驱动”的转型是资产证券化市场的发展趋势

我国从2005年开始推行资产证券化，由于当时市场环境和利率环境的制约，并未在市场上引起强烈的反响。2012年试点重启后的发展也不顺利，受制于业务流程的繁复和其他类型产品的层出不穷，资产证券化产品未找到合适的市场定位，部分参与资产证券化业务的银行为了迎合监管要求而“被动”地发行产品，市场积极性不高。2014年以来，资产证券化得到大力发展，主要得益于监管的推进和市场对盘活存量需求的不断增长，但随着证券化市场的做大，与其他产品竞争的加剧、利差始终不能消减以及流动性不足，对资产证券化的发展必然形成制约。为资产证券化的发展注入新的活力，由“产品驱动”向“投资驱动”的转型势在必行。

近年来，资产证券化的发展主要依靠投行和产品设计的驱动，即卖方驱动，而对投资者需求的关注尚未获得足够重视，这对于市场向更成熟方向的发展会形成一定的制约。目前，资产证券化市场未对投资人足够关注的原因主要有：第一，多数投资机构基本按照公司债的逻辑投资资产证券化产品，对资产的信用和资质的关注与分析不足，所以证券化产品投行端做出的努力未对投资人形成足够的影响，管理人在产品设计方面自然也不会过多考虑投资人的意见。但随着资产证券化市场的发展，以及参与主体的增加，主体和资产质量必然会有一定程度的下沉，届时，能够真正识别资产质地，并做出正确判断的投资人才会成为市场的赢家，而投资人为把握资产证券化这一大类资产配置，必然会在资产的筛选和判断上投入更多的精力。第二，鉴于目前资产证券化市场尚不完善，产品的标准不够统一，发行人在信息披露规则的范围内不愿披露更多的信息，投资人要求消减信息不对称情况的诉求难以得到满足，这在一定程度上制约了投行端加大对投资人需求的关注度的可能性。

因此，为推动市场的发展，一方面，需要在证券化市场培育投资者，使其对证券化产品形成正确认识，并真正做到以自身的风险承受能力和收益需求匹配合适的证券化产品；另一方面，在投行端细化证券化产品的设计，向成熟市场靠拢，为投资者提供更多的选择。

细化产品档级，吸引和培育更专业的投资者

目前的证券化市场，在产品设计和投资人选择上，产品的分档和风险匹配情况相对单一，没有实现真正意义上的风险与收益相匹配，目前普遍只有一到两个优先级和一个次级证券，而次级证券往往由发行机构自持。而在美国，证券化产品共有 30 档，58 个期权，抽象地看，每个证券化产品都可以划分为两个期权，优先级证券本身为看空期权，而次级证券对优先级证券是一个看涨期权，各级证券通过进一步细分可以产生更多的期权。资产证券化产品同时含有债券属性和期权属性，对投资者的专业化程度有一定的要求，市场在逐步发展的过程中将培育出更加专业的投资者。

以市场投资需求作为资产证券化产品设计的决定性因素

资产证券化的产品设计应从市场的投资需求出发，随着市场需求的变化而不断改进。未来应产生风险收益、流动性要求等区别发展的多层次的资产证券化产品市场，以满足投资者差异化、多层次的投资需求。资产证券化的投资者主要为银行类金融机构、非银行类金融机构（券商、信托、保险、基金）、其他境内机构（财务公司、上市公司）以及境外机构（合格境外机构投资者、人民币合格境外机构投资者、债券通）等。不同的投资者具有不同的风险偏好，例如，银行偏好短久期、高流动性的产品，而保险公司则偏好长久期的产品，以此

来匹配其负债端的现金流；保险公司主要投资信用风险偏低、稳健型的高评级优先级证券，而证券公司则依靠其资产获取能力，主要投资风险相对较高的夹层级或次级产品。同类型的机构投资者，在不同情景下也有不同的投资策略。

因此，市场的下一步发展为如何设计出多样化的产品，以满足不同投资者的投资需求，这也是目前资产证券化市场的创新瓶颈。将多样化的产品创新和多元化的市场需求纳入一个系统中，使其相互影响，从而促进我国资产证券化市场不断完善、繁荣，增强资产证券化在盘活存量、优化融资结构中的作用。

资产证券化产品标准化，有效保护投资者利益

资产证券化产品在一定程度上的标准化是这个市场走向成熟的重要步骤。

首先，基础资产的标准化有助于市场参与者对资产进行风险识别，从而设计出合适的条款来缓释违约风险。

其次，交易结构的标准化可以避免产品出现过于单一的设计，从而防止资产证券化产品的设计与基础资产及其现金流特征不匹配，也防止产品出现过于复杂的设计从而使投资人难以识别其中的隐性风险。

再次，信用评级的标准化，需要解决评级不透明、评级高估和评级调整存在时滞等问题，如果现有评级能与国际评级接轨，那么势必会引入大量国际投资者的资金。

最后，信息披露的标准化，将缓解目前市场发起人与投资者之间信息不对称的问题。完善的信息披露制度有利于投资者进行充分的风险判断，有利于资产证券化市场的透明化、标准化，也有利于引入更多机构投资者，从而扩大市场规模。

第二章

我国资产证券化市场发展情况与投资环境

本书第一章结合国外金融市场经验教训以及国内市场发展的整体现状和几大主要新特征，明确了我国资产证券化市场从“产品驱动”向“投资驱动”转型的必然趋势。投资需求和实践的迅速增长，使资产支持证券有望在未来几年逐步成为国内机构重点关注和配置的固定收益产品。

我国机构投资者对于资产支持证券的配置尚处于初期阶段，投资者需要从产品的基本认识开始。本章一共分为四节，分别介绍了资产证券化市场的产品形态、历史背景、参与主体以及投资环境，为刚刚进入或想要了解资产证券化市场的投资者提供必要的基础知识。

第一节 国内外资产证券化的不同形态

资产证券化产品的国际形态

资产证券化业务发端于20世纪60年代末美国的住房抵押贷款市场，发展至今已有40多年的历史，目前资产证券化是美国债券市场的重要组成部分。在资产证券化业务较为成熟的欧美市场，最主要的品类是抵押贷款支持证券（Mortgage Backed Security，简写为MBS）和资产支持证券，以美国的债券市场为例，美国资产证券化产品主要分为三大类，分别为抵押贷款支持证券、资产支持证券以及资产支持商业票据（Asset Backed Commercial Paper，简写为ABCP）。美国资产证券化产品类别如图2.1所示。

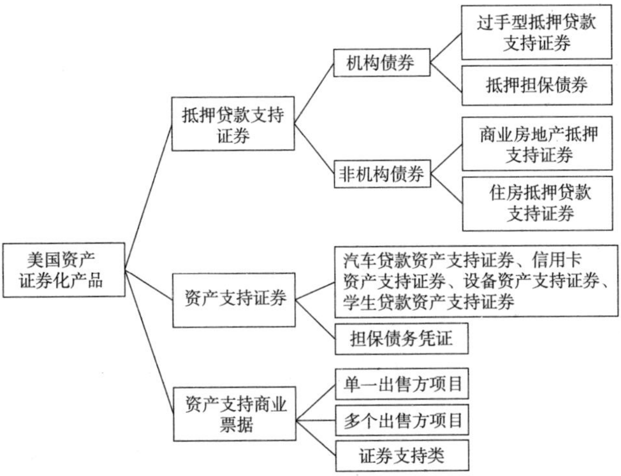

图2.1 美国资产证券化产品类别

抵押贷款支持证券

抵押贷款支持证券是以不动产抵押贷款为基础资产的资产支持证

券，是美国起步最早的资产证券化产品，按照发行主体可以分为机构债券和非机构债券。

机构债券由政府或政府支持企业发行，含有政府隐性担保。因此，机构债券的信用风险几乎等同于国债。根据产品结构，机构债券可以分为过手型抵押贷款支持证券和抵押担保债券（Collateralized Mortgage Obligation，简写为 CMO）。过手型抵押贷款支持证券是一般意义上的抵押贷款支持证券，即产品通过特殊目的载体将基础资产池中的现金流直接按投资者持有份额进行分配。抵押担保债券较为复杂，是将抵押贷款支持证券和（或）其他债券进行再证券化，将基础资产池中的现金流进行重新组合，形成不同类型和期限的证券，以满足不同投资者的需求。机构债券在抵押贷款支持证券市场中的占比为70%~80%。

非机构债券由非机构或私人部门发行，如信托或其他特殊目的载体。非机构债券的信用风险往往较机构债券高，同时具有更高的投资收益。因贷款性质不同，非机构债券可以分为商业地产抵押贷款支持证券（Commerical Mortgage Backed Securities，简写为 CMBS）和住房抵押贷款支持证券（Residential Mortgage Backed Securities，简写为 RMBS）。

美国抵押贷款支持证券存量如图 2.2 所示。

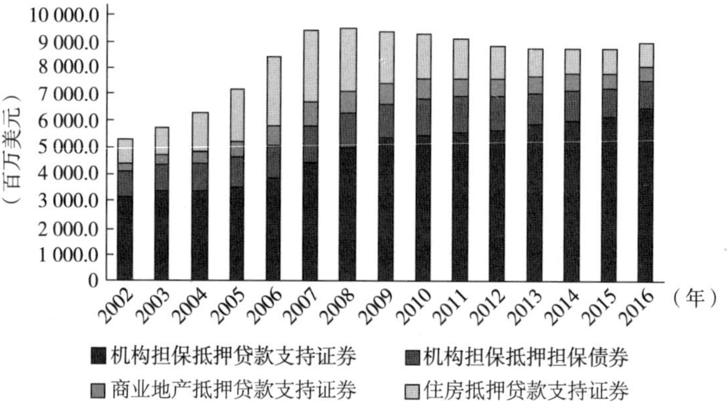

图 2.2　美国抵押贷款支持证券存量

资料来源：美国证券业与金融市场协会（SIFMA）。

资产支持证券

资产支持证券的产品分类相对抵押贷款支持证券要简单很多，其基础资产基本都是私人贷款，即非机构债券。

按照基础资产的不同类型做进一步区分，资产支持证券可以分为汽车贷款资产支持证券、信用卡资产支持证券、设备资产支持证券、学生贷款资产支持证券等产品。另一类较为复杂的产品为债务抵押债券（Collateralized Debt Obligation，简写为 CDO），同抵押担保债券类似，均为证券化产品的再证券化，底层资产起初以公司债券为主，而后逐渐纳入结构性融资产品，现已涵盖几乎所有品种的抵押贷款支持证券与资产支持证券。图 2.3 显示了美国资产支持证券截至 2018 年四季度的市场存量。可以发现，在资产支持证券市场中，市场存量最多的产品为债务抵押债券，规模达 8 083 亿美元，占比超过 48%，其次为汽车贷款资产支持证券和学生贷款资产支持证券，市场存量分别为 2 228 亿美元和 1 702 亿美元，占比分别为 13% 和 10%。

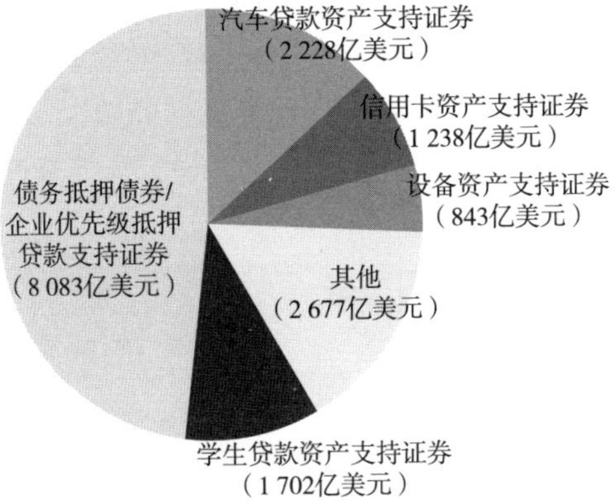

图 2.3　美国资产支持证券的市场存量（截至 2018 年四季度）

资料来源：美国证券业与金融市场协会。

资产支持商业票据

资产支持商业票据是由大型企业、金融机构或多个中小企业将自身拥有的、将来能够产生稳定现金流的资产出售给受托机构，由受托机构将这些资产作为支持基础发行商业票据，并向投资者出售以换取所需资金的一种结构安排。资产支持商业票据目前已成为私募货币市场中较为重要的组成部分。根据发起人角色和融资目的的不同，可以将其分为单一出售方项目、多个出售方项目和证券支持类项目。

在单一出售方项目中，所有基础资产均来自同一个资产出售方，发起人一般为商业银行，资产池通常只由一种基础资产组成，分散度较低。单一出售方项目的市场占有率相对较小，在欧洲市场中约占资产支持商业票据总规模的20%，而在美国市场中占比不到10%。

在多个出售方项目中，基础资产来自多个资产出售方，因而发起人具有一定的灵活性，能够从不同的出售方手中购买大量不同的资产，根据资产信用质量和资产特征组合成不同的资产池从而支持票据发行。出售方可将不同类型、不同范围的资产组合出售，不同国家或地区的资产甚至也可以组成资产池。因此，多个出售方项目的入池资产种类多样，分散度普遍较高。

证券支持类项目通常由金融机构或金融管理者发起，发起目的往往是寻求套利机会或进行表外融资从而降低资本需求。在证券支持类项目中，投资组合会受到一系列参数，如投资组合的投资类型、证券到期期限、各国的投资风险敞口、证券抵押类别以及债务级别分布等的制约，因此证券支持类项目投资组合的设计需要较高的专业性。

资产证券化产品的中国形态

中国的资产证券化业务从2005年起试点，发展至今已有10多年的历史。得益于存量资产盘活的巨大需求和审批流程的简化，我国的证券化业务自2014年起进入快车道，截至2017年6月30日，我国资产证券化产品的发行规模为25 032.69亿元，虽然相较于债券市场70万亿元的总规模，占比仅为3.58%，但在短短3年时间里有如此发展依旧令人欣慰。当然，对比海外资产证券化市场，我国的资产证券化市场依然处于萌芽期，未来仍有巨大的发展空间。在10余年的发展过程中，我国的资产证券化市场在特有的经济和监管体制下，孕育出具有中国特色的资产证券化产品。

我国资产证券化产品分类及发行情况

按照监管主体的不同，我国的资产证券化产品可以分为信贷资产证券化产品、企业资产证券化产品、资产支持票据和保险资产证券化产品 4 类。我国资产证券化产品类别如图 2.4 所示。

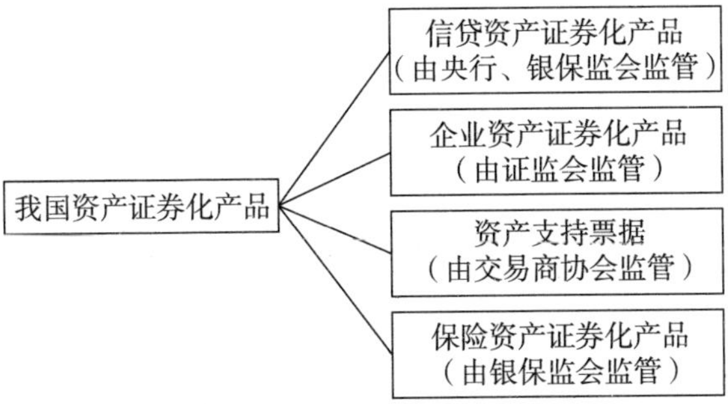

图 2.4　我国资产证券化产品类别

我国资产证券化市场发展经历了探索阶段（2005—2008 年）、停滞阶段（2009—2011 年）、常态发展阶段（2011—2014 年）以及重启后的高速发展阶段（2014 年至今），已经逐渐成为国内企业投融资的主流市场。截至 2019 年一季度，我国资产证券化市场的发行情况如图 2.5 所示。

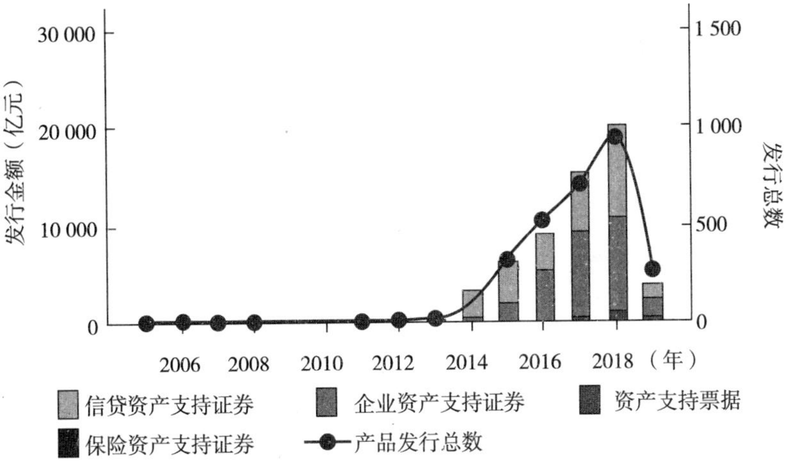

图 2.5　我国资产证券化市场的发行情况（截至 2019 年一季度）

信贷资产证券化

信贷资产证券化是指，在中国境内，银行业金融机构作为发起机构，将信贷资产信托给受托机构，由受托机构以资产支持证券的形式向投资机构发行受益证券，以该财产所产生的现金支付资产支持证券收益的结构性融资活动。截至 2019 年一季度，我国共发行 619 只信贷资产证券化产品，累计发行规模为 28 439.47 亿元。涉及的基础资产类型有企业贷款、住房抵押贷款 、汽车抵押贷款、个人消费贷款、专项信贷、住房公积金、金融租赁、不良资产重组、设备按揭贷款和 REITs。有关信贷资产证券化的投资将在本书第五章重点论述。信贷资产证券化产品的发行情况如图 2.6 所示。

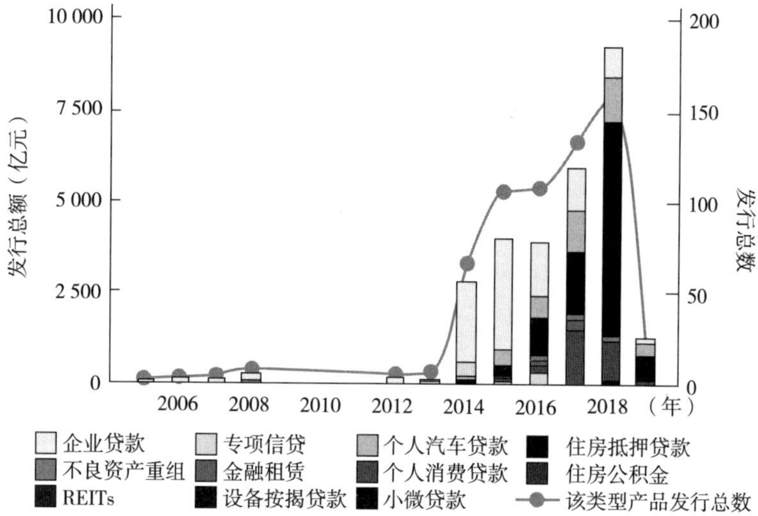

图 2.6　信贷资产证券化产品的发行情况

企业资产证券化

企业资产证券化是指，证券公司将包含企业债券资产、动产及不动产收益权以及证监会认可的其他财产或财产权利的基础资产以专项资产管理计划为特殊目的载体，以计划管理人身份面向投资者发行资产支持受益凭证，将该基础资产的收益分配给受益凭证持有人的专项资产管理业务。截至 2019 年一季度，我国共发行 2 068 只企业资产证券化产品，累计发行规模为 28 264.66 亿元。涉及的基础资产类型有融资租赁、信托受益权、个人消费贷款、收费收益权、应收账款、REITs、小额贷款、商业地产抵押贷款、委托贷款、保理融资、票据收益权、住房公积金、BT（建设—移交）项目回购、两融债权、股票质押回购、PPP（政府和社会资本合作）、保单质押贷款等。有关信贷资产证券化的投资将在本书第六章重点论述。企业资产证券化产品的发行情况如图 2.7 所示。

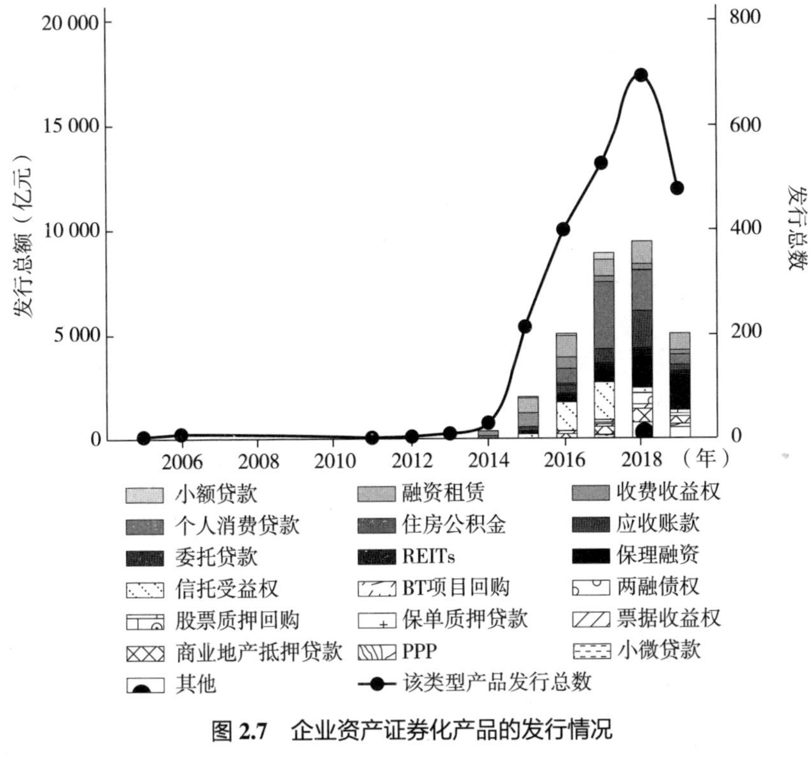

图 2.7　企业资产证券化产品的发行情况

资产支持票据

资产支持票据是指由大型企业、金融机构或多个中小企业将自身拥有的、将来能够生成稳定现金流的资产出售给受托机构，由受托机构将这些资产作为支持基础在银行间债券市场发行商业票据的产品。资产支持票据的基础资产和企业证券化较为相似，重点关注的是基础资产能够产生的可预测的现金流。截至 2019 年一季度，我国资产支持票据共发行 214 只产品，累计发行规模为 2 791.64 亿元。近期发行的产品主要涉及融资租赁、应收账款、个人消费贷款等基础资产。

保险资产证券化

保险资产证券化是指将保险公司缺乏流动性但具有预期未来稳定现金流的资产聚集起来，形成一个资产池，通过结构性重组，将其转为可以在资本市场上出售和流通的证券化产品。国际上主要有抵押贷款证券和寿险保单贷款证券。目前，我国已发行的保险资产证券化产品仅 3 单，分别是“民生通惠 - 远东租赁 1 号资产支持计划”“长江养老 - 太平洋寿险保单贷款资产支持计划”“华泰资产 - 易鑫一期资产支持计划”，发行规模总计 43.49 亿元。通过银保监会官方网站获知，另有 10 单产品已获银保监会核准发起设立。

各类资产证券化产品的对比

上述 4 类资产证券化模式的很多要素不尽相同，现从监管主体、基础资产、特殊目的载体、交易场所等方面比较这 4 类资产证券化产品的异同。

在监管主体方面，4 类资产证券化产品分属于不同的监管机构：信贷资产证券化产品由央行和银保监会监管；企业资产证券化产品由证监会监管；资产支持票据由交易商协会监管；保险资产证券化产品由银保监会监管。

在审核方式方面，4 类资产证券化产品采用不同的审核方式：信贷资产证券化产品采用央行注册制和银保监会备案制；企业资产证券化产品采用事后备案制；资产支持票据采用事前注册制；保险资产证券化产品采用初次申报核准，同类产品事后报告制。

在基础资产方面，企业资产证券化产品和资产支持票据的基础资产类似，都是企业所拥有的收益权及债权类资产；信贷资产证券化产品的基础资产是银行业金融机构的信贷资产；保险资产证券化产品的基础资产是保险机构持有的不违反负面清单制的资产。

在特殊目的载体方面，信贷资产证券化产品和资产支持票据均是特定目的信托，后者还包括特定目的公司、交易商协会认可的其他特殊目的载体或发起机构；企业资产证券化产品是证券公司 / 基金管理公司子公司资产支持专项计划；保险资产证券化产品是保险资管公司的资产支持计划。

在交易场所方面，信贷资产证券化产品和资产支持票据均是在银行间债券市场交易；企业资产证券化产品的交易场所包括证券交易所、全国中小企业股份转让系统、机构间私募产品报价与服务系统、证券公司柜台市场；保险资产证券化的交易场所是保险资产登记交易平台。

在主要法规依据方面，4 类资产证券化产品依据不同的法规：信贷资产证券化主要依据《信贷资产证券化试点管理办法》《金融机构信贷资产证券化试点监督管理办法》《关于信贷资产证券化备案登记工作流程的通知》《关于信贷资产支持证券发行管理有关事宜的公告》；企业资产证券化主要依据《证券公司及基金管理公司子公司资产证券化业务管理规定》、《证券公司及基金管理公司子公司资产证券化业务信息披露指引》、《证券公司及基金管理公司子公司资产证券化业务尽职调查工作指引》及配套规则；资产支持票据主要依据《银行间债券市场非金融企业资产支持票据指引》、《非金融企业资产支持票据指引（修订稿）》；保险资产证券化主要依据《资产支持计划业务管理暂行办法》。

在发起人方面，企业资产证券化和保险资产证券化均无明确规定；信贷资产证券化的发起人是银行业金融机构；资产支持票据的发起人是非金融企业。

在受托机构方面，信贷资产证券化的受托机构是信托机构；资产支持票据的受托机构是信托机构或特定目的公司等其他特定目的载体的管理机构，也可以为发起机构本身；企业资产证券化的受托机构是证券公司或基金管理公司子公司；保险资产证券化的受托机构是保险资产管理公司。

在发行方式方面，信贷资产证券化产品和资产支持票据为公开或非公开发行；企业资产证券化产品和保险资产证券化产品目前为非公开发行。

在投资者类型方面，4 类资产证券化产品具有一定差异：信贷资产证券化产品的投资者为银行间债券市场的机构投资者；企业资产证券化产品的投资者为合计不超过200人的合格投资者；资产支持票据的投资者分为公开发行的投资者和非公开发行的投资者，前者为银行间债券市场的所有机构投资者，后者为特定机构投资者；保险资产证券化的投资者为保险机构及其他具有风险识别和承受能力的合格投资者。

在信用评级方面，4类资产证券化产品具有一定差异：信贷资产证券化需要双评级，并且鼓励探索多元化信用评级方式，支持对资产支持证券采用投资者付费模式进行信用评级；定向发行资产支持证券可免于信用评级；企业资产证券化需要取得中国证监会核准的证券市场资信评级业务资格的评级机构对专项计划资产支持证券进行初始评级和跟踪评级；资产支持票据需要取得中国证监会核准的证券市场资信评级业务资格的评级机构对资产支持票据进行初始评级和跟踪评级；保险资产证券化受托人应当聘请符合监管要求的信用评级机构对受益凭证进行初始评级和跟踪评级。

第二节　我国资产证券化市场发展的历史概述

20世纪60年代，美国发行了首只资产证券化产品，随后证券化业务一直快速蓬勃发展。在2008年次贷危机后，资产证券化产品受到市场指责，并有声音指出是重复证券化、风险过度转移等问题导致次贷危机的产生，资产证券化业务规模急剧萎缩。但资产证券化产品因其自身独有的特点，在美国的经济活动中扮演了不可替代的角色，近年来，业务规模逐渐企稳，每年的发行规模维持在稳定的水平上。相较于欧美，亚洲资产证券化兴起于1995年，1997年的金融危机改变了金融市场的格局，亚洲企业的融资能力被削弱，传统投资者对安全性和信用等级的关注超过了预期的收益能力，间接导致资产证券化在亚洲的繁荣，资产证券化在日本、韩国、中国香港等地迅速发展。

我国资产证券化起步较晚，2005年，银监会和央行颁布相关文件，启动了我国资产证券化业务的试点，中国建设银行和国家开发银行成为首批试点对象。2007年，试点对象进一步扩大，浦发银行、工商银行、兴业银行、浙商银行及上汽统一汽车金融公司等机构成为第二批试点机构，然而恰逢2008年金融危机，资产证券化业务一度陷入停滞。受益于2011年监管部门逐步放松对资本充足率的硬约束和信贷收紧令，以及2012年后逐步放宽的政策环境，资产证券化市场恢复了活力，并由试点逐渐转向常规化发展。我国的资产证券化市场发展至今，发行规模逐年增长，无论是在资产类别，还是在产品的设计方面，均创新迭出，基础资产种类更加多样，产品结构更加丰富，监管政策不断完善，市场参与者类型不断增加。

从总体上看，我国资产证券化的发展历程分为3个阶段：试点阶段、常态发展阶段、快速发展阶段。

第一阶段：资产证券化业务试点阶段（2004—2008年）

我国早在20世纪90年代就开始探索资产证券化业务，市场和监管部门对资产证券化进行了广泛研究和讨论。直到2004年，《国务院关于推进资本市场改革开放和稳定发展的若干意见》中明确提出“加大风险较低的固定收益类证券产品的开发力度，为投资者提供储蓄替代型证券投资品种，积极探索并开发资产证券化品种”，从中可以看出政府对资产证券化发展的鼓励，不久后正式的试点方案出台。

信贷资产证券化

2005年，央行和银监会发布《信贷资产证券化试点管理办法》，首次明确了信贷资产证券化的定义，规范了业务流程，是我国首个针对资产证券化制定的管理办法。同年，银监会发布《金融机构信贷资产证券化试点监督管理办法》，制定了较为详细的市场准入办法及业务规则等管理规定，正式启动了我国信贷资产证券化的试点。2005年11月，银监会发布《金融机构信贷资产证券化试点监督管理办法》，对金融机构在信贷资产证券化中的市场准入办法、业务规则与风险管理等做了具体规定，是更全面的整体性立法和监督管理办法。2005年12月19日，建设银行发行了国内首只住房抵押贷款支持证券——“建元2005-1个人住房抵押贷款支持证券”，规模为30.17亿元。随后，国开行于2005年12月21日发行国内首只企业贷款类信贷资产支持证券——“2005年第一期开元信贷资产支持证券”，规模为41.77亿元。2007年4月，国务院下达关于信贷资产证券化扩大试点的批复，我国启动第二批信贷资产证券化试点。

企业资产证券化

2004年10月，证监会发布《关于证券公司开展资产证券化业务试点有关问题的通知》，明确了资产证券化业务的定义、基本要求。2005年8月26日，由中国联通发起、中金公司作为管理人的“中国联通CDMA网络租赁费收益计划”成功发行，发行规模为95亿元，成为国内资产证券化市场首只企业资产证券化产品。2005年和2006年共发行企业资产证券化产品9只，累计发行规模为264.85亿元，参与试点的企业分别属于电信、电力和基础设施等行业，投资者主要是有一定风险识别能力的机构投资者，包括大型企业集团、财务公司、社保基金、企业年金、信托公司和证券投资基金。

第二阶段：资产证券化业务常态发展阶段（2011—2014年）

2008年年底，次贷危机引发全球金融危机后，出于宏观审慎和风险控制的考虑，监管机构暂停了资产证券化的业务试点，资产证券化业务陷入停滞。直到2011年9月，证监会重启对企业资产证券化的审批。2012年5月，中国人民银行、银监会和财政部联合发布《关于进一步扩大信贷资产证券化试点有关事项的通知》，试点额度为500亿元，标志着在经历了国际金融危机后，我国资产证券化业务重新启动，进入第二轮试点阶段。2013年8月，国务院决定进一步扩大资产证券化试点，试点规模为4 000亿元，标志着资产证券化业务开始逐步转向常规化发展。

信贷资产证券化

2012年5月，中国人民银行、银监会、财政部联合下发《关于进一步扩大信贷资产证券化试点有关事项的通知》，鼓励金融机构选择符合条件的国家重大基础设施项目贷款、涉农贷款、中小企业贷款、汽车贷款、保障性安居工程贷款等多元化信贷资产作为基础资产开展信贷资产证券化，丰富信贷资产证券化基础资产的种类。这标志着国家开启第二轮资产证券化业务试点。同年三季度，“2012 年第一期开元信贷资产支持证券”成功发行，标志着停滞近 4 年的信贷资产证券化重新开闸。

2012—2013 年，信贷资产证券化仍处于试点阶段，两年共发行信贷资产证券化产品 11 只，累计发行规模为 350.34 亿元，基础资产类型仅限于企业贷款、汽车贷款和铁路专项贷款。2013 年 7 月，国务院发布《国务院办公厅关于金融支持经济结构调整和转型升级的指导意见》，明确要逐步推进信贷资产证券化常规化发展，盘活资金，支持小微企业发展和经济结构调整。2013 年 8 月，央行、银监会开启了第三轮试点工作，推动国开行、工商银行等机构进行试点，试点额度达到 4 000 亿元。我国资产证券化市场正式进入常态化发展阶段。

企业资产证券化

2007—2010 年，虽没有产品发行，但监管部门对企业资产证券化的试点工作和研究探讨没有停止。证监会曾于 2009 年发布《关于通报证券公司企业资产证券化业务试点情况的函》，为企业资产证券化做出明确的定义，并同时发布《证券公司企业资产证券化业务试点指引（试行）》，对企业资产证券化试点工作的开展起到了较为有效的引导作用。

2013 年 3 月，证监会发布《证券公司资产证券化业务管理规定》，证券公司资产证券化业务由试点业务开始转为常规业务。2014 年，证监会发布《证券公司及基金管理公司子公司资产证券化业务管理规定》及配套的《证券公司及基金管理公司子公司资产证券化业务信息披露指引》、《证券公司及基金管理公司子公司资产证券化业务尽职调查工作指引》等一系列指引，正式为企业资产证券化的发展奠定较为详尽的规章制度基础。

资产支持票据

2012年8月，中国银行间市场交易商协会发布《银行间债券市场非金融企业资产支持票据指引》(后简称《指引》)，标志着资产支持票据正式诞生。至此，我国3种主要资产证券化产品类型(企业资产支持证券、信贷资产支持证券、资产支持票据)全部推出。在《指引》发布后，2012年8月8日，“南京公用控股(集团)有限公司2012年度第一期资产支持票据”“宁波城建投资控股有限公司2012年度第一期资产支持票据”“上海浦东路桥建设股份有限公司2012年度第一期资产支持票据”首批3只资产支持票据在银行间债券市场发行。此后，南京城建、蓉城交通、南通国投、四川能投等主体先后发行了各类资产支持票据，产品以基础设施建设类为主，交易结构为没有特殊目的载体参与的抵质押型结构。

第三阶段：资产证券化业务快速发展阶段（2014年至今）

2014年年底，我国资产证券化业务的监管，完成了从过去的逐笔审批制向备案制的转变，通过完善制度、简化程序、加强信息披露和风险管理，促进市场良性快速发展。

信贷资产证券化

2014年11月20日，银监会发布《关于信贷资产证券化备案登记工作流程的通知》，宣布针对信贷资产证券化业务实施备案制。2015年1月4日，银监会下发批文公布27家商业银行获得开展信贷资产证券化的业务资格，标志着信贷资产证券化业务备案制在实操层面落地。2015年3月26日，央行发布《信贷资产证券化试点管理办法》，宣布已经取得监管部门相关业务资格、发行过信贷资产支持证券并且能够按照规定披露信息的受托机构和发起机构可以向央行申请注册，并在注册有效期内自主发行信贷资产支持证券。

2014年，信贷资产证券化开始展现出规模化发行的趋势。2014

年全年发行信贷资产证券化产品 66 只，累计发行规模为 2 819.80 亿元，基础资产类型扩大到企业贷款、汽车贷款、铁路专项贷款、信用卡贷款、个人住房抵押贷款、小额贷款、租赁资产等，市场上涌现出一批创新产品。2015 年，信贷资产证券化的发行更加常态化，全年发行产品 106 只，累计发行规模为 4 056.33 亿元。此后，信贷资产证券化年发行量基本保持稳定。

企业资产证券化

2014 年 12 月 26 日，证监会发布《资产支持专项计划备案管理办法》，开始针对企业资产证券化实施备案制，同时配套《资产证券化业务风险控制指引》和《资产证券化业务基础资产负面清单指引》，提出 8 类负面清单，极大地丰富了发行人可选的基础资产类别，促进了企业资产证券化在 2015 年以来的高速发展。

资产支持票据

2016 年 6 月，“远东国际租赁有限公司 2016 年度第一期信托资产支持票据”首次使用了信托作为特殊目的载体，增强了破产隔离效果。2016 年 9 月，交易商协会颁布了《信用违约互换业务指引》，信用违约互换在资产证券化中的一个重要应用是合成债务抵押债券。2016 年 12 月 12 日，交易商协会修订了《非金融企业资产支持票据指引（修订稿）》（后简称《指引》），引入特定目的载体，其中第三条规定了“发行载体可以为特定目的信托、特定目的公司或交易商协会认可的其他特定目的载体，也可以为发起机构”，此后发行的产品均使用信托作为特殊目的载体。修订版《指引》中对参与机构、基础资产和交易结构、信息披露、投资者保护都做了较为详细的规范，为资产支持票据的发行提供了一定的指引，资产支持票据未来有望加速发展。

保险资产证券化

保险资产证券化相对于前述3类产品起步较晚，2015年8月，保监会印发《资产支持计划业务管理暂行办法》，保险资产证券化得以启动。保险资产证券化（资产支持计划），是指保险资产管理公司等专业管理机构作为受托人设立支持计划，以基础资产产生的现金流为偿付支持，面向保险机构等合格投资者发行受益凭证的业务活动。与企业资产证券化一样，保险资产证券化的基础资产也实行动态负面清单管理。

第三节　资产证券化市场参与主体

资产证券化业务的基本交易结构如图2.8所示，由此可以看出，主要参与方有投资者、发起机构/原始权益人、计划管理人及各类中介机构。

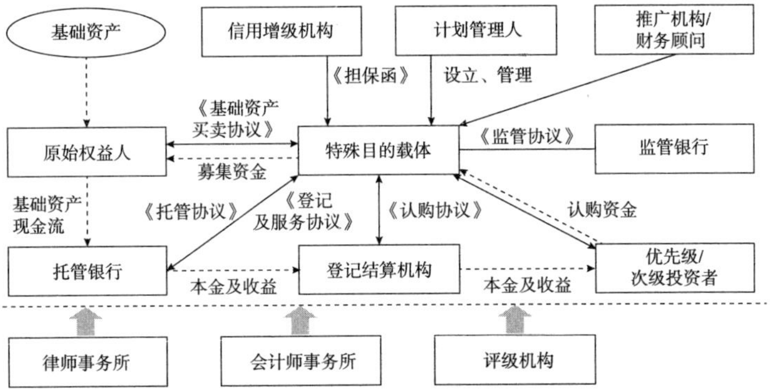

图2.8　资产证券化业务的基本交易结构

注：图中实线表示各参与方之间的法律关系，虚线表示现金流划转。

投资者

投资者是产品得以成立的最后一环，也是最重要的一环。因此，投资者的参与，包括如何选择和评价产品，对产品设计中资产的选择、客户的选择、结构的安排有着重要的指导意义，这使投资人成为资产证券化产品所有参与主体中最重要的参与方之一。而更深入地了解潜在投资主体对资产证券化产品的投资意愿，从投资的角度出发带动产品的持续升级并推动整个资产证券化市场的成长和成熟，正是本书讨论的主体。本节我们先从监管约束的角度总结各类资产证券化产品潜在的投资群体，后续章节再对投资者的具体情况及投资驱动的发展做进一步展开。

目前，无论是银行间市场还是证监会市场，对于资产证券化产品的投资者范围都没有单独的法律法规，基本参照了同级别市场内债权类产品的投资者认定标准。

信贷资产证券化

《金融机构信贷资产证券化试点监督管理办法》(后简称《管理办法》）中提到了信贷资产证券化的投资者范围是“金融机构按照法律、行政法规和银监会等监督管理机构的有关规定可以买卖政府债券、金融债券的，也可以在法律、行政法规和银监会等监督管理机构有关规定允许的范围内投资资产支持证券”，由此可见，信贷资产证券化的投资者范围为银行间债券市场的机构投资者。另外，《管理办法》第五十五条也提到关于信托资金投资资产支持证券的要求，“信托投资公司所有者权益项下依照规定可以运用的资金以及信托项下委托人不为自然人的信托资金，可以投资于资产支持证券。信托投资公司所有者权益项下资产支持证券的投资余额不得超过其净资产的 50%，自用固定资产、股权投资和资产支持证券的投资余额总和不得超过其净资产的 80%。”

此外，《关于进一步扩大信贷资产证券化试点有关事项的通知》指出，为了稳步扩大资产支持证券机构的投资者范围，鼓励保险公司、证券投资基金、企业年金、全国社保基金等经批准合规的非银行机构投资者投资资产支持证券。单个银行业金融机构购买持有单只资产支持证券的比例，原则上不得超过该单只资产支持证券发行规模的 40%。

企业资产证券化

《证券公司及基金管理公司子公司资产证券化业务管理规定》指出，“资产支持证券应当面向合格投资者发行，发行对象不得超过二百人，单笔认购不少于100万元人民币发行面值或等值份额。合格投资者应当符合《私募投资基金监督管理暂行办法》规定的条件，依法设立并受国务院金融监督管理机构监管，并由相关金融机构实施主动管理的投资计划不再穿透核查最终投资者是否为合格投资者和合并计算投资者人数”。

2016年12月，证监会发布的《证券期货投资者适当性管理办法》对投资者进行进一步分类，提出要将适当的产品或服务销售或提供给合适的投资者，该办法自2017年7月1日起施行。而证券业协会、上海证券交易所、深圳证券交易所（简称深交所）、中证机构间报价系统于2017年6月28日分别发布了《证券经营机构投资者适当性管理实施指引（试行）》、《上海证券交易所投资者适当性管理办法》、《上海证券交易所债券市场投资者适当性管理办法（2017年修订）》、《深圳证券交易所债券市场投资者适当性管理办法》和《报价系统资产证券化投资者适当性管理业务问答》，进一步明确了合格投资者的范围。

根据上述文件内容，投资者需满足以下条件方可投资挂牌于上海证券交易所、深圳证券交易所和中证机构间报价系统的企业资产证券化产品：

- 经有关金融监管部门批准设立的金融机构，包括证券公司、期货公司、基金管理公司及其子公司、商业银行、保险公司、信托公司、财务公司等；经行业协会备案或者登记的证券公司子公司、期货公司子公司、私募基金管理人。
- 上述机构面向投资者发行的理财产品，包括但不限于证券公司资产管理产品、基金管理公司及其子公司产品、期货公司资产管理产品、银行理财产品、保险产品、信托产品、经行业协会备案的私募基金。
- 社会保障基金、企业年金等养老基金，慈善基金等社会公益基金，合格境外机构投资者、人民币合格境外机构投资者。

- 同时符合下列条件的法人或者其他组织：最近 1 年末净资产不低于 2 000 万元；最近 1 年末金融资产不低于 1 000 万元；具有 2 年以上证券、基金、期货、黄金、外汇等投资经历。
- 资产支持证券的原始权益人及其关联方。
- 中国证监会及相关交易场所认可的其他投资者。

上述金融资产包括银行存款、股票、债券、基金份额、资产管理计划、银行理财产品、信托计划、保险产品、期货及其他衍生产品等。

综上所述，资产证券化的投资者可以为银行类金融机构、非银行类金融机构（券商、信托、保险、基金）、其他境内机构（财务公司、上市公司）以及境外机构（合格境外机构投资者、人民币合格境外机构投资者、债券通）。

发起机构 / 原始权益人

发起机构 / 原始权益人是资产的所有者，是证券化意向的提出者，通常为产品得以运作的开端。他们拥有能够产生稳定、可预测现金流的资产（基础资产），并愿意将其转让给资产证券化产品设立的特殊目的载体以获得融资，在特殊情况下，原始权益人仅为信托计划或委托贷款的委托方，不是最终的融资主体。

根据市场公开信息，截至 2019 年一季度，资产证券化发起机构的类型和地域分布见图 2.9。从统计结果可以看出，信贷资产证券化的发起机构主要是银行，其次为汽车金融公司、公积金中心、金融租赁公司、资产管理公司和财务公司，以银行为发起人的信贷资产证券化产品占信贷资产证券化总量的 84%，主要的基础资产为各类银行持有的企业贷款、住房抵押贷款和汽车抵押贷款等资产。从发起机构所处地域来看，因信贷资产证券化产品主要由总部机构发起，而银行业金融机构的注册地以北京、上海、广东居多，故在地域分布上，上述三地占比超过 85%。在企业资产证券化市场，发起机构所属行业更为分散，基本覆盖了国民经济的所有大类行业。目前，以银行、证券公司、小额贷款公司等各类金融机构作为发起人发行的产品占全部市场份额的64%，位列第一，租赁和商务服务业及房地产业分别占14%和8%，居第二位和第三位。另外，公共事业行业、批发零售行业、交通运输行业也有1%～3%的市场份额。从地域分布来看，企业资产证券化的分散性更强，各省市均有分布，前两名分别为上海市和北京市，而得益于小额贷款企业的集中分布，重庆市的发起机构数量位列第四。

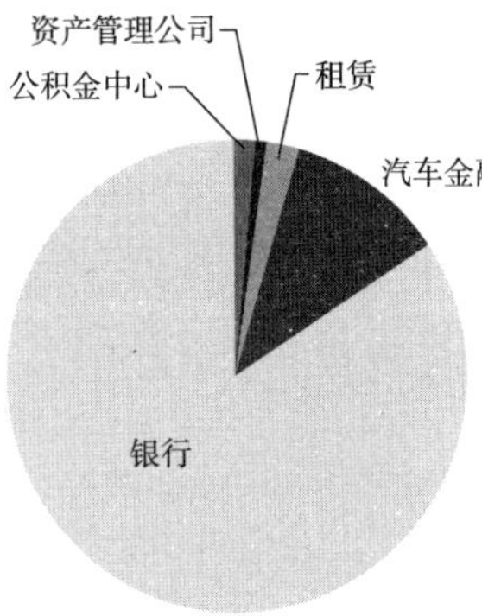

信贷资产证券化发起机构类型分布

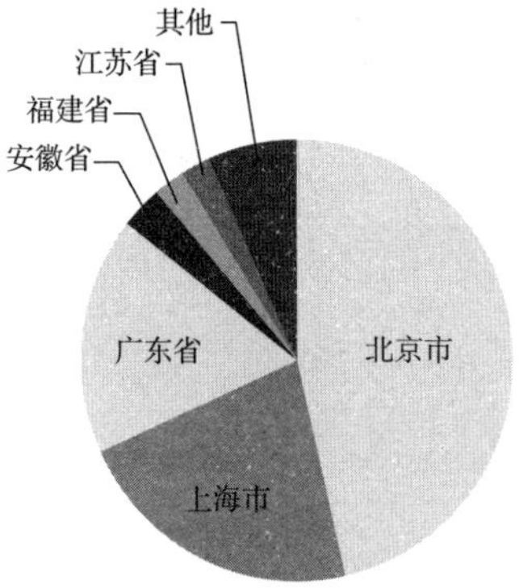

信贷资产证券化发起机构地域分布

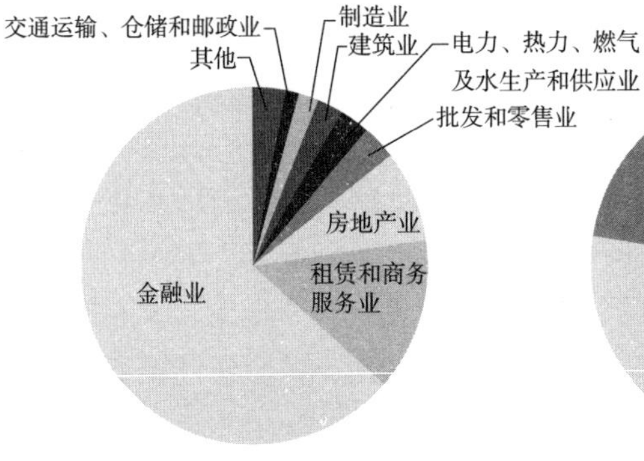

企业资产证券化发起机构地域分布

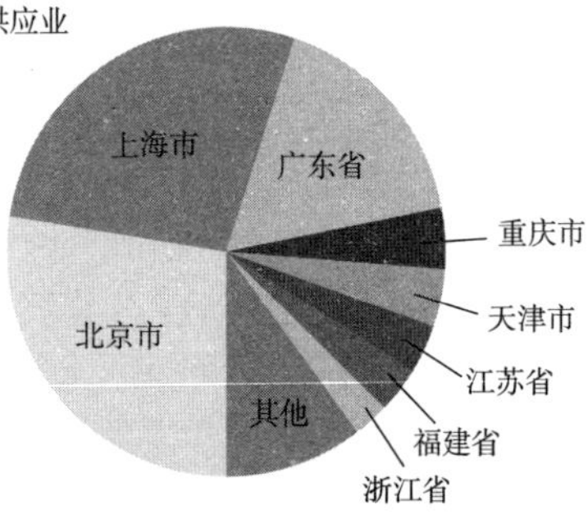

企业资产证券化发起机构地域分布

图2.9　资产证券化发起机构的类型和地域分布

从发起机构的个体来看，发起信贷资产证券化产品最多的机构为建设银行，累计发行了62只产品，发行规模达4 581.41亿元，占17%的市场发行量。工商银行、国开行、招商银行和交通银行位列第二至第五，市场占有率为4.86%～12.08%。企业资产证券化的发起机构则没有很强的集中性，除阿里巴巴旗下的小微小贷（重庆市蚂蚁小微小额贷款有限公司的简称）和商诚小贷（重庆市蚂蚁商诚小额贷款有限公司的简称）分别发行了142和100只产品，总计发行规模为5 481.90亿元，合计占19%的市场发行量外，其他主体的市场占有率均不超过3%，体现了企业资产证券化百花齐放的特点。另外，排名前十的发起机构主要以小额贷款公司、信托、银行、融资租赁公司为主，具有一定的行业集中性，从侧面体现了企业资产证券化发行类型向标准化转变的趋势。资产证券化发起机构的市场占有情况见表2.1。

表2.1 资产证券化发起机构的市场占有情况

排名	信贷资产证券化			企业资产证券化		
	机构名称	总额（亿元）	金额占比（%）	机构名称	总额（亿元）	金额占比（%）
1	中国建设银行股份有限公司	4 581.41	16.69	重庆市蚂蚁小微小额贷款有限公司	3 281.80	11.88
2	中国工商银行股份有限公司	3 314.51	12.08	重庆市蚂蚁商诚小额贷款有限公司	2 204.10	7.98
3	国家开发银行	2 833.84	10.33	中国信达资产管理股份有限公司	705.66	2.56
4	招商银行股份有限公司	1 760.84	6.42	深圳市前海一方商业保理有限公司	671.24	2.43
5	交通银行股份有限公司	1 334.31	4.86	远东国际租赁有限公司	649.19	2.35
6	中国银行股份有限公司	1 306.17	4.76	远东宏信（天津）融资租赁有限公司	643.54	2.33
7	兴业银行股份有限公司	1 181.37	4.30	深圳市前海一方恒融商业保理有限公司	599.57	2.17
8	中信银行股份有限公司	594.88	2.17	兴业银行股份有限公司	546.43	1.98
9	中国民生银行股份有限公司	492.44	1.79	北京京东世纪贸易有限公司	477.57	1.73
10	上汽通用汽车金融有限公司	480	1.75	平安国际融资租赁有限公司	440.60	1.60

计划管理人

计划管理人在资产证券化的过程中主要负责设计发行方案、组织尽职调查、牵头各类资料的准备、产品发行及备案、登记挂牌、存续期管理等工作，同时往往也扮演着承销商的角色，负责产品的推介，是整个证券化各参与方连接的桥梁。

目前市场上发行过资产证券化产品的管理人共有175家，其中31家发行过信贷资产证券化产品，114家发行过企业资产证券化产品，36家发行过资产支持票据，3家发行过保险资产证券化产品，其中信贷资产证券化产品和资产支持票据的管理人有部分重合。在信贷资产证券化市场中，目前发行数量最多（含已清算）和发行规模最大的均为中信信托有限责任公司，其次为上海国际信托有限公司。在企业资产证券化市场中，目前发行数量最多（含已清算）和发行规模最大的均为德邦证券股份有限公司，共发行185只产品，总规模为4 060.24亿元，且其发行产品均为消费金融类资产支持证券。资产证券化管理人的市场占有情况见表2.2。

表2.2 资产证券化管理人的市场占有情况

排名	信贷资产证券化				企业资产证券化			
	机构名称	笔数	总额（亿元）	金额占比（%）	机构名称	笔数	总额（亿元）	金额占比（%）
1	建信信托有限责任公司	74	5 412.62	19.72	德邦证券股份有限公司	185	4 050.24	14.58
2	中信信托有限责任公司	66	4 082.10	14.87	中信证券股份有限公司	148	1 834.46	6.59
3	交银国际信托有限公司	43	3 145.59	11.46	华泰证券（上海）资产管理有限公司	124	1 618.81	5.81
4	华润深国投信托有限公司	60	2 529.71	9.22	中国国际金融股份有限公司	82	1 501.00	5.39
5	上海国际信托有限公司	76	2 431.24	8.86	平安证券股份有限公司	110	1 140.29	4.10

续表

排名	信贷资产证券化				企业资产证券化			
	机构名称	笔数	总额（亿元）	金额占比（%）	机构名称	笔数	总额（亿元）	金额占比（%）
6	中海信托股份有限公司	30	1 764.13	6.43	上海国泰君安证券资产管理有限公司	48	974.49	3.50
7	中粮信托有限责任公司	24	1 017.65	3.71	信达证券股份有限公司	17	853.06	3.06
8	中国金谷国际信托有限责任公司	16	1 011.17	3.68	天风证券股份有限公司	60	792.37	2.85
9	兴业国际信托有限公司	18	848.58	3.09	招商证券资产管理有限公司	58	786.93	2.83
10	中国对外经济贸易信托有限公司	29	811.46	2.96	广发证券资产管理（广东）有限公司	69	729.42	2.62

中介机构

因资产证券化产品的结构比较复杂，涉及的参与主体众多，资产的识别有一定难度，为确保对参与主体和所涉资产尽职调查的准确性、真实性和完整性，在发行过程中一般会引入外部专业机构来协作，实际操作中涉及的审计、法律、评估、评级等，需要专业服务机构通过承担其中的调查、咨询、分析和评估等工作提供服务。通常，资产证券化过程中的主要中介机构包括会计师事务所、律师事务所和信用评级机构。

会计师事务所

会计处理工作是资产证券化过程中非常重要的一个环节，会计师需要对发起人及相关机构进行审计，核实财务报表的真实性和准确性，并对基础资产的现金流状况进行分析和预测，对资产是否能够出表进行相应的过手测试，并在产品设计的过程中提供会计和税务方面的专业意见，为特殊目的机构提供审计服务。表 2.3 列举了资产证券化过程中会计师事务所的市场占有情况，从统计结果可以看出，银行间市场倾向于选择四大会计师事务所（普华永道、毕马威、德勤、安永），四大会计师事务所在银行间市场证券化产品中的占有率超过了 95%，而证监会体系的证券化产品在会计师事务所的选择上则更本土化。

表 2.3　资产证券化过程中会计师事务所的市场占有情况

排名	信贷资产证券化				企业资产证券化			
	机构名称	笔数	总额（亿元）	金额占比（%）	机构名称	笔数	总额（亿元）	金额占比（%）
1	德勤华永会计师事务所	146	7 901.06	28.79	安永华明会计师事务所	63	1 817 68	12.73
2	普华永道中天会计师事务所	134	7 234.77	26.36	上会会计师事务所	65	1 483.74	10.39
3	毕马威华振会计师事务所	154	7 099.19	25.87	瑞华会计师事务所	102	1 430.28	10.01
4	安永华明会计师事务所	87	3 931.55	14.33	普华永道中天会计师事务所	63	1 385.97	9.70
5	信永中和会计师事务所	12	389.72	1.42	德勤华永会计师事务所	62	1 121.40	7.85
6	立信会计师事务所	21	300.71	1.10	立信会计师事务所	103	1 098 99	7.70
7	天健会计师事务所	11	198.47	0.72	中兴财光华会计师事务所	65	967.62	6.78

续表

排名	信贷资产证券化				企业资产证券化			
	机构名称	笔数	总额（亿元）	金额占比（%）	机构名称	笔数	总额（亿元）	金额占比（%）
8	华普天健会计师事务所	5	100.75	0.37	大华会计师事务所	48	652.02	4.57
9	江苏苏亚金诚会计师事务所	6	67.21	0.24	毕马威华振会计师事务所	39	605.17	4.24
10	瑞华会计师事务所	5	66.16	0.24	天健会计师事务所	58	426.86	2.99

律师事务所

律师事务所在产品发行过程中对发起人及基础资产的法律状况进行评估和调查，对基础资产的完整性、真实性和可特定化发表专业意见，同时需要明确项目参与各方的权利义务，拟定交易过程中相关的协议和法律文件，并提示法律风险，提供专业建议，以确保项目合法、合规。表 2.4 列举了资产证券化过程中律师事务所的市场占有情况，北京市中伦律师事务所、北京市金杜律师事务所在市场上占据主要地位。

表 2.4　资产证券化过程中律师事务所的市场占有情况

排名	信贷资产证券化				企业资产证券化			
	机构名称	笔数	总额（亿元）	金额占比（%）	机构名称	笔数	总额（亿元）	金额占比（%）
1	北京市中伦律师事务所	274	12 707.58	46.30	北京市金杜律师事务所	196	2 595.16	12.84
2	北京市金杜律师事务所	106	4 558.46	16.61	北京市中伦律师事务所	148	2 424.16	11.99
3	北京大成律师事务所	76	3 361.53	12.25	北京市奋迅律师事务所	143	2 371.91	11.73

续表

排名	信贷资产证券化				企业资产证券化			
	机构名称	笔数	总额（亿元）	金额占比（%）	机构名称	笔数	总额（亿元）	金额占比（%）
4	上海融孚律师事务所	26	1 808.60	6.59	上海市锦天城律师事务所	172	2 182.15	10.79
5	北京君合律师事务所	19	1 098.34	4.00	上海市方达律师事务所	90	2 127.24	10.52
6	北京市环球律师事务所	17	734.84	2.68	北京大成律师事务所	196	1 979 38	9.79
7	北京浩天信和律师事务所	7	513.37	1.87	北京市君泽君律师事务所	194	1 660.19	8.21
8	北京市君泽君律师事务所	7	457.66	1.67	上海融孚律师事务所	54	904.73	4.47
9	贝克·麦坚时国际律师事务所	12	421.64	1.54	海问律师事务所	11	415.91	2.06
10	上海君悦律师事务所	7	380	1.38	北京市中银律师事务所	15	373.79	1.85

信用评级机构

信用评级机构通过收集资料、尽职调查、信用分析、信息披露及后续跟踪，对原始权益人及基础资产的信用质量、产品的交易结构、现金流状况进行分析与评估，通过专业的测试模型及评级方法对现金流进行压力测试，以简单明确的评级结果向投资者展示项目的风险指标及风险因素，起到信用揭示的功能。表 2.5 列举了资产证券化过程中信用评级机构的市场占有情况，其中，银行间市场因监管要求需要有两家评级机构对产品进行双评级，因此占有率加总为 200%。

表 2.5 资产证券化过程中信用评级机构的市场占有情况

排名	信贷资产证券化				企业资产证券化			
	机构名称	笔数	总额（亿元）	金额占比（%）	机构名称	笔数	总额（亿元）	金额占比（%）
1	中诚信证券评估有限公司	791	10 272.71	40.47	中债资信评估有限责任公司	592	27 413.29	99.88
2	联合信用评级有限公司	521	6 539.80	25.76	中诚信国际信用评级有限责任公司	312	14 227.76	51.84
3	上海新世纪资信评估投资服务有限公司	358	5 811.14	22.89	联合资信评估有限公司	230	11 503.58	41.91
4	大公国际资信评估有限公司	166	2 402.66	9.47	上海新世纪资信评估投资服务有限公司	29	920.05	3.35
5	东方金诚国际信用评估有限公司	22	223.01	0.88	东方金诚国际信用评估有限公司	12	652.47	2.38
6	远东资信评估有限公司	13	102.85	0.41	大公国际资信评估有限公司	13	222.82	0.81
7	中证鹏元资信评估有限公司	10	74.61	0.29	标准普尔评级服务公司	1	99.65	0.36
8					联合信用评级有限公司	1	26.31	0.10

第四节　中国资产证券化产品的投资环境

资产证券化产品投资的宏观背景

人民币国际化进程加速

随着我国金融市场对外开放的不断延伸，以及各地自贸区建设的推进，人民币国际化的进程不断加速。人民币国际化的提速进一步促进经济和金融市场的开放，一方面有助于巩固中国在世界贸易中的优势并推进人民币在贸易结算和投资中的运用。但另一方面，人民币国际化使更多的境外机构参与进来，是对我国现有经济金融体系的考验。境外投资银行和投资人的加入，无论从资产组织的角度还是投资的角度看，都会对国内现有的投融资市场带来一定程度的冲击。目前，国内主要以企业信用为基础的产品将无法满足所有机构的需求，而背靠资产资质和现金流的资产证券化产品则可能成为新的热点。

另外，目前国内资产证券化产品仍处在价值发现的过程中，开放市场成熟经验和思路的引入会促使国内投资人对证券化产品形成新的认识，对推动证券化市场的发展有着巨大的作用。

利率市场化基本完成

2013 年以来，我国利率市场化进程逐步推进。2015 年随着央行先后降准降息，存款利率上限从基准 1.2 倍逐步发展为全部放开，利率市场化的进程基本完成。利率市场化关系到全社会的资产配置，能够充分发挥市场在资产配置中的决定性作用，提高资产配置的效率，对金融市场的格局有重大影响。

随着利率市场化的推进，银行业面临着净息差收窄的市场环境。为了更好地应对利率市场化导致的运营成本上升，银行需要寻找新的盈利渠道，增厚收益。此时，资产证券化的兴起能够帮助银行将海量的存量资产盘活，从而提高收益率，提高商业银行资产负债的能力，减少流动性风险，更好地解决商业银行负债期限错配的问题。因此，利率市场化是信贷资产证券化的长期发展动力，为商业银行提供了灵活的资产负债表的处理方式和新的竞争手段。

国内整体债务率快速上升

目前，我国经济正处于以“速度换挡、结构优化、动力转变”为主要特征的转型时期。国家统计局数据测算显示，2016 年年末，M2/GDP（广义货币 / 国内生产总值）的值达 208%，金融业增加值占比达 8.35%；债务规模迅速增长，总杠杆率达 250% 左右，企业部门、金融体系的信用、债务风险加大。因此，国内经济迫切需要“脱虚向实”、去杠杆。对资产负债表进行管理，对存量融资进行再定价，释放沉淀流动性，在不增加基础货币的前提下为经济增长提供流动性支持，是新形势下国内经济面临的重大课题。

在去杠杆过程中，资产证券化的需求不断增强。资产证券化产品在宏观层面有利于盘活信贷存量，促进直接融资和多层次金融市场体系发展，能够满足参与各方多层次、多元化的金融需求，一方面，帮助发起人转移风险资产，降低融资成本，推动经营转型，另一方面，在“资产荒”的环境下为投资人提供风险收益较好的投资渠道。

政策鼓励驱动，监管日益完善

2013 年，李克强总理针对宏观调控提出“盘活存量，用好增量”的信贷政策，并扩大资产证券化试点。2016 年《政府工作报告》中提出，要发挥资产证券化在基础设施和建设领域的重要作用。政府鼓励证券化，辅以审批程序的简化，信贷资产证券化实施备案制 + 注册制，企业资产证券化实施备案制 + 负面清单管理，从逐笔审批制转为备案制，利好证券化市场发展。国家政策和金融创新通过鼓励银行改善负债结构，释放出更多资金以投入实体经济，利好信贷资产证券化，通过鼓励企业以创新的方式进行自主融资，利好企业资产证券化。这样一系列传递信号、完善制度、简化程序的措施，显现出国家利用资产证券化促进实体经济发展的意图，突出国家对资产证券化解决融资问题的高度认可，在政策面促进了资产证券化市场的良性、快速发展。

在政策鼓励发展的同时，我国也在不断完善金融行业的监管体系和监管措施。2017 年 7 月召开的全国金融工作会议再次强调防范化解金融风险的重要性和紧迫性，在加强监管的举措上，完善各环节的审慎监管，同时积极推进法律制度、税收制度和会计制度的建设。虽说监管的完善对短期业务发展会产生一定的影响，但从长期来看，规范和健康的业务运行制度是业务得以长期稳定发展的基石。在各金融机构加强监管的过程中，原本隐藏的一些问题凸显出来，高速增长的通道业务和同业业务背后，潜藏着影子银行恶意扩张的风险，是监管机构屡屡发声表示要严肃整顿的核心。效率至上的非标准化融资方式虽然在目前的市场上仍占据主要地位，但从长远来看，其并非经济良性发展的友好伙伴。随着对非标准化融资工具的整肃，使用标准化手段化解存量资产的需求必然上升，资产证券化正当其时。

资产证券化产品投资的市场背景

证券化产品种类日趋丰富，满足不同投资需求

一个市场的活跃程度，与其市场容量密切相关，随着政策的推动，我国固定收益市场规模不断增大，国际化程度也将继续提升。截至 2017 年 6 月底，我国固定收益市场共发行 34 318 只固定收益类产品，规模超过 37 万亿元，在全球排名第三。图 2.10 列示了我国固定收益市场的存量规模（截至 2017 年 6 月底），从中可以看出固定收益市场产品的丰富性。随着市场容量的扩大，固定收益产品成为机构投资者资产配置中不可或缺的品类，而创新产品的推出也为投资机构提供了选择的余地。

虽然，目前资产证券化产品的总规模在固定收益类产品中并不突出，但资产证券化产品市场的不断扩容，吸引了越来越多的机

构投资人加入。截至 2017 年 6 月末，资产证券化产品发行规模达 25 032.69 亿元，存量规模已超过 1 万亿元，相较于债券市场近 70 万亿的总存量，余额占比仅为 1.84%。

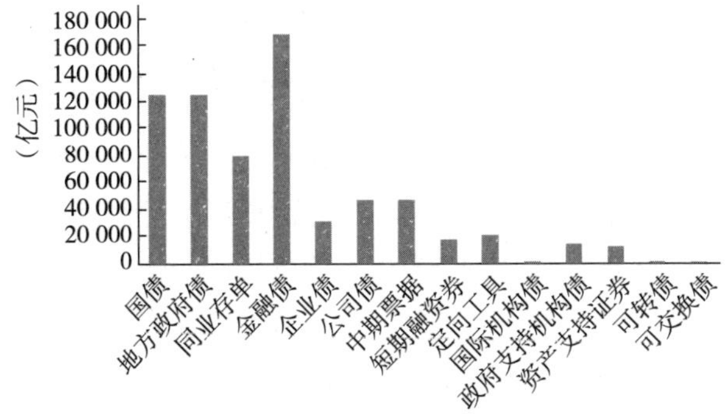

图 2.10　我国固定收益市场的存量规模（截至 2017 年 6 月底）

资料来源：万得资讯。

资产证券化产品在规模扩张的同时，依然保持着很高的产品创新力度，产品的评级、期限、基础资产种类也更加丰富，参与机构更加多元，市场流动性持续改善，产品设计、发行方式创新不断，基础资产拓展至 PPP 项目、类 REITs 等，各种“首单”一一涌现出来，2016 年共有 12 只“首单”类企业资产证券化产品面世。更大的市场规模、更多的品类使投资者可以根据自身风险偏好、久期设置选择更合适的资产证券化产品。投资者的投资热情及可参与度进一步提高。

促进海外资本的引进，投资者范围扩大

前文我们分析了我国资产证券化产品的主要投资者类别，其与同级别市场的债券类产品投资人基本保持一致。另外，我国也在逐步扩展海外投资人投资境内产品的渠道，并开通了国际投资者投资国内资产证券化的通道。国际投资者可以通过合格境外机构投资者、人民币合格境外机构投资者、中国银行间债券市场直接投资模式和近期开通的“债券通”等方式投资我国的资产证券化产品。2017 年 8 月，首单“债券通”资产支持证券落地，标志着境外投资者开始可以投资境内

资产证券化产品，有利于丰富证券化市场的投资者结构，进一步提升我国证券化市场的活跃度。

证券化产品溢价仍旧凸显

2014年以来，随着资产证券化市场的逐渐成熟，整体市场规模逐步扩大，制度不断完善，产品类型日益丰富，除几个创新品种外，几大主流品种已经形成常态化发展的态势。在风险定价方面，资产证券化产品发行初期具有较高的风险溢价，近期随着产品的逐渐标准化、规模化，虽然相较于同级别债券产品的溢价仍较明显，但风险溢价已经在逐步降低，且产品价格对于市场的敏感度有了大幅的提升。资产证券化产品与同级别、同期限中短期票据到期收益率走势及利差如图2.11所示。

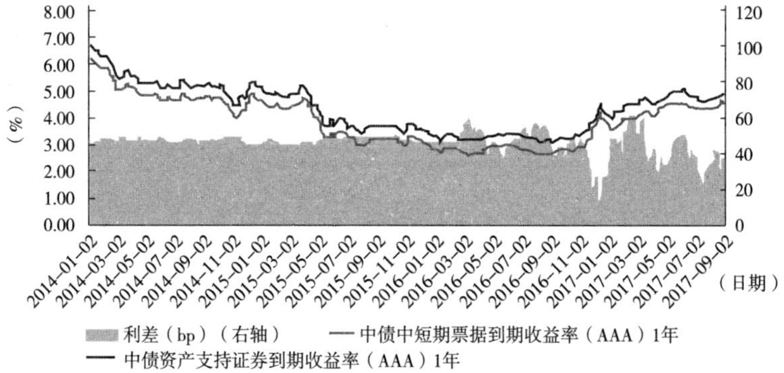

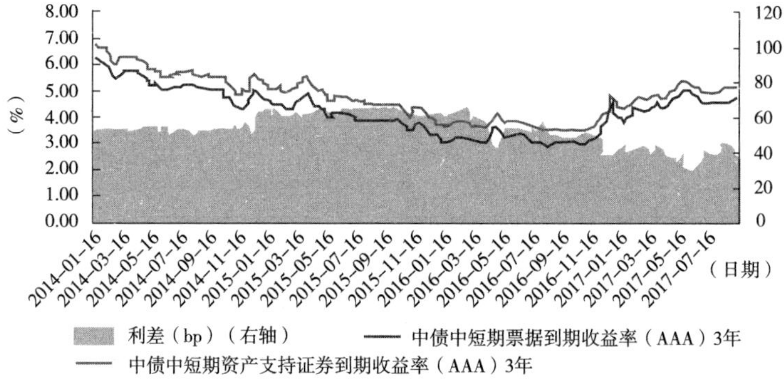

图2.11 资产证券化产品与同级别、同期限中短期票据到期收益率走势及利差

在成熟市场，发展初期的产品一般会呈现低风险、高回报的特征。以企业资产证券化产品为例，2014 年市场早期发行的几只产品，如“狮桥一期资产支持专项计划”、“南方骐元－远东宏信（天津）1号资产支持专项计划”的优先级证券发行利率为 6.30%～9.15%。从资产质量来看，狮桥融资租赁（中国）有限公司、远东国际租赁有限公司均为国内融资租赁行业的领头企业，经筛选后，其用于发行企业资产证券化产品的入池资产均为优质资产。产品通过结构化设计保障优先级投资者的收益，使资产证券化产品的相对风险较低，投资者可以以较低的风险享受高收益回报。2016 年，融资租赁资产证券化大规模发展，产品的优先级收益率普遍降至 4%~7%，此时发行的产品的风险溢价较早期发行的产品有所下降，但相较于同期限债券类产品来说，资产证券化产品仍具有较高的投资价值。

从中债资产支持证券到期收益率走势以及与同级别、同期限中短期票据收益率的利差①走势来看，2014—2015 年，两者的利差相对稳定。2016 年以来，受整体债券市场影响，两者收益率略有波动，但总体利差缩小，在中长期产品上体现较为明显。2016 年上半年，资产证券化产品的收益率下行，主要是由于资产证券化产品相较于同级别、同期限的融资票据具有更高的收益，符合投资者的偏好，价格略有下降。自 2016 年下半年至今，债券市场流动性收紧，整体利率进入上行阶段，资产证券化产品的收益率随债券整体利率走势上扬。其中，1 年期资产证券化产品与传统债券产品的利差增加，凸显了其产品本身流动性不足的问题。

接下来，我们针对不同评级的产品分别分析信贷资产证券化产品与企业资产证券化产品的利差表现。②

高评级部分（AAA/AA+）

经统计，在 AAA 级信贷资产证券化产品中，产品利差的均值为 41bp，中位数为 38bp。而在 AAA 级企业资产证券化产品中，产品利

① 若无特殊注明，本节内容中的“利差”仅指资产证券化产品的发行利率与同级别、同期限中短期票据的发行利率之间的差值。

② 此处资料来源于《随市动，择时机：利差走阔环境下 ABS 的投资机会——资产证券化收益率梳理专题报告系列二》，数据统计期间为 2012 年 1 月至 2017 年 4 月。

差的均值为 138bp，中位数为 139bp。相较于企业资产证券化产品，信贷资产证券化产品的利差较小，一方面是由于其流动性相对较好，反映在价格中的流动性补偿较低，另一方面是由于信贷资产证券化产品发行数量多、产品标准化程度较高，反映在价格中的风险溢价收窄。AAA 级银行间市场资产证券化产品与交易所资产证券化产品的利差分析如图 2.12 所示。

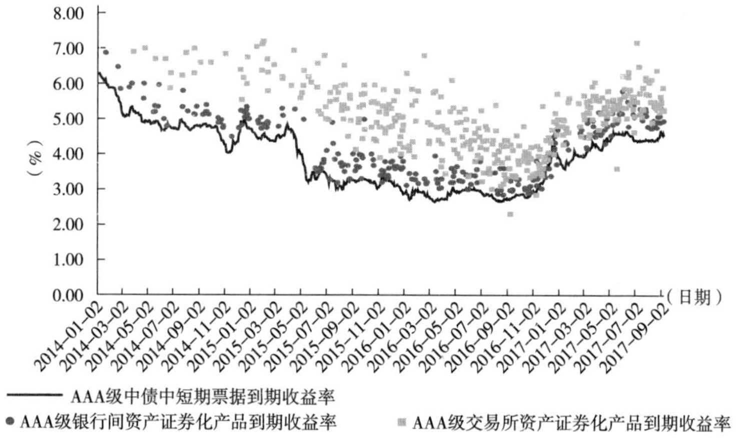

图 2.12　AAA 级银行间市场资产证券化产品与交易所资产证券化产品的利差分析

从图 2.12 可以看出，无论是信贷资产证券化还是企业资产证券化，AAA 级证券的利差呈现出先下降后上升的走势，在 2016 年年末、2017 年年初达到极值。图中不同标记的点代表不同的产品，信贷资产证券化产品的利率走势紧跟同级别中短期票据收益率，两者的联动较为明显；而企业资产证券化产品整体上与同级别中短期票据收益率走势保持一致，但在短周期内，两者联动性不强，其主要原因可能是：基础资产所属行业分散，现金流补偿的计算方式差异很大，行业间的差异导致产品的差异，产品的差异使发行利率的走势无法一致；市场成熟度有待提高，无论是发行人、管理人还是投资人，对企业资产证券化产品的认知都有待进一步提高，在产品的定价上，也没有形成统一的标准。

通过比较 AA+ 级产品的利差情况可以看出，随着评级的下调，信贷资产证券化产品在信用补偿上没有出现明显的波动，利率走势与 AAA 级产品保持一致。经统计，AA+ 级信贷资产证券化产品利差的均值为62bp，中位数为57bp，比AAA级产品的利差增加了20bp左右。企业资产证券化产品利差的均值为195bp，中位数为188bp，其利差较AAA级证券的利差有明显的上升。AA+级银行间市场资产证券化产品与交易所资产证券化产品的利差分析如图2.13所示。

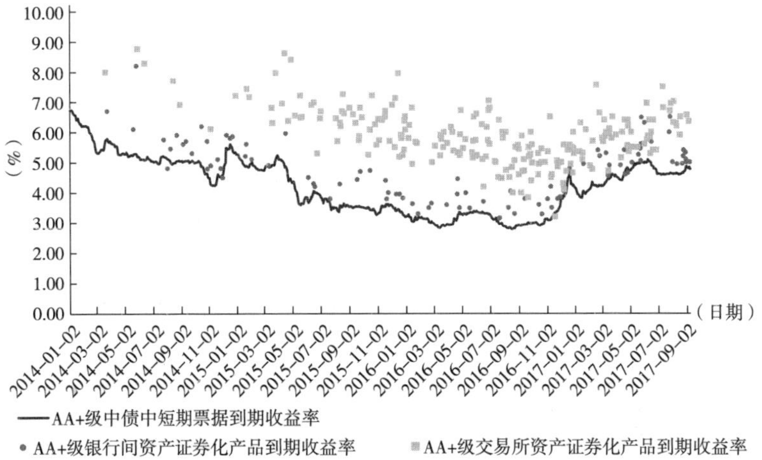

图2.13　AA+级银行间市场资产证券化产品与交易所资产证券化产品的利差分析

中评级部分（AA）

AA级银行间市场资产证券化产品与交易所资产证券化产品的利差分析如图2.14所示。经统计，在评级为AA的信贷资产证券化产品中，利差的均值为23.5bp，中位数为29.4bp。AA级产品的利差比AA+级甚至AAA级产品的利差更小，可能是由于资产证券化产品中设计了合理的内外部增信措施，即便是AA级证券，也有一定比例的次级证券为其提供信用保障，而传统债券仅涉及外部增信，一旦外部增信措施失效，信用风险将使整个债券无法得到保障，因而作为参照物的传统债券的信用补偿较高，相对利差较小。

在企业资产证券化产品中，AA级产品的利差均值为221bp，中位数为215bp。利差较高评级证券有较明显的提升，主要原因在于，在目前已发行的产品中，AA级资产支持证券大多为次优级或夹层级产品，一般由原始权益人或其关联方自持，因该级产品风险较大，外部投资者的投资积极性不高，若该部分产品需要对外销售，一般发行人会选择提高收益率以获得外部投资人的青睐。

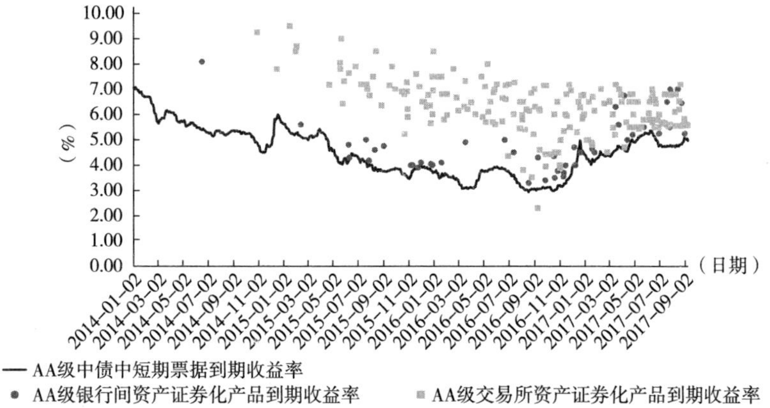

图 2.14　AA 级银行间市场资产证券化产品与交易所资产证券化产品的利差分析

低评级部分（AA–/A+）

在信贷资产证券化产品中，AA– 级产品利差的均值为 –103bp，中位数为 –106bp；A+ 级产品利差的均值为 –212bp，中位数为 –219bp，利差出现了负值。利差随评级降低而降低的趋势在中评级产品中已经可以看出，在低评级产品中更明显，由于结构化设计及各类增信措施，在低评级市场中，信贷资产证券化产品可以很好地体现资产证券化产品低风险的特征。企业资产证券化 AA– 及以下评级的产品样本量较少，利差波动较大。A+ 级银行间市场资产证券化产品与交易所资产证券化产品的利差分析如图 2.15 所示。

证券化产品的信用等级相对集中

对于投资者而言，资产证券化产品的结构化设计和信用增级措施使产品结构复杂，参与主体众多，从而带来信息识别的困难，增加了证券化产品的投资难度。特别是私募发行的产品，公开信息有限，使评级机构的评级结果在很大程度上影响投资者的决策，有时甚至是投资人参考的主要指标。信贷资产证券化产品和企业资产证券化产品的评级分布如图 2.16 所示。

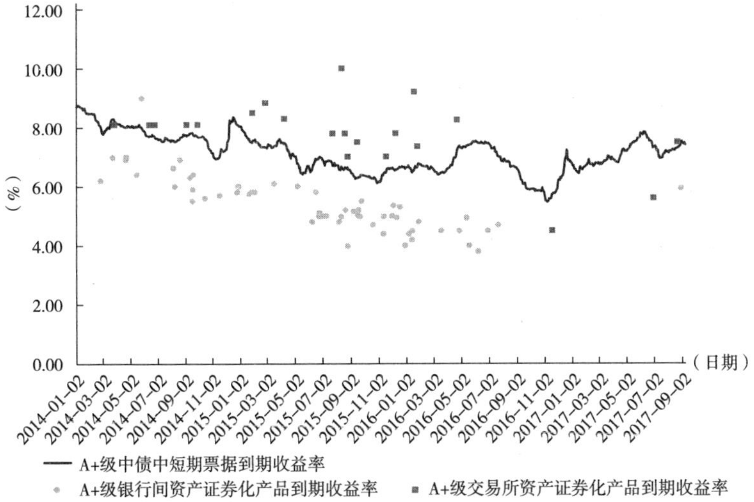

图 2.15　A+ 级银行间市场资产证券化产品与交易所资产证券化产品的利差分析

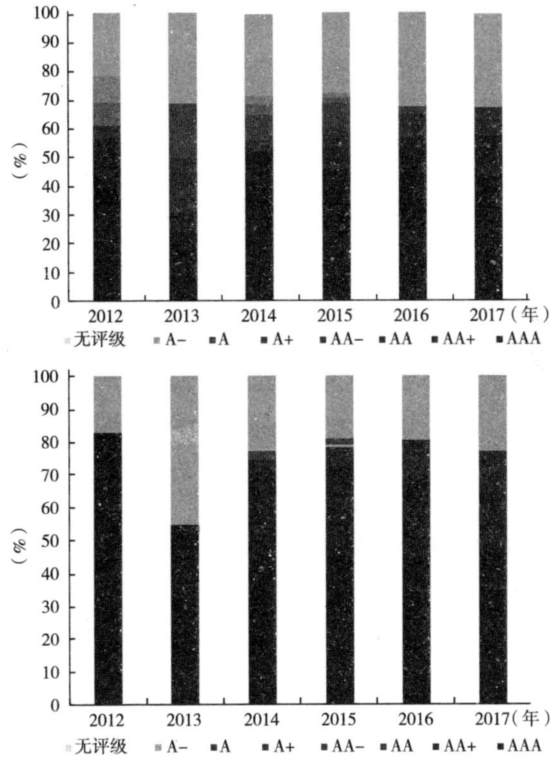

图 2.16　信贷资产证券化产品和企业资产证券化产品的评级分布

通过对已发行的资产证券化产品的统计，近3年来，信贷资产证券化和企业资产证券化产品的评级均以AAA级为主，且占比保持在比较稳定的区间。

从评级占比的对比可以看出，除去由发行人认购的无评级部分，企业资产证券化产品中96.79%的评级均在AA级（含）以上，AAA级产品占比达57.86%，AA+级和AA级产品的占比合计达近40%，而AA–级及以下的产品占比合计不足4%。信贷资产证券化产品中AAA级产品的占比超过六成，评级在A–级和AA+级之间均有分布，但评级在AA–级及以下的占比合计为17.73%。

2016年资产证券化产品仍以AAA级和AA+级的高信用等级产品为主。除次级档外，235只信贷资产证券化产品均为A以上评级，信用评级为AA及以上的高等级产品的发行额为3 277.61亿元，占信贷资产证券化产品发行总量的85%。在1 435只企业资产证券化产品中，有1 434只为A+以上评级，AA级及以上的高信用等级产品的发行额为3 792.61亿元，占企业资产证券化产品发行总量的86%。信贷资产证券化产品及企业资产证券化产品的评级分布对比如图2.17所示。

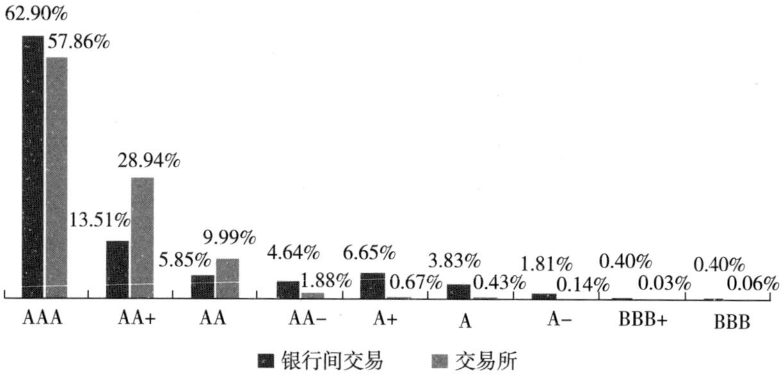

图2.17　信贷资产证券化产品及企业资产证券化产品的评级分布对比

第三章

资产证券化产品的期权特征

资产证券化产品是固定收益领域的重要组成部分，约占美国固定收益市场的1/4，是成熟资本市场中投资者的重要资产配置品种。资产证券化产品有固定收益产品的一般属性，也有其自身的特性。资产证券化产品是结构性融资产品的一种，期权特征是所有结构性融资产品的共性，不只局限于资产证券化产品。从产品的发行到投资，认识资产证券化产品的风险和收益特征是非常重要的，期权是描述资产证券化产品的风险与收益特征的一种语言，也是帮助市场参与者分析资产证券化产品风险与收益特征的有效工具。随着财务出表和风险隔离逐渐成为市场主流，以及独立次级证券投资者群体的形成，信贷资产证券化产品和企业资产证券化产品的主要风险从主体转向基础资产，分析产品的期权特征变得越来越重要。目前，中国银行间市场的产品可以用期权的方法来分析，而交易所市场的企业资产证券化产品的发行、评级、定价逻辑还有很强的主体依赖性，期权特征较弱。充分了解、熟悉资产证券化产品的期权特征，有利于设计更合理的产品结构，形成更理性的定价机制，发现更好的投资策略以及制定更有效的监管措施。

本章从固定收益产品入手，由浅入深，对资产证券化产品进行深入和系统的分析。第一节简单介绍固定收益产品的基本概念，包括基本参数、交易参数以及固定收益产品的风险类型；第二节在固定收益产品的基础上，引出资产证券化产品；第三节由一个简单模型出发，说明证券化产品存在期权特征，并以此为依据，探究各层级证券的收益与风险特征，并从风险、评级、定价的角度，分析证券化产品与一般信用债以及利率债的不同。

第一节　固定收益产品的基本概念

固定收益产品是承诺未来还本付息的债务工具以及相关衍生品的总称。固定收益证券可以分为3类：基础性债务工具、固定收益证券衍生品、结构型债务工具。基础性债务工具包括资本市场工具，如国债、公司债等。货币市场工具有国库券、商业票据、回购等。固定收益证券衍生品可分为利率衍生品和信用衍生品，利率衍生品包括利率远期、利率期货、利率互换、欧洲美元期货、利率期权等，信用衍生产品有大额可转让定期存单（CDS）等。结构性债务工具有含权债、资产支持证券等。

固定收益产品的基本参数

以“建元2018年第十三期个人住房抵押贷款资产支持证券”（简称“18建元13A1”）为例，固定收益产品的基本参数如图3.1所示，一系列基本参数决定了一个固定收益产品的基本特征。

本金、剩余本金和本金因子

以“18建元13A1”为例，如图3.2所示，证券的初始本金为60 000万元，当前剩余本金为44 502万元。本金因子是当前剩余本金和初始本金的比例，在这里本金因子为0.741 7。本金因子在国际市场资产证券化行业应用广泛，如果证券发生摊还，在计算证券价格时，用价格乘以本金因子，会使计算结果具有可比性。

本金的偿付规则通常有一次性支付、固定摊还和过手摊还。固定收益产品的本金偿付如图3.2所示。

在图3.2（a）中，实线代表固定摊还证券的现金流，可以看出实际现金流和说明书给定的现金流一致；虚线代表过手摊还证券的现金

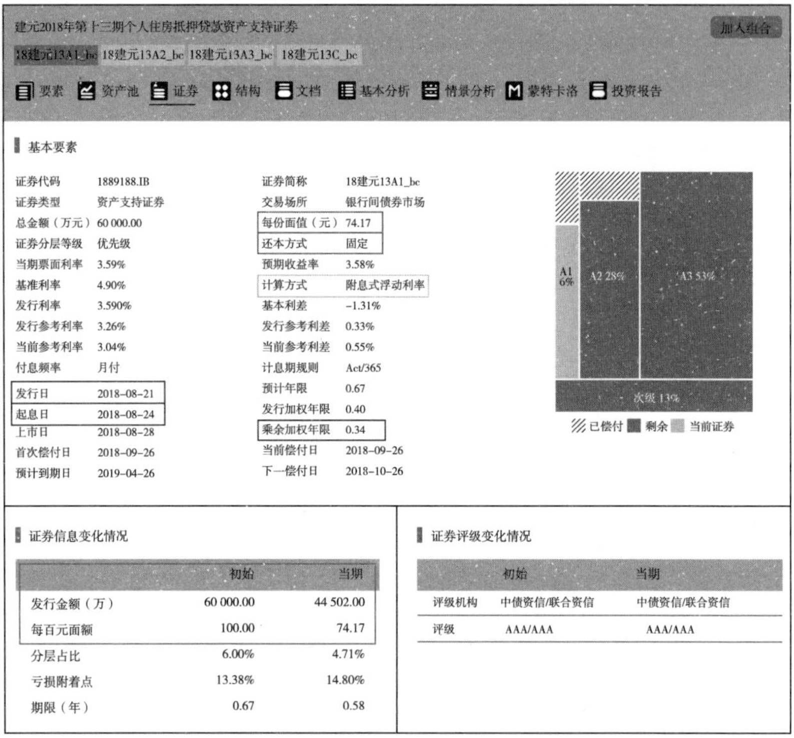

图 3.1　固定收益产品的基本参数

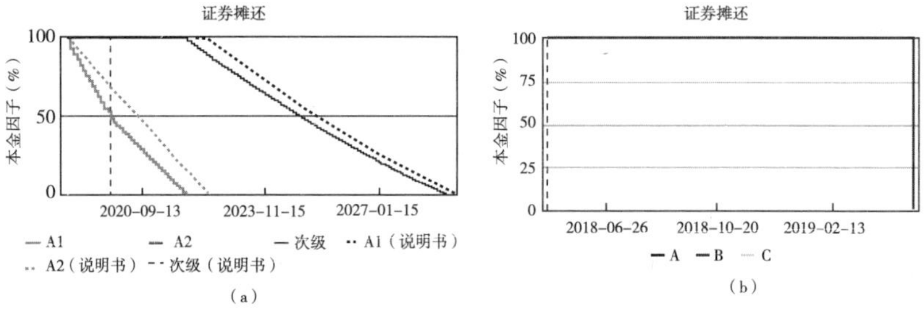

图 3.2　固定收益产品的本金偿付

流，可以看出实际现金流和说明书给定现金流之间有差距。对于一次性支付的证券，如图 3.2（b）所示，本金从期初开始一直保持不变，直到最后一天，全部偿清，当前剩余本金变为 0。当前，中国证券化市场中大多数证券属于过手摊还型，但很多短期证券属于固定摊还型，这样的分布状态与投资者偏好有关。

利息

利率类型通常有固定利率，即利率固定不变；浮动利率，即在基准利率的基础上加一个固定的利差；递增利率，即基于基准利率浮动计息且利差本身随时间递增。利率的基本单位通常是百分比（%），而利差的计量单位通常是基点（bp）。例如，“18 建元 13A1”的计息方式是浮动利率，基准利率为中国人民银行公布实施的五年期以上贷款利率，当前值为 4.9%，利差为 −131bp。

在实际交易中，每个月的天数不一样，付息规则需要在证券的基本信息上事先约定日计数规则，即日计数公约，“18 建元 13A1”的日计数公约为实际天数 /365，常见的日计数公约有实际天数 /365、实际天数 / 实际天数、实际天数 /360 和 30/360。

日期

在分析固定收益产品时，需要关注几个关键日期，具体如图 3.3 所示。

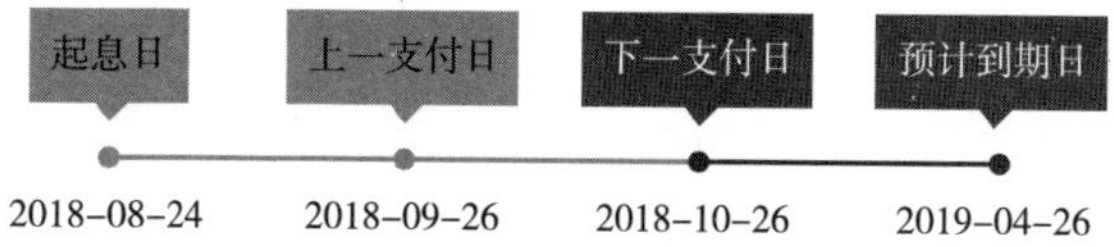

图 3.3　固定收益产品的关键日期

- 发行日，证券申购当天。例如，“18 建元 13A1”的发行日为 2018 年 8 月 21 日。
- 起息日，一笔收款或付款真正执行生效的日期，证券从该天开始计算利息。例如，“18 建元 13A1”的起息日为 2018 年 8 月 24 日。
- 支付日，固定收益产品的计息天数是计算利息的重要参数，固定收益产品有一个付息频率，例如，“18 建元 13A1”每月 26 日支付利息，支付期间是一个月。然而，绝大多数情况下，固定收益产品的第一个支付日和倒数第二支付日对应的支付区间是不规则的。通常，如果支付日是节假日，则支付日为该日后的第一个工作日。

- 到期日。在资产证券化行业，需要区分法定到期日、预计到期日、剩余期限以及平均到期期限，这些日期直接影响证券的估值定价。预计到期日是指，根据现金流测算的证券预计到期的那一天。法定到期日，证券化产品法定到期日一般设置在终止日后的两年作为诉讼期，若发生资产违约等情况，可以在期间诉讼，在法定到期日之前通过诉讼决议来清偿资产。剩余期限是当前日期距离预计到期日的期限（年），例如，“18 建元 13A1”的到期期限约为 0.67 年。加权平均到期期限以每期本金偿付比例为权重，当前日期到各偿付日的加权平均到期期限（年）。例如，“18 建元 13A1”的加权平均到期期限约为 0.33 年。

固定收益产品的交易参数

固定收益产品的交易参数包括价格、收益率以及衡量价格敏感度的指标等。具体如图 3.4 所示。

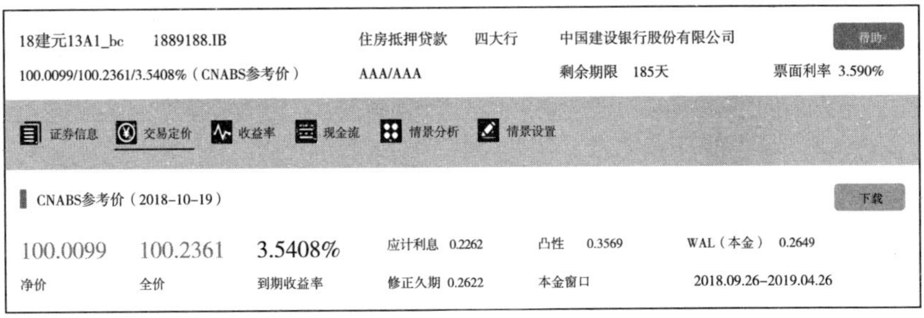

图 3.4 固定收益产品的交易参数

价格

- 全价，是债券未来现金流的现值之和。
- 应计利息，是指债券自上一次付息后累计未付的利息。
- 净价，是指证券全价扣除应计利息的差额。在美国市场上，报价用的多是净价，在欧洲市场上，报价用的多是全价。通常，我国在报价的时候用的是净价，成交价是全价。

- 交易总价，是指当前涵盖各种税费的买卖总价。

$$\text{交易总价} = \text{全价} + \text{印花税} + \text{手续费}$$

收益率

收益率是固定收益中一个很重要的概念，举例而言，如果买一个票面利率为 5% 的债券，那么收益率是多少？倘若是用 100 元现金买的，那么在买的时候，收益率就是 5%。如果去银行存 100 元的一年期定期存款，银行利息为 3%，一年以后，银行偿还 103 元，那么存进去的 100 元值多少钱，是 100 元还是 103 元？一年后的 103 元相当于现在的 100 元，所以将一年后的现金除以 1.03，就是现在的价格 100 元。金融市场中有一个概念，叫贴现率，即将未来支付改为现值所使用的利率，市场利率的变化，直接影响现在持有债券的价格。

- 折现率，是指将未来有限期 1 单位面值折算到现在的价格。
- 收益率，即可以使投资债券获得的未来现金流量的现值等于债券当前市价的贴现率。

价格敏感性

固定收益产品在交易报价时，通常会与久期、凸性和基点价值一起。这三个参数衡量了价格对利率的敏感程度。

久期，近似跟期限有关，如果债券一次性还本付息，那么久期与到期预计期限是一致的。在实际中，久期比到期预计期限短，原因在于，证券在生命周期内通常有本金或利息的偿付。常用的久期有麦考利久期和有效久期。

$$\text{麦考利久期} = \sum_{i=1}^{N} \text{第}i\text{期现金流} \times \text{第}i\text{期折现率} \times \text{第}i\text{期期限}$$

$$\text{有效久期} = \frac{\text{价格}\times(\text{收益率下降}x\text{个基点}) - \text{价格}\times(\text{收益率上升}x\text{个基点})}{2\times\text{原始价格}\times\text{收益率变化}x\text{个基点}}$$

凸性，在微积分中，久期相当于价格变化的一阶修正，凸性相当于二阶修正，

$$\frac{\text{价格变化}}{\text{价格}} = -\text{修正久期} \times \text{收益率变化} + \text{凸性} \times \frac{\text{收益率变化}^2}{2}$$

除单一证券的报价过程，久期和凸性也是建立投资组合的常用参数，交易双方会关注整个投资组合的久期和凸性。从投资组合的角度看，久期通常衡量风险敏感度，而凸性则是一个优化的参数。在单一证券和投资组合里，久期和凸性的用途是不一样的。凸性是固定收益里投资组合优化的参数，在建立投资组合的时候，期望凸性越高越好，久期越短越好。久期短，则投资组合对基准利率的敏感度低，市场风险较低；固定其他条件不变，在市场利率的变化过程中，若价格上升，则凸性越大，价格上升越多，若价格下降，则凸性越大，价格下降越少。凸性与本金的偿付有关，若本金是到期一次性偿付的，则证券凸性最小；若本金在各个偿付期摊还，则凸性较大。在资产证券化过程中，很多证券是过手型的，从凸性的角度看，对投资组合是有利的。

基点价值，基点价值的基本用处与久期类似，其定义相对简单，对于一个基点的利率变化，基点价值衡量了价格变动的幅度。

$$\text{基点价值} = -\frac{\text{价格的微小变动}}{\text{收益率的微小变动}}$$

通常，在交易员之间，基点价值用得较多，但不同市场规范不同。

固定收益产品的风险

风险是金融资产定价的重要依据，对资产的风险分类和风险度量是定价的必要条件。风险可以理解为不确定性，这个不确定性可以是偿付金额的不确定性、偿付时间的不确定性以及持有资产价值的不确定性等。固定收益产品有一个还本付息的时间表，在实际操作过程中，这个时间表存在较大的不确定性，这就是固定收益产品的风险来

源。固定收益产品的风险类型比较多，大体可分为八种类型。

信用风险，信用风险表现的形式是多样的，最常见的信用风险是拖欠和违约，除此之外，还有评级下调和负面观察。举例来说，如果投资者之前购买的 AAA 级债券，现在被降到 A，那么该证券有可能要清仓，如果该债券本来是质押的，那么现在有可能要出库，所以评级下调，甚至评级公司给个负面观察，是个非常大的风险。另外，资产重组甚至并购也会导致信用风险。就资产重组而言，如果企业到期还不了钱，那么它可能跟债权人协商延期还款，这样一来，表面上企业并没有违约，只是与投资人达成了一个协议，但从投资者的角度看，这个协议是无奈的，如果不达成这个协议，企业就会违约，所以其本质是信用风险。

市场风险，对于固定收益产品，基准利率本身有波动，同时利差也有波动，所以未来的收益率是不确定的。比如，即使把钱存在银行，如果存款的利率在变，那么存在银行的资产价值也在变。再比如，买一个 10 年期国债，如果在这 10 年里利率涨了 2%，那么投资人实际上是亏损的。此外，如果产品涉及跨境投资，那么还存在汇率风险。

早偿风险，早偿在中国资产证券化市场，尤其是银行间市场，是目前最主要的风险。对于美国 CLO 或者住房抵押贷款支持证券，优先级资产最主要的风险就是早偿风险。当市场利率降低时，债务人倾向于提前偿还，以更低的利率再融资，早偿风险和利率之间有一个自然的负相关。

流通性风险，金融危机体现的主要形式是流通性风险，此外有些资产由于监管或市场的影响，本身流通性就比较差，此时该资产的估值与实际交易价之间可以有很大的差距。所以，流通性高的资产，收益率相对较低，因为任何时候都可以将其兑现；而流通性差的资产，会有一个流通性溢价，作为流通性问题的补偿。

担保与抵押风险。对于有担保或抵押的固定收益产品，担保方本身存在信用风险，而抵押物存在贬值的风险，所以债券发生违约后，担保方是否有能力提供担保，抵押物是否仍值钱，均存在一定的不确定性。

政策性风险，与利率有关的产品，存在较高的政策性风险。宏观经济、货币政策以及法律法规的变化均会影响基准利率。

操作风险，在产品运作和交易过程中，会产生操作风险。

道德风险，对于固定收益产品，尤其是信用债，道德风险是很大的。有时，债务人违约不是纯粹的财务问题，而是不愿意偿付。道德风险与当地法律以及整个市场环境密切相关。

第二节　什么是资产证券化

绝大多数资产证券化产品有多个证券层级，如图 3.6 所示。除了次级证券（如图 3.5 中的次级证券），每个证券有发行金额、利率（固定利率或浮动利率）、预期到期日以及评级。基本参数与企业的信用债相同，因此很多市场参与者自然地把资产证券化产品当作信用债，从投资决策到风险管理，都直接套用企业信用债的流程和分析工具。在全球金融危机之前，国际市场的监管部门也基本按照对信用债的监管方法，通过公开评级来约束投资者对资产证券化产品的投资。

证券信息

证券名称	证券代码	发行量（万）	存量（万）	发行利率	当前利率	利率类型	还本方式	加权年限	参考争价	当前评级
A	061205001.IB	83 629.00	0.00	4.55%	3.05%	浮动	过手	0.50	-	AAA/AAA/AAA
B	061205002.IB	11 370.00	0.00	6.00%	4.50%	浮动	过手	1.22	-	AA+/AA/AA
次级	061205003.IB	4 999.93	0.00	0.00%	0.00%	-	过手	2.16	-	NR/NR/NR

图 3.5　资产证券化产品证券要素

然而，资产证券化产品相比固定收益产品更进一层。标准的固定收益产品是由一个国家、地方政府或企业的信用支持负债端，而资产证券化产品的负债端是由一个资产池在支持，资产池通常是多个资产的投资组合，所以资产证券化产品的主要风险是整个资产池的组合风险。

资产池基本参数

资产池作为多个资产的投资组合，将资产加权平均，可近似地看作一个固定收益产品。如图 3.6 所示，资产池基本参数有资产池本金、本金加权平均利率以及加权平均到期期限等。

原始资产池（入池资产基本信息）	
资产池未偿本金金额（万元）	99 998.93
证券发行总金额（万元）	99 998.93
合同总金额（万元）	228 768.07
贷款笔数（笔）	24 303
借款人户数（户）	24 303
单笔贷款平均本金余额（万元）	4.11
单笔贷款最高本金余额（万元）	13.57
单笔贷款平均合同金额（万元）	9.41
单笔贷款最高合同金额（万元）	21.60
借款人平均本金余额（万元）	4.11

原始资产池（入池资产期限/利率特征）	
加权平均贷款合同期限（年）	2.96
加权平均贷款剩余期限（年）	1.24
加权平均贷款账龄（年）	1.71
加权平均贷款年利率（%）	11.88
单笔贷款最长剩余期限（年）	--
单笔贷款最短剩余期限（年）	--
单笔贷款最高年利率（%）	13.68
单笔贷款最低年利率（%）	--

原始资产池（入池资产借款人/抵押物特征）	
抵押车辆初始评估总价值（万元）	--
加权平均贷款初始抵押率/LTV（%）	65.10
抵押新车占比（%）	0.00
借款人加权平均年龄（岁）	36.54
借款人加权平均年收入（万元）	--
借款人加权平均收入债务比（%）	--
30～40岁借款人贷款占比（%）	42.52

图 3.6　资产池基本参数

然而，资产池有比较复杂的现金流结构，所以除了固定收益产品的基本参数，还有资产池违约风险参数和早偿风险参数。对于固定收益产品，它可以违约或者不违约，但是证券化产品的资产池有多个资产，其中可以有部分违约，也可以全部违约，可能的违约情景比单一固定收益产品多很多；同理，早偿情况也是类似的。

此外，对违约和早偿风险的量化有以下衡量指标。

资产池违约风险参数

累计违约率，是指资产池从期初到当前累计违约的资产与初始资产池规模的比例。

条件违约率，是指当前违约的资产金额与当期期初资产池剩余金额的比例。

违约回收率，是指一旦有资产发生违约，通过止赎权或破产程序等收回的金额与违约资产金额的比例。

违约回收延迟，通常，违约回收存在时滞性，违约回收延迟是指资产发生违约到违约回收的延时。

违约损失率，指债务人一旦违约将给债权人造成的损失数额，即损失的严重程度。违约回收率影响违约损失率，两者之间存在如下关系：

$$违约损失率=1-违约回收率$$

资产池早偿风险参数

累计早偿率，是指资产池从期初到当前累计早偿的资产与初始资产池规模的比例。

条件早偿率，是指当前早偿的资产金额与当期期初资产池剩余金额的比例。

图 3.7 是汽车抵押贷款累计违约率和早偿率的分布统计图。从图中可以看出，汽车抵押贷款累计违约率和早偿率的分布符合一定的规律，具体在后面章节加以详述。

资产证券化基本参数

从表面上看，资产证券化产品的证券端，跟固定收益产品的基本参数是一样的，有本金、票面利率、期限等，但实际上，资产证券化产品比一般的固定收益产品要复杂很多。

资产池风险分析图

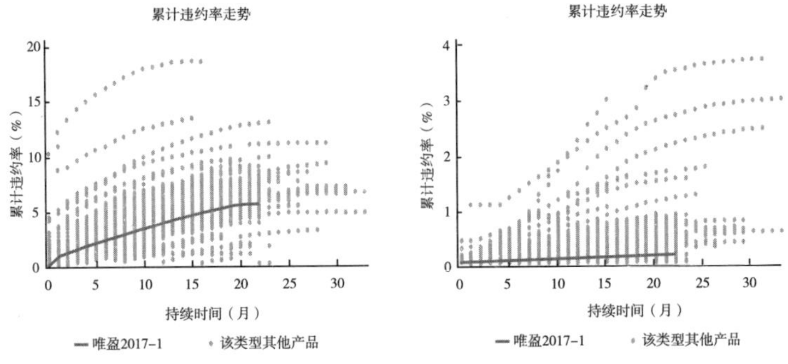

资产池风险分析

日期	30天拖欠率	60天拖欠率	90天拖欠率	120天拖欠率	150天拖欠率	180天拖欠率	当期违约率	12月违约率	12月早偿率	年化违约率	年化早偿率	累计违约率	累计早偿率
06/30/2018	1.42%	0.05%	0.02%	—	—	—	0.02%	0.13%	5.21%	0.08%	3.86%	0.08%	4.39%
05/31/2018	1.03%	0.02%	0.03%	—	—	—	0.02%	0.11%	5.03%	0.07%	3.95%	0.07%	4.18%
04/30/2018	2.16%	0.03%	0.03%	—	—	—	0.01%	0.03%	5.58%	0.06%	3.90%	0.06%	3.90%
03/31/2018	1.41%	0.04%	0.01%	—	—	—	0.01%	—	—	0.06%	3.62%	0.06%	3.62%
02/28/2018	2.06%	0.04%	0.02%	—	—	—	0.01%	—	—	0.05%	3.32%	0.05%	3.32%
01/31/2018	0.84%	0.04%	0.02%	0.00%	0.00%	0.00%	0.02%	—	—	0.04%	3.17%	0.04%	3.17%

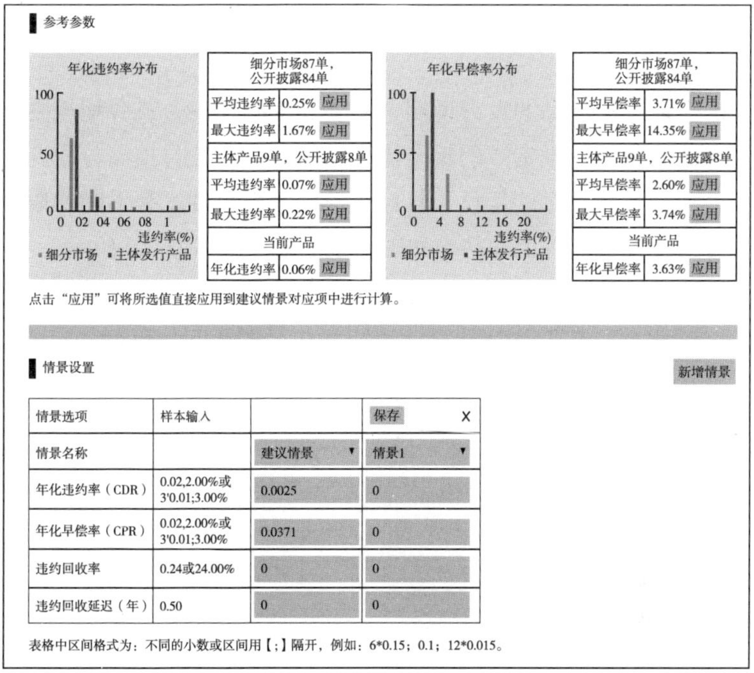

图 3.7　汽车抵押贷款累计违约率和早偿率的分布统计图

证券结构

从资产证券化产品的实际现金流或预期现金流中，可以发现其与标准的企业债不同。图 3.8 展示了资产证券化产品剩余本金随时间的变化。每个证券的本金偿付时刻并不是确定的，通常比预期到期日要早很多，并且不同层级之间有一定的偿付顺序，这一点与企业债不同。

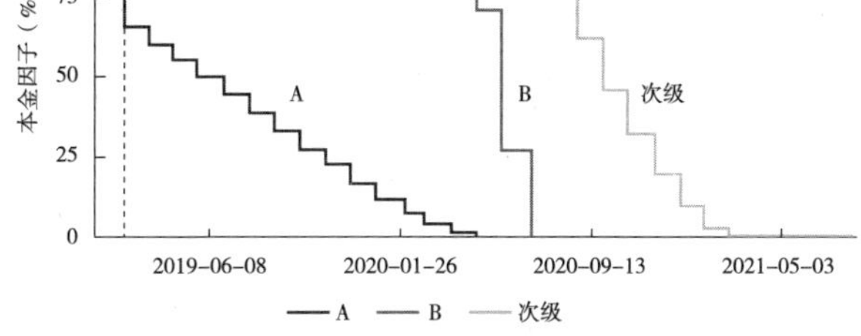

图 3.8　资产证券化产品剩余本金随时间的变化

偿付模型

资产证券化产品的发行说明书中会详细描述现金流分配规则：汇集资产池中每笔基础资产的现金流后，定期按照偿付模型分配到每个证券进行利息和本金的偿付，且对于不同触发事件，有不同的偿付顺序。资产证券化产品证券结构和现金流偿付模型如图 3.9 所示。

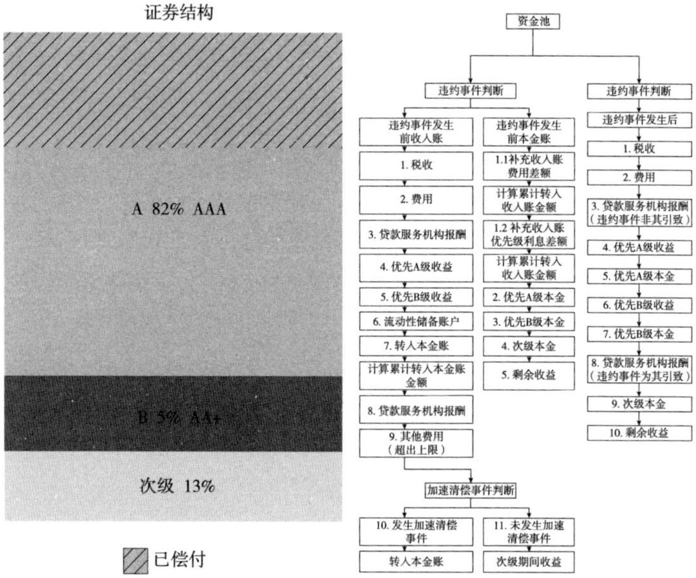

图 3.9　资产证券化产品证券结构和现金流偿付模型

触发事件

若证券在偿付日收到本金，则用颜色标记。资产证券化产品的触发事件与本金窗口如图 3.10 所示。在没有违约的情况下，加速清偿事件和违约事件均会通过，各级证券依次偿付；若违约率较高，则加速清偿事件首先会被触发，触发之后，A1 级、A2 级、A3 级证券从依次偿付改为同步偿付；若违约率很高，则可能触发违约事件，偿付规则又会改变。中国市场上大多数产品分为 3 级（A 级、B 级、C 级），其中 A 级又可以细分为多个证券。相比之下，国际市场上的产品要复杂很多，一个资产证券化产品可以分上百个层级，加上更多更复杂的触发事件，形成不同的偿付规则。因此，很多市场参与者认为，资产证券化产品和其他金融产品不一样，是金融市场中最复杂、独特的另类产品。

	当前产品	*同类产品	触发条件
加速清偿(累计损失)	有	99.13%	6.00%
加速清偿(严重损失)	无	0.87%	暂无数据
加速清偿(本金足额偿付)	有	72.05%	6A1,6A2,6A3证券本金在预计偿付日足额偿付
违约事件	有	98.69%	优先级证券利息足额偿付及其他违约触发条件

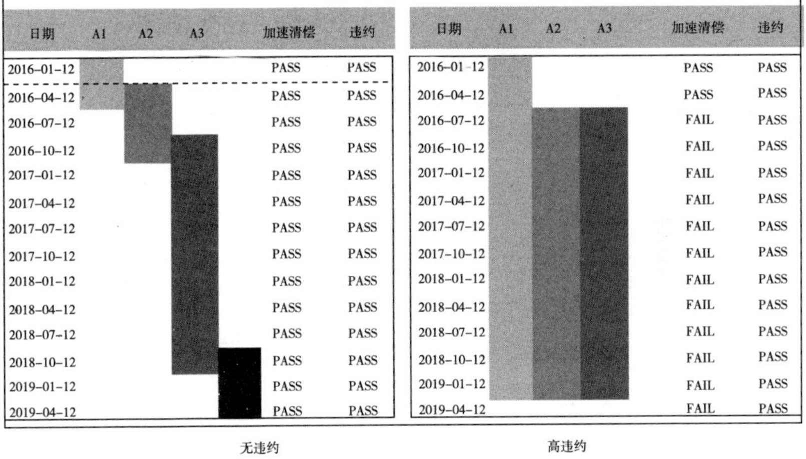

图 3.10　资产证券化产品的触发事件与本金窗口

第三节　资产证券化产品的期权特征

如果资产证券化产品不是信用债，那么它的本质究竟是什么？

为了回答这个问题，我们引入一个简化的例子。图 3.11 是一个简化的资产证券化产品模型。在这个简化模型中，假定资产端由期限相同，到期一次性还本付息的相同资产构成，负债端则分为优先级、夹层级、次级证券，且负债端无触发事件。

当现金从资产端流到负债端时，负债端按次序偿付证券现金流，先偿付优先级证券，直到优先级证券的现金流达到预期值，然后开始偿付夹层级证券，当夹层级证券的现金流达到预期值时，开始偿付次级证券。在简化模型中，忽略一切费用和税费。如图 3.12 所示，将优先级、夹层级和次级证券的现金流叠加到一起，可以看出资产池的现金流百分之百地交付给负债端，所以负债端总现金流和资产端总现金流一致，为 45 度的斜线。

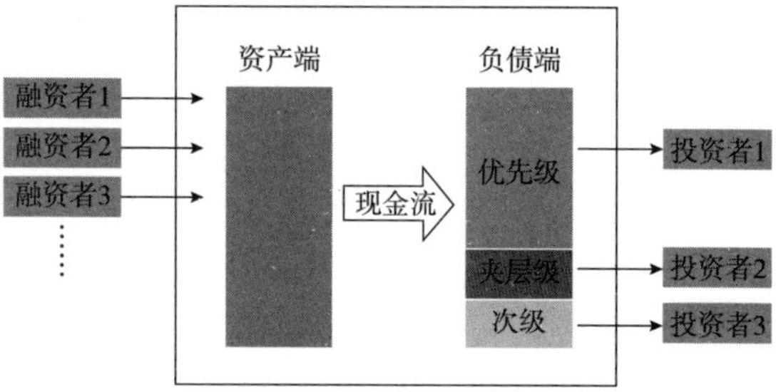

图 3.11 简化的资产证券化产品模型

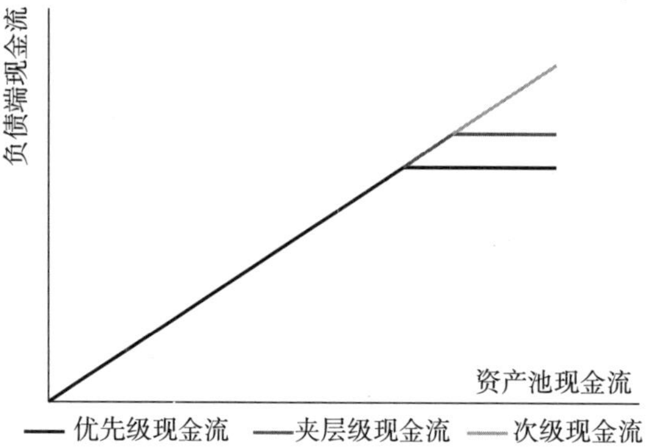

图 3.12 资产池现金流与负债端现金流的关系

期权基础知识

看涨期权

看涨期权是在未来某个特定时间（行权日）按约定价格（行权价）购买标的资产的权利。看涨期权的参数包括标的资产、行权日以及行权价。在行权日，如果标的资产价格比行权价高，那么期权持有方会行使这个权利，按行权价购买标的资产，再按市场价将其卖掉，所获收益便是标的资产市场价减去行权价。看涨期权收益随着标的资产价格的上升而上升，如图 3.13 所示，在行权价之下，看涨期权价值为零；在行权价之上，它和标的资产价格呈正比例线性关系。

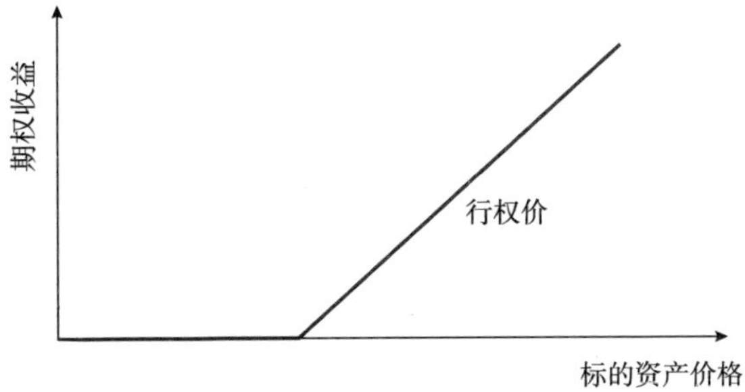

图 3.13　看涨期权收益

看涨期权有一些基本特征：首先，期权的价值始终是大于零的，原因在于只要标的资产的价格存在不确定性，它在任何时候都有大于行权价的概率，即使这个概率也许很小；其次，标的资产价格的不确定性越大，即波动率越大，期权价值越高，这是因为标的资产价格的不确定性越大，远高于行权价的可能性就越大，随着大于行权价概率的增加，期权价值越高；最后，对于同一个标的资产的价格，离行权日越近，期权的价值越低，其原因也和不确定性紧密相关，离行权价越近，标的价格剩余的波动区间自然越小，所以行权价越低。

对于简单的期权来说，其定价主要取决于 3 个参数：标的资产现在的价格、标的资产的波动率、到行权日的时间。通过这 3 个参数，可以将简单期权的定价确定下来。所以，资产波动率和到行权日的时间对期权的价值而言是两个敏感参数。

图 3.14 描述了期权价值与波动率之间的关系。图中列举了 3 种类型的期权：价外期权、平价期权以及价内期权。对看涨期权而言，价外期权是行权价低于标的资产价格的期权；价内期权是行权价高于标的资产价格的期权；平价期权是行权价等于标的资产价格的期权。对于价外期权，行使权利是不利的；而对于价内期权，行使权利是有利的。这 3 类期权的期权价值随着波动率的增加而增加。

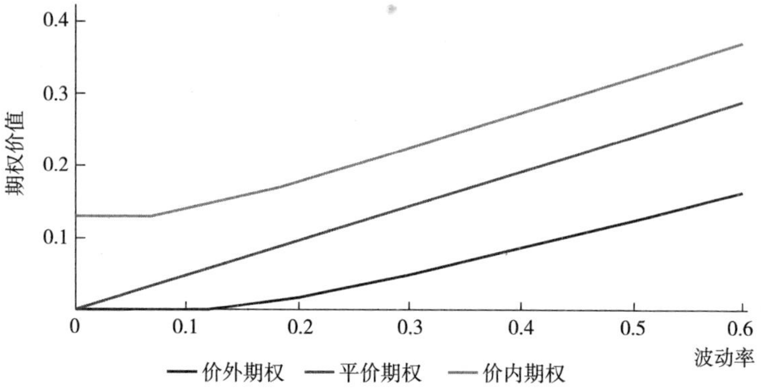

图 3.14　期权价值与波动率之间的关系

期权的另一个特性是期权的时间效应：任何期权的价值随着时间而变化，如图 3.15 所示。这是因为期权的价值与标的资产的波动率有关，随着到期日的到来，标的资产价值的不确定性越来越小，期权价值也随之减小。所以，期权的价值，包括其潜在风险，是时间的函数。

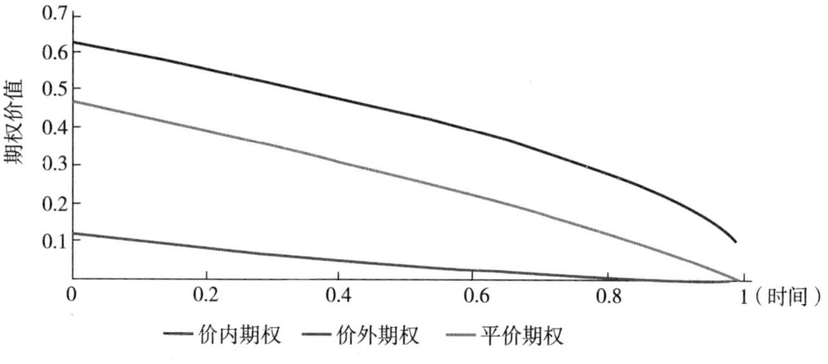

图 3.15　期权的时间效应

看跌期权

看跌期权与看涨期权的区别是，看跌期权是卖出标的的一个权利，即看跌期权使期权的持有者可以在未来某个时刻以执行价格卖出标的资产。看跌期权与看涨期权的收益模式恰好相反，若标的资产的价格低于行权价，则期权收益随着标的资产价格的减小而增加。然而，由于标的资产的价格最多跌至零，看跌期权的收益存在上限。如果投资者对市场的走势有一个明确的判断，那么可以通过购买看跌或看涨期权获益。看跌期权收益如图 3.16 所示。

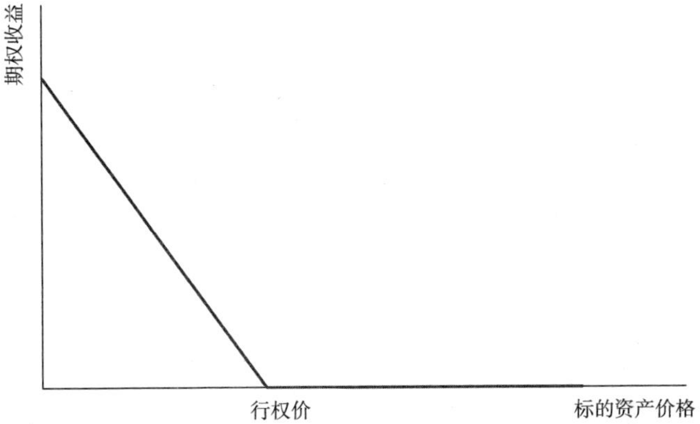

图 3.16　看跌期权收益

看跌期权的基本特征与看涨期权是一样的，当期权的价值大于零，波动率越高，期权的价值越高，并且到行权日的时间越短，价值越低。

期权是金融衍生品，可以做多或做空。如果做空一个看跌期权，那么期权收益为做多看跌期权的负数，随着标的资产价格的下降，期权收益为负且线性减小，如图 3.17 所示。

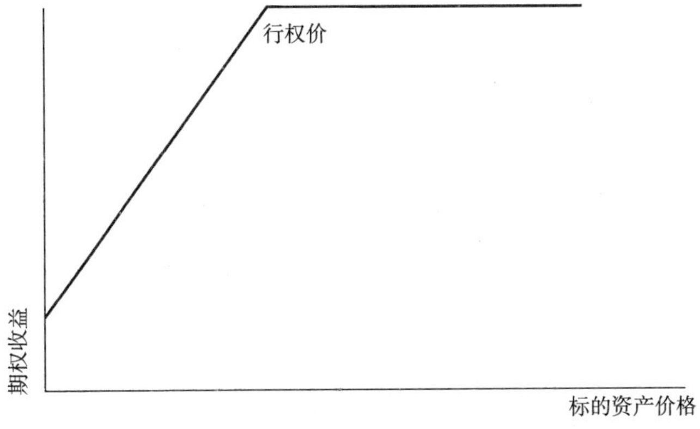

图 3.17　做空看跌期权

期权定价

如果标的资产流通性好，有明确的市场价，那么通过无套利假定，可以证明期权等价于标的资产与现金的特定组合。如果进一步假定标的资产的价格分布是正态分布，就可以得出布莱克－斯科尔斯（Black-Scholes）期权定价模型。此时，期权的定价可以直接套用布莱克－斯科尔斯模型。

然而，如果标的资产的流通性差，市场价格不透明，那么就不能简单地套用布莱克－斯科尔斯模型。在这种情况下，期权定价可以测算标的资产在行权日的价格分布，选取合理的行权日现金折现率，用以下关系式得出期权价值：

期权价值＝期权收益分布的价值

所以，风险中性、无套利的定价模式不是唯一的期权定价方法。

结构性融资产品的期权特征

将期权图形（见图 3.13、图 3.16、图 3.18）与资产证券化产品的优先级、夹层级和次级证券的现金流偿付图形（图 3.12）相比可以发现，优先级证券相当于做空一个看跌期权加一个固定收益产品；次级证券相当于做多一个看涨期权；而夹层级证券最复杂，相当于做多一个优先级看跌期权，再做空一个次级看涨期权。资产池现金流与负债端各层级现金流的关系如图 3.18 所示。

将资产证券化产品各层级的现金流综合分析，可以得到以下公式：

优先级现金流＝优先级预期现金流－优先级期权（看跌期权）

夹层级现金流＝资产池现金流－优先级预期现金流＋优先级期权（看跌期权）－次级期权（看涨期权）

次级现金流＝次级期权（看涨期权）

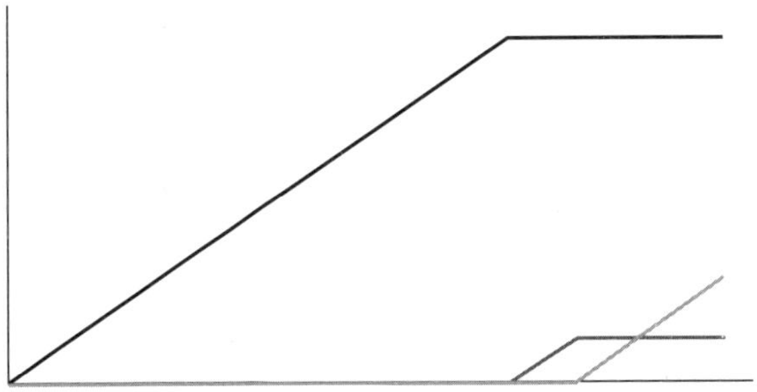

图 3.18 资产池现金流与负债端各层级现金流的关系

将上式左右两端相加，可得：

负债端总现金流 = 优先级现金流 + 夹层级现金流 + 次级现金流
= 资产端现金流

由上述公式可以看出，各层级的期权均被抵销，需要强调的是，金融产品分级之后拥有期权特性并不仅是资产证券化产品的特征，任何分级的金融产品都具有期权特性。

在上式中，夹层级现金流的表达式较为复杂，但是该表达式可以进一步简化，因为优先级看跌期权加资产池现金流等于优先级看涨期权加优先级预期现金流。这里的优先级看涨期权与优先级看跌期权的行权价是相等的。这里引用了期权中的买卖权平价关系（标的资产 - 执行价 = 看涨期权 - 看跌期权），图 3.19 是这个关系的图像表述。

资产池现金流 + 优先级期权（看跌期权）= 优先级预期现金流+
优先级期权（看涨期权）

所以资产证券化产品各层级的现金流可以写成如下形式：

优先级现金流 = 优先级预期现金流 - 优先级期权（看跌期权）
夹层级现金流 = 优先级期权（看涨期权）- 次级期权（看涨期权）
次级现金流 = 次级期权（看涨期权）

因此，夹层级证券是一个组合期权。

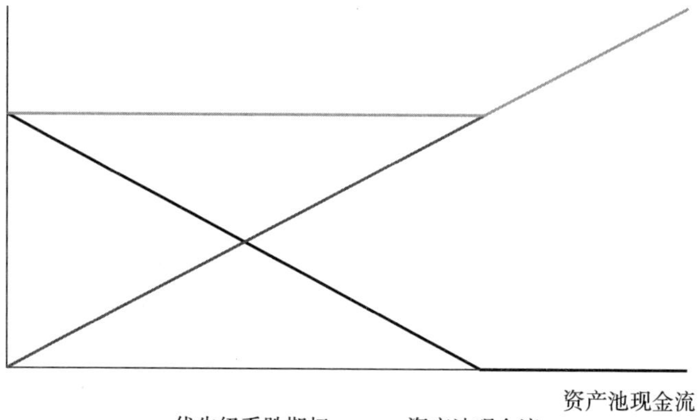

图 3.19　优先级看跌期权与优先级看涨期权的关系

虽然资产证券化产品的基础资产大多是个人贷款或企业信用债的组合，但各级证券实际上是以资产池现金流为标的的简单期权，并不是类信用债产品，也不是特别复杂、独特的另类产品。

资产证券化产品的收益与风险特征

既然资产证券化产品的各级证券是期权，对证券的风险分析和定价就必须考虑其中的期权特性。期权与标的资产有着严格的数学关系，知道了标的资产的特性，期权的特性便可推导出来。所以，对证券的分析就转变成对标的资产（资产池现金流）的分析。

在之前的简化模型中，我们做进一步的假设：资产池由 n 个相同但不相关的资产组成，每笔资产的违约率均为 10%。对比资产数为 10 和资产数为 100 的情况，如图 3.20 所示，由于整体的违约率均为 10%，无论资产数是多少，资产池违约率的平均值均为 10%。当 n=10（资产数较少）时，资产池违约率呈二项分布；当 n=100（资产数足够大）时，资产池违约率趋近于高斯分布。所以，对于不同资产数，资产池违约率分布不同，资产池价值分布也不同。如果负债端证券没有分级，那么在资产数为 10 和 100 的两种情况下，资产池的平均收益一致。然而，负债端证券分级后，在不同资产数下，各级证券的回报率完全不同。因为负债端证券分级后，对各层级证券的分析不仅要考虑平均违约率，还要考虑违约率的分布。这是由期权特性引发的，因为期权的价值不仅取决于标的资产的平均价值，还取决于标的资产的波动率。在简单模型中，波动率只与资产池的资产数有关，所以对于两个不同资产数的产品，一旦分级，各层级的证券价值完全不同。但是，若不分级，则证券的价值与资产数无关。

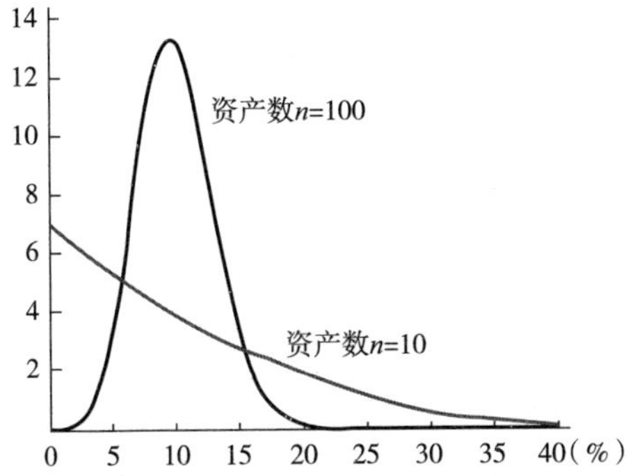

图 3.20　资产池违约率概率密度分布

图 3.21 显示了各层级证券的预期价值与资产数的关系。这里的预期价值指的是产品发行时的价值。当资产数较小时，次级证券的预期价值较高，这是因为资产数小，资产池违约率的分布就宽，资产池现金流的不确定性就大。由于次级证券做多一个看涨期权，其预期价值随着波动率的增大而增大。对于优先级证券，其价值随着资产数的增

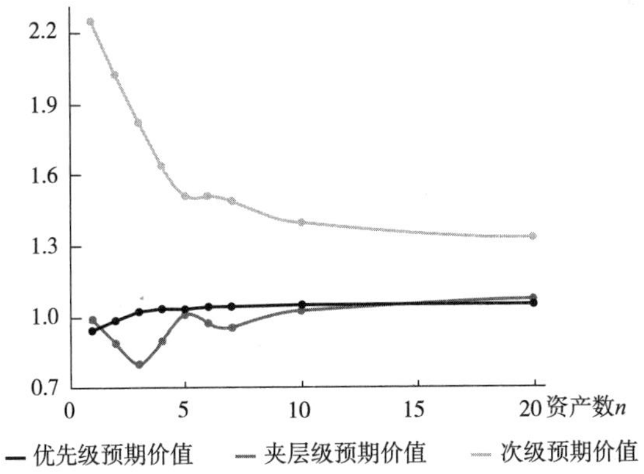

图 3.21　各层级证券的预期价值与资产数的关系

大而增大，这是因为优先级证券做空一个看跌期权，其预期价值随着波动率的增大而减小。夹层级证券的预期价值比较复杂，因为夹层级证券是组合期权。

图 3.22 表示各层级证券的预期损失与资产数的关系。各层级证券的预期损失也是资产数的函数。

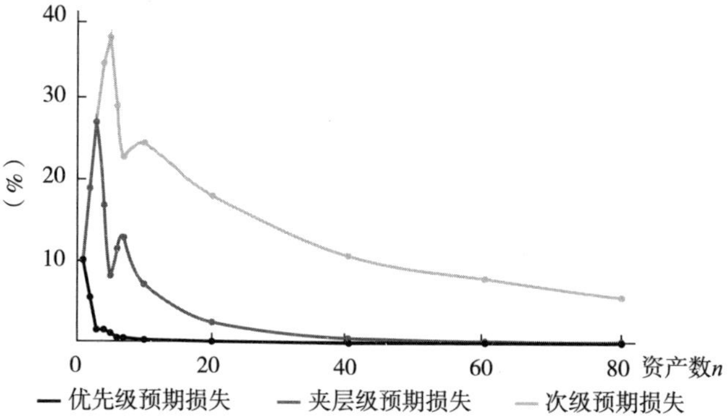

图 3.22　各层级证券的预期损失与资产数的关系

将夹层级放大，可见夹层级证券的预期价值、损失与资产数之间的震荡关系，见图 3.23。在国际市场，很多长期投资者不愿意投夹层级证券，因为经验告诉他们，夹层级证券的风险和价格走势相对复杂。用期权的语言解释就是，因为夹层级证券是组合期权，所以夹层级证券的分析比优先级证券和次级证券复杂。但是，如果掌握了产品的期权特性，夹层级证券的交易模式和盈利机会是最多的。

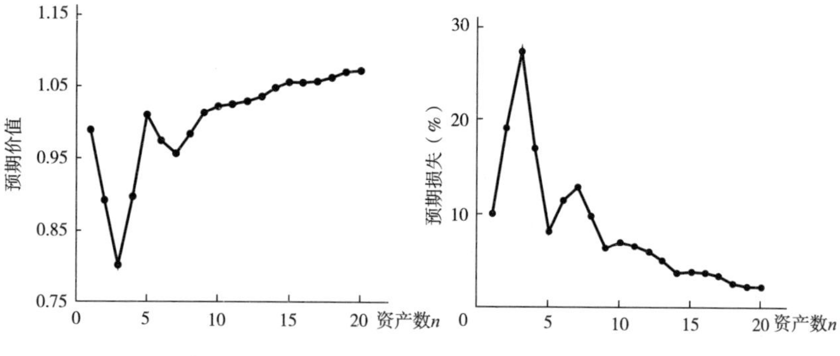

图 3.23　夹层级证券的预期价值、损失与资产数之间的振荡关系

由于资产证券化产品各层级证券实际上是期权或期权的组合，各层级证券的价值和风险随时间而发生变化。在简化模型中，假设固定资产数 n 等于 10，因为平均违约率为 10%，所以在到期前，如果资产池的表现和预期相同，那么应有 1 个资产违约。然而，违约可能发生在一年内的任何时刻。在图 3.24、图 3.25 和图 3.26 中，我们给出了违约发生在时间 0.5 时，各层级证券预期价值随时间的变化。所以，即使资产证券化产品实际的表现与预期完全一致，其价值和风险（评级）仍是不稳定的。

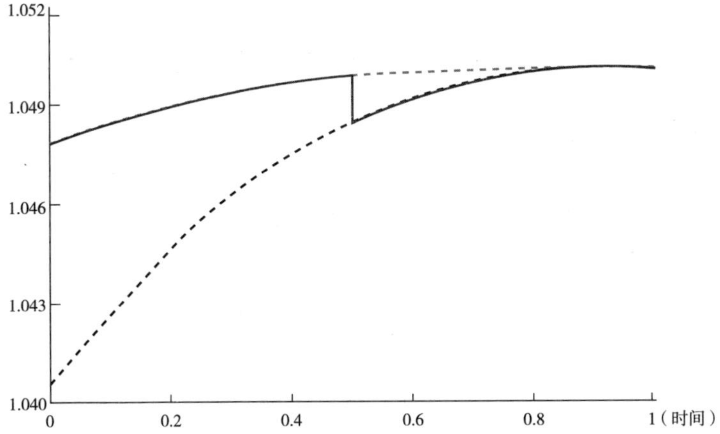

图 3.24　优先级证券预期价值随时间的变化

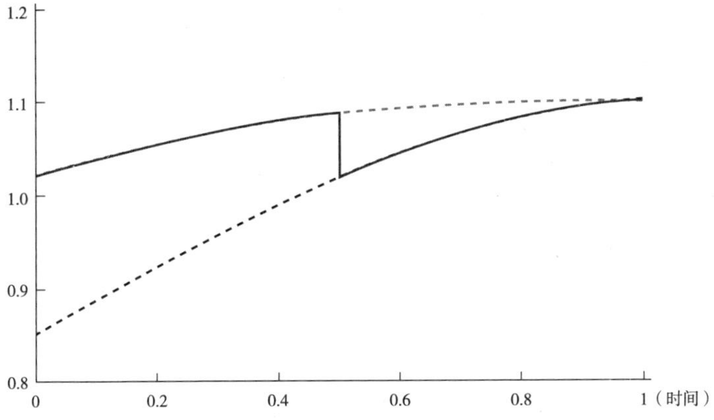

图 3.25　夹层级证券预期价值随时间的变化

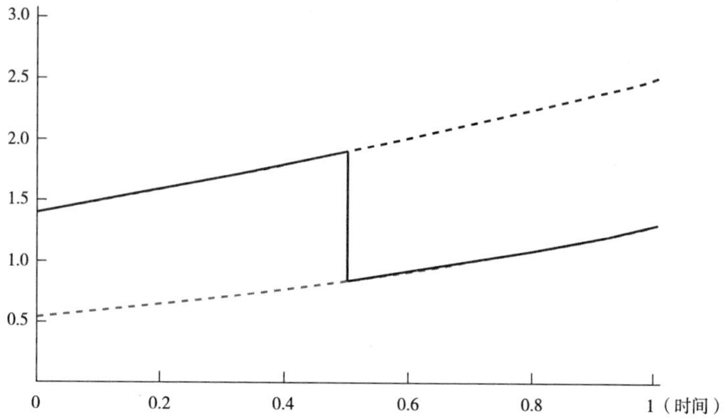

图 3.26　次级证券预期价值随时间的变化

图 3.27 是银行间市场评级跃迁矩阵，其横轴是原始评级，纵轴是当期评级。在矩阵的对角线上，除了 AAA 级，其他数值均小于 100%，这意味着除了 AAA 级产品，其他级别产品的当期评级较原始评级均有变化。同时，可以发现，这个矩阵是个上三角矩阵，这说明，产品当期评级是高于原始评级的。这个现象并不局限于中国的资产证券化产品，实际上，全球的资产证券化产品在多数时间段，都会发生评级上调。有人认为，这是评级过于保守导致的，这或许是其中的一个因素，但更重要的因素是证券的期权特性。

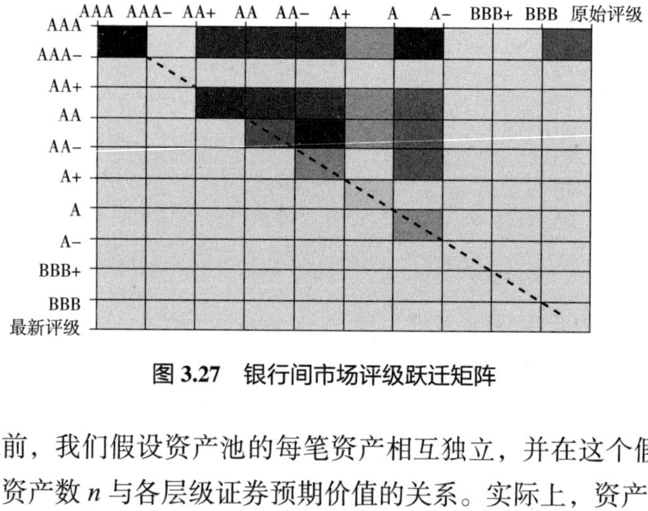

图 3.27　银行间市场评级跃迁矩阵

之前，我们假设资产池的每笔资产相互独立，并在这个假设下，研究了资产数 n 与各层级证券预期价值的关系。实际上，资产之间通常存在一定的关联。如果每对资产间都有相同的违约关联度，那么我们可以算出资产池的有效独立资产数 D，D 与资产数 n 和关联度 ρ 的关系如下：

$$D=\frac{n}{1+(n-1)\rho}\approx\frac{1}{\rho}$$

当资产数 n 足够大时，D 近似地等于资产关联度 ρ 的倒数，只跟关联度有关。从表 3.1 可以看出，如果关联度为 0，那么 D 等于资产数；如果关联度为 5%，D 最大只能达到 20；如果关联度为 20%，那么 D 最大是 5。显然，有效资产数对关联度的敏感度远大于对资产数的敏感度。所以，之前分析的资产数 n 与证券价值和风险的关系可以理解为关联度与证券预期价值和风险的关系。其中真正起决定性作用的不是资产数 n，而是资产之间关联度（这里假设关联度是常数）的大小，以及是怎样关联的。因此，在国际市场，分级信用互换产品的交易，也被称作关联度交易（与期权类似，期权的交易也被称为波动率的交易）。

表 3.1　有效独立资产数

关联度（%）	资产数			
	10	100	1 000	10 000
0	10	100	1 000	10 000
5	7	17	20	20
10	5	9	10	10
20	4	5	5	5

总之，资产证券化产品具有期权特性，不是单纯的企业信用债，不能简单套用传统的信用债的投资分析流程和方法。即使产品资产池的表现完全符合预期，期权的价值和风险仍然会随时间发生变化。这是投资的难点，也是投资机会，如果投资者掌握产品价值与风险随时间的变化走势，那么便能从中发现获利的机会。

资产证券化产品和利率债、信用债的区别

本部分将从风险、评级以及定价方法等多个方面，分析资产证券化产品和利率债、信用债的区别。

从风险的角度看，资产支持证券（指优先级证券和夹层级证券）的表现形式像一个债权融资工具，但其风险特征与利率债和信用债不同：首先，资产支持证券的主要风险不是信用风险，而是系统性风险；其次，资产支持证券的风险是关联度风险，它与平均违约率、平均早偿率关系不大，关键在于整个资产池的关联度；最后，资产支持证券的早偿和违约也是重要的风险。如果对风险排序，那么最主要的风险是系统性风险和关联度风险。

关联度是一个抽象的概念，但是可以具体化。比如，如果资产池中只有一笔资产，那么关联度就是100%。此时，它与信用债一样，风险就是这笔资产的信用质量。投资资产支持证券，从投资分析的角度看，有一个基本原则：首要分析资产有没有单一风险，如果有单一风险，就要看是否能承受这个单一风险。有单一风险的资产支持证券与风险分散型的资产支持证券具有完全不同的分析方法，包括不同类型的定价方法。国际市场基本没有单一风险的资产支持证券。在国内，交易所市场一半以上具有非常明确、强烈的单一风险。所以，从这个意义上来看，国内的交易所市场的资产证券化不是典型的资产证券化。但是，这只是目前的状态，随着企业对出表要求的增加，央行对系统性风险的监管越来越严，中国企业资产支持证券也会逐渐朝风险分散型的方向发展。

从评级的角度看，企业信用评级体系有100多年的历史，经历过多次经济危机和金融危机的考验，整体来说是非常成功的。评级对于整个债券市场、信用市场和金融市场都是功不可没的，评级是重要的金融工具，评级机构是资本市场不可或缺的服务机构。然而，在金融危机以后，不能过度依赖评级成为国际资本市场的共识。全球金融危机爆发的原因很复杂，至今仍具有一定的争议，然而绝大多数市场参与者认为，过度依赖评级，尤其是资产证券化产品的评级，是引发危机的原因之一。那么，究竟是什么使大家对资产证券化产品的评级，

甚至整个评级体系产生了怀疑？

简单来说，资产证券化产品的风险本质上不是信用风险，因此完全照搬企业债的评级体系是错误的。这是资产证券化产品评级的问题，而不是评级体系本身的问题。

表 3.2 是穆迪理想化违约损失表。评级机构对企业的信用评级基本上是定性的。评级高的企业违约率比评级低的小，如在表 3.2 中，Aaa 级的违约风险低于 Aa1 级，而 Aa1 级的违约率低于 Aa2 级，依此递推。但这并不是说 Aaa 级产品永远不会违约，只是违约概率要比 Aa1 级低。历史违约率数据也证实了这一点，说明评级机构对企业信用风险的判断是相对可靠的。

然而，企业评级和违约率并没有一一对应的关系。表 3.2 是穆迪对企业信用评级多年统计出来的结果，并不代表穆迪是按照这张表来做企业评级的。然而对于资产证券化产品，这张表是穆迪评级的量化标准，每一个原始评级对应严格的违约率曲线。比如，一个评级为 A3 级的 3 年期资产证券化产品，其预期损失率在 0.198 0% 左右。

在中国市场，评级公司目前没有公布资产证券化产品的量化标准。在国际市场，各个评级公司的评级方法和量化标准基本上是公开、透明的。各评级公司的评级方法固然是由定性和定量方法共同组成的，在评级过程中，对基础资产会根据情况而有不同的假设，但是同一评级公司，在同一时间针对同一组参数，应该得出同一个评级。

资产证券化产品的评级流程如下：

- 对资产池的现金流做情景分析。正如之前的简单模型，假设资产池由 n 个相同但互不关联的资产构成，通过其资产违约率得到现金流分布。
- 通过本金偿付模型得出证券的现金流分布，算出每一证券的损失率（有些评级机构的评级定义为违约率）。
- 比照评级量化标准，通过证券损失率得出每一级证券的评级。

不同的资产池需要对其基础资产进行不同的分析，并选择合适的

表 3.2　穆迪理想化违约损失表

穆迪评级	1	2	3	4	5	6	7	8	9	10
Aaa	0.0000%	0.0001%	0.0004%	0.0010%	0.0016%	0.0022%	0.0029%	0.0036%	0.0045%	0.0055%
Aa1	0.0003%	0.0017%	0.0055%	0.0116%	0.0171%	0.0231%	0.0297%	0.0369%	0.0451%	0.0550%
Aa2	0.0007%	0.0044%	0.0143%	0.0259%	0.0374%	0.0490%	0.0611%	0.0743%	0.0902%	0.1100%
Aa3	0.0017%	0.0105%	0.0325%	0.0556%	0.0781%	0.1007%	0.1249%	0.1496%	0.1799%	0.2200%
A1	0.0032%	0.0204%	0.0644%	0.1040%	0.1436%	0.1815%	0.2233%	0.2640%	0.3152%	0.3850%
A2	0.0060%	0.0385%	0.1221%	0.1898%	0.2569%	0.3207%	0.3905%	0.4560%	0.5401%	0.6600%
A3	0.0214%	0.0825%	0.1980%	0.2970%	0.4015%	0.5005%	0.6105%	0.7150%	0.8360%	0.9900%
Baa1	0.0495%	0.1540%	0.3080%	0.4565%	0.6050%	0.7535%	0.9185%	1.0835%	1.2485%	1.4300%
Baa2	0.0935%	0.2585%	0.4565%	0.6600%	0.8690%	1.0835%	1.3255%	1.5675%	1.7820%	1.9800%
Baa3	0.2310%	0.5775%	0.9405%	1.3090%	1.6775%	2.0350%	2.3815%	2.7355%	3.0635%	3.3550%
Ba1	0.4785%	1.1110%	1.7215%	2.3100%	2.9040%	3.4375%	3.8830%	4.3395%	4.7795%	5.1700%
Ba2	0.8580%	1.9085%	2.8490%	3.7400%	4.6255%	5.3735%	5.8850%	6.4130%	6.9575%	7.4250%
Ba3	1.5455%	3.0305%	4.3285%	5.3845%	6.5230%	7.4195%	8.0410%	8.6405%	9.1905%	9.7130%
B1	2.5740%	4.6090%	6.3690%	7.6175%	8.8660%	9.8395%	10.5215%	11.1265%	11.6820%	12.2100%
B2	3.9380%	6.4185%	8.5525%	9.9715%	11.3905%	12.4575%	13.2055%	13.8325%	14.4210%	14.9600%
B3	6.3910%	9.1355%	11.5665%	13.2220%	14.8775%	16.0600%	17.0500%	17.9190%	18.5790%	19.1950%
Caa1	9.5599%	12.7788%	15.7512%	17.8634%	19.9726%	21.4317%	22.7620%	24.0113%	25.1195%	26.2350%
Caa2	14.3000%	17.8750%	21.4500%	24.1340%	26.8125%	28.6000%	30.3875%	32.1750%	33.9625%	35.7500%
Caa3	28.0446%	31.3548%	34.3475%	36.4331%	38.4017%	39.6611%.	40.8817%	42.0669%	43.2196%	44.3850%

量化分析模型。

下面以简单模型为例。我们假设违约率为10%，计算不同资产数下各层级证券的预期损失率，并通过对照穆迪理想化预期损失表，得出评级结果，如表3.3所示。

表3.3 简化模型评级表

	$N = 4$	$N = 10$	$N = 100$
优先级	Ba3	Baa3	Aaa
夹层级	Caa3	Caa1	A1

如果资产池由4个相同且互不关联的资产构成，那么，优先级证券和夹层级证券的损失率都比较大，优先级证券的评级为Ba3级，而夹层级证券的评级为Caa3级。若资产池中增加到10个相同且互不关联的资产，则优先级证券评级上升为Baa3级，夹层级证券评级上升为Caa1级。若资产池由100个相同且互不关联的资产构成，则优先级证券评级的预期损失率几乎为0，级别上升为Aaa级，而夹层级证券评级上升为A1级。

具体而言，资产证券化产品的评级和企业债的评级的不同之处如下：

首先，资产证券化产品和企业债的评级定义不同。企业债的评级对标的企业信用风险的评估主要是定性的，每个行业的标准也有差别。资产证券化资产池的风险不是单一资产的信用风险，而是投资组合风险，而证券的风险是资产池风险的期权。通过计算期权的波动性，得到预期损失，并对照评级定量标准得出该证券的评级。因此，资产证券化产品的评级方法主要是定量的。

其次，资产证券化产品和企业债的风险随时间的变化有所不同。企业债的评级是相对的，也是基本稳定的，一般不随时间或市场价格的波动而变化。对于投资级别的企业债来说，评级下降的概率要大于上升的概率。图3.28是从表3.3中得出的违约率曲线，原始评级为Aa1的企业，其违约率随时间而增加，而原始评级为Caa1的企业，其违约率随时间而减小。也就是说，高评级（如Aa1级）企业有降级的趋势，而低评级（如 Caa1 级）企业有升级的趋势。另外，值得注意的是，如果企业债发行主体的资本结构比较单一、简单，那么债券到期日的违约风险最大。

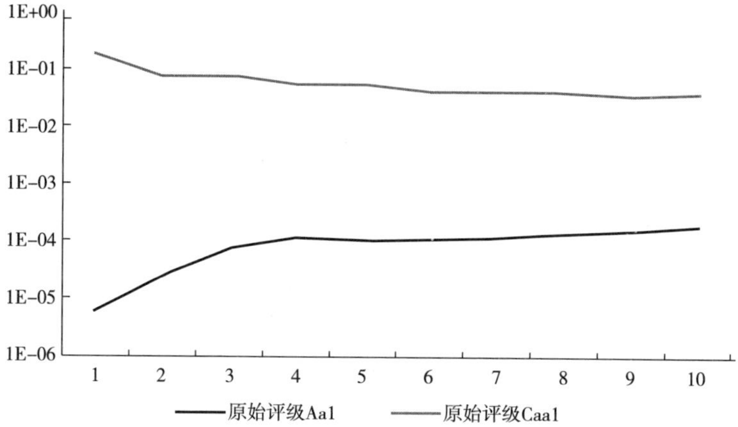

图 3.28　企业违约率曲线

因为资产证券化产品是期权，因此它的评级本质上是不稳定的。在图 3.29 中，曲线代表累计违约率，在曲线之上的证券最终都应该升为 Aaa 级，而曲线下的证券最终会违约。对于资产证券化产品，高评级证券有升级的趋势，而低评级的资产有被降级和违约的倾向。这和企业评级的走势正好相反。在中国资产证券化市场，违约率曲线在夹层级下面，除非资产池表现比预期差很多，否则所有评级都应该上升，如图 3.28 所示的结果。所以，资产证券化产品评级上调是正常的，降级是不正常的。

图 3.29　资产证券化产品评级随时间的变化

再次，资产证券化产品和企业债的风险种类不同。企业债具有单一风险、财务风险、信用风险，而资产证券化产品更偏向于投资组合或资产池风险，或者从数学的角度来说，是关联度风险。关联度时高时低，高关联度可以认为是系统性风险，是整个金融体系或某个行业的风险。系统性风险一般与整个资本市场有着紧密的关联，因此资产证券化产品的风险和整个市场的波动有紧密的关联。

最后，对于企业信用评级，评级机构通常独立采集原始数据，因此可以对数据的可靠性做出判断。 而在资产证券化产品评级过程中，评级机构一般不对资产池中每个资产数据进行独立的采集和分析，因此无法保证资料来源的可靠性。除此之外，评级机构对具有一定规模的传统行业有充分的历史数据的支持来进行独立的风险评判，而对新兴产业、小微企业和个人，则没有相应的数据支持。

从定价的角度看，利率债指的是国债、国开债，没有违约风险，其主要风险来自宏观经济、货币政策与利率市场。利率债的交易非常活跃，定价方法与股票一样，使用最新的交易价格。而信用债存在信用风险，即使是AAA级的企业债，原则上还是有违约风险的。信用债的交易不及利率债那么活跃，所以用最新的交易价作为一个定价方法是不够的，因为最新的交易价可能是两周前、两个月前的，甚至发行了以后就从来没交易过。信用债的定价通常参考同类资产的交易价，这个方式在国际市场上叫矩阵定价模型（Matrix Pricing），简而言之，就是确定几个维度，只要有任何资产的交易，通过这几个维度，便可以建立一条最有可能的收益率曲线。关于“同类”的定义，参考该类市场的交易量，根据市场交易量的多少，调整对“同类”定义的宽泛程度。表 3.4 总结了利率债、信用债与资产支持证券的风险与定价方法。

与利率债和信用债不同，资产支持证券最主要的定价方法是现金流折现。这是因为资产支持证券的流通性平均来说比信用债要差一些，并且它的现金流结构比信用债复杂很多，所以即使资产支持证券的流通性与信用债一样好，也很难用与信用债一样的方法对其定价。对资产支持证券本身而言，现金流折现是一个标准的定价方法。

表 3.4　利率债、信用债与资产支持证券的风险与定价方法

	主要风险	定价方法
利率债	宏观经济 货币政策 利率市场风险	最新交易价
信用债	信用风险 利率市场风险 流通性风险	同类资产交易价
资产支持证券	系统性风险 关联度风险 早偿、违约风险	现金流折现

第四章

资产证券化的定价分析与量化投资策略

在利率市场化的大环境下，金融产品的定价问题对金融市场而言至关重要。经济环境、政策法规以及金融产品自身的特征等因素，影响着产品的供给与需求，进而影响着产品价格。在供求关系影响下，价格以价值为基础，围绕真实价值波动。交易双方的价格博弈，使价格动态变化，但最终按照市场的选择调配金融产品的去向，从而动态调节市场资源的优化配置。

流通性是证券化的本质，活跃有效的二级市场是资产证券化市场走向成熟的重要标志，合理的估值体系和工具是提高二级市场活跃度的关键，也是目前限制二级市场交易的瓶颈。2018 年资管产品认购资产证券化产品比例进一步增加。资产证券化产品已成为资管产品的重要投向之一。正确、稳定的估值和定价是资管产品净值化管理的重要一环，资管产品由预期收益率向净值化管理的转变离不开资产证券化的估值与定价。此外，资产证券化的估值和定价是宏、微观风险预警体系的重要组成部分。资产证券化产品已成为中小型企业和高科技企业的重要融资渠道之一，是为数不多的可监控中小企业、高科技企业发展的晴雨表。利用资产证券化估值定价可补足宏微观风险预警系统对中小企业、高科技企业的监控能力。

在本章，我们从资产证券化产品的定价原理出发，结合市场实际情况，探讨适宜我国国情的估值定价与投资分析方法。具体而言，第一节有针对性地介绍了资产证券化产品的估值定价原理，从金钱的时间价值开始，引入收益率与折现率曲线的构建方法，并对国际市场与中国市场资产证券化产品的定价机制做了对比；第二节讲解了资产证券化产品估值定价的三个基本方法，并分析了对不同的定价方法及收益率的选择逻辑；第三节从投资定价、交易定价和估值三个方面，提出了对我国资产证券化产品的估值定价工具的要求，并简述了 CNABS 平台对资产证券化产品投资定价、交易定价和估值的支持；第四节对资产证券化产品进行了投资分析，总结归纳了证券化产品的投资关注要点。

第一节　资产证券化产品估值定价原理

估值和定价是金融市场中最核心的问题，掌握资产证券化产品估值定价原理可以帮助投资者制定有效的投资交易策略。

金钱的时间价值对估值和定价而言是一个核心概念，如图 4.1 所示。假定一个市场有两个面值和市值都为 1 的债券：债券 A 一年到期，利率为 r_1；债券 B 两年到期，年付利息，利率为 r_2。

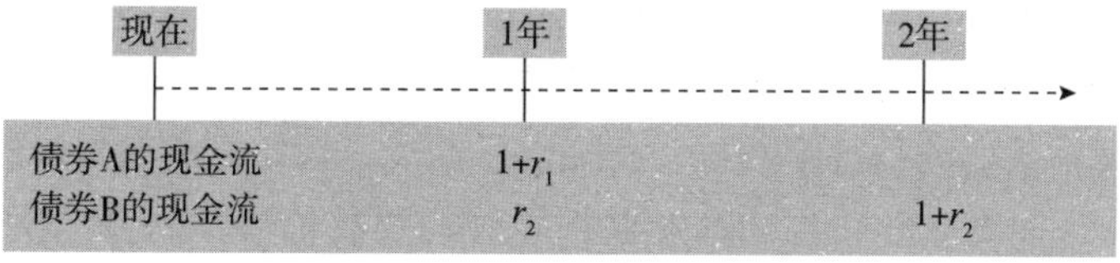

图 4.1　金钱的时间价值

现在对债券 A 投资 1 元，一年到期后将收到本金 1 元和利息 r_1；对债券 B 投资 1 元，一年后收到利息 r_2，两年到期后收到本金 1 元和利息 r_2。由此可知：

$$1 = (1 + r_1)D_1$$
$$1 = r_2 D_1 + (1 + r_2)D_2$$

其中，D_1、D_2 分别是一年和两年期的折现率。现在的 1 元钱要比未来的 1 元钱值钱，同理，一年后的 1 元钱要比两年后的 1 元钱值钱。折现率是指未来的 1 元钱折算到现在的金额。这是金融里一个非常重要的概念，也是估值和定价的起点。

更一般地，假定上述例子中，债券 A 和债券 B 的市值分别为 P_1 和 P_2，y_1 和 y_2 分别是债券 A、B 的收益率，则收益率的计算如下：

$$P_1 = \frac{r_1}{1 + y_1}$$

$$P_2 = \frac{r_2}{1+y_2} + \frac{1+r_2}{(1+y_2)^2}$$

如果债券的市值P等于1，那么可以证明收益率y等于票面利率r。同理可知，折现率与收益率有如下关系：

$$P_1 = (1+r_1)\ D_1 = \frac{r_1}{1+y_1}$$

$$P_2 = r_2 D_1 + (1+r_2) D_2 = \frac{r_2}{1+y_2} + \frac{1+r_2}{(1+y_2)^2}$$

自助法（Bootstrapping）是用一系列不同期限的债券，从最短期开始，逐步构造折现率曲线的方法。通过折现率与现金流，可以得出债券的市值，这是债券标准的估值方法之一。举例来说，图 4.2 为 AAA 级企业债的收益率曲线，折现因子曲线是由收益率曲线通过自助法而得。如图 4.2 所示，AAA 级企业债的交易价格不同，严格来说，其收益率（散点）实际上并不在一条曲线上，而且该收益率曲线有其本身的结构，这个结构与市场的流通性密切相关。这些散点，由最短期开始可以逐步构建折现率曲线，如图 4.2（a）所示；再通过折现率曲线得到图 4.2（a）中的收益率曲线。这是一个标准的构建收益率曲线的方法。

图 4.2（b）中散点是 AAA 级企业债的成交收益率，企业债多数是到期还本的，可以看出，即使是同期限 AAA 级企业债，最高和最低收益率之间还是有约 0.1% 的差距的。

图 4.2（a）在收益率散点中的曲线是该 AAA 级企业债的收益率曲线。在多数情况下，期限越长，利率越高；利率倒挂的情况也有可能发生，尤其是 1 年以内的短期利率倒挂，这与市场参与者对利率的预期有关。图中收益率曲线在整年初呈阶梯状，是不平滑的，造成这种现象的原因，一是流通性问题，整体来说，即使是 AAA 级利率债，流通性也没那么好；二是中国市场缺少足够的利率衍生品，市场还不够有效。在一个活跃优先、流通性很好且交易品种健全的市场，收益率曲线应该是平滑的。

图 4.2（b）是折现因子曲线，从数学的广义角度看，收益率是折

现因子的导数，折现因子是收益率的一个积分，所以折现因子曲线相对光滑。折现因子曲线和收益率曲线之间可以相互推导，有了折现因子以后，给定现金流，就可以折现算出证券现在的价格。该图是 AAA 级企业债的一个案例，对于资产证券化市场，建立收益率曲线的难度要高出很多。从发行利率方面看，资产证券化产品中任何一类基础资产，同评级下的利率并未排成一条较紧的曲线，而呈一个较宽的带状分布，从而增加了建立收益率曲线的难度。

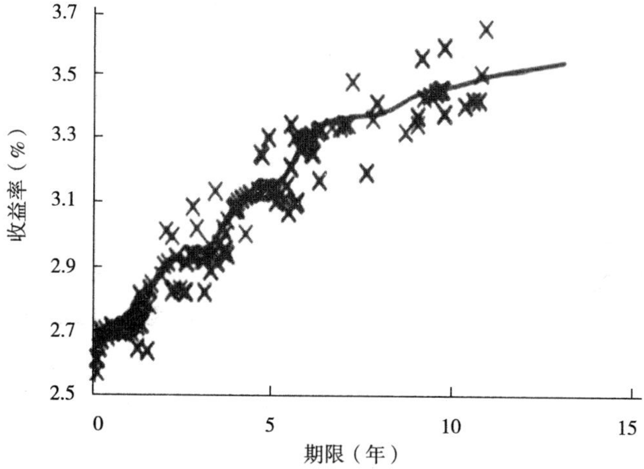

（a）AAA级企业债收益率曲线

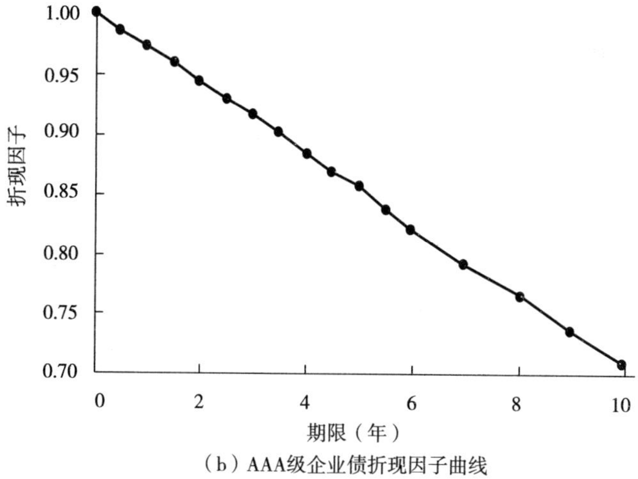

（b）AAA级企业债折现因子曲线

图 4.2　AAA 级企业债的收益率曲线与折现因子曲线

我们知道，有可预测现金流的资产都可以证券化。资产证券化产品有资产端和负债端。资产端由资产池构成，资产池中的每一笔资产都是一种类固定收益资产，可以是企业的贷款，也可以是个人的房贷或车贷等，它是企业或个人的融资渠道，也是主要的资产证券化资产。资产池中有很多笔资产，每笔资产都有其固定现金流，包括本金和收益率。负债端是投资者的投资标的，大多数资产证券化产品的负债端分为优先级、夹层级和次级，也有部分产品只分优先级和次级。投资者投资的是负债端某一具体的层级。现金流按照一定的分配规则，从资产端流向负债端，简单来说，是从上至下，先满足优先级产品，其次是夹层级产品，最后是次级产品。

证券化产品的资产池现金流有一定的不确定性，主要表现在两个方面：由于资产池中的资产是一个类固定收益类信用债，资产可能会被提前偿还，即资产有早偿的特性；同时，资产可能会被违约，即资产有违约的特性。图 4.3 是迄今为止，中国市场发行的所有房贷支持的资产证券化早偿率和违约率的分布。图 4.3（a）是累计早偿率分布，图 4.3（b）是累计违约率分布。

每个资产池都有内在的早偿和违约率。从图 4.3 可以看出，在 3 年左右，房贷的累计早偿率分布在 20% 和 45% 之间；违约率相对较低，3 年内房贷的累计违约率最高勉强超过 1%，大多数的违约率在 0.5% 左右。所以，对房贷这类资产来说，违约的量非常小，而早偿的量相对较大，并且分布很宽（从 20% 到 40%）。

在讨论结构性融资产品的定价之前，我们先讨论一下结构性融资产品为什么要分级。分级的作用实际上是把不同类型的风险通过分级隔离开，换言之，无论基础资产有什么样的风险，到负债端变成证券发行时，证券的风险是相对单一且固定的，从而有一个比较可靠的估算方法。这是定价的一个起步点，也是定价的一个必要假定。大多数结构性融资产品，是以信用债为基础的资产，它的证券端可以分成 3 类：一类是以早偿风险为主的优先级证券，优先级证券首当其冲地承担早偿率的不确定性；一类是当有一个资产违约就会立刻影响收益的次级证券，所以次级证券承担的是信用风险；夹层级证券既有早偿的风险也有违约的风险，它的风险与早偿和违约的分布有关，所以夹层

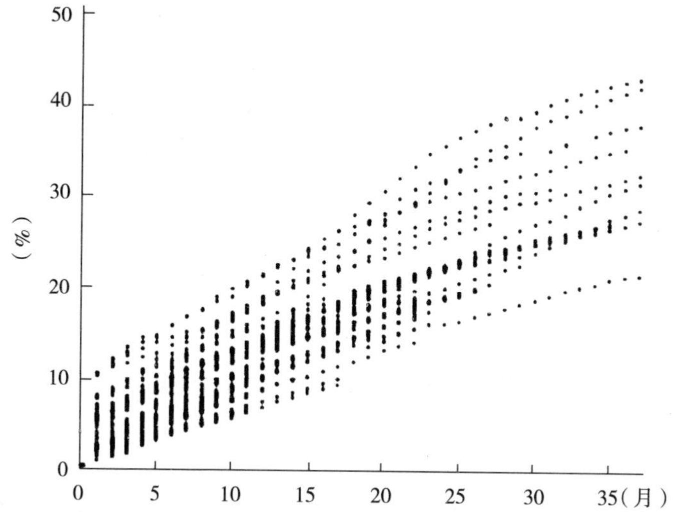

(a)累计早偿率分布

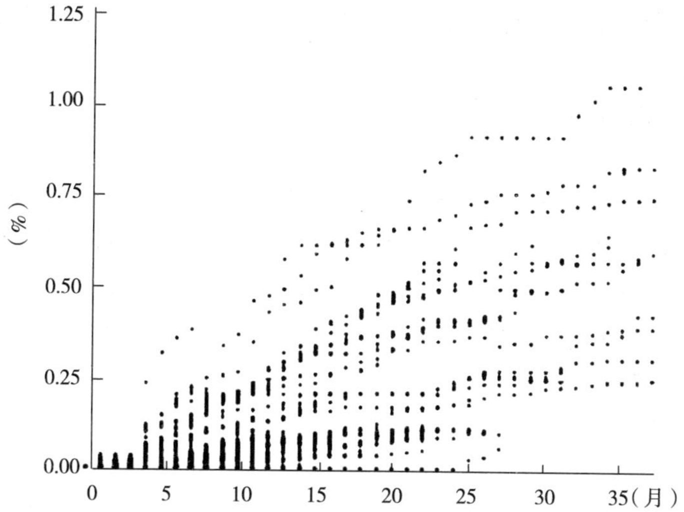

(b)累计违约率分布

图 4.3 中国市场发行的所有房贷支持的资产证券化累计早偿率和累计违约率的分布

级证券承担的实际风险是关联度风险。如果基础资产非常分散，资产之间的关联度很低，那么夹层级证券的违约率确定性较高，承受的违约风险相对较低，同理，早偿率也是如此。结构性融资产品的风险特征如图 4.4 所示。

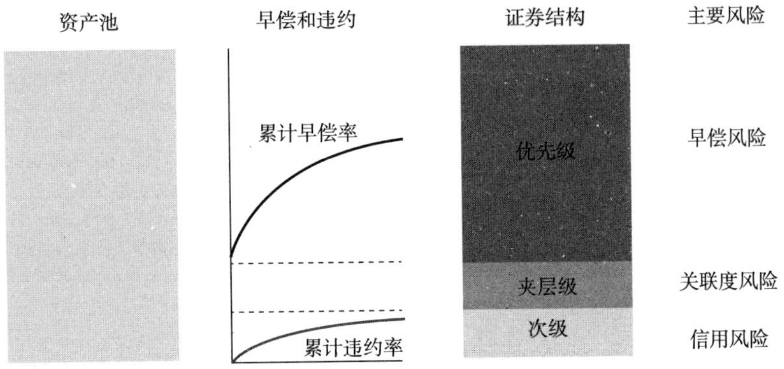

图 4.4　结构性融资产品的风险特征

第二节　资产证券化产品估值定价基本方法

本节将引入 3 个标准且相对常用的资产证券化产品的估值定价方法。

现金流折现法

现金流折现法是资产证券化产品优先级和夹层级的主要定价方法，是目前国际市场的一个标准方法。任何资产证券化产品的某一证券均有一个预测的现金流，现金流折现法基于该预测现金流，对其进行折现，从而得到证券的估值定价。

现金流的预测

现金流的预测是指根据基础资产的实际表现或同类资产的历史数据，选择早偿和违约参数，按照偿付模型，从基础资产现金流得出证券现金流，计算平均到期期限。

收益率的确定

估算证券量化评级的主要参数是本金覆盖率、期限和收益覆盖率。如果市场足够成熟，那么依据基础资产类别、量化评级和期限，参照二级市场交易价格推导出来的收益率曲线，可以得出收益率。

严格来说，资产证券化产品的现金流不像一般的债券，是一次性还本的，资产证券化产品的还本是摊还型的，可以是固定摊还，也可以是过手摊还，所以它的期限其实不是一个单一、明确的期限，因此也不对应唯一的收益率。所以，用一个折现率曲线对资产证券化产品进行定价是更合理的方式。

在国际市场，收益率曲线根据基础资产评级和期限得出，与图 4.5 相似，不同的评级有不同的收益率曲线。通常，收益率曲线从低到高，说明在期限短的时候收益率较低，而在期限长的时候收益率较高。

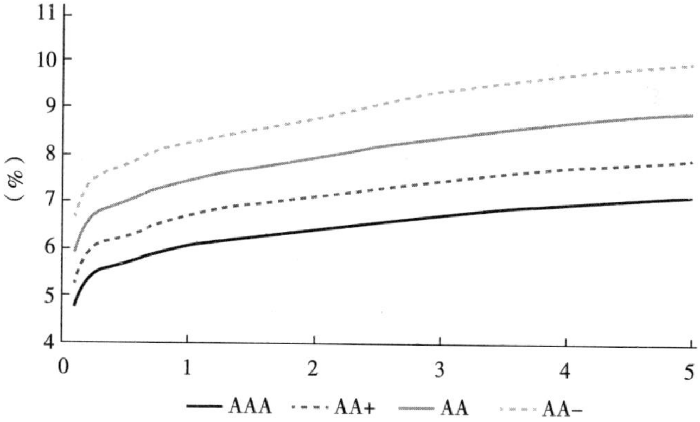

图 4.5　交易所市场购房尾款收益率曲线

在国际市场，二级市场的交易量要远大于一级市场，且是实时的，所以收益率曲线根据二级市场交易数据而得。同样，有了二级市场的收益率曲线，在一级市场发行、定价的过程中，也基于同样的收益率曲线。简言之，在国际成熟的资产证券化产品市场，一级市场的定价是由二级市场驱动的。AAA 级汽车抵押贷款的一级市场利差与二级市场利差如图 4.6 所示。

然而在国内，目前资产证券化产品市场还属于早期，二级市场还不够活跃，一级市场的活跃度和交易量要远大于二级市场，所以目前国内的资产证券化产品市场的定价仍由一级市场主导。我国一级市场

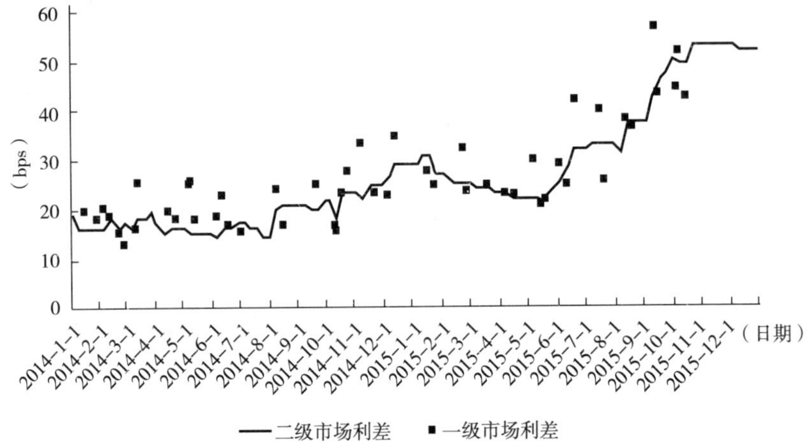

图 4.6　AAA 级汽车抵押贷款的一级市场利差与二级市场利差

资料来源：BAML/Informa Global Markets。

产品的标准化程度仍不够高，所以单从基础资产和评级无法得出一个分布较窄的收益率曲线，因此我们从一级市场的发行价格总结出利差规律，从而得出证券的合理收益率。这种方法在现阶段对二级市场的定价有很大的参考意义。需要注意的是，一级市场与二级市场的价格天然存在一些利差，比如，一级资产证券化产品市场的参与者更多，很多银行不会进行二级资产证券化产品交易，因此存在客群利差。不同的主承销商的销售能力可能有差别，因此一级发行价格未必能真实反映市场需求。

期权定价法

第二个资产证券化产品的定价方法是期权定价法。在第二章，我们了解了结构化融资产品分为优先级、夹层级、次级，每一级证券的现金流和基础资产的现金流之间存在一定关系。资产证券化产品的期权特征如图 4.7 所示。

我们假设，整个资产池的资产以及优先级、夹层级和次级证券的本金、利息都是一次性偿付的，资产端的现金流首先偿付证券的优先级，接下来偿付夹层级，最后偿付次级。该假设与实际情况的区别在

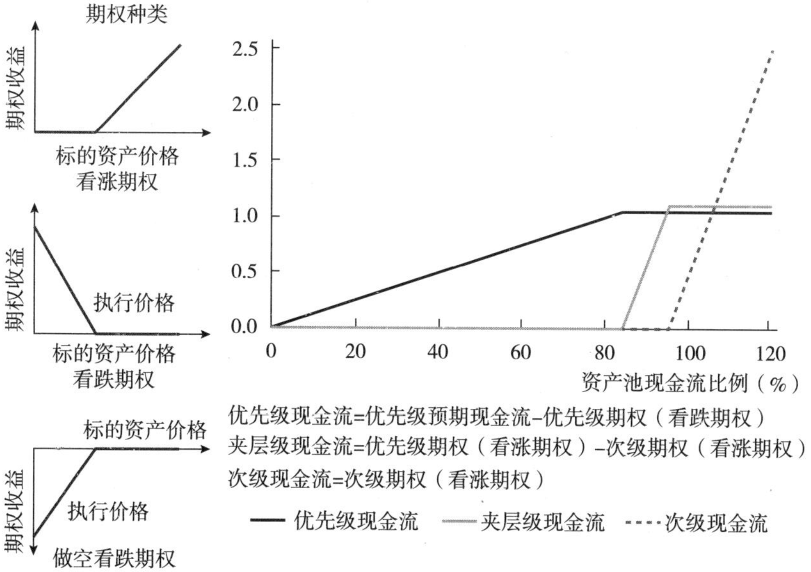

图 4.7　资产证券化产品的期权特征

于：第一，实际的资产证券化产品的结构现金流分为本金和利息，在产品满足一定条件的情况下，收益是按照固定期限和规则偿付的；第二，每个产品都有一些触发事件，国内资产证券化产品标准的触发事件有加速清偿事件和违约事件，这些触发事件会改变现金流偿付的规则。然而，即使在真实的资产证券化产品中，这个期权的特征仍存在，只是此时不再是一个简单的期权，而是一个复杂的期权或复杂期权的组合。

对比期权定价法和现金流折现法可以看出，期权基本的定价方法基于的影响期权的最主要参数不是预期现金流，也不是预期风险，而是未来价值（现金流）的不确定性，即波动率，波动率是期权定价中最核心的组成部分。期权的另一个特性是期权的时间效应：期权的价值随时间发生变化。由于资产证券化产品具有期权的特征，与一般的固定收益产品不同，虽然其基础资产是信用债或固定收益产品的一个组合，但是证券端将它切分成优先级、夹层级、次级以后，它的主要风险就不再是信用风险，所以资产证券化产品实际上不是一个信用债，而更像是一个期权。

对于现金流折现法，估值定价所用的现金流是指一个固定的预期现金流，这个预期现金流包括早偿和违约预期对现金流的影响，但没有包括早偿和违约的不确定性（风险）。所以，在现金流折现法中，收益率应该在无风险收益率的基础上加上适合的风险：第一，预期的风险，该风险是早偿和违约的不确定性带来的风险；第二，风险溢价，对定价而言，投资者承担这个风险获得的不应该只是能够补偿该风险的收益，还应该有为了承担该风险而希望获得的额外收益；第三，流通性溢价，资产证券化产品与一个无风险债券，如国债相比，流通性是不同的，流通性差的产品需要有一个非常重要的流通性溢价。

对于期权定价法，估值定价所用的现金流基于基础资产的历史数据来模拟所有的风险因素，因此包括早偿和违约风险。所以，期权定价的收益率只需要在无风险收益率的基础上加上风险溢价和流通性溢价。

如果基础资产流通性比较好，也有透明和公允的价格，那么在此基础上，可以通过基础资产的价格寻找对应基础资产价格的风险，即每个基础资产都有它对应的收益率。此时，我们可以用基础资产价格对应的风险做模拟，这样的模拟包括风险溢价和流通性溢价，所以可以直接应用无风险收益率曲线，这就是大家熟悉的衍生品风险中性定价方法。然而，实际上，资产证券化产品基础资产的流通性和资产证券化产品的流通性不同，风险溢价也不同，所以风险中性定价方法在资产证券化产品的实操中通常不适用。

风险中性定价方法并不是说，投资者对投资标的的态度是中性的，而是在基础资产的特征里已经将所有的风险包括进去，所以此时在衍生品这端的定价只需要应用无风险的折现率就可以了。风险中性定价方法是从无套利假设推导出来的，在这里，市场无套利是基本原则，而风险中性只是由此而得的一个结论。一个金融产品是否适合用风险中性定价方法，需要看具体的操作方式，所以衍生品的定价方法其实是多种多样的。

套利定价法

上文提到，套利也是定价的一种方式。对于资产证券化产品，同样也有一个套利定价方法。所以，本节引入资产证券化产品的套利定价法。

套利定价法主要用于次级证券。投资者可以投资基础资产，也可以投资次级证券。如果投资者可以获得基础资产，即使流通性不一定那么好，但价格相对透明，那么投资者可以知道资产池中基础资产现在的价值。考虑这样两种策略：一是从市场获取同类基础资产，将获取的基础资产打包，发行新的资产证券化产品，卖掉优先级和夹层级证券，自留次级证券；二是直接从市场购买同样的次级证券。

如果策略二的收益率比策略一高，那么理性的投资者会选择策略二，反之亦然。根据供求平衡，最终由策略二得出的证券价格和由策略一得出的证券价格将趋于一致。这就是通过套利机制为资产定价的一个例子。复制是套利的一种方式，复制定价是无套利定价的一种实际操作方式。

需要指出的是，复制定价法与无套利定价法中的假设略有区别。在进行衍生品定价时，如果要得出风险中性的结论，那么需要产品的资产端和证券端的流通性是非常完美的，既可以做多也可以做空。然而，资产证券化产品的资产端和证券端要做空是比较困难的，而且流通性也远没有达到实现风险中性或完全无套利定价的基本假定。但是，套利定价对次级证券来说是一个非常重要的参考定价，次级证券究竟应该如何定价，是现在市场中被广泛关注的问题。套利定价为次级证券定价提供了一个参考范围，所以这是次级证券投资者应该了解的一个方法。

资产证券化产品定价方法的选择

现金流折现法、期权定价法和套利定价法在交易定价、投资定价和估值之间的用途是不一样的。定价方法的应用场景见表 4.1。

表 4.1　定价方法的应用场景

	现金流折现	期权定价	套利定价
交易定价	√		√
投资定价	√	√	√
估值	√	√	

现金流折现法是一个比较标准的交易定价方法，也是投资定价中比较常用的方法，并且还是一个标准的估值方法。所以，对于目前国际市场对资产证券化产品的交易定价、投资定价以及估值，现金流折现法都是可用的。

期权定价法主要针对一些特殊的衍生品，如当基础资产是大额可转让定期存单时，有时会用期权定价法来定价。绝大多数情况下，期权定价法用于投资定价，是制定投资策略和做出投资决策的重要依据。此外，期权定价法也是国际市场对以大额可转让定期存单为基础资产且资产端和证券端均是信用衍生品的一个比较标准的估值方法。

套利定价法主要用于次级证券定价。它可以是投资定价的一个方法，也可以是交易定价的一个基本原则。

第三节　我国资产证券化产品的估值定价工具

金融产品的定价问题可以分为 3 个层面：投资定价、交易定价和估值。这 3 个层面在目的、工具和思维方式上均不一样。

投资定价是投资者根据内部风险收益偏好、风控合规标准、资金成本等因素，给每个金融产品制定的内部价位。投资定价的机制和内部定价的原则属于商业机密，每个机构内部都有自己的原则，基准利率的选择也不尽相同。固定收益产品的内部价位通常对应产品的预期收益率，通俗来说就是投资者对产品收益率的要求。

交易定价是交易双方按照市场标准流程形成的价格共识。交易定价与投资定价的区别在于，投资定价是每个机构内部的期望，而交易定价是一个达成共识的机制。交易定价的计算方法和流程细节要标准和透明。具体地，对于固定收益产品，交易定价需要对计提利息、收益率、现金流和折现率计算等细节达成共识。

估值是指按照国际会计准则、监管要求和内部合规条例，金融产品在某个时间节点的价值。估值的需求通常是在某个时间点，如每天交易结束，而定价的需求在任何时点都有。在完全无摩擦的市场，估值和定价的结果应该是一致的，但是通常情况下，市场绝大多数的证券并非在任何时点都有交易，所以估值和定价之间可能存在较大的差异。交易定价、投资定价与估值如图 4.8 所示。

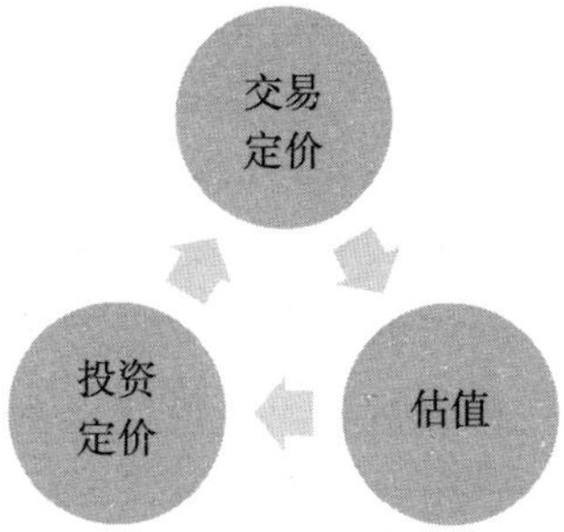

图 4.8　交易定价、投资定价与估值

交易定价、投资定价和估值是紧密关联的。市场的交易价是金融产品估值的基础，而估值是投资定价的参照，如果没有估值或估值偏离成交价很大，那么投资定价会很难。交易定价不能与估值和投资定价差太远，否则这个共识很难达成。

投资定价、交易定价和估值是 3 个不同的业务功能，对分析工具有不同的要求。按照风险收益偏好以及合规风控要求，每个投资者可以有各自独特的投资策略和定价逻辑，但是在交易过程中，双方需要有相对透明的定价机制并对模型和参数达成共识。

交易定价工具

交易定价工具必须具备有效性、时效性和稳定性。在有效性方面，交易定价工具的方法必须是透明的，每个交易细节在各交易参与方中均已达成共识，如此，各交易参与方才能认同该交易定价工具的有效性。在时效性方面，交易定价工具必须具有完整可靠的市场数据，且能够及时有效地反馈市场行情变化。在稳定性方面，即使市场数据实时变化，该交易定价工具仍能正常地输出资产的合理交易价格。

投资定价工具

市场机会对投资定价来说是一个很重要的因素。分析市场机会需要分析市场发行规模和产品类型、市场的供求关系及趋势。投资者除了投资资产证券化产品，还可以投资同类别的债券，投资者会比较资产证券化产品与同类产品的风险与收益，分析市场机会。当风险与收益也满足投资者的要求时，投资者会设计一个投资组合策略，分析每笔的交易机会，计算投资价格。在投后管理方面，需要追踪产品舆情、发行主体、基础资产、证券及基础资产表现，如早偿和违约情况。

估值工具

每个机构都需要按固定时间频率对手上所有的持仓做估值，并对整个投资组合做估值。估值工具要对产品内在价值规律有一定把握。

CNABS 平台针对我国市场流通的资产证券化产品的优先级和夹层级证券给出了估值定价，是目前我国资产证券化市场中满足市场参与者对投资定价、交易定价和估值的需求的有效工具。

本节我们以证券“18 福元 1B_bc”为例，简述 CNABS 平台对我国资产支持证券的定价方法，具体如图 4.9 所示。

18福元1B_bc　1889002.IB　AA+/AA+　101.082 8/101.207 3/3.787 4%　（CNABS参考价）
剩余期限 261D　票面利率(%) 5.600　产品类型 汽车抵押贷款　产品细分 外商独资汽车金融公司　产品主体 福特汽车金融(中国)有限公司

图 4.9　CNABS 平台对我国资产支持证券的定价方法

证券的两个当前评级均为 AA+。2019 年 1 月 7 日，CNABS 平台对该证券的估值，净价为 101.082 8，全价为 101.207 3，收益率为 3.787 4%。标的证券的剩余期限为 261 天，票面利率为 5.6%，属于汽车抵押贷款类别下的外商独资汽车金融公司，产品的发起主体为福特汽车金融公司。

CNABS 在证券的整个存续期对证券进行估值定价，图 4.10 是 CNABS 对证券的估值历史（收益率/净价）以及证券的历史成交净价。

证券 18 福元 1B_bc 的起息日为 2018 年 1 月 23 日，预计到期日为 2019 年 9 月 26 日，自 2018 年 12 月 26 日支付完后，下一个支付日为 2019 年 1 月 28 日。

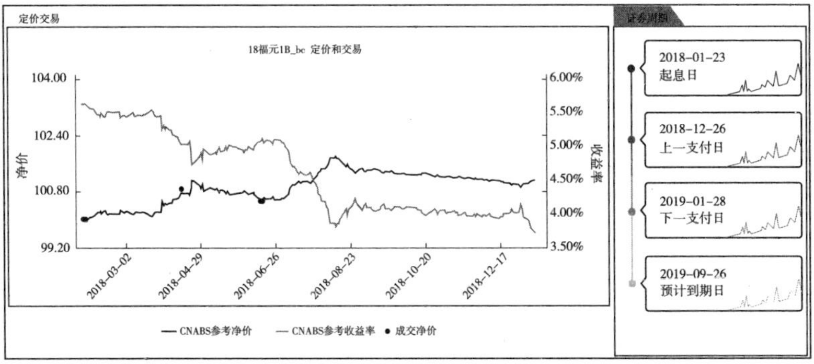

图 4.10 CNABS 对证券的估值历史（收益率 / 净价）以及证券的历史成交净价

基于公开数据，该证券在历史上有 6 次成交记录，分别是 2018 年 1 月 24 日以 100.020 0 的交易净价成交，2018 年 1 月 25 日以 100.018 6 的交易净价成交，2018 年 1 月 24 日以 100.020 0 的交易净价成交，2018 年 4 月 11 日以 100.858 8 的交易净价成交，2018 年 6 月 11 日以 100.53 的交易净价成交，2018 年 6 月 12 日以 100.53 的交易净价成交。

从证券的估值历史走势来看，参考收益率从期初的 5.6% 缓速下降，于 2018 年 8 月 6 日降到低点 3.8% 左右，之后经历了小阶段的微升，逐步稳定在 4%，2018 年年底，利率下降，在报告日当天，利率为 3.787 4%。证券参考净价与收益率走势相反，目前稳定在 101 左右。

证券信息

证券 18 福元 1B_bc 的发行金额为 1.64 亿元，直到 2019 年 1 月 7 日，证券未偿付，剩余金额不变。该证券的计息方式为 30/360，利率类型为附息式浮动利率，浮动基准是 6 个月至 1 年贷款利率，浮动利差为 1.25%。证券票面利率为 5.6%，月付利息和偿还本金的方式为过手。以证券 18 福元 1B_bc 为例，证券的基本信息如图 4.11 所示。

证券 18 福元 1B_bc 为产品“福元 2018 年第一期个人汽车抵押贷款资产支持证券”（见图 4.12）的夹层级，占比为 4%，初始评级为 AA+。

基本信息

发行金额(亿元)	1.6400	利率类型	附息式浮动利率	还本方式	过手
剩余金额(亿元)	1.6400	票面利率(%)	5.600	证券评级	AA+/AA+
计息方式	30/360	付息频率	月付	WAL(年)	0.59
浮动基准	六个月至一年贷款利率	浮动利差(%)	1.250		

图 4.11 证券的基本信息

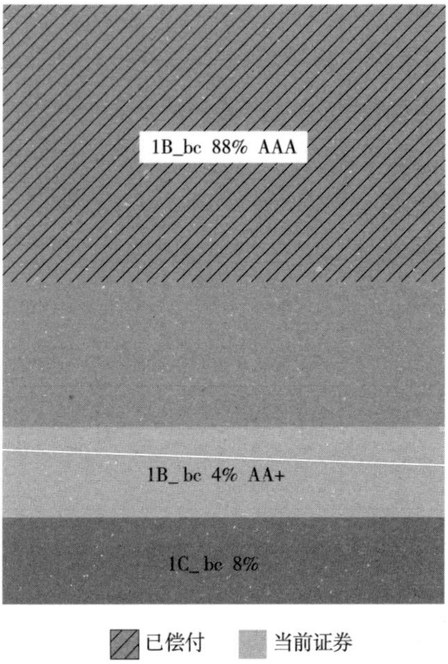

图 4.12 福元 2018 年第一期个人汽车抵押贷款资产支持证券

证券的发起主体为福特汽车金融有限公司，该公司为外资独资企业，主体评级为 AAA，基于 2017 年 12 月 31 日的财报信息，总资产达 480.02 亿元，资产负债率为 89.26%，净资产收益率为 13.25%。具体如图 4.13 所示。

在证券基本信息中，本金余额、面值、票面利率（浮动）、期限、本金覆盖率以及评级等在存续周期内有可能发生变化，由图 4.14 可知，证券 18 福元 1B_bc 从期初至今，证券的期限根据产品现金流的实际偿付情况有所缩短。本金覆盖率随着优先级证券的偿付，有所提高。

证券主体

发起机构

公司全称	福特汽车金融(中国)有限公司				
企业性质	外资独资经营企业	一级行业	金融业	二级行业	其他金融业
最新评级	AAA	是否上市	否	第一大股东	--
总资产	480.02亿元	资产负债率	89.26%	ROE	13.25%
财报日期	2017-12-31	银行授信	--	已使用授信	--
行业排名	--				

图 4.13　证券主体

证券当前信息

	初始	当前
本金余额（亿元）	1.6400	1.6400
面值	100.0000	100.0000
票面利率（%）	5.600	5.600
期限（年）	1.6740	0.7096
本金覆盖率（%）	116.14	137.33
中债资信	AA+	AA+
中诚信国际	AA+	AA+

图 4.14　证券当前信息

交易定价

基本定价公式

CNABS 给出了证券（面值为 100）的估值定价，具体如图 4.15 所示。该证券的证券本金偿付区间是 2019 年 7 月 26 日至 2019 年 8 月 26 日，即本金窗口。

CNABS参考价				定价日：2019-01-07	
净价	101.1155	全价	101.2866	到期收益率(%)	3.7074
本金因子	1.000000	应计利息	0.1711	凸性	0.9327
WAL	0.5931	修正久期	0.5860	本金窗口	2019-07-26至2019-08-26

图 4.15　CNABS 参考价

本金因子 f

$$f=\frac{F_0}{100} \qquad \text{公式（4–1）}$$

其中：

F_0 是当前剩余本金。

本金因子 f 在国际市场资产证券化产品行业通用，如果证券发生摊还，用本金因子调整后的价格会使结果普遍具有可比性。

全价 P_{full}

$$P_{full}=\sum_{i=1}^{n}\frac{C_i}{\prod_{j=1}^{i}(1+\alpha_j Y)} \qquad \text{公式（4–2）}$$

$$P_{full.adj}=\frac{1}{f}P_{full} \qquad \text{公式（4–2}'\text{）}$$

其中：

$T=(T_1, T_2, \cdots, T_n)$，是未来第 i 个偿付日到当前 t 时刻的期限。

$C=(C_1, C_2, \cdots, C_n)$，是未来第 i 个偿付日的现金流。

Y 是当前的收益率。

$P_{full.adj}$ 是本金因子调整后的全价。

α_j 是第 j 个计息区间，在 Act/365 的折现规则下：

$$\alpha_1=\frac{T_1-t}{365}$$

$$\alpha_j = \frac{T_j - T_{j-1}}{365}$$

应计利息 A

$$A = \alpha_0 \times R \times F_0 \quad \text{公式（4-3）}$$

α_0 是计提比率，在 Act/365 的折现规则下：

$$\alpha_0 = \frac{t - T_0}{365}$$

其中：

T_0 是上一个偿付日。

R 是证券的票息。

净价 P_{clean}

$$P_{clean} = P_{full} - A \quad \text{公式（4-4）}$$

$$P_{clean.adj} = \frac{1}{f} P_{clean} \quad \text{公式（4-4}'\text{）}$$

其中：

$P_{clean.adj}$ 是本金因子调整后的净价。

证券净价历史走势图是用 $P_{clean.adj}$ 计算而得的。

加权到期期限 WAL

$$WAL = \sum_{i=1}^{n} F_i \times \frac{T_i - t}{365} \quad \text{公式（4-5）}$$

其中：

$F = (F_1, F_2, \cdots, F_n)$，是未来第 i 个偿付日的剩余本金。

到期收益率 Y

$$Y = r + s \qquad \text{公式（4–6）}$$

其中：

r 是基准利率。

S 是证券当前利差。

修正久期 Dur 和凸性 $Conv$

$$\frac{\Delta P_{full}}{P_{full}} = -Dur \times \Delta Y + \frac{Conv \times \Delta Y^2}{2} \qquad \text{公式（4–7）}$$

基本定价规则

计算交易价格时要遵循一定的市场规则，CNABS 给出了现有市场可能存在的交易规则。价格计算如图 4.16 所示。

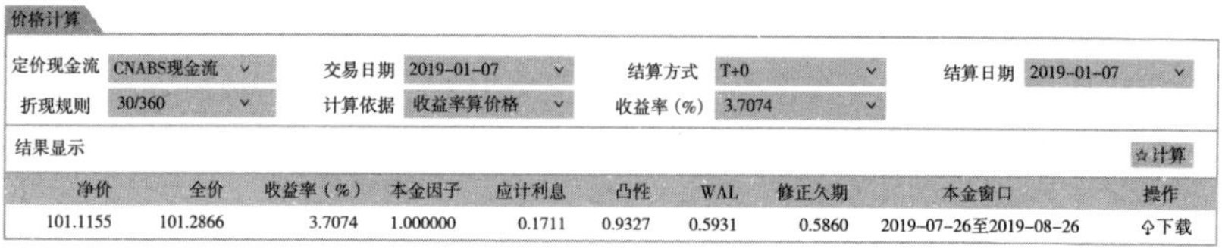

图 4.16　价格计算

折现规则

折现规则（见图 4.17），即数天数的交易规则，中国市场目前的折现规则是国际折现规则的简化版，具体如下：

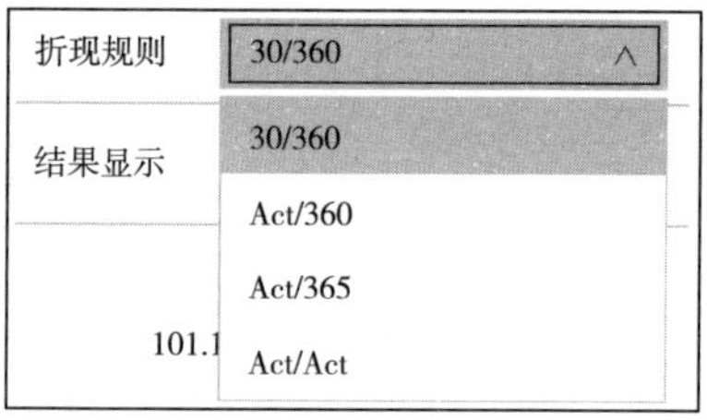

图 4.17　折现规则

（1）Act/365。

$$\alpha_0=\frac{当前日期-上一个支付日}{365}$$

（2）Act/Act。

$$\alpha_0=\frac{当前日期到上一个支付日的天数}{当前日期所在年的天数}$$

（3）Act/360。

$$\alpha_0=\frac{当前日期-上一个支付日}{360}$$

（4）30/360。

$$\alpha_0=\frac{\min\left[(当前日期-当前日期所在月初),30\right]}{360}+\frac{\max\left[30-(上一个支付日-上一个支付日所在月初),0\right]}{360}+\frac{30\times(上一个支付日与当前日期的间隔月份数-1)}{360}+\frac{360\times(上一个支付日与当前日期的间隔年分数)}{360}$$

交易日与结算日（见图 4.18）

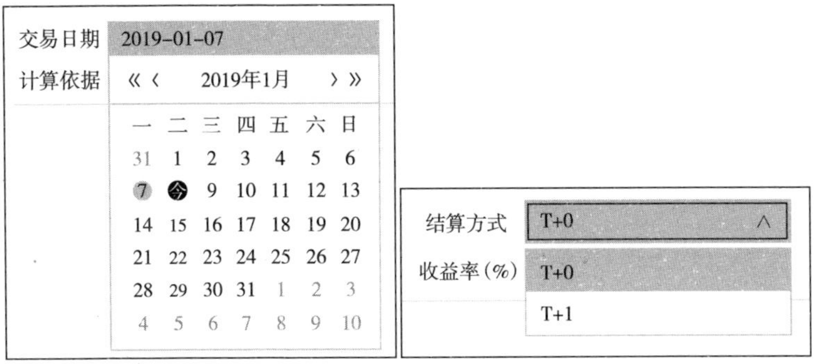

图 4.18　交易日与结算日

证券在 t 时发生交易，结算日可以是 t 或 $t+1$。按相关规定，交易所和银行间都按“$t+1$”结算，银行间结算日当天利息计入买方，交易所结算日当天利息计入卖方。

交易所规定：

深交所——投资者在 t 日（t 日为派息、兑付的权益登记日，下同）买入债券的，享有该债券派发的利息；投资者在 t 日卖出债券的，不享有该债券派发的利息。[1]

上交所——附息债券的应计利息，每百元应计利息额 = 每百元面值 × 票面利率 ÷365 天 × 已计息天数（闰年 2 月 29 日不计息）[2]。

现金流

CNABS 给出了 3 种现金流应用模式，分别是 CNABS 现金流、发行现金流以及调整现金流。此外，用户可以按自己对证券现金流的预期上传现金流。价格计算如图 4.19 所示。

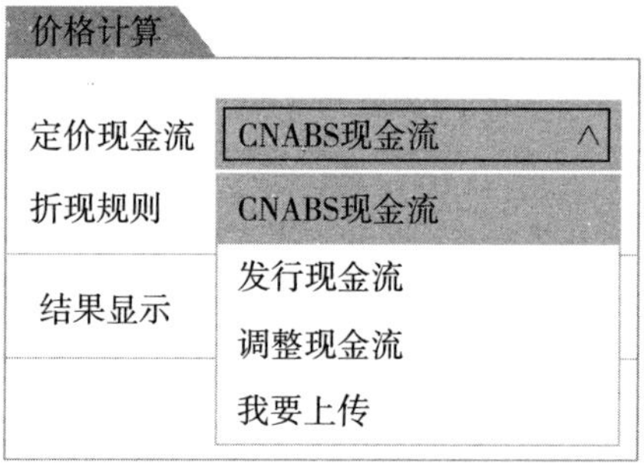

图 4.19　价格计算

选定规则后，根据公式（4–2'）、公式（4–3）、公式（4–4'）可以实现：

（1）已知收益率算价格，如图 4.20 所示。

（2）已知净价算收益率，如图 4.21 所示。

（3）已知全价算收益率，如图 4.22 所示。

---

① 《关于修订并发布〈中国结算深圳分公司债券登记结算业务指南（4018 年 6 月修订版）〉的通知》。

② 《关于修订发布〈中国结算上海分公司债券登记结算业务指南〉的通知》。

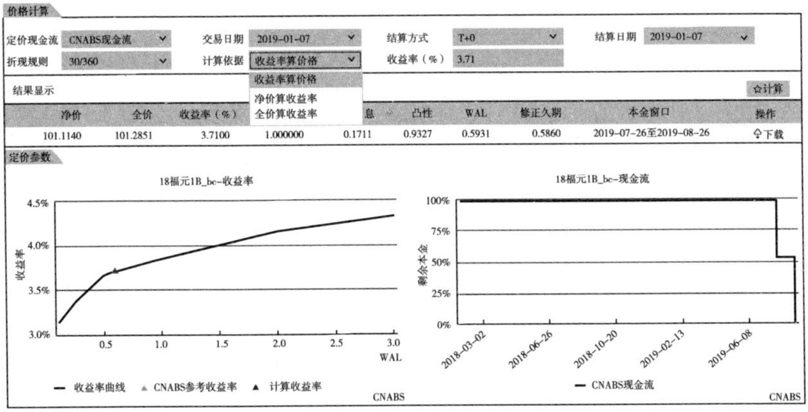

图 4.20　已知收益率算价格

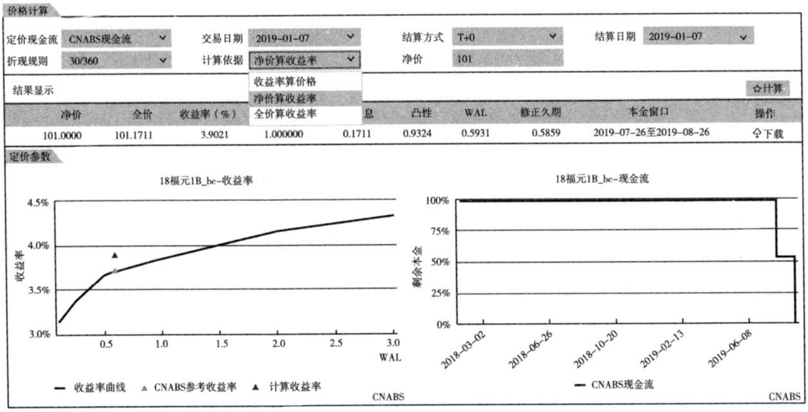

图 4.21　已知净价算收益率

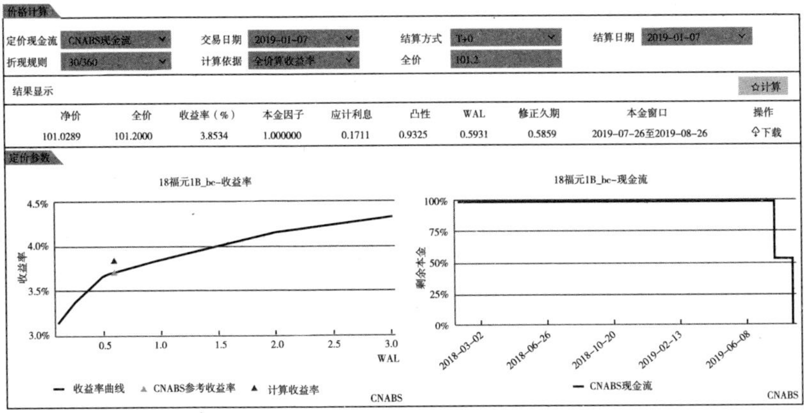

图 4.22　已知全价算收益率

收益率

收益率曲线是分析利率走势和进行市场定价的基本工具，也是进行投资的重要依据。收益率曲线的形状反映了该证券长短期利率水平之间的关系，因利率与经济增长、通货膨胀及市场宏观调控等息息相关，利率结构的变化将有助于对当前经济状况乃至未来经济走势的判断。

CNABS 收益率曲线以加权平均剩余期限为横轴，以利率为纵轴，描述了某一可交易证券的收益率与其加权平均到期期限之间的关系，叠加同期限 AAA 级中期票据或 AAA 级公司债的利率期限曲线的对比，辅助投资者观察该证券与当前市场其他证券的收益曲线差值范围，进而进行投资策略的调整。18 福元 1B_bc 的收益率曲线如图 4.23 所示。

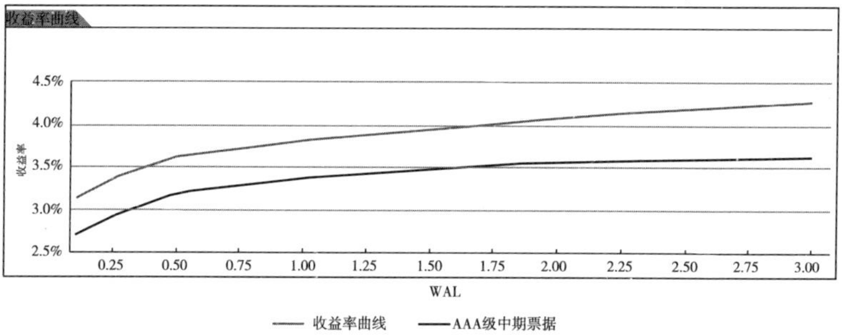

图 4.23　18 福元 1B_bc 的收益率曲线

由于当前中国资产证券化产品市场尚不成熟，标准化程度不高，且资产证券化产品市场的定价由一级市场主导。CNABS 从资产支持证券一级市场的发行价格出发，探寻证券的利差规律，结合二级市场交易，推导出证券的合理收益率。

CNABS 结合以往的研究经验，考虑公开市场数据获取的准确性，分别从经济环境、证券发起主体、证券信用级别、证券加权平均到期期限以及基础资产因素等多方面因素对资产支持证券的利差进行分析，建立利差模型：

$$S = F(X_1, X_2, \dots, X_n; \delta) \qquad \text{公式（4-8）}$$

其中：

X_n 是风险因子。

δ 是利差模型的残差。

汽车金融公司系汽车抵押贷款资产支持证券利差分布如图 4.24 所示。

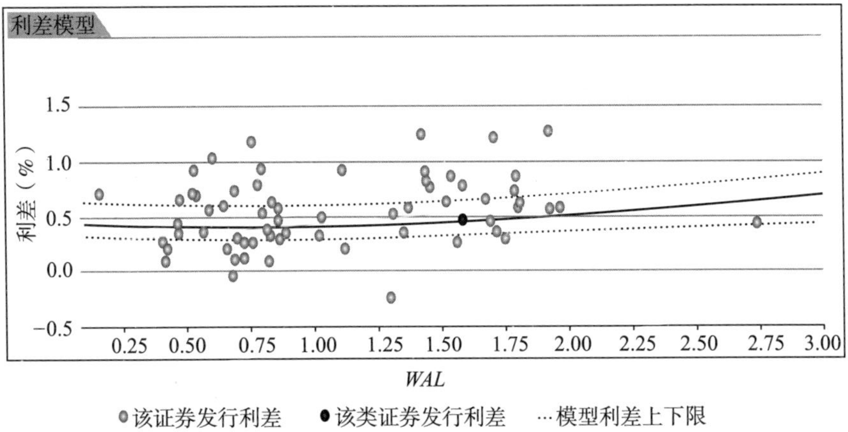

图 4.24　汽车金融公司系汽车抵押贷款资产支持证券利差分布

标的证券同类资产的利差模型的分布如图中的散点所示。实线描述了基于利差模型，该标的证券的利差与加权到期期限的关系，虚线是基于利差模型，对估计利差判断的误差上下限。

图 4.25 给出了模型估计的利差对实际利差的拟合优度。

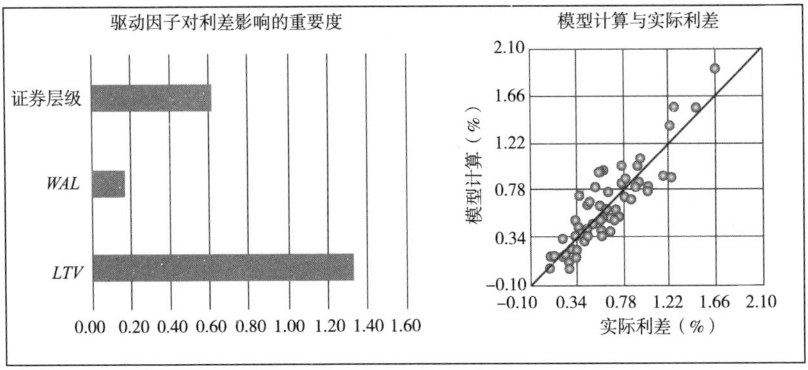

图 4.25　模型估计的利差对实际利差的拟合优度

通过证券的利差分析，可以判断因子对利差的影响力度，以 18 福元 1B_bc 为例，该证券属于汽车金融公司系汽车抵押贷款资产证券化产品。对于该类证券，对利差有影响的因子按重要程度排序，依次是 *LTV*(加权平均贷款初始抵押率)、证券层级以及加权到期期限。

现金流

证券的存续周期偿付日为：

$$t^O_{payment}=(t^O_1, t^O_2, \ldots, t^O_{last}, t^O_{next}, \ldots, t^O_n) \qquad \text{公式（4–9）}$$

当前时间为 t 时，

$$t^O_{last}<t<t^O_{next}$$

证券的现金流模拟的具体规则是：在一定的资产池中，依据早偿率、违约率、回收率以及回收延迟时间等，模拟资产池的现金流，并根据产品的偿付模型，分配到该证券，从而得出证券的现金流。早偿和违约参数对资产池现金流的算法见表 4.2。

表 4.2　早偿和违约参数对资产池现金流的算法

月份	0	1	2
期末本金	$B_0=N$	$B_1=B_0-P^a_1$	$B_i=B_{i-1}-P^a_i$
计划本金偿付	—	P^s_1	P^s_i
实际本金偿付	—	$P^a_1=P^s_1+P_1-D_1+R_1$	$P^a_i=P^s_i+P_i-D_i+R_1$
违约本金	—	$D_1=B_0(1-\frac{1}{2}p_1)d_i$	$D_i=B_{i-1}(1-\frac{1}{2}p_i)d_i$
早偿本金	—	$P_1=B_0(1-\frac{1}{2}d_1)p_1$	$P_i=B_{i-1}(1-\frac{1}{2}d_i)p_i$
回收本金	—	$R_1=D_{1-rlag}r_{1-rlag}$	$R_i=D_{i-rlag}r_{i-rlag}$

公式（4–10）

其中：

N 是证券发行金额。

B_i 是第 i 个月期末本金。

P_i^s 是第 i 个月计划本金偿付。

P_i^a 是第 i 个月实际本金偿付。

D_i 是第 i 个月违约本金。

P_i 是第 i 个月早偿本金。

R_i 是第 i 个月回收本金。

d_i 是第 i–1 个月到第 i 个月的月度违约率。

p_i 是第 i–1 个月到第 i 个月的月度早偿率。

r_i 是第 i–1 个月到第 i 个月的回收率。

ralg 是产品的回收延迟，参数在 $i - rlag > 0$ 时有意义。

早偿率和违约率可以有其他不同的定义，重要的是，在实际操作过程中，用来得出早偿率和违约率的方法和用早偿率和违约率的公式来计算现金流的方法必须一致。发行现金流、调整现金流与 CNABS 现金流的对比如图 4.26 所示。

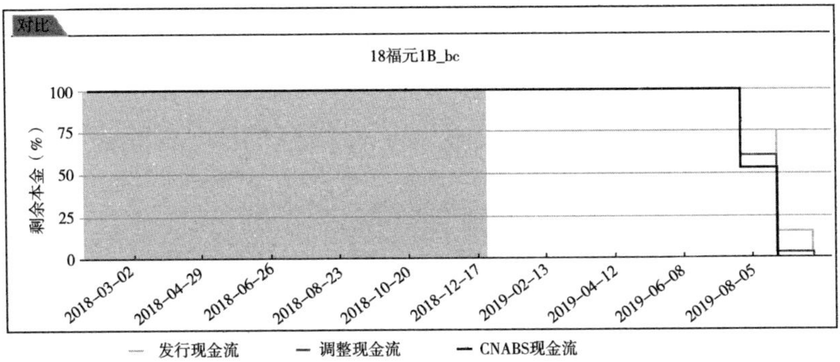

图 4.26　发行现金流、调整现金流与 CNABS 现金流的对比

情景参数 Q 包含 4 个变量：

$$Q = (CPR, CDR, D_{lag}, D_{recover}) \qquad \text{公式（4–11）}$$

其中：

CPR 是资产池的条件早偿率。

CDR 是资产池的条件违约率。

D_{lag} 是违约回收延迟，即违约回收款的回收年限。

$D_{recover}$ 是违约回收率，即违约资产回收与违约资产总额的比例。

图 4.27 显示了资产池现金流对该标的证券的分配情况。

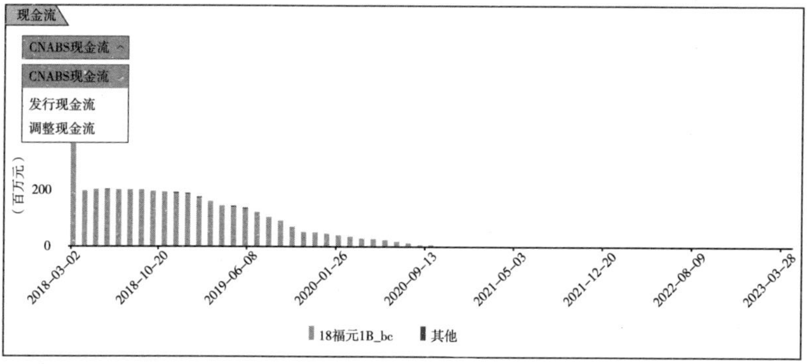

图 4.27　资产池现金流对该标的证券的分配情况

发行现金流、调整现金流以及 CNABS 现金流的具体算法如下：

发行现金流

$$C^o_{legal} = (C^o_1, C^o_2, \dots, C^o_n) \qquad 公式（4-12）$$

C^o_{legal} 是发行现金流。

$(C^o_1, C^o_2, \cdots, C^o_n)$ 对应各偿付日 $(t^o_1, t^o_2, \cdots, t^o_n)$。

此时，情景假设为：

$$CDR = 0, CPR = 0$$

调整现金流

$$C^o_{adjust} = (C^{act}_1, C^{act}_2, \dots, C^{act}_{last}, \frac{m}{n}C^o_{next}, \dots, \frac{m}{n}C^o_n) \qquad 公式（4-13）$$

C^{o}_{adjust}是调整现金流，($C^{act}_{1}, C^{act}_{2}, \cdots, C^{act}_{last}$)是历史实际发生的现金流，($\frac{m}{n}C^{o}_{next}, \ldots, \frac{m}{n}C^{o}_{n}$)是未来预测的现金流。

其中：

m 为当前实际剩余本金。

n 为当前发行现金流剩余本金。

此时，情景假设为：

$$CDR = 0, CPR = 0$$

CNABS 现金流

$$C^{o}_{cnabs} = (C^{act}_{1}, C^{act}_{2}, \ldots, C^{act}_{last}, C^{p}_{next}, \ldots, C^{p}_{n}) \qquad \text{公式（4-14）}$$

C^{o}_{adjust}是调整现金流，（$C^{act}_{1}, C^{act}_{2}, \cdots, C^{act}_{last}$）是历史实际发生的现金流，（$C^{p}_{next}, \cdots, C^{p}_{n}$）是未来预测的现金流。

此时，对于债权类的资产证券化产品而言，如果产品的发起主体数据详细，那么情景假设同主体已发起产品的历史表现。如果证券的发起主体数据不详，那么情景假设同与该产品细分类型一致的产品的历史表现。对于收益权类资产证券化产品：

$$C^{o}_{cnabs} = C^{o}_{adjust}$$

注：在无说明书的情况下，无发行现金流和调整现金流以及 CNABS 现金流根据证券预计期限、规模和偿付条款模拟的现金流。

第四节 资产证券化产品的投资分析

本节重点对资产证券化产品的投资方法做一个总结分析。投资者在做投资决策时，通常需要分析市场机会、风险以及收益特征，以确定投资标的及仓位。同时，资产证券化产品优先级和夹层级证券的评级通常会随着时间发生变化，评级的跃迁是风险和机会的平衡，所以因资产证券化产品的特有属性，投后管理也是很重要的。

市场机会分析

不同投资者的投资额度不同，其投资标的对应的发行规模也不同。新的产品发行对大型投资者更有价值，而小型投资者则希望在小众的市场里，充分利用自身的分析能力和定价能力，寻找更好的机会。投资者在对资产证券化产品进行投资分析时，应该首先分析市场现在有哪些产品在发行，属于什么类型，发行规模是多少。

图 4.28（a）是各类资产的发行金额，图 4.28（b）是这些资产目前的存量金额。根据时间来看发行量，图 4.29（a）是 2017 年和 2018 年每个月的发行量的比较，图 4.29（b）是 2015 年、2016 年、2017 年和 2018 年每个季度的发行量。从图中可以发现一个很有意思的规律：每一年都是一季度发行量最低，四季度发行量最高，中间每个季度的发行量是逐步递增的，且 2019 年截至目前仍满足这个规律。

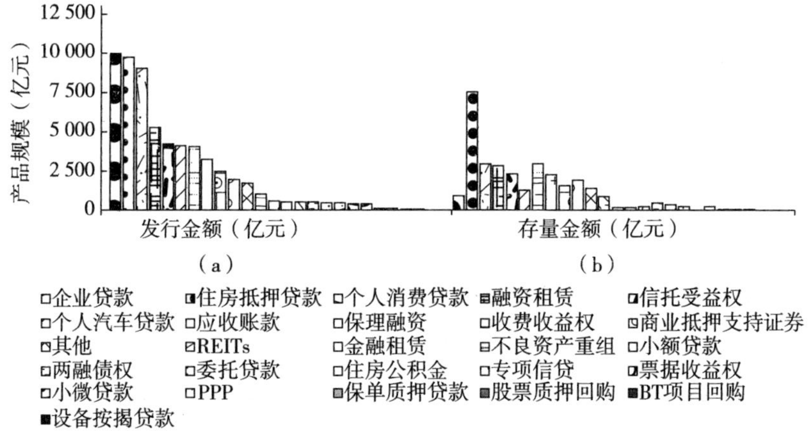

图 4.28　各类产品的发行金额与存量金额

图 4.30 是资产证券化产品观察名单热力图，展现了所有过去发行的资产证券化产品的历史表现。图中包括了不同类型的基础资产，

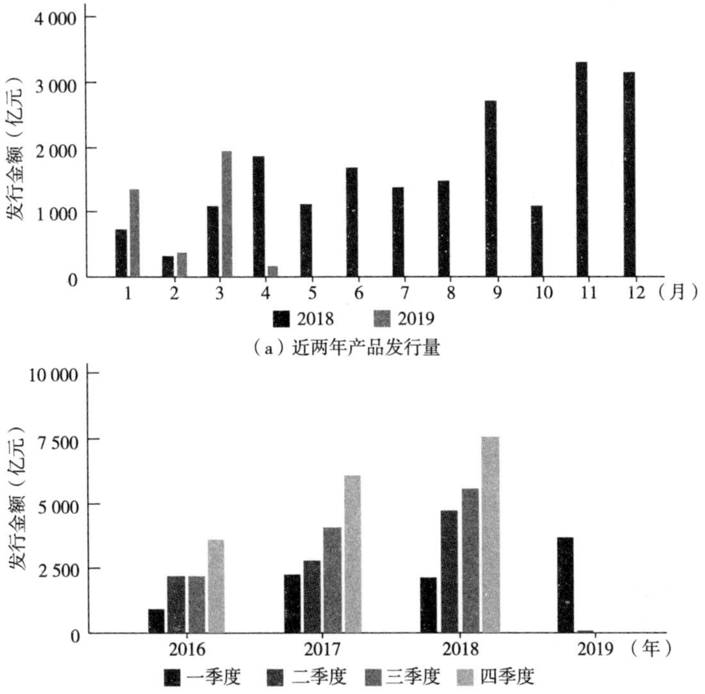

（a）近两年产品发行量

（b）近四年各季度产品发行量

图 4.29　近两年产品发行量和近四年各季度产品发行量统计

	2012	2013	2014	2015	2016	2017	2018	2019
企业贷款	0.00%	0.00%	2.00%	0.00%	0.00%	0.00%	0.00%	0.00%
专项贷款		0.00%	0.00%					
个人汽车贷款	0.00%		0.00%	0.00%	0.00%	0.00%	0.00%	0.00%
住房抵押贷款			0.00%	0.00%	0.00%	0.00%	0.00%	0.00%
不良资产重组					0.00%	0.00%	0.00%	0.00%
小额贷款		0.00%	0.00%	6.90%	0.00%	0.00%	0.00%	0.00%
金融租赁			0.00%	0.00%	0.00%	0.00%	0.00%	
融资租赁		0.00%	0.00%	12.68%	3.03%	0.78%	0.00%	0.00%
收费收益权	0.00%		22.22%	17.39%	7.69%	0.00%	0.00%	0.00%
个人消费贷款			住房公积金/2014；无法行	0.00%	0.00%	0.00%	0.00%	0.00%
住房公积金				0.00%	0.00%			
应收账款			0.00%	0.00%	4.35%	0.00%	1.05%	0.00%

图 4.30　资产证券化产品观察名单热力图

如企业贷款、专项信贷、汽车抵押贷款、房贷等。如果该类资产证券化产品在主体、基础资产和证券上，从发行至今都没有出现过任何的问题，那么在热力图中就显示为深灰色；浅灰色表示这类资产在对应年份没有产品发行；其他颜色以及色块上显示的数据分别代表这类产品出现资产相关风险以及出现问题的比例。以收费收益权为例，该类产品在 2014 年出现一些问题，且基础资产的问题占 22%，这是比较高的比例，而资产在 2015 年和 2016 年之间有了很大的改善。各类资产证券化产品的历史表现有显著的差异，意味着资产证券化产品市场信用风险差异化程度的提高。

风险特征分析

分析并判断资产的风险范围对投资者来说很重要。首先，资产的违约率和早偿率含有一定的不确定因素；其次，在违约后，资产的回收率、延期等也是不确定因素，如果产品期限比较长，基准利率本身在未来也可能有很大的波动。这些基础资产池的不确定因素，会直接影响证券端的偿付结果。所以，对情景进行假设，从而分析测算产品的表现，是做投资分析的必要环节。如图 4.31 所示，投资者需要根据自身对产品的分析以及对资产的熟悉度，选择不同的情景分析产品。

情景分析　（该页面计算基准现金流为调整现金流）

交易日期：2018-09-12	结算方式：T+0	折现规则：Act/365
结算日期：2018-09-12	计算依据：收益率（%）	3.9709

计算　新增情景

情景名称	CNABS推荐	情景1	情景2	情景3
浮动利率基准（%）	4.9	4.9	4.9	4.9
条件违约率（%）	0.09	0.09	0.09	0
条件早偿率（%）	8.96	17.92	26.88	0
违约回收延迟（年）	0.5	0	0	0
违约回收率（%）	30	0	0	0
分析结果				
我的定价现金流	添加	添加	添加	添加
收益率（%）	3.9709	3.9709	3.9709	–
净价（元）	100.4030	100.2615	100.1818	–
全价（元）	100.6252	100.4837	100.4040	–
本金因子	0.4446	0.4446	0.4446	–
修正久期	0.5073	0.3318	0.2320	–
凸性	0.8656	0.4887	0.3105	–
WAL（本金）	0.5170	0.3363	0.2345	–
本金窗口	2017.09.26–2019.10.28	2017.09.06–2019.05.27	2017.09.26–2019.03.26	–

图 4.31　情景分析

以房贷为例，图 4.32（a）是条件违约率的分布，图 4.32（b）是早偿率的分布。可以看到房贷违约率比较低。深灰色跟浅灰色分别指的是市场（房贷市场）和主体（这里的主体是建行）发行过的产品表现。在此基础上，投资者可以参照同类产品的历史早偿率和违约率，对产品进行情景分析。通过分析几个、几十个情景，投资者可以寻找市场现在的交易机会，跟踪并优化手上持有的所有仓位，这是投后管理常用的方法。

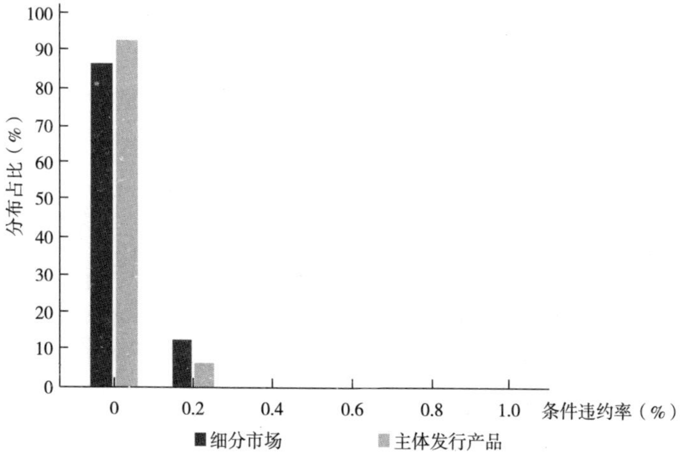

（a）条件违约率的分布

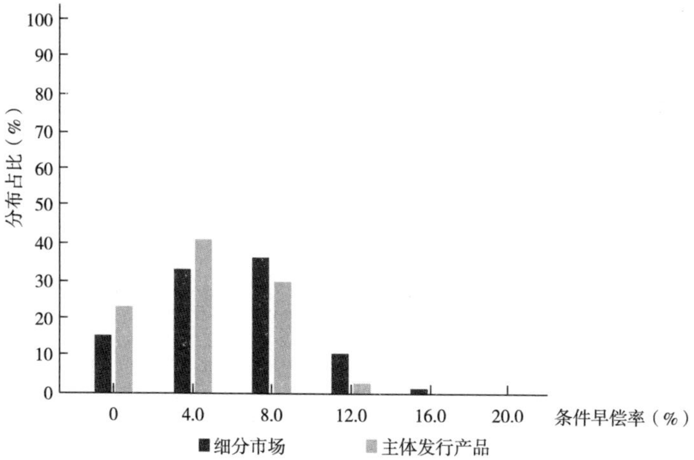

（b）条件早偿率的分布

图 4.32　参考参数

不同类别的资产与不同的资产池，实际上有其内在的违约率与早偿率。对投资者来说，建立自己的违约率曲线和早偿率曲线是非常重要的。图 4.33 展示了 3 个不同产品的累计违约率曲线。

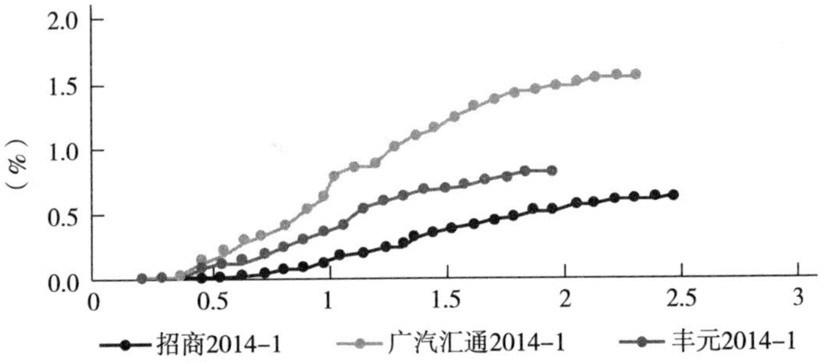

图 4.33　车贷累计违约率

虽然图 4.33 中 3 个产品的累计违约率曲线是 3 条完全不同的曲线，但 3 条曲线拥有一些共同的特征。图 4.34 是从累计违约率曲线求得的月度违约率曲线，曲线的表现与实际相符：如果一个贷款人贷款买了一辆车，首先他要付一个首付，接下来要分期付款，那么他刚付完首付后马上违约的概率应该是很低的，或者说接近于零。另外，当他分期付款付到最后一期或最后几期时，他再违约的可能性也是很低的。于是，我们分析一个产品，尤其在二级市场，通过一个产品初期的表现数据可以得出它今后的早偿、违约的趋势范围，从而可以对今后的现金流做更准确的预测。

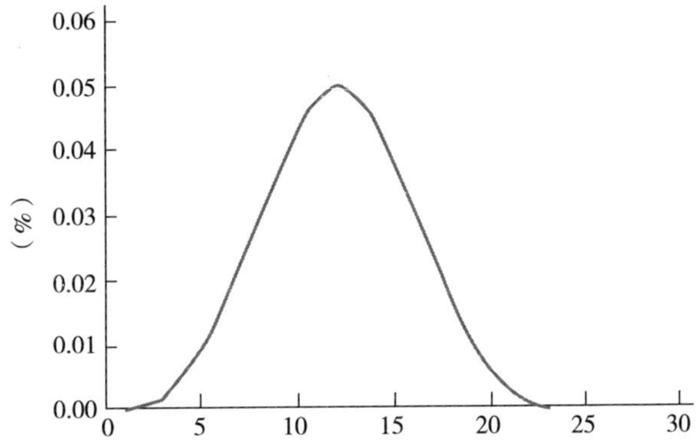

图 4.34　车贷月度违约率

更严格、更精准的分析基于更可靠的现金流预测。现金流的预测首先要预测基础资产值的现金流，除了按照产品设计时预期的现金流，还应有根据早偿与违约的不确定性调整后的现金流。得到基础资产现金流以后，根据每一个产品的偿付模型，将基础资产池的现金流分成本金与收益，分配到优先级、夹层级和次级。这个规则体现在表 4.3 中的流水图中。违约事件发生前后，产品本金和收入的现金流分配顺序是不一样的。违约事件和加速清偿事件是中国资产证化产品常有的两个增信事件。触发事件见表 4.3。

图 4.35 描述了将基础资产池中的所有现金流分配到各个投资定价证券里的详情。深灰色代表资产池现金流分配到证券 17 建元 6A1，由于 A1 是产品优先级最高的证券，它获取现金流的前期一段，接下来现金流会偿付优先级较低的证券。

表 4.3　触发事件

	当前产品	*同类产品	触发条件	当前值	结果
加速清偿（累计损失）	有	93.02%	2%	0.08%	通过
加速清偿（严重拖欠）	无	45.35%	暂无数据	暂无数据	失败
加速清偿（本金足额偿付）	无	46.51%	暂无数据	暂无数据	通过
违约事件	有	100.00%	优先级证券利息足额偿付及其他违约触发条件	暂无数据	通过

*同类产品：基础资产类型中，该类型产品拥有该结构设计的占比

▌偿付模型

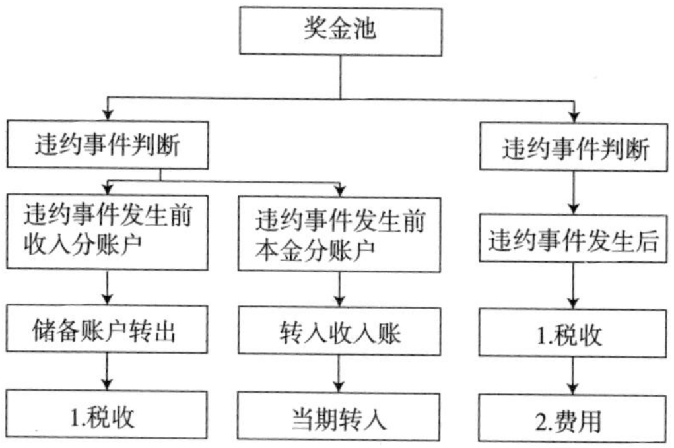

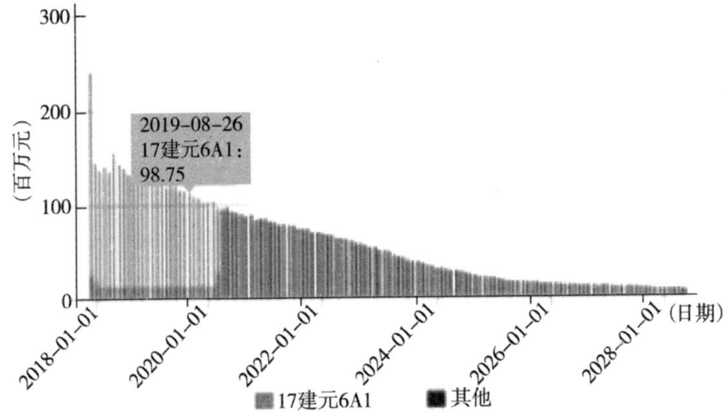

图 4.35　资产池回收现金流分配

本金覆盖率（OC）和利息覆盖率（IC）也是现金流分析中很重要的指标。在偿付初期，产品本金覆盖率是整个资产对所有级别证券加总的比值，通常应该是 100%。如果是证券的优先级，且产品的次级与夹层总和占比为 20%，那该证券的本金覆盖率是 120%。随着时间的推移，证券 A1 逐渐被偿清，其本金覆盖率和利息覆盖率都在提高。由于本金覆盖率代表产品本身对资产的增信，这意味着信用风险实际上在下降。如果证券初始评级不是 AAA，那么随着本金覆盖率的提高，其评级会随之提高，所以这也体现了证券信用风险的变化。通常情况下，当资产证券化产品的本金覆盖率随时间而提高时，评级也应随时间而提高。

收益特征分析

资产证券化产品与同级别的企业债相比，其收益率更高。银行间市场与交易所市场普遍有这种现象。

同时，不同时期资产证券化产品的定价规律是不一样的。在过去几年中，基础参照利率已经有过几次大起大落。银行间市场资产证券化产品的收益率和中期票据收益率是比较紧密的，所以可以观察到一个相对固定的利差范围。但是交易所市场不同，由于交易所市场起步要比银行间市场晚，交易所市场资产证券化产品的定价规律仍在逐渐形成的过程中。从2014年到2016年，交易所市场资产证券化产品的利差范围从开始比较窄的分布到逐渐变宽，继而保持相对稳定。到2018年年初，资产证券化产品的发行利率范围反而变宽，这说明整个市场对资产证券化产品差异化的认知程度在加强。在资产证券化市场发展过程中，有更多不同类别的机构参与资产证券化产品的发行与交易，使市场供求关系更加多元。参与发行的机构对各自资金成本的承受力不同，使发行资产证券化产品的利率与2017年年底相比发生了很大变化。这个变化实际上体现了整个市场对信用风险差异化认知程度的提高。

关于收益率，这里我们基于"利差+参考利率"模型（见表4.4）进行分析，模型中利差部分应该是产品特有的属性。不同产品的风险溢价、流动性溢价和期权特性是不同的，所以在做定价规律时要寻找各个产品的利差规律。

从实操的角度看，投资者对证券化产品的价值评估参考的因素有很多，大致可以分为5个方面：宏观经济环境、原始权益人、资产池、证券以及内外部信用增级。

宏观经济环境包括市场利率环境、行业经济周期以及政策法规的颁布等。例如，我们分析利率环境对融资成本的影响时，基准利率在一定程度上反映了市场资金面的供求情况，在紧缩的货币政策经济环境下，市场资金面紧张，融资成本增加；反之，在宽松的货币政策经济环境下，融资成本通常会降低。

表4.4 "利差+参考利率"模型

宏观经济面	原始权益人	资产池	证券	信用增级	
				内部	外部
市场利率环境	性质	分散度	评级	超额抵押	差额支付
行业经济周期	规模	资产信用质量	*WAL*	超额利差	担保
政策法规	成立时间	—	偿付结构	—	—
……	……	……	……	……	……
证券收益率$r=f$（基准利率；风险因子1，风险因子2，…；残值）					

再看原始权益人，目前在我国证券化领域，发起主体的资质与其风控能力密切相关，从而会影响其资产证券化产品在资本市场的认可度及融资成本。评估发起主体的指标有多个方面，如企业性质、注册资本、成立年限、盈利能力等。

在资产池方面，资产池的分散度、基础资产的信用质量等因素对融资成本均有影响。

在证券方面，影响融资成本的因素有证券的评级、偿付结构、到期期限等。展开来分析，在证券的偿付结构方面，优先级证券先于其他层级被偿付，次优级证券和次级证券对优先级证券存在一定的信用支持，所以优先级证券的违约风险较低，相应的融资成本也较低。

在评级方面，评级公司的公开评级反映的是证券的信用风险，也是投资者对证券的价值进行评估的重要依据。在期限方面，证券的到期期限越长，利率风险越大，同类同评级证券化产品的利率与到期期限之间的关系就是证券化产品的收益率曲线。此外，部分产品还有一些信用增级措施，包括超额抵押、超额利差以及差额支付承诺、外部担保等，这些信用增级措施也会不同程度地影响发行利率。基于这些风险点，我们筛选出对证券发行定价有显著影响的因子来构建利率模型，当然，在筛选风险因子时，由于一些原因，如信息披露不完全或出现一些异常事件等，我们无法做到100%的完全覆盖，这些难以量化的因子以及异常事件对发行利率的影响，将包含在残值项中。

图4.36是“利差+参考利率”模型的拟合结果。例如，购房尾款、企业贷款、汽车融资租赁、非特许经营类收益权（包括学费、航空票据、票房收入以及票据收入等）的规律。为了检验规律的准确性，我们对每个发行产品进行回测，并与实际发生情况进行比较。结果表明，通过几个简单的参数，我们的定价模型可以解释利差定价结果的80%~90%。

图4.37展示了对于不同类型的证券化产品，风险因子对其发行定价的影响力度。从中我们可以看出，对于不同类型的产品，显著影响利率的因子不同，因子对不同产品利率的影响力度也不同。

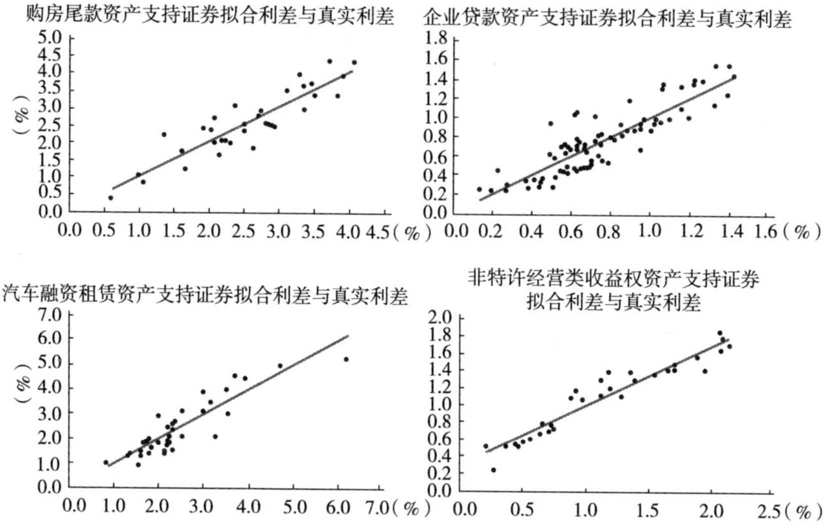

图 4.36 “利差 + 参考利率”模型的拟合结果

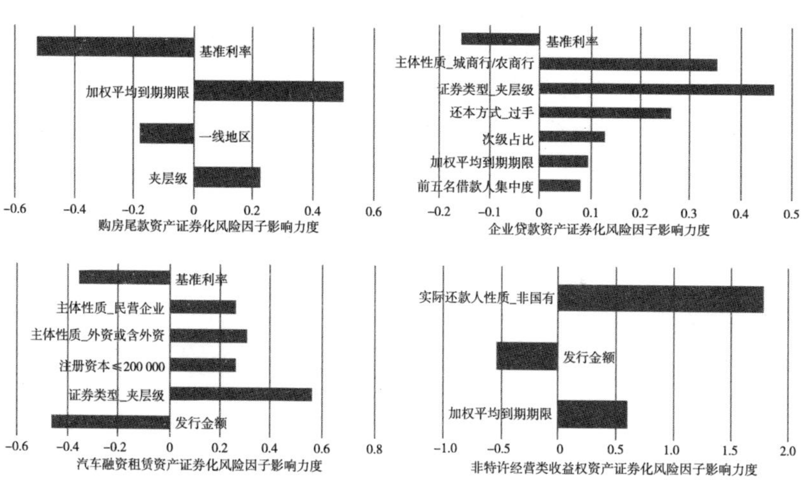

图 4.37 风险因子的影响力度

在基准利率方面，利差的算法为：利差 = 发行利率 – 同期限 AAA 级基准利率。若结果显示基准利率对利差有显著的反向影响，则说明发行利率与基准利率之间没有足够高的关联度。这里，基准利率作为发行利差的修正，被放入利差模型中。接下来，我们逐类分析。

对于购房尾款，加权平均期限、证券层级以及主体所在区域对收益均有影响。期限越短意味着投资者风险暴露时间越短，未来经济波动对借款人的影响程度越低，违约的可能性越小。证券层级是从专业的风险角度出发对证券类型进行划分的结果，夹层级证券的风险高于优先级证券。一线地区的发行主体所在地区经济发展好，竞争激烈，因此市场较为成熟，风险较低，所以对利差有反向影响。

对于企业贷款，证券层级的影响最大，主体性质的影响较大。企业贷款的发起主体为银行，以城商行、农商行为主体的产品，利差较高。还本方式为过手型的证券，未来现金流的不确定性高，对利差有负向影响。次级证券占比反映了底层资产的资质水平，对利差有一定的影响。此外，加权平均期限以及资产池资产集中程度（前五名借款人占比）也对利差有不同程度的影响。

对于汽车融资租赁，主体性质、注册资本、证券类型、发行金额均有显著影响。主体性质和注册资本在一定程度上反映了主体信用。可见，主体为民营且注册资产较少的企业融资成本较高。

对于非特许经营类收益权，实际还款人性质对利差的影响最大，若实际还款人为国有企业，则信用较高，资产池的回款更具稳定性。

从结果看，目前原始权益人仍是影响利率的主要因素。但随着市场的发展，影响因素会逐步转向以基础资产为主，这也是资产证券化产品的合理定价方式。通过分析了解现阶段资产证券化产品的定价规律和变化，我们可以引导市场向更理性的定价方式发展，驱动定价机制向理性定价转变。

第五章

我国资产证券化市场的投资主体及交易模式

在利率市场化大趋势和投资配置“资产荒”的背景下，2015年，中国资产支持证券投资管理随着资产证券化发行市场的爆发而蓬勃发展，资产支持证券二级市场的绝对成交量较往年有了显著提高，日益成为国内固定收益市场的重要品种，从资产配置和风险分散等角度为机构投资者贡献价值。机构投资者在国内资产证券化市场发挥着越发重要的作用，“资管投行”概念和“买方前置”模式逐渐成为资产证券化市场的主流趋势，资产证券化不再是证券公司和基金子公司等管理人主导的市场，而成为商业银行实现从传统信贷业务向全能型投资银行业务转型的重要抓手。尽管仍有诸多因素导致资产支持证券二级市场较其他证券品种，交易仍显冷清，投资者群体相对单一，但包括商业银行、理财机构、非银金融机构及海外投资者在内的广大群体都在积极研究和探索这个新兴且前景远大的市场，并已经付诸投资实践。

本章分为4节。第一节介绍资产证券化的主要投资者，描述了境内外各类投资机构对应的政策和特点；第二节介绍国内资产证券化投资机构的主要投资模式；最后两节分别针对一级市场和二级市场的情况介绍投资流程和机会，从分析方法、决策程序、交易规则、风险分析、定价方法等角度介绍了国内资产证券化产品的投资分析流程和方法，希望能够帮助国内投资者更快、更有效地了解并参与资产证券化市场，丰富投资组合，以获取资产支持证券的投资价值。

第一节　资产证券化产品的投资主体

资产证券化产品的投资人主要有银行、非银行金融机构、其他境内机构及境外机构 4 个大类。

银行

据不完全统计，国有商业银行、股份制商业银行、城商行、农商行以其自有资金或理财资产投资的证券化产品（包括信贷资产证券化产品和企业资产证券化产品）占证券化产品总规模的 50% 以上，其中，企业资产证券化产品的实际投资人为银行的，占比或超过 70%。银行是我国证券化产品投资市场绝对重要的参与者。

银行自有资金

银行以自有资金参与证券化产品的投资，一般会选择期限较短且评级较高的产品作为标的。虽然这类资产的收益率比期限更长、评级稍弱的产品低，但流动性对于银行自有资金的资产配置更为重要。

银监会在 2012 年发布的《商业银行资本充足率管理办法——附件 9：资产证券化风险加权资产计量规则》中，规定了银行投资资产证券化产品的风险资本计提标准。其中，投资 AA- 级及以上的资产证券化产品，按照 20% 进行计提，这对于有资本充足率压力的商业银行具有非常大的吸引力。资产证券化风险加权资产计量规则见表 5.1。

表 5.1　资产证券化风险加权资产计量规则

长期信用评级	AAA 到 AA-	A+ 到 A-	BBB+ 到 BBB-	BB+ 到 BB-	B+ 及 B- 以下
资产证券化风险暴露	20%	50%	100%	350%	1 250%
再资产证券化风险暴露	40%	100%	225%	650%	1 250%

国有银行与股份制商业银行对于投资标的的审核标准较高，一般会选择评级较高（如 AAA 级、AA+ 级等）的优先级资产证券化产品进行投资，一方面，风险权重只占 20%，另一方面，收益率相较于同级同期限企业债高出几十个 bp，且这类产品的信用风险较小。地方性商业银行对于资产证券化产品的投资，起步晚于国有银行与股份制商业银行。2014 年，开始有地方性商业银行发行资产证券化产品，起初只是同业互持。2015 年的“资产荒”使地方性商业银行开始寻找新型投资标的，开始对发行和投资信贷资产证券化产品产生兴趣，同时也开始了解企业资产证券化产品并将其纳入资产配置的范畴。不同地区的银行对金融产品的接触程度以及风险偏好不同，投资方向也会产生较大差别。地方性商业银行的投资标的首选 AA– 及以上评级的证券，与国有银行和股份制商业银行对基础资产的高要求不同，它们可以接受 AA、AA– 等评级的产品，这类产品在风险资本计提上可以只计提 20%。从收益角度来说，这类产品比高评级证券的收益率略高，从风险角度来说，虽然产品涉及资产及主体的整体资质不如 AAA 级证券，风险略高，但经过资产证券化产品的结构化处理，这类产品的风险已达到较可控的状态，违约概率仍相对较低。

理财资金

银行的理财资金是证券化产品投资中的主力，理财资金来源于个人或机构投资者。随着居民可支配财富的增加，银行的理财资金余额巨大，同时，对于收益的要求较自有资金更高。银行通过发行理财产品募集资金，是投资者的资产管理人，双方为委托 – 代理关系。

关于银行理财资金的投资范围，市场现存监管条例统计如下：银监会于 2013 年 3 月 25 日发布的《中国银监会关于规范商业银行理财业务投资运作有关问题的通知》（以下简称《通知》）规定了理财资金投资非标资产规模的上限，要求理财资金投资非标准化债权资产的余额不得超过理财产品余额的 35%，同时不得超过商业银行上一年度总资产的 4%。《通知》出台后，银行理财资金投资非标资产的业务规模逐渐减少。银监会数据显示，2012 年年末，银行理财产品余额为 7.1

万亿元，其中非标类债券产品规模为2.99万亿元，占比约为42%。截至2015年年末，银行理财产品余额为23.67万亿元，非标资产规模为3.72万亿元，占比已经下降至15.73%，显著低于2012年。《通知》的效果明显。

因非标资产投资受限，理财资金又急于寻找具有中高收益的标准化固定收益型产品，信贷资产证券化产品因其基础资产绝大部分为银行的信贷资产，标准化程度较高，各商业银行间形成了同业互持的局面，其中，AA+级、AA级中高评级产品因其收益率优势获得了银行理财资金的大量投放，另外有少数银行理财资金对于收益率较高、加权平均期限在2年以内的B档产品也有一定需求。而企业资产证券化产品种类多样，收益较同等级信贷资产证券化产品略高，也是银行理财投资的主要产品。商业银行理财资金的投资范围见表5.2。

表5.2 商业银行理财资金的投资范围

相关法规	具体内容
《关于进一步规范商业银行个人理财业务投资管理有关问题的通知》	• 商业银行应坚持审慎、稳健的原则对理财资金进行投资管理，不得投资于可能造成本金重大损失的高风险金融产品，以及结构过于复杂的金融产品。 • 理财资金用于投资金融衍生品或结构性产品，商业银行或其委托的境内投资管理人应具备金融机构衍生品交易资格，以及相适应的风险管理能力。 • 理财资金不得投资于境内二级市场公开交易的股票或与其相关的证券投资基金。理财资金参与新股申购，应符合国家法律法规和监管规定。 • 理财资金不得投资于未上市企业股权和上市公司非公开发行或交易的股份。 • 高净值客户不受上述限制
《关于进一步规范银信合作有关事项的通知》	• 银信合作理财产品不得投资于理财产品发行银行自身的信贷资产或票据资产

续表

相关法规	具体内容
《关于加强信托公司结构化信托业务监管有关问题的通知》	• 信托公司开展结构化信托业务不得以商业银行个人理财资金投资劣后受益权
《关于进一步推进改革发展加强风险防范的通知》	• 严禁用理财资金直接购买信贷资产
《中国银监会关于规范商业银行理财业务投资运作有关问题的通知》	• 商业银行应当合理控制理财资金投资非标准化债权资产的总额，理财资金投资非标准化债权资产的余额在任何时点均以理财产品余额的35%与商业银行上一年度审计报告披露总资产的4%之间孰低者为上限。 • 商业银行不得为非标准化债权资产或股权性资产融资提供任何直接或间接、显性或隐性的担保或回购承诺
《关于加强影子银行监管有关问题的通知》	• 商业银行代客理财资金要与自有资金分开使用，不得购买本银行贷款
《关于2014年银行理财业务监管工作的指导意见》	• 理财资金投向与国家宏观调控政策保持一致，支持实体经济发展，禁止投资于法律法规限控行业和领域
《关于规范银行业金融机构信贷资产收益权转让业务的通知》	• 出让方银行不得通过本行理财资金直接或间接投资本行信贷资产收益权，不得以任何方式承担显性或者隐性回购义务。 • 信贷资产收益权的投资者应当持续满足监管部门关于合格投资者的相关要求。不良资产收益权的投资者限于合格机构投资者，个人投资者参与认购的银行理财产品、信托计划和资产管理计划不得投资；对机构投资者资金来源应当实行穿透原则，不得通过嵌套等方式直接或变相引入个人投资者资金

非银行金融机构

证券公司

证券公司可以使用自营资金或募集的集合资产管理计划资金投资资产证券化产品，而证券公司参与资产证券化产品的投资，大多以次级或夹层级证券投资人的身份出现，或投资结构化产品的优先级。一方面，证券公司发行的资产管理产品相较于银行理财而言，收益率要求更高，而流动性要求并不高，倒逼证券公司必须选择流动性要求稍低，但收益率更高的投资标的，因此适合投资中档评级或夹层级证券；另一方面，国内大部分证券公司自身也在开展资产证券化业务，在资产证券化业务中担任着计划管理人、财务顾问或承销商的角色，对不同类型的资产证券化产品较为熟悉，具有较强的风险判断能力，适合投资次优级或次级证券。

目前，在国内市场，证券公司的投资标的大部分为自身担任管理人或承销商角色的产品，其主要投资于次优级证券，也有部分认购产品的次级证券。2015 年，在国内出现“资产荒”的环境下，部分证券公司利用自己管理的资产管理计划的资金认购自身发行的资产支持证券优先级份额，实现产销对接，以此获得优质资产。证券公司发挥通过投行业务了解产品的优势，配合强大的风险评判能力和对潜在风险的防范能力，在产品设计及存续期产品管理中，给发起人 / 原始权益人提供一定的风险防范与缓释建议，在一定程度上保障了产品的兑付。综上，证券公司可利用自身的专业能力控制风险，以此获得较高的投资收益。

信托公司

信托公司因其信托产品的资金成本较高，对投资标的的收益率要求很高，投资标的主要为信贷资产证券化产品的夹层级以及企业资产证券化产品中收益档级较高的证券。

信托公司作为信贷资产证券化产品的受托管理人，本身对产品的熟悉程度较高，风险判断能力较强，所以其投资信贷资产证券化产品具有较强的先天优势。考虑到信托产品的资金成本较高，信托公司在信贷资产证券化产品中优先选择具有较高收益的夹层级证券，以满足收益率的要求。

企业资产证券化的产品区别于信贷资产证券化，基础资产种类繁多，风险判断不同于信贷资产证券化。目前来看，信托公司仍然以投资优先级证券为主。从收益率角度看，信托公司倾向于选择收益档级较高的证券，如小贷资产支持证券或者评级为AA左右的优先级证券。

基金公司

在基金公司的基金产品中，固定收益类基金（如货币基金、债券基金等）对产品流动性和收益率要求较高，目前是投资资产证券化产品的主要资金来源。货币基金只能投资货币市场工具，货币市场工具主要是指到期期限不足一年的短期工具，包括大额存单、央行票据等。货币基金也可投资债券，但对于债券的要求较高，一般是剩余期限在397天以内的债券，并且在信用等级上要求较高，青睐短久期的优先A档证券。债券基金80%以上投资于各类债券，包括企业债、政府债、公司债、可转债等，也可配置部分收益率较高的产品。相较于债券来说，资产证券化产品收益率较高，成为基金资产配置的选择。基金根据产品特征配置相应期限、利率、评级的资产证券化产品，目前主要投资于期限较短（一年或一年以内）、固定利率发行、评级较高、固定摊还的资产证券化产品的优先级份额。

保险公司

保险资金的投资范围包括：境内依法发行的商业银行理财产品、银行业金融机构信贷资产支持证券、信托公司集合资金信托计划、证券公司专项资产管理计划、保险资产管理公司基础设施投资计划、不动产投资计划和项目资产支持计划等金融产品。基于保险产品的保费、保单成本、期限等因素，保险资金倾向于投资长久期、信用风险相对较低、收益率相对较高的产品，除保监会自身监管的保险资产证券化产品外，一般投资于长期限的公募资产支持证券。

在监管要求方面，保监会于2012年10月12日发布的《关于保险资金投资有关金融产品的通知》中详细提出保险资金投资于资产证券化产品的具体要求。

投资信贷资产证券化产品

信贷资产支持证券的入池基础资产限于五级分类为正常类和关注类的贷款。

按照孰低原则，产品信用等级不低于国内信用评级机构评定的A级或相当于A级的信用级别。

担任信贷资产证券化产品发起机构的银行业金融机构，上年末经审计的净资产应当不低于300亿元，或者为境内外主板上市商业银行，信用等级不低于国内信用评级机构评定的A级或者相当于A级的信用级别，境外上市并免于国内信用评级的，信用等级不低于国际信用评级机构评定的BB级或者相当于BB级的信用级别。

投资企业资产证券化产品

产品应当符合证券公司企业资产证券化业务的有关规定。

产品信用等级不低于国内信用评级机构评定的A级或者相当于A级的信用级别。

担任企业资产证券化产品计划管理人的证券公司上年末经审计的净资产应当不低于60亿元，证券资产管理公司上年末经审计的净资产应当不低于10亿元。

其他要求

保险资金应当优先投资在公开平台登记发行和交易转让的金融产品。

保险公司投资理财产品、信贷资产支持证券、集合资金信托计划、专项资产管理计划和项目资产支持计划的账面余额，合计不高于该保险公司上季度末总资产的30%。

保险公司投资单一理财产品、信贷资产支持证券、集合资金信托计划、专项资产管理计划和项目资产支持计划的账面余额，不高于该产品发行规模的20%。

保险集团（控股）公司及其保险子公司，投资单一有关金融产品的账面余额，合计不高于该产品发行规模的60%，保险公司及其投资控股的保险机构比照执行。

产品中涉及信用增级安排的，保证担保应当为本息全额无条件不可撤销连带责任保证担保，且担保人信用等级不低于被担保人信用等级；抵押或质押担保，担保财产应当权属清晰，未被设定其他担保或者采取保全措施，经评估的担保财产价值不低于待偿还本息，且担保行为已经履行必要的法律程序。

其他境内机构

可作为资产证券化产品投资人的其他境内机构主要有大型集团公司的财务公司、上市公司等。

集团财务公司除了在集团内部进行资金的流转，以保证集团内部各企业资金的合理周转运营，也会将一部分资金用于投资集团外部的资产，为集团闲置资金创造投资收益。财务公司投资资产证券化产品，会考虑产品的流动性、安全性等因素，倾向于投资短久期、高评级的资产证券化产品。从集团资金投资收益的角度来看，财务公司为寻求较高收益率，在高评级信贷资产证券化产品的收益利差逐渐缩小的情况下，更倾向于投资企业资产证券化产品中的高评级证券。

上市公司一般会配置部分资金用于外部投资，因同为企业资金，上市公司在进行外部投资时，考量的因素与财务公司极为相似，即考虑资金的流动性、安全性、收益率等因素。不同于财务公司负有的集团资金投资的收益率压力，上市公司对于收益率没有太高的要求，只要收益率水平高于同评级、同期限的金融债券或企业债券即可，因此也会配置部分信贷资产证券化产品的优先级证券。

境外投资机构

在国际成熟市场中，资产证券化产品属于较常规的可配置资产。在过去的几年中，中国资产证券化市场迅速增长。截至 2015 年年底，以发行量计算，中国已超越欧元区，成为国际上仅次于美国的第二大资产证券化市场。国际投资者对于中国资产证券化市场的投资热情逐年提高。

目前，国际投资者可以通过合格境外机构投资者、人民币合格境外机构投资者、中国银行间债券市场直接投资模式和近期开通的“债券通”等方式投资我国的资产证券化产品。

合格境外机构投资者与人民币合格境外机构投资者

经证监会审核资格，外汇管理局批复投资额度后，合格境外机构投资者可以在批复额度范围内将外汇转换为人民币，用于境内投资。2002 年年底，央行和证监会联合发布《合格境外机构投资者境内证券投资管理暂行办法》，标志着合格境外机构投资者制度正式引入我国。自合格境外机构投资者引入以来，合格境外机构投资者资金对于国内金融市场投资资金类型、投资量的增加起到了较为积极的作用。据外汇管理局统计，截至 2017 年 7 月 31 日，共有 284 家合格境外机构投资者获得总计 932.74 亿美元的批复额度。

人民币合格境外机构投资者，是指在经证监会批准，并取得国家外汇管理局批准的投资额度后，运用来自境外的人民币资金进行境内证券投资的境外法人。2011 年，经中国人民银行和国家外汇管理局批准，人民币合格境外机构投资者试点正式启动。2012 年 3 月，申银万国（中国香港）等 18 家人民币合格境外机构投资者获准进入银行间债券市场。2013 年，3 类境外机构（境外央行、港澳清算行、境外参加行）被允许投资银行间债券市场，随后人民币合格境外机构投资者资格的审批逐步加快，已经放宽到多个设有离岸人民币清算中心的国家和地区的金融机构。据外汇管理局统计，截至 2017 年 7 月 31 日，185 家人民币合格境外机构投资者获得总计 5 482.41 亿元的批复额度。

不论是合格境外机构投资者还是人民币合格境外机构投资者，均可以在交易所市场和银行间债券市场投资资产证券化产品。在国内现有资产证券化产品的投资中，境外资金参与较少，且主要集中在汽车抵押贷款资产证券化产品和住房抵押贷款资产证券化产品中。这两类产品是国外资产证券化市场中的主流产品类型，基础资产分散度高、违约率低，并且有实物资产作为抵押，可靠性较强，抗风险能力优于一般资产，整体产品的风险相对较低。境外资金对于此类产品的了解较为全面，投资决策的框架更为完善，参与热情也相对较高。据不完全统计，“德宝天元 2014 年第一期汽车抵押贷款资产支持证券”的外资投资机构的投资金额占比达 66%，“大众汽车金融（中国）有限公司华驭 2014 年第一期汽车抵押贷款证券化信托资产支持证券”的外资投资机构的投资金额占比达 80%。

对于其他类型的资产证券化产品，境外机构投资者的参与较少，原因可能有以下几点：一是境外投资机构的投资额度较为紧张，加之有锁定期的规定，对产品的收益要求相对较高；二是国内其他类型的资产证券化产品带有“中国特色”，境外投资者对于产品的特征不熟悉；三是在过手摊还型产品中，频繁和长期的现金流偿付对投资者要求较高；四是国内资产证券化产品目前不具备国际评级或无法达到国际评级的投资级标准，信息披露相较于国外市场不够完善、透明，无法达到境外机构投资者的投资要求。

总体来说，境外机构投资者对于国内的资产证券化产品的投资范围仍然较窄。

债券通

债券通的概念于 2016 年 1 月被提出，2017 年 7 月 3 日正式开通。

债券通是指内地与香港债券市场互联互通合作，即境内外投资者通过香港与内地债券市场基础设施机构连接，买卖香港与内地债券市场交易流通债券的机制安排。债券通包括“北向通”和“南向通”，初期先实行“北向通”。

“北向通”是指中国香港及其他国家与地区的境外投资者经由香

港与内地基础设施机构（即银行间市场清算所股份有限公司与香港金融管理局辖下的债务工具中央结算系统 CMU）之间在交易、托管、结算等方面互联互通的机制安排，投资于内地银行间债券市场。“北向通”交易的品种为现券买卖，可交易的券种为银行间债券市场交易流通的以人民币计价的各类债券，包括国债、地方政府债、中央银行债券、金融债券、公司信用类债券、同业存单、资产支持证券等。“北向通”交易的基本流程为，境外投资者通过境外电子交易平台发送交易指令，交易指令传输至交易中心系统，最终与交易对手方在交易中心系统达成交易。

2017 年 7 月 3 日，债券通启动，当日市场成交较为活跃，成交产品主要以国债、政策性银行债和同业存单为主。银行间市场发行了首单“债券通（北向通）”资产证券化产品（“福元 2017–2”），本次发行的优先级证券受到来自国内及国际投资者的追捧，获得可观的超额认购。当然，在债券通机制启动的初期，境外投资者、国内托管机构、交易中心以及监管机构，仍处于磨合期和观察期，不少交易环节与资金流通环节仍需要进行细节上的明确与调整。但从市场表现来看，市场参与各方都比较积极，未来的参与度与交易活跃度也会逐步提升，通过债券通投资的资产证券化产品也将越来越多。

第二节　资产证券化产品的投资模式

投资模式的立足点

资产证券化产品的投资与其他类别固定收益类产品的投资相似但又不尽相同。相似之处在于，从投资人的角度看，都要遵循“合理的资产配置决定投资收益”的资产配置原理；从产品构建的角度看，产品的评级及发行主体的信用状况对于产品的定价具有重要的作用。不同之处在于，在考量资产证券化产品时，除了考虑主体的信用外，还需要对产生现金流的基础资产进行评估，对现金流的持续性、稳定性以及违约和早偿的风险进行评价，以形成对产品的综合认识，而在定价方面同时需考虑国内资产证券化二级市场流动性不足而产生的流动性溢价等因素。

总体来看，资产证券化产品的投资特征主要有以下几点：

- 资产证券化产品属于固定收益类产品，利率、期限等本息偿付要素均在发行募集时确定，投资者投资资金的现金回流情况较稳定，投资者可以合理安排回流资金的再投资，流动性风险和再投资风险均较为可控。
- 与同期限同评级债券类产品（如短期融资融券、中期票据、企业债等）存在一定的利差，这一收益率溢价主要源于流动性溢价、新产品溢价和再投资风险溢价，对投资者而言具有一定的吸引力。
- 产品结构相对复杂，内外部增信措施对风险的缓释作用各有差异，资产证券化产品在交易结构上通过风险隔离、信用增级、结构化技术等方式来控制风险，但各种结构设计对风险防范的实质作用需要结合资产本身的特征和风险缓释的具体约定评定，不过因市场刚起步且监管力度较强，资产质量较为优质，风险程度整体不高。
- 产品期限较其他固定收益产品更多样，资产证券化产品，特别是企业资产证券化产品，会基于未来现金流的情况在同一产品内设计多个档级，各个档级的期限均不相同，因此能够满足投资人不同的久期配置需求。本质上，不同档级、不同期限的产品的风险暴露各有不同，能从另一个侧面为投资人提供更多的选择。

基于上述投资特征，投资者可通过配置不同类型的产品，组建多元化的投资组合，来达到分散风险、提高收益的目的。通过前述章节对于资产证券化市场主要投资人的风险偏好的分析可知，银行更倾向于高评级、高流动性的优先级证券，证券公司更倾向于较高收益的夹层级证券，保险公司更倾向于低风险、长久期的产品。资产证券化产品通过其结构化及内外部增信措施的设计为投资者提供一定的风险保障，而不同类型的底层资产又因其不同特性为投资者提供各类差异化产品。对投资者而言，这丰富了投资品种，拓宽了投资渠道。

建立在资产证券化产品的投资特征和投资者的资产配置需求上，我国资产证券化投资模式主要分为两种：一种是持有至到期型，在产品成立初期即认购部分证券，通过产品每期本息收益部分配获取投资收益，其中，优先级证券投资适合风险偏好较为稳健的投资者，夹层级证券投资适合证券公司、基金等风险偏好较为激进的投资者；第二种投资模式是套利交易型，投资者持有证券后，后期在二级市场进行交易，除了可以获得持有期间分配的投资收益，还可以获得二级市场交易对价与初始投资价值之间的差价。

由于目前国内资产证券化市场尚未成熟，投资者多采用第一种投资模式，即持有至到期型投资，投资思路类似于投资了一种创新品种的固定收益型产品，投资目的则是获取风险较为可控的、未来现金流可预期的、稳定的本息收益。国际成熟市场的投资者更多运用第二种投资模式，不少投资者已经开始尝试套利策略、回购交易策略等，通过不同策略的设计，可获取投资组合的综合投资收益。

主要的投资模式

持有至到期型投资模式

在我国的资产证券化市场中，最主要的投资模式为持有至到期型。目前，商业银行、保险、基金、证券公司等机构投资者主要采取买入并持有策略。主要原因有两点：一是，不论是信贷资产证券化产品、企业资产证券化产品、资产支持票据，还是保险资产证券化产品，其发行的定价都显著高于同期限、同评级的信用债产品，较高的收益率和较稳定的投资回报使投资者在投资时将其视为一种高收益的固定收益型产品，投资者有较为明确的意图将其持有至到期；二是，国内的资产证券化市场仍处于初期阶段，市场不成熟，投资者对于产品的认识不到位，缺乏活跃的交易市场，使产品的流动性普遍不高，因而资产证券化市场具有相对显著的票面利率升水。

持有至到期型的投资者倾向于投资具有以下特点的资产证券化产品：一是久期短，投资者虽然在到期前不转让投资标的，但投资者对于资产配置仍然有一定的流动性要求，配置短久期的产品可以满足其流动性要求；二是现金流稳定，现金流稳定除了表现为基础资产的现金回流情况较为稳定、违约风险小外，在产品设计上还表现为产品的票面利率为固定利率，并且采用固定摊还模式进行现金流的分配，这样的设计意味着投资者可以稳定地估算出持有期间的投资回报，有利于投资者高效利用回收资金进行再投资；三是利差高，这一特点在早期发行的产品中体现得较为明显，因票面利率中包含了一部分新产品溢价，因此其利率高于同期限同评级的信用债利率，从风险角度来说，这些产品因发行时期较早、市场较为谨慎，基础资产为市场较为优质的资产，产品的利差水平已经远远高于信用风险所带来的溢价。近期市场在逐步成熟，产品发行利率与信用债之间的利差在不断缩小，长期持有已经不能满足投资者的收益要求。目前，已有部分投资者尝试在二级市场进行交易转让，以此进行套利或者获得更优质的资产配置。持有至到期型投资模式在我国是机构投资者逐步熟识资产证券化产品并开发多元化、复杂化投资策略的基础。

套利交易型投资模式

套利交易型投资模式是指投资者在持有期间，通过二级市场将所持证券进行交易转让的投资模式。

套利交易型投资模式的一种方式为直接转让，即通过资产证券化产品在二级市场的定价，出售低收益产品并购入同类型高收益的产品，从而获得利差，或者出售长久期产品并购入短久期产品以获得流动性套利。在产品的组合投资中，这种方式可以产生较为显著的投资效果。在组合投资中，套利交易的金融工具可以是同种类的，也可以是不同种类的。金融机构可以依据自身的专业水平来评判产品实际的风险溢价，以此判断产品票面利率与真实风险溢价之间的差值。在这样的交易模式下，投资者依赖的是信息的获取能力和风险的判断能力。

套利交易型投资模式的另一种方式是将持有的证券化产品打包，进行现金流的重新组合，形成不同类型和期限的证券，以满足不同类型投资者的需求，这一过程称为“再证券化”。例如，美国市场的抵押担保债券、债务抵押债券等产品，均通过购买已经发行的抵押贷款支持证券或资产证券化产品，并将这些产品的基础资产现金流进行剥离和重组，针对不同投资者对于投资标的的期限、风险、收益等不同偏好设计新的产品档级，形成一个全新的债券产品，此番操作可以将不同类型资产的风险特征加以区分，以满足差异化投资者的差异化投资需求。这类产品在国外市场已经成为主流产品，而国内因市场尚未成熟，加之监管的限制，尚没有机构开展此类投资模式。

第三节　资产证券化一级市场投资情况

经过前文的分析和引证，目前国内资产证券化市场的主要投资策略为持有至到期型。因此，了解一级市场的发行情况，对分析整个市场的投资者的行为表现有重要的借鉴意义。本节拟通过交易场所、发行流程、产品定价这 3 个方面的介绍，加深投资人对一级市场产品及一级市场投资人的理解。

交易场所

目前，国内资产证券化一级市场中，资产证券化产品一级市场发行场所如图 5.1 所示。

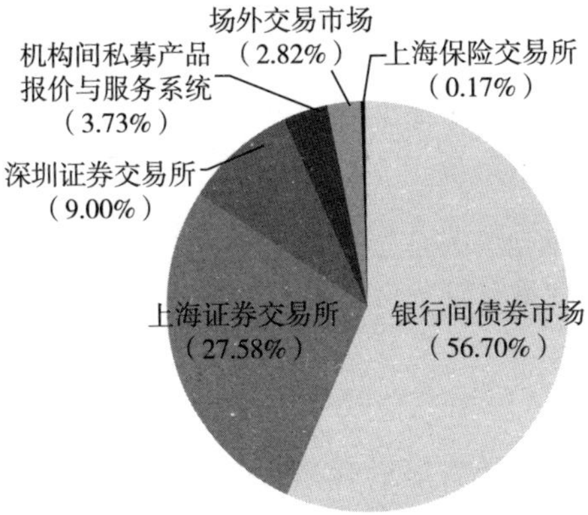

图 5.1　资产证券化产品一级市场发行场所

有着信贷资产证券化产品和资产支持票据两大产品的银行间债券市场，是资产证券化绝对的主力市场，发行产品的市场份额达到56.70%。企业资产证券化的三大主要挂牌场所——上海证券交易所、深圳证券交易所和机构间私募产品报价与服务系统——发行量合计占比为40.31%，其中，上海证券交易所的发行量居首，占据了挂牌类企业资产证券化的近七成。另有约2.82%的产品未在任何交易场所挂牌。

发行流程

信贷资产证券化产品的发行流程

信贷资产证券化产品在银行间债券市场发行，受到银保监会及央行的监管。信贷资产证券化一级市场发行流程如图5.2所示。

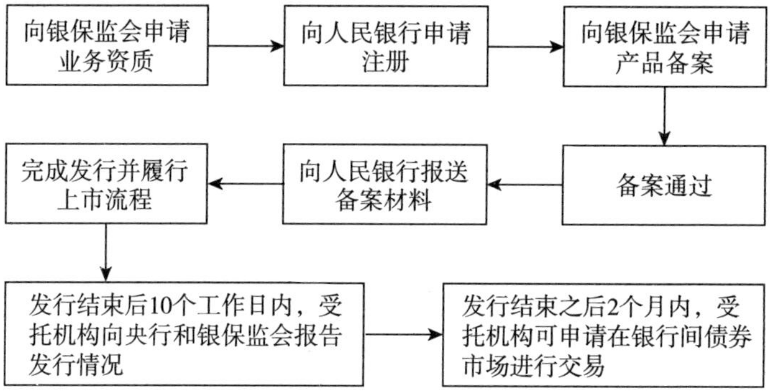

图5.2　信贷资产证券化一级市场发行流程

2014年11月20日，银监会在《关于信贷资产证券化备案登记工作流程的通知》中明确提出，将信贷资产证券化业务由审批制改为备案制，银行业金融机构应在申请取得业务资格后开展业务，在发行证券化产品前应进行备案登记。银监会的备案登记流程如下：

业务资格审批

银行业金融机构开展信贷资产证券化业务应向银监会申请相关业务资格，银行业金融机构应依据《金融机构信贷资产证券化业务试点监督管理办法》的相关规定，将申请材料报送各机构监管部并会签创新部。

向中国人民银行注册申请

中国人民银行在2015年《资产支持证券注册发行有关事宜的公告》中对注册制的流程进行了较为详细的说明：

- 受托机构在全国银行间债券市场发行资产支持证券，应当向中国人民银行提交注册发行申请，确定发行额度、参与主体、交易框架和基础资产类型。在中国人民银行核准的额度内，受托机构可在两年内分期发行该类资产支持证券。
- 取得资产支持证券业务资格的受托机构可直接向中国人民银行提出注册申请，并提交与交易框架相关的标准化合同文书，承销协议，法律意见书。跟踪评级安排等文件，填报《资产支持证券注册登记表》。
- 中国人民银行应当自收到资产支持证券发行全部文件之日起5个工作日内决定是否受理申请。中国人民银行决定不受理的，应书面通知申请人不受理原因；决定受理的，应当自受理申请之日起20个工作日内做出核准或不核准的书面决定。
- 大盘优质的证券化产品经中国人民银行同意后，可自主选择在全国银行间债券市场、交易所市场或跨市场交易。
- 资产支持证券分期发行前5个工作日，受托机构按《信贷资产证券化试点管理办法》第三十八条要求向中国人民银行提交相关文件，填报《资产支持证券发行登记表》后，即可开展发行工作。
- 采用簿记建档发行的证券化产品，受托机构应提交书面材料，说明采用簿记建档发行的必要性，定价、配售的具体原则和方式，以及防范操作风险和不正当利益输送的措施。
- 金融机构向中国人民银行报送的注册登记材料和发行材料应为书面材料，同时提交电子版文件光盘。

产品备案登记

银行业金融机构发行证券化产品前需进行备案登记，信贷资产证券化产品的备案申请由创新部统一受理、核实、登记；转送各机构监管部实施备案统计；备案后由创新部统一出口。银行业金融机构在完成备案登记后可开展资产支持证券的发行工作。已备案产品需在3个月内完成发行，3个月内未完成发行的须重新备案。在备案过程中，各机构监管部对发起机构合规性进行考察，不再打开产品“资产包”对基础资产等具体发行方案进行审查。

企业资产证券化产品发行流程

企业资产证券化业务相关法律法规体系由行政法规和自律规定两部分组成。行政法规包括《证券公司及基金管理公司子公司资产证券化业务管理规定》以及与之配套的《证券公司及基金管理公司子公司资产证券化业务信息披露指引》和《证券公司及基金管理公司子公司资产证券化业务尽职调查工作指引》。自律规定主要包括基金业协会制定的《资产支持专项计划备案管理办法》，以及上交所和深交所制定的《上海证券交易所资产证券化业务指引》和《深圳证券交易所资产证券化业务指引》。

目前，企业资产证券化业务的监管体系由证监会主导，自律组织和派出机构参与，三方各有不同的职能分工与定位。证监会负责拟定相关监管规则、审核自律规则和监管协调。派出机构负责日常行政监管，主要是产品的事后监管和风险控制，具体包括产品后续管理信息报备和业务监管检查。中国证券投资基金业协会、中国证券业协会、上海证券交易所、深圳证券交易所等自律组织负责备案审查、备案/挂牌等规则的制定及培训等。

对拟在交易所挂牌转让的企业资产证券化产品，经交易所事前审查符合挂牌转让条件后，在基金业协会按照简易程序进行备案。若为非挂牌产品，则发行后直接向基金业协会申请备案即可。企业资产证券化一级市场发行流程如图5.3所示。

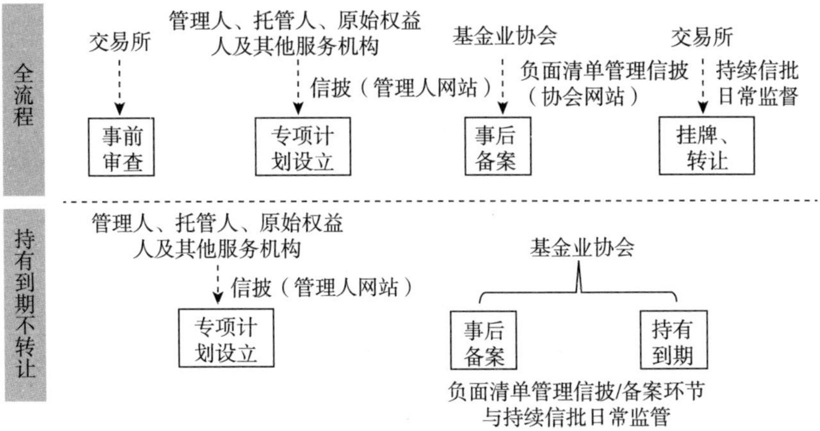

图 5.3　企业资产证券化一级市场发行流程

资料来源：深圳证券交易所资产证券化业务培训材料。

在资产证券化产品交易所挂牌申请流程中，产品通过交易所的挂牌条件确认程序和挂牌申请核对程序后，产品发行人方可启动挂牌业务操作流程。企业资产证券化产品交易所挂牌申请流程如图 5.4 所示。

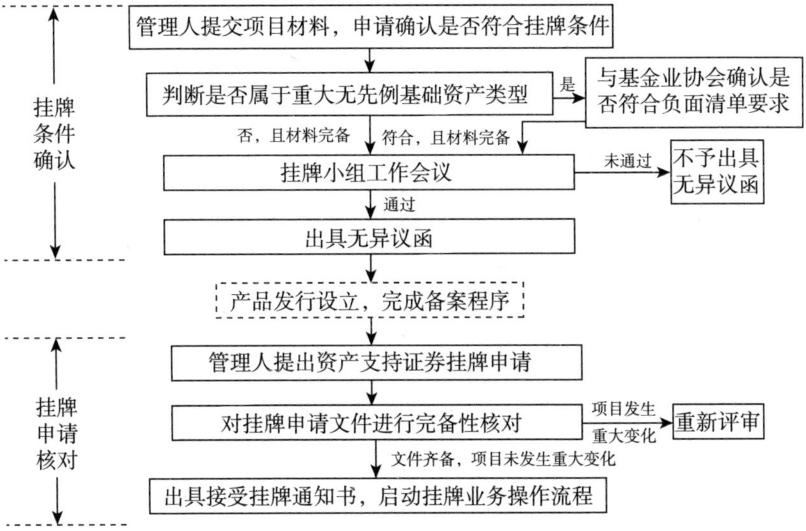

图 5.4　企业资产证券化产品交易所挂牌申请流程

资料来源：《深圳证券交易所资产证券化业务问答》。

资产支持票据发行流程

资产支持票据是非金融企业在银行间债券市场发行的资产证券化产品，由交易商协会监管。2012 年交易商协会发布的《银行间债券市场非金融企业资产支持票据指引》中提到，企业发行资产支持票据应在交易商协会注册，并选择公开发行或非公开定向发行方式在银行间市场进行发行。

2016 年 12 月 12 日，交易商协会发布的《非金融企业资产支持票据指引（修订稿）》对产品的发行做出如下要求：

- 发行载体和发起机构应通过符合条件的承销机构向交易商协会提交资产支持票据注册文件。注册有效期为两年，首期发行应在注册后 6 个月内完成，后续发行应向交易商协会备案。
- 资产支持票据可以公开发行或定向发行。公开发行资产支持票据，应聘请具有评级资质的信用评级机构对资产支持票据进行信用评级。采用分层结构发行资产支持票据的，其最低档次票据可不进行信用评级。
- 资产支持票据通过集中簿记建档或招标方式发行，发起机构以风险自留为目的持有至到期的部分除外。发起机构自持的部分需交易转让的，应遵守非金融机构合格投资人的有关规定及债券投资交易相关法律法规及自律规则。

保险资产证券化产品的发行流程

保险资产证券化产品是由保监会监管，在上海保险交易所发行的资产证券化产品。2015 年 8 月，保监会发布了《资产支持计划业务管理暂行办法》，该暂行办法中的要点整理如下：

- 受托人发起设立支持计划，实行初次申报核准，同类产品（基础资产类别、交易结构等核心要素基本一致）事后报告。中国保监会依规对初次申报的支持计划实施合规性、程序性审核。

支持计划交易结构复杂的，中国保监会可以建立外部专家评估机制，向投资者提示投资风险。

- 受益凭证发行可以采取一次足额发行，也可以在募集规模确定且交易结构一致的前提下，采用限额内分期发行的方式。分期发行的，末期发行距首期发行的时间一般不超过 12 个月。
- 受益凭证可按规定在保险资产登记交易平台发行、登记和转让，实现受益凭证的登记存管和交易流通。保险资产登记交易平台对受益凭证发行、登记和转让及相关信息披露进行自律管理，并与中国保监会建立信息共享机制。
- 受益凭证按照募集说明书约定的条件发行完毕，支持计划设立完成。受托人应当在支持计划设立完成 10 个工作日内将发行情况报告给中国保监会。
- 发行期限届满，未能满足约定成立条件的，支持计划设立失败。受托人应当在发行期限届满后 10 个工作日内返还投资人已缴付的款项，并加计同期活期银行存款利息，同时报告给中国保监会。
- 受益凭证持有人可以根据中国保监会和保险资产登记交易平台的有关规定开展受益凭证协议回购。回购双方需审慎评估风险，通过协商约定进行回购融资。保险资产证券化一级市场发行流程如图 5.5 所示。

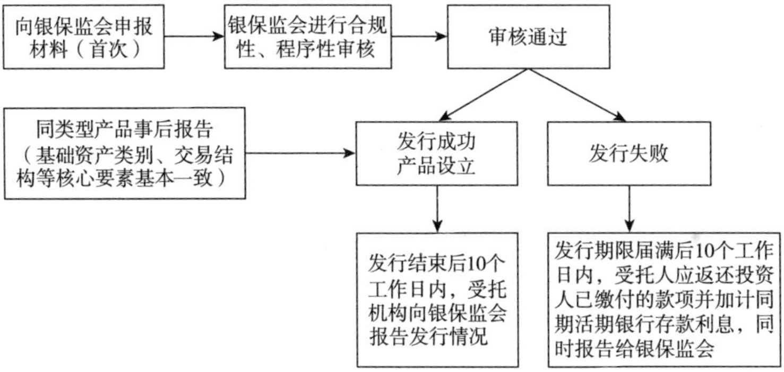

图 5.5 保险资产证券化一级市场发行流程

产品定价

定价机制

固定收益产品的价格理论上应是未来现金流通过一定的折现系数折现到当前时点的现值，因此其价格主要取决于两个要素：一是未来现金流的测算，二是折现系数的选取。这种方式称为绝对定价法，其关键在于如何将信用风险、早偿风险、利率风险等主要风险反映到未来现金流的测算中。除了绝对定价法，固定收益产品的定价还可以采用相对定价法。相对定价法根据市场上已有产品发行和交易的利差来定价，包括名义利差法、零波动率利差法和期权调整利差法。

资产证券化产品在定价上同样分为绝对估值定价和相对估值定价，绝对估值定价类似于未来收益法，即将资产证券化未来可预期的现金流通过适当的折现率折现到产品成立时点，从而得到资产证券化产品的绝对估值定价。相对估值定价，类似于市场法定价，在选定某一基准利率后，考虑信用风险、流动性等因素对产品价格的影响，综合计算得到资产证券化产品的相对估值定价。相对估值定价可以以金融债或企业债的收益率为基准利率，也可以参考近期发行的同类型、同期限、同等级类似资产证券化产品的价格。资产证券化产品在定价时基本与债券相同，但其特殊性在于，未来的现金流会受各类风险因素的影响，如借款人违约、提前偿还等。

定价情况

从投资者角度来看，经过监管机构审核的产品资质绝大多数优于未经审核的产品，因此此部分产品能接受略低的收益率。另外，基于资产证券化产品的特征，投资本金的回款来源于基础资产的现金流，因此对于不同的基础资产，产品定价会有其特殊性。影响定价最直接的因素则为产品评级，评级反映了产品的信用风险，定价为无风险利率加上风险溢价。

随着产品发行量的增多及市场的日趋成熟，产品的定价会更加合理和稳定。对标同期限中期票据的利率走势，产品定价中附加的新产品溢价和风险溢价已经得到缓解，但由于产品二级市场流动性不足，溢价依然长期存在。从不同基础资产类型来看，资产证券化产品不同基础资产之间的定价差异较大，银行间市场的车贷、个人消费贷的定价明显高于企业贷款，而在交易所市场，虽然不同基础资产间的定价差异依然存在，但不同基础资产之间的利差在收窄。从发行产品的角度看，影响企业资产证券化产品定价的最主要因素依然是信用评级结果，基础资产中个人消费贷仍略高于其他类型的资产。

由于我国资产证券化产品的发行仍在野蛮生长过程中，投资和研究分析刚起步，大部分参与主体并未对证券化产品形成单独、完整的评价体系，同时，因产品信息披露制度仍待完善，发行人与投资人之间的信息不对称现象普遍存在，一级交易市场的定价具有先天的不足，形成有效的、市场统一认可的定价难度较大。目前，国内市场尚无法将国际市场常用的、基于量化分析的资产证券化定价模型广泛应用于发行定价与投资分析中，资产证券化产品的发行定价在很大程度上基于承销机构（包括证券公司、商业银行）的发行询价，承销机构在市场上寻求投资者愿意为其投资、发起人能承受的适当价格。各类风险定价等数量模型在国内资产证券化市场上的实际运用不多，仅能起到一定的支持和参考作用。这在现实中也增加了投资人在整个产品运作过程中的话语权。

第四节　资产证券化二级市场投资情况

交易情况

2017 年上半年，银行间债券市场的信贷资产证券化产品二级市场的成交量为 6.22 亿份，成交金额为 532.91 亿元，几乎达到 2016 年全年的交易水平，成交活跃度明显改善。交易所市场的企业资产证券化产品二级市场的成交量为 1.97 亿份，成交金额为 193.96 亿元，尚未达到 2016 年全年 1/3 的交易量。资产证券化二级市场的交易情况见表 5.3 和图 5.6。

表 5.3 资产证券化二级市场的交易情况

年份（年）	银行间市场				交易所市场			
	证券个数	交易次数	成交量（万份）	成交金额（万元）	证券个数	交易次数	成交量（万份）	成交金额（万元）
2005					3	12	780	78 238 .50
2006	1	1	19	1 753.31	23	237	9 468	902 954.83
2007					23	216	7 996	758 311.61
2008	3	3	282	28 187.00	11	98	3 577	315 425.58
2009	7	15	2 094	134 297.96	10	139	3 979	382 080.32
2010	5	23	1 947	102 757.56	6	35	1 644	158 241.95
2011	2	4	165	8 852.29	3	6	406	41 313.04
2012					4	18	689	69 581.16
2013					14	97	2 175	218 159.44
2014					73	419	15 647	1 571 080.08
2015					199	1 188	46 687	4 649 718.02
2016	146	300	79 213	6 371 299.09	241	1 625	60 921	6 017 889.76
2017年上半年	127	219	62 226	5 329 089.73	146	605	19 734	1 939 598.50
总计	291	565	145 946	11 976 236.94	756	4 695	173 701	17 102 592.79

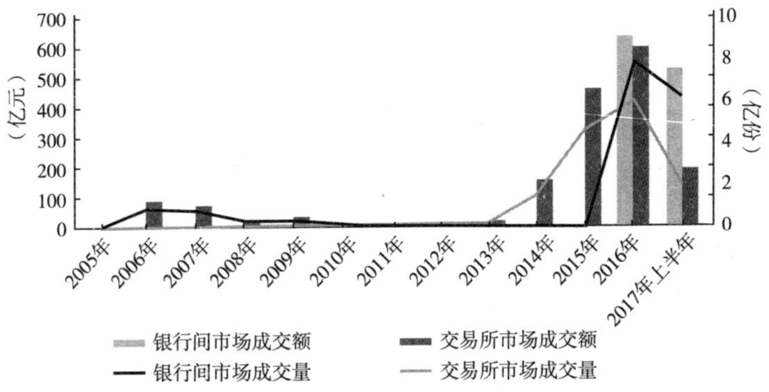

图 5.6 资产证券化二级市场的交易情况

资料来源：万得资讯。

交易模式

虽然目前资产证券化产品二级市场的交易并不活跃，且存在各种制约其发展的因素，然而无论是对于投资人还是其他参与主体来说，资产证券化产品的二级市场交易有着与其他固定收益产品不同的作用。

风险偏好增加：针对夹层级证券的投资

由于本息的偿付来自资产生成的稳定可预测的现金流，且大部分产品的设计都会加入超额利差或超额覆盖倍数等内部增信手段，随着不同档级优先级证券本金的偿付，剩余证券的超额收益不断增加——优先级证券的本息覆盖倍数提高，而夹层级和次级证券的收益都相应地提高，证券的预期损失逐渐降低，理论上，此时的证券评级处在上升通道之中。也就是说，在产品前期都能够实现正常兑付的情况下，夹层级证券的跟踪评级应该被上调，先期投资夹层级证券所承担的风险随时间的推移逐渐消失，证券的定价也会发生变化，此时，将持有的夹层级证券出售，则给投资者提供了交易套利机会。

虽然目前国内证券化产品的二级市场还不成熟，不同类型资产证券化产品之间的差异较大，为投资者前期的识别判断增加了难度。但随着市场的不断成熟，能够对资产池的表现进行跟踪分析、动态管理的投资人在证券化市场将能够获得相对清晰和稳定的套利机会。这也会进一步促进各类市场主体的投资意愿。

二级市场及做市机会：信息不对称的解决方案

根据上文统计的资产证券化二级市场的交易情况，二级市场的交易量随着一级市场发行量的增加而增加，越来越多的投资者开始尝试将所持的资产证券化产品在二级市场进行交易，因而二级市场交易量也呈逐年增长的趋势。投资者愿意投资二级市场的证券化产品，一方面是由于产品已存续一段时间，剩余存续期缩短，投资者在二级市场可选择合适的短久期产品购入，以满足资产配置的流动性要求；另一方面是由于，近年来部分产品（如消费金融证券化产品、供应链金融证券化产品等）采用储架发行的模式，同质化的资产具有较为相似的市场表现，二级市场投资者即使缺少足够的专业性，在经过一段时间的观察之后，也可放心地选择适合自己的某一类型产品进行投资，进一步提高了此类产品的流动性。

对于投资者而言，目前最担心的问题是，由于信息披露不完善，投资者无法直接观测底层资产的表现和现金流的回流情况，而这部分信息在计划管理人处可以得到较为明确的监测。因此，部分计划管理人或资本中介服务机构利用这种信息不对称的优势，以做市商角色介入二级市场，获取做市收益，提高市场流动性。虽然现在鲜有机构可以有能力对整个资产证券化市场进行做市，但机构可以对自己发行的产品提供做市服务，这成为目前的一个服务趋势。

一级发行与二级交易联动：发起人与管理人的优势

资产证券化产品作为一种直接融资工具，同时连接了资金端和资产端，即将投资人和融资人双方的利益紧密联系在一起，达到双方利息需求的一个平衡。在产品发行过程中，为了给产品提供一定的信用增级，资产证券化产品的发起人往往会认购发起产品的次级证券，一方面为产品消化风险，另一方面也可回收超额收益以降低整体的融资成本。因此，发起人的思路逐渐向管理人转变，除了单纯进行融资外，也会考虑基础资产的风险识别、现金流的回流预测，对于资产的管理更加专业。目前，也有部分计划管理人愿意认购部分产品的夹层级或次级证券。

除了上述发起人和管理人，目前也有部分第三方服务平台正在探索此类业务模式。例如，京东金融的资产支持证券云平台通过京东金融平台强大的资源整合能力，帮助有需求的企业进行资产证券化融资，同时成立了夹层基金，投资上述产品的夹层级证券，以平台的信用为产品提供信用保障，也可获得一定的投资收益。

定价方式

目前，二级市场交易价格的定价方法主要有以下几种：

- 理论定价模型，选取市场上某一特定价格作为基数，并结合产品特征进行一定的量化模型调整，例如名义利差法、期权调整法等，这类方法一般适用于流动性不强的产品，国内较少运用。
- 内在评估价格，根据交易时点产品未来可收回的收益进行基础定价，并针对产品的交易结构、风险因子等因素对未来收益的影响进行一定调整，从而可以对产品形成一个内在的评估价格，此方法类似于一级市场的绝对估值定价法。
- 第三方报价，主要通过市场上的交易商进行双边报价，这是场外交易市场最普遍的定价方式，目前也有部分第三方平台将交易商报价进行同步汇总，并整理得到相应的价格曲线，供投资者交易时参考。
- 参考一级市场发行价格，是目前国内资产证券化市场最主要的定价方式，由于国内资产证券化市场仍以一级市场为主导，二级市场交易量少，目前尚未形成特有的定价方式，大部分交易方仍以一级市场发行价格作为交易的参考价格。

对于相对成熟的资产证券化市场，证券定价主要由二级市场驱动和主导。二级市场依靠巨大的交易量，其市场价格在某种程度上可以真正反映某一类产品的市场供需关系，即产品的真正价值。通过二级市场的反向传导，产品价值对一级市场的发行价格可以产生一定的指导，从而优化市场整体对产品价值的反映程度。结合现状，我国的证券化产品二级市场有待开发，目前还没有可以参考的“市场价”，对于量化模型中所涉及的各类参数也较难取得，二级市场绝大多数都采用最后一种方法，即参考一级市场资产证券化产品的发行价格。未来二级市场逐渐活跃后，二级市场或将产生更公允的定价方式。

第六章

资产证券化产品的投资策略与风险管理

目前，在尚未形成完整的投资人组织且资产证券化产品的创设架构还带着深深的信用债痕迹的情况下，国内大部分证券化产品的投资者仍然参照债券的投资逻辑，简单地依据产品评级与利率的匹配程度进行投资决策。虽然这种投资逻辑在现阶段具有符合实际情况的有效性，但究其根本，资产证券化产品与其他固定收益产品存在一定差别，完全沿用信用债等固定收益产品的投资逻辑进行投资，既不能准确识别证券化产品的风险收益特征，长远来看也不利于资产证券化市场的发展。

本章我们分别从投资策略和风险管理两个方面切入资产证券化产品在投资和风险控制方面的实践。具体而言，第一节和第二节将分别介绍国内资产证券化产品的投资策略与风险管理，后面两节则以美国的抵押贷款支持证券为例，具体说明投资者选择的投资策略以及对应的风险管理方法。希望通过关于国际成熟资产证券化投资经验的介绍，明确资产证券化产品的本质，在了解产品本质的基础上，投资者可回顾本书第二章的内容，进一步了解所投产品基础资产的特征、现金流以及风险特征，并根据自身的投资目的选择一种合适的投资策略，同时做好投后风险管理。

第一节　资产证券化产品的投资策略

认识资产证券化产品的本质

在了解资产证券化产品的投资逻辑之前，我们先来认识资产证券化产品的本质。资产证券化产品以资产产生的现金流作为未来本息偿付的来源，创设之初是对固定收益市场投资品种的有效补充，稳定持续的现金流保障了资产证券化产品稳定可预测的期限和收益，资产证券化产品，特别是结构性设计中的优先级资产支持证券，具有明显的固定收益特征。但与传统固定收益产品将企业全部生产经营产生的回报作为债券本息偿付的基础不同，资产证券化产品有明确的基础资产（并通过破产隔离的形式与企业其他资产做了区分）作为现金流来源，且绝大多数的资产证券化产品有结构化分级设计，这使资产证券化产品带有期权属性。

固定收益特征

资产证券化产品的收益表现具有固定收益特征。基于对基础资产产生的未来现金流的合理预测，资产证券化产品各个档级的利息水平和利息偿付周期均在产品发行时确定，偿付可能性也用固定收益产品常用的评级结果来表示，这是国内大多数投资人依然以纯固定收益产品的定位来看待资产证券化产品的主要原因。

资产证券化产品的风险特征与固定收益产品相似。投资资产证券化产品的投资者（特别是交易性投资者）也面临来自市场的利率风险、来自发行人的信用风险以及受市场成熟度限制的流动性风险。资产证券化产品面临种种风险的原因和市场变化对产品价格走势的影响，也与传统固定收益产品高度一致。

期权属性

由于结构化产品设计，较低档级产品对较高档级产品的偿付能力进行了内部增信，使资产证券化产品形成了与固定收益产品不同的风险和收益特征，其本质在于不同档级投资人的选择使各级产品之间形成期权属性。

以较常见的产品结构为例，某产品设置了优先级证券、夹层级证券和次级证券，即在每个资金分配日，按照预先约定的分配顺序，最先偿付优先级证券的预期收益和本金，直至优先级证券的现金流偿付金额达到约定分配的金额，然后开始偿付夹层级证券的预期收益和本金，最后才是次级证券的偿付。在偿付过程中，若现金流的实际归集与预测发生偏差，首先承受损失的是次级证券，当违约金额超过次级证券本金时，夹层级证券将承受超过次级证券本金余额部分的损失，若次级和夹层级证券的本金之和还不足以弥补损失，则优先级证券的收益和本金将蒙受损失。资产证券化产品各级证券现金流表现如图6.1所示。

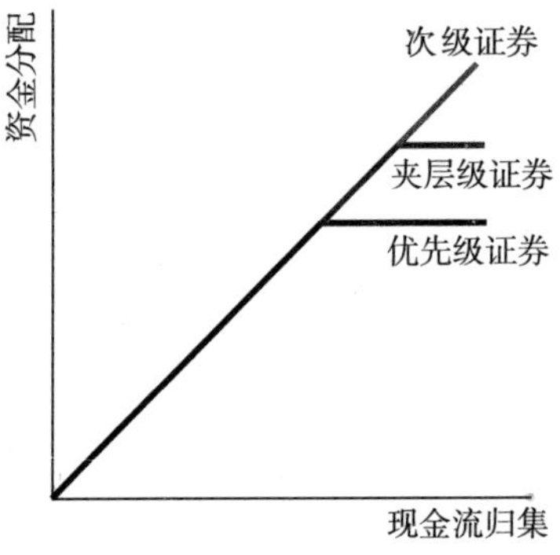

图6.1　资产证券化产品各级证券现金流表现

通过图像可以直观地感受到，资产证券化产品各档级产品的收益曲线与期权产品收益曲线的相似之处。

首先来看优先级证券的现金流表现，图6.2（b）为优先级证券随现金流归集的资金分配情况，可见与图6.2（a）卖出看跌期权的收益曲线形态一致。优先级资产支持证券以其本金承受全部损失，所以优先级证券的现金流可以看作在一个固定收益产品的基础上叠加做空看跌期权。

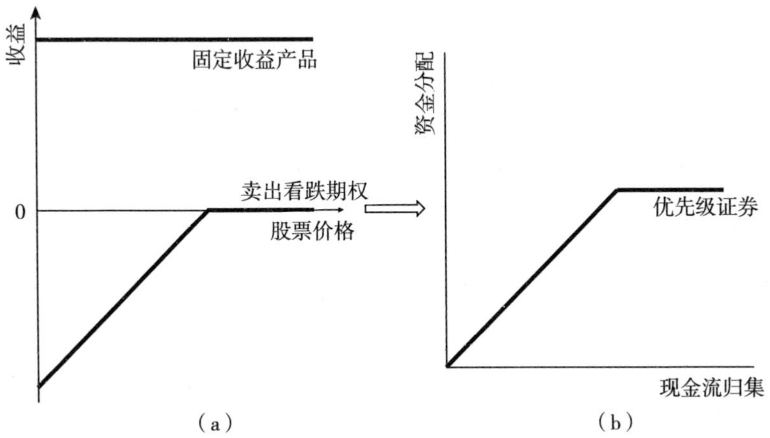

图 6.2　优先级证券的现金流表现

其次，我们来看次级证券的现金流表现，图 6.3（b）为次级证券随现金流归集的资金分配情况，与图 6.3（a）买入看涨期权的收益形态一致。简单说来，次级证券就是一个简单的看涨期权。

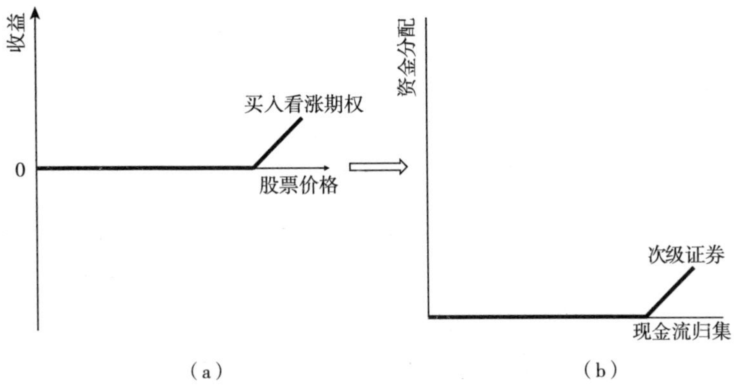

图 6.3　次级证券的现金流表现

最后，我们来看稍显复杂的夹层级证券，图 6.4（b）为夹层级证券随现金流归集的资金分配情况，其现金流表现可以理解为一个垂直价差，即买入一个看涨期权，同时卖出另一个具有同样标的物、同样到期日，但执行价格更高的看涨期权。在这个策略中，两个期权的差价即为夹层级证券的收益。投资者以一种温和看涨的态度进行投资，其最大收益与亏损均为有限金额。

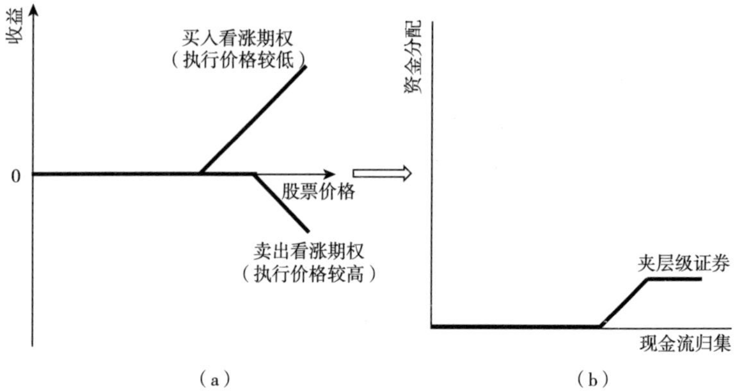

图 6.4　夹层级证券的现金流表现

上文为了简化分析过程，对证券化偿付的假设为，现金流严格按照约定的分配日进行本金偿付及收益分配，在期权层面上可以理解为，全部为欧式期权（行权日仅为合约到期日），而在实际操作中，很多资产证券化产品，特别是债权类资产，因其现金流按照债权债务关系的兑现实现对产品的偿付，很有可能会出现提前还款或逾期支付的情况，那么上述假设中的期权就有可能从欧式期权变为美式期权（行权日为合约到期日之前的任一日）。

现在，我们了解了资产证券化产品所具有的期权属性，那么具有该属性的证券化产品的风险和收益特征又与期权有多大的一致性呢？我们该如何选择针对该属性的投资策略呢？

仍然以前述产品模型为例，图 6.5 描述了各级证券预期现金流与资产池违约率的关系。

首先，优先级证券相当于买入固定收益产品加卖出看跌期权，其最大收益为固定收益的上限。同时，由于优先级本金和收益的偿付在夹层级证券和次级证券之前，资产产生的现金流优先用于偿付优先级证券的本金和收益。通常来说，随产品运行周期的推进，优先级证券的未偿付余额下降，风险也会随之降低。

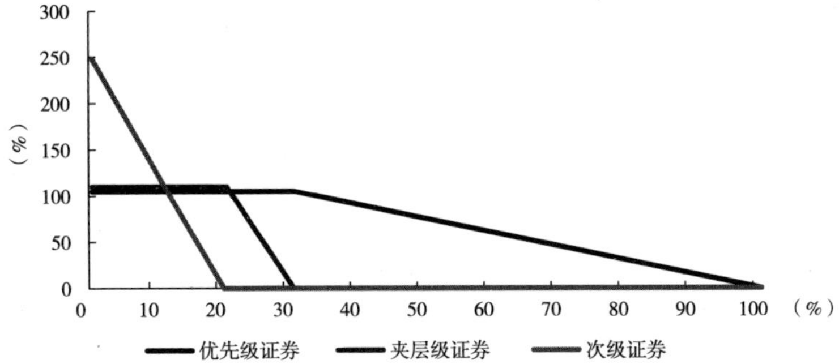

图 6.5　各级证券预期现金流与资产池违约率的关系

夹层级证券相当于同时买入、卖出不同执行价格的看涨期权，其最大收益为两笔看涨期权的价差，其偿付顺序在优先级证券之后，在次级证券之前，在得到次级证券一定风险补偿的同时，对优先级证券的本金偿付提供一定支持。夹层级证券的固定回报较优先级证券高，但其可承受的资产违约率更低。

次级证券相当于买入看涨期权，最大损失为全部权利金，而收益可以随着资产收益的增加而增加。国内资产证券化产品的设计通常采用超额现金流覆盖、超额利差等内部增信措施，为次级证券取得高回报提供可能性。从风险特征来看，次级证券在图 6.5 中的风险表现为：预期现金流与资产违约率呈负线性相关，资产池内任何一笔资产的违约直接造成次级证券收益的减少，次级证券以全部本金为优先级证券和夹层级证券的本金、收益提供支持，其承受的风险最大。

国内资产证券化产品的投资决策逻辑及其局限性

目前国内资产证券化市场中，绝大部分的投资者仍然是以债券投资的逻辑来判断资产证券化产品的投资价值，即依靠产品评级结果认定产品的风险等级，并以评级结果作为产品定价的基础。虽然最近一段时间以来，市场已有少量投资者开始通过分析产品的结构及前期参与产品设计等方式，更深入地了解资产证券化产品本身的特征，从而进行投资决策，并且出现了部分夹层级证券投资者与次级证券投资者。这对国内资产证券化产品的投资市场走向成熟起到了一定的推动作用，但该种投资逻辑在证券化投资市场并未被广泛推广，尚且不能算作主流。

从市场整体来看，最主要的投资逻辑依然以评级为主导，从已发行产品的评级分布可以初步了解投资人能够接受的评级结果，目前已发行产品中 84.51% 为 AAA 级证券，AA 级及以上证券占到 97.69%。虽然在市场发展早期，通过评级确定可投标的简单易行，对提升产品早期的市场接受度和促进投资市场的早期发展具有重要意义，但是从资产证券化产品的本质特征来看，仅采用评级结果作为判断依据渐渐显现出局限性。

分析仅通过评级确定投资逻辑的局限性，首先需要了解评级机构如何确定产品的评级。理论上，评级机构通常使用蒙特卡洛模拟，对目标级别的违约概率、违约比率及损失比率进行测算，并根据评级机构确定的评级结果对照表，确定不同证券的信用级别及不同评级证券的分布情况。资产支持证券的信用级别分布如图 6.6 所示。

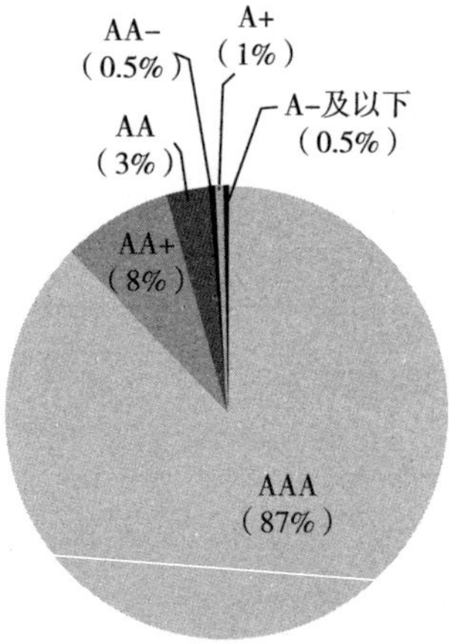

图 6.6　资产支持证券的信用级别分布

资料来源：万得资讯。

从评级思路的角度进一步分析评级机构是如何确定产品的证券评级的，以便投资者可以更好地理解资产证券化产品的评级结果。表 6.1 是各层级证券信用级别对照表。在产品的设计中，各层级的分层方案需要参照表 6.1 中的基准数据进行设计，以便确定各档级证券的评级结果。例如，优先级证券若需要达到 AAA 的评级，其证券的违约概率必须要控制在 0.019% 以内，即当资产池中最多有 44.33% 的资产违约和 14.76% 的资产损失时，该档级证券仍可以按约偿付，对投资者的收益不造成任何影响。

表 6.1　各层级证券信用级别对照表　（单位：%）

信用等级	目标级别违约概率（TRDP）	目标级别违约比率（TRDR）	目标级别损失比率（TRLR）
AAA	0.019	44.33	14.76
AA+	0.093	39.56	12.82
AA	0.121	38.91	12.16
AA–	0.185	38.08	11.85
A+	0.448	35.19	10.48
A	0.583	34.29	10.45
A–	0.895	31.73	9.53
BBB+	1.323	31.65	8.06
BBB	2.247	28.22	7.96
BBB–	2.701	25.84	7.96
BB+	3.596	19.74	6.24
BB	5.402	13.94	4.81
BB–	9.953	10.74	3.32

资料来源：联合评级《闲话 ABS | 谁动了我的中间档》。

注：目标级别违约概率，指达到目标级别所需承受的资产违约的概率。
　目标违约比率，指达到目标级别所需承受的资产违约金额的最低比例。
　目标损失比率，指达到目标级别所需承受的资产损失金额的最低比例。

在项目实际操作过程中，对各层级证券是否违约及违约概率大小的判断，则充分参考了主体的信用等级。也就是说，在目前对证券化产品的评级中，主体信用等级对产品本身的评级结果产生的影响是决定性的。然而，资产证券化产品的证券评级与主体评级具有差异，且该差异随证券化市场成熟度的提高会进一步扩大，过度依赖现有评级逻辑（充分考虑主体信用等级的评级思路）对资产支持证券进行投资必定与初始投资目的产生偏差，依据评级生成的投资依据也将偏离实际甚至导致损失。

一方面，证券化资产的评级应着重考虑资产的质量和产生现金流的能力。主体评级的评级对象是企业，评估的是企业的信用风险。评级机构通过考察主体的偿债能力及偿债因素，利用模型测算等手段，对主体的持续经营和稳健发展做出判断。资产证券化产品的评级对象是发行的各级证券，最终评估的是资产池的投资组合风险，特别是随着证券化市场趋于成熟，资产在通过证券化的结构设计后，可以逐步实现与主体的隔离。如何判断资产本身的违约风险，量化资产违约风险的比例，才是资产证券化产品评级需要回答的问题，也是证券化产品投资决策的根本。

另一方面，无论是主体评级还是产品评级，都具有动态的发展过程。随着时间的推移，现金流的情况由预测变为现实，评级的结果也会发生变化。对主体的评级结果相对稳定，在主体资产情况和经营情况不发生重大变化的条件下，主体的评级表现变化不大。而资产证券化产品的评级则有可能随时间而改变，由于证券化产品本身的期权属性，其中某些层级的证券会随着过往现金流对更优层级证券的偿付，增厚其安全垫，评级有上升的可能，同时，随着现金流的变化，评级也有调低的可能。若以不变的思路看待证券化产品，则有可能错过绝佳的投资时机，或在不变的策略中错过发现损失的可能。资产证券化产品的评级调整情况如图 6.7 所示。

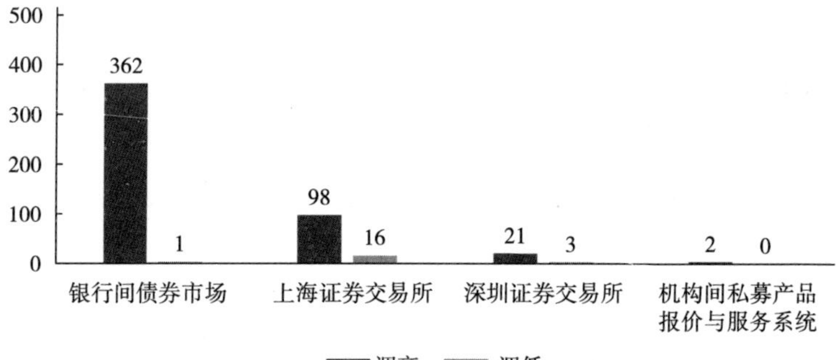

图 6.7　资产证券化产品的评级调整情况

资料来源：万得资讯。

为进一步说明证券化产品评级的变化，我们选取 CNABS 统计的中债资信和中诚信评估所评证券的评级跃迁矩阵，表中横向为初始评级，纵向为最新评级。从表 6.2、表 6.3 中可以观察到，矩阵中对角线上的数值部分小于 100%，这意味该级别产品的最新评级结果较原始评级有变动，且评级变动大部分分布在对角线右上方，也就是说，评级有变化的证券中，大多数为调高原始评级。

表 6.2　2017 年资产证券化产品评级跃迁矩阵（中债资信）　（单位：%）

评级跃迁矩阵（中债资信）		原始评级									
		AAA	AAA−	AA+	AA	AA−	A+	A	A−	BBB+	BBB
最新评级	AAA	100	0	62	65	59	51	28	25	0	0
	AAA−	0	0	2	0	0	0	0	0	0	0
	AA+	0	0	36	12	31	28	43	25	25	0
	AA	0	0	0	23	0	2	5	6	25	0
	AA−	0	0	0	0	10	4	0	13	0	0
	A+	0	0	0	0	0	15	0	19	25	100
	A	0	0	0	0	0	0	24	6	0	0
	A−	0	0	0	0	0	0	0	6	0	0
	BBB+	0	0	0	0	0	0	0	0	25	0
	BBB	0	0	0	0	0	0	0	0	0	0

表 6.3　2017 年资产证券化产品评级跃迁矩阵（中诚信评估）　（单位：%）

评级跃迁矩阵（中诚信评估）		原始评级									
		AAA	AAA−	AA+	AA	AA−	A+	A	A−	BBB+	BBB
最新评级	AAA	97	0	12	0	67	0	0	0	0	0
	AAA−	0	0	0	0	0	0	0	0	0	0
	AA+	0	0	88	33	0	0	0	0	0	0
	AA	0	0	0	67	0	0	0	0	0	0
	AA−	0	0	0	0	33	0	0	0	0	0
	A+	0	0	0	0	0	0	0	0	0	0

续表

评级跃迁矩阵（中诚信评估）		原始评级									
		AAA	AAA-	AA+	AA	AA-	A+	A	A-	BBB+	BBB
最新评级	A	0	0	0	0	0	0	0	0	0	0
	A-	0	0	0	0	0	0	0	0	0	0
	BBB+	0	0	0	0	0	0	0	0	0	0
	BBB	0	0	0	0	0	0	0	0	0	0

注：此表中原始评级为 AAA 的证券，有 97% 的最新评级仍为 AAA，另有 3% 的证券评级为 B（中诚信评估于 2017 年 12 月 22 日将“庆汇租赁一期资产支持证券”中优先级证券的评级由 AAA 下调至 B），矩阵中未显示。

总体来说，因为资产证券化产品具有期权属性，因此在风险评估和定价方面均需要借助某些金融衍生品的理论与方法，而不能简单套用传统信用债的分析方法。另外，由于期权的价值与风险会随着时间的变化而变化，投资者需要据此发掘其中的投资机会，在找准投资标的的同时，也要找准投资时机。

资产证券化产品的投资策略

基于资产证券化产品固定收益与期权属性叠加的特点，考虑到现有证券化产品投资逻辑的局限性，我们需要在符合实际情况的前提下，形成对产品的正确认识，探寻适合目前国内资产证券化市场的产品投资策略。

首先，目前国内资产证券化产品二级市场不发达，流动性严重不足，在配置资产证券化产品时，其交易属性并不明显。在目前的市场情况下，投资资产证券化产品，特别是夹层级和次级产品时，采取持有至到期策略更为适合。当然，随着市场成熟度的提高，以及个体产品随时间而发生的风险收益变化，在产品持有期间出现交易机会的可能性会进一步增加。届时，投资者可以综合考虑持有和出售证券化资产与自身组合久期和收益需求的关系，做出继续持有或出货的判断。

其次，在对具体投资标的进行选择时，应动态地持续关注产品的风险与收益特征，在关注主体信用的基础上对资产本身的经营情况和现金流情况进行综合研判。

投资标的的选择具体分为两个维度，第一个维度为确定拟投资产品，此时应重点关注资产证券化产品的固定收益特征，基于基础资产类型，综合判断流动性风险、信用风险、利率风险等因素对产品可能产生的影响，结合原始权益人、增信机构的资信情况和历史经营情况，对基础资产产生现金流的能力做出判断。在第二章中，我们对各类基础资产进行了较为详细的描述，可为投资者具体选择投资标的提供参考。第二个维度为确定在选定的产品中选择何种层级，重点考虑证券化产品的期权属性。

选择优先级证券

前文提到，优先级证券在本质上可以看作一个固定收益产品叠加卖出看跌期权，作为多头持仓，其收益有上限，夹层级证券和次级证券均为优先级证券提供信用支持，优先级证券的风险在各个层级证券中是最低的。随时间的推移，优先级证券的评级调低的可能性较低，是低风险偏好投资者的最优选择。

选择夹层级证券

夹层级证券是一个垂直价差，其收益水平高于优先级证券。由于夹层级证券以自身收益和本金为优先级证券提供信用支持，其可承受的违约率要低于优先级证券。从评级角度来讲，虽然优先级证券的评级随着时间的推移调低的可能性较低，但其评级大多为 AAA 级，上调的空间也有限，而夹层级证券在证券存续期间，评级产生上调的可能性是存在的，且从表 6.2 和表 6.3 的评级跃迁矩阵可以看出，市场上确实有很多评级上调的案例。因此，投资夹层级证券除了采用持有至到期策略，享受中后期产品风险下降而收益依然保持不变的好处外，还可以在评级变化时将持有的夹层级证券出售，凭借评级上调后利差压缩带来的证券价格提升，获取更高的收益。

选择次级证券

次级证券的期权属性为买入看涨期权，现金流与资产池违约率呈较为陡峭的线性关系，由于其以自身的本金收益对优先级证券和夹层级证券提供信用支持，任何一笔资产违约都会对次级证券的收益甚至本金产生实质影响。次级证券是产品中风险最大的层级，在国内市场，次级证券绝大部分由发行人自己持有。根据近期上交所、深交所发布的挂牌指引，应收账款级融资租赁类企业资产证券化产品的发行人必须持有 5% 的证券份额，该证券可以为次级份额，也可以为平均持有的各个层级的份额，该规定体现了监管机构对发行人持有次级证券的考虑。

然而，随着证券化市场的成熟，信息披露体系会进一步完善，次级证券的可投资性也会进一步提高。当然，即使在更高成熟度的市场，次级证券的风险、收益均较高的事实不会发生改变，投资者需要审慎评估自身的风险接受程度，做出正确的投资判断。

杠铃投资策略

在投资资产证券化产品时，可以使用杠铃投资策略，即按照投资者预先设定的比例，同时投资某一个资产证券化产品的优先级证券和次级证券。我们来假设一个情景，假设投资者将 80% 的资金用于投资优先级证券，20% 的资金用于投资次级证券，图 6.8 描绘了杠铃投资策略和夹层级证券投资策略的回报率与资产池违约率的关系。

当违约率较低时，杠铃投资策略的投资收益稍高于夹层级证券投资策略。当违约率较高时，杠铃投资策略的投资收益也高于夹层级证券投资策略，只有在一个有限的相对狭小的区间内，夹层级证券投资策略的投资收益高于杠铃投资策略。参照国际市场债权类产品的历史违约情况可知，历史违约率大多为反正态分布，即大多数情况下的违约表现均为杠铃型投资策略。因此，对于想要长期持有证券的投资者来说，杠铃投资策略优于夹层级证券投资策略，而夹层级证券投资策略更适合于二级市场交易。

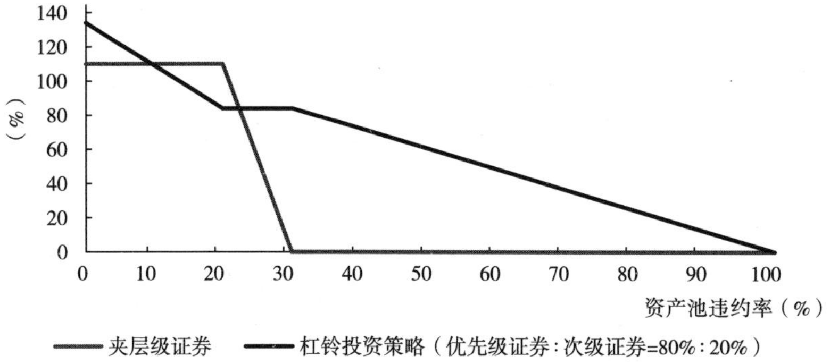

图 6.8 杠铃投资策略和夹层级证券投资策略的回报率与资产池违约率的关系

第二节 资产证券化产品的风险管理

上一节我们对资产证券化产品的本质进行了分析，对国内市场主流的投资决策逻辑及其局限性进行说明，并简要介绍了适用于证券化产品的投资策略。在分析过程中我们提到，资产证券化产品的风险特征因其自身的特点与债券类固定收益产品有着本质的不同，特别是不同档级产品由于其属性的不同，风险特征也不一样，讨论中我们着重介绍了资产池的违约与各层级产品收益的关系曲线，这些曲线可以比较直观地表现不同层级产品的风险收益情况，但是是什么因素引发了产品的整体风险，使收益率或本金偿付与预期存在差异？本节我们对资产证券化产品的风险做进一步说明。

风险类型

资产证券化的本质是将缺乏流动性，但具有可预期收入的资产经过信用增级，重新组合后形成标准化资产，并向投资者销售的过程。对于投资者而言，购买的是资产证券化产品未来每期支付的现金流量，其定价的基本依据是未来现金流量的折现公式：

$$R=\frac{M_1}{(1+r_1)}+\frac{M_2}{(1+r_1)(1+r_2)}+\cdots+\frac{M_n}{(1+r_1)(1+r_2)\cdots(1+r_n)}$$

其中，R 表示资产证券化产品未来各期收入的现值总和；M_n 表示未来第 n 期投资者持有证券化产品收到的净现金流量；r_n 表示第 n 期的即期利率。

通过折现公式，我们可以比较清楚地看到是什么因素决定了证券化产品的价格和收益，而这些因素就是引起产品价格波动的风险。公式中的分子 M_1，M_2，…，M_n 代表基础资产每期产生现金流扣除相关税费后的净现金流，若因为各种原因，基础资产产生的现金流与预期不符，或者投资者持有的资产无法在恰当的时候变现，则会影响产品的现值。因此，导致 M_n 与预测不一致的原因主要是违约风险和流动性风险。公式的分母中的 r_1，r_2，…，r_n 代表每期的折现利率，影响折现利率的主要因素为市场利率水平。综上，我们可以将证券化产品的风险类型归纳为三大类，分别是违约风险、流动性风险和利率风险。

违约风险又称信用风险，是基础资产无法按照预期产生现金流，或现金流不足额的风险。违约风险会直接导致产品无法按照预期兑付本息，造成投资损失。

对于证券化产品而言，违约风险可能出现的情况包括：基础资产经营不善导致现金流不足，增信机构未能如约提供资金支持，资产处置导致回款延迟，或资产质量下降导致资产处置金额与预计现金流出现偏差等。这些因素会直接导致现金流回款不及时或不足额。另外，由于优先级证券持有人的收益按照固定利息计量，部分资产证券化产品的回款还面临提前偿付的风险。

流动性风险，是产品无法及时按照投资人的需求变现的风险。投资人在资产组合管理过程中，由于投资意愿改变或市场环境改变，可能存在提前出售所持资产的需求，但若因产品缺乏流动性，无法及时找到合适的对手方，则有可能导致投资人的资产组合与预期无法匹配，产生风险。

利率风险，从折现模型可以看出，市场无风险利率的变化会对产

品的现值产生影响，进而影响资产证券化产品的价格。在实际操作中，如果投资人选择持有至到期策略，那么市场利率的走高则会变相提高投资人持有该类资产的成本。如果投资人选择交易策略，那么市场利率的变化直接影响产品的价格，使投资人在资产出售过程中蒙受损失。

当然，由于资产证券化产品在运作过程中参与主体众多，结构相对复杂，其整体运作还会受其他人为因素的影响，除了以上 3 种风险外，主要还有其他参与方风险、操作风险和法律风险等。

其他参与方风险指的是在项目运作过程中，除原始权益人、增信机构、管理人之外的其他参与方产生的风险。例如，服务机构破产或由于其他原因不能按时将基础资产产生的现金流分配给资产证券化产品导致的风险，以及信用评级机构失职，造成信用评级失真等。

操作风险指的是在项目运作过程中，各机构内部管理出现差错，对证券化产品收益产生的风险。由于资产证券化产品的设立和资金流转过程较为复杂，每个环节或每个参与方内部出现差错都会给资产证券化产品带来一定风险。操作风险主要产生于人为失误、内部运行结构设计不当以及欺诈等。

法律风险指的是，在资产证券化过程中，证券化产品的设计或合同的签署不符合法律要求，造成相关参与方无法按合同规定履行义务或无法享有合同规定的收益的风险。例如，《公司法》对证券化过程中特殊实体建立的规定，《破产法》对证券化产品中破产隔离制度的规定等。

导致风险的因素

为进一步探究资产证券化产品投资过程中的风险控制方法，需要了解引发上述风险的具体因素，并在项目运作或投资活动的实际过程中，对这些引发风险的具体事项进行实时跟踪，及时发现具体要素的变化情况。控制风险的基础是识别风险，识别风险的方法则是把控导致风险的因素。

导致违约风险的因素

违约风险是证券化项目面临的最直接风险，该风险可能存在于证券化项目的各个环节，主要的导致违约风险的因素包括 5 个。

发行人的信用风险

虽然资产证券化产品的现金流来源于资产，其核心在于资产水平，但在目前国内的市场情况下，发行人的经营状况和自身资质对证券化产品的基础资产有较大影响。一方面，发行人大多为产品的资产服务机构，对资产的后续运营起到至关重要的作用；另一方面，资产证券化产品并未进行完整的破产隔离设定，基础资产的运营和管理很少能够与发行人完全隔离开来，因此，发行人的信用情况以及还款意愿和经营活动支持下的还款能力对证券是否能够如期兑付有着决定性作用。因此，在选择投资标的前及持有投资产品的整个过程中，投资人需要对发行人的经营情况、偿债情况等进行时时监控，关注发行人的信用风险。

增信机构的信用风险

当资产证券化产品的基础资产无法按照预期形成现金流时，增信机构是现金流补偿的第一责任主体，若增信机构能够在资产发生问题时及时、足额地履行偿付义务，则可以迅速有效地化解产品出现的问题。另外，增信条款的设置，包括是否设置免责条款等，以及增信机构保障发行机构平稳运作的意愿和能力，在投资过程中也需要被关注。

基础资产的运营情况

对于债权类资产而言，基础资产通常由多笔债权组成，债务人的信用状况是证券化产品违约风险最重要的影响因素。在投资过程中，需要重点关注基础交易的真实性、债权形成过程的审核标准以及债务人的信用状况。对于收益权类资产而言，基础资产通常由某类资产持续销售产生的现金流组成，该类资产的市场需求情况、发行人持续生产该类资产的能力以及影响该资产生产的其他因素是投资环节需要关

注的内容。

对基础资产运营情况的关注是避免违约风险的关键，如果资产证券化产品在设计过程中履行了较为完善的破产隔离措施，即完全撇除了发行人生产经营对基础资产运作产生的影响，那么，基础资产的情况就成为违约风险的唯一触发因素。目前，国内市场资产证券化产品的设计发行过程，对主体的依赖程度依然很高，部分产品也会有为信用等级高的主体提供更具弹性化产品设置的痕迹，这与目前证券化市场的发展阶段有关。但随着实体企业“去杠杆”的进一步深化，希望通过证券化方式进行资产变现的企业会越来越多，届时，对脱离主体信用的产品进行风险把控，需要更多关注资产本身的持续运营情况。

基础资产的价值变动情况

对于依附一定底层资产才能形成的基础资产类别，以及基础资产本身具有公允可交易属性的资产类别，在结构设计中对底层资产和基础资产控制的设计，以及基础资产的价值变动情况，也是规避违约风险需要考虑的要素。例如，以房屋租金作为基础资产的证券化产品的底层资产——房屋是否对外抵押，若能够作为增信措施抵押给专项计划，则房屋所属区位、房地产市场的流动情况、房地产市场相关的税费政策，都将影响专项计划的违约风险。

证券化产品的结构设计

证券化产品结构设计的好坏不会直接触发违约风险，但优秀的产品结构设计在违约事件发生时可以对投资人的收益形成有效保护。例如，设置担保，确定次级的比例，设计风险缓释和信用触发机制等，都会成为恶性事件发生时投资人可以采取的措施，对保护投资人、提升资产回收率形成帮助。

导致流动性风险的因素

目前，在国内资产证券化市场，流动性缺失是普遍的状态，因此前文我们建议在投资策略的选择中采取长期持有的策略，但是不放弃可能的交易机会。形成目前流动性情况不理想的原因，主要有几个方面：首先，虽然资产证券化市场经历了近年来的高速发展，但是总体的存量规模与固定收益市场总量相比依然很小；其次，由于市场总量有限，投资人组织的建立尚不健全，没有形成差异互补、数量众多的活跃投资市场；最后，由于资产证券化产品仍处在不断创新和规则制定的阶段，产品的标准化程度有限，以资产证券化产品作为质押品获得融资的可能性有待提高，在制度上对于流动性的鼓励政策尚无法开展。当然，当资产证券化市场发展成熟后，可以通过借鉴固定收益产品市场的流动性管理方法来实现对资产证券化产品的流动性管理。但目前，距离流动性管理，还有一段路要走。

导致利率风险的因素

作为具有固定收益属性的资产证券化产品，其价格和流动性都会受到市场利率变化的影响。作为以固定收益计算的优先级投资人，在市场利率上行时，若资产的流动性不能满足投资人的需求，则会增加投资人的持有成本。另外，市场利率的变化也会对底层资产产生影响，当市场利率下行时，若底层资产是以固定利率计算的信贷类资产，则会提升借款人提前还款的意愿，影响证券化产品的未来现金流，有可能导致产品提前结束，给投资人带来投资风险。

导致市场利率变化的因素主要是宏观经济情况、当地及国际货币政策、信贷市场的变化等。投资人需要在持有产品的整个周期内，对市场和利率情况保持持续关注，在市场产生拐点时，提早做出改变，以免面临风险。

投资与风险管理

以上我们介绍了资产证券化产品面临的风险类型以及引发这些风险的主要要素，在具体的投资管理中，投资人需要持续对上述要素保持关注，一方面识别和控制单一类型风险，另一方面关注各类型风险之间的关系，及时判断发生联动风险的可能性。

识别单一类型风险

通过加强对资产和主体的跟进频率和力度，及时发现潜在违约风险。根据目前资产证券化产品的相关管理办法，资产证券化产品需要出具年度报告及临时报告，对资产和主体的情况进行披露，但是对于投资人而言，以年度为单位对投资标的的情况进行检视容易错过主体发生风险的前期线索，需要进一步提高对主体和资产情况的检查频率。例如，以月度为单位对主体和基础资产进行现场和非现场的考察，了解主要经营情况的实际数据，了解主体的对外融资情况等，更及时准确地把握主体和资产的变化，谨防违约风险的发生。

通过对宏观环境、市场情况、行业变化和政策导向的关注，防范利率风险和流动性风险。影响利率风险和流动性风险的要素主要来自宏观经济环境和市场的变化，持续的市场研究有助于及时发现市场利率的变动，行业的变化也会影响市场其他参与主体对具体标的的看法，进而影响流动性。我们应及时把握市场情况，防范市场风险。

关注各类风险之间的关系

违约风险、流动性风险和利率风险三者并不是相互独立的，一种风险的产生也会引起其他风险的爆发。例如，当发生违约事件或市场存在对违约事件的不利舆论时，产品的流动性会进一步下降，流动性风险会伴随违约风险而产生；利率风险事件的发生，会影响市场的资金供给需求，甚至进一步影响主体的再融资，从而引发流动性风险或违约风险。

各类风险之间的关联，使风险分析复杂化。在主体和资产的微观层面，各种事件的发生会对产品的具体定价产生巨大影响，辅以宏观层面的政策及市场变化，才能形成对产品具体风险属性的全面认识，在投资前和投资过程的风险控制活动中，需要综合考虑各类风险之间的关联，在识别单一风险的基础上，全盘控制实质风险发生的可能性，做出正确的判断。

第三节　以美国抵押贷款支持证券为例的资产证券化产品投资

抵押贷款支持证券简介

定义

抵押贷款支持证券是将许多独立的，但结构相似的房屋贷款集合起来，形成一个房贷资产池，再将其证券化形成的产品。抵押贷款支持证券中作为基础资产的房屋贷款均有不动产抵押作为担保，不动产的性质可以为住宅，也可以为商用，依照类型不同可分为住房抵押支持证券与商业地产抵押贷款支持证券，美国市场通称的抵押贷款支持证券多为住房抵押贷款支持证券。抵押贷款支持证券的包装过程如图6.9所示。

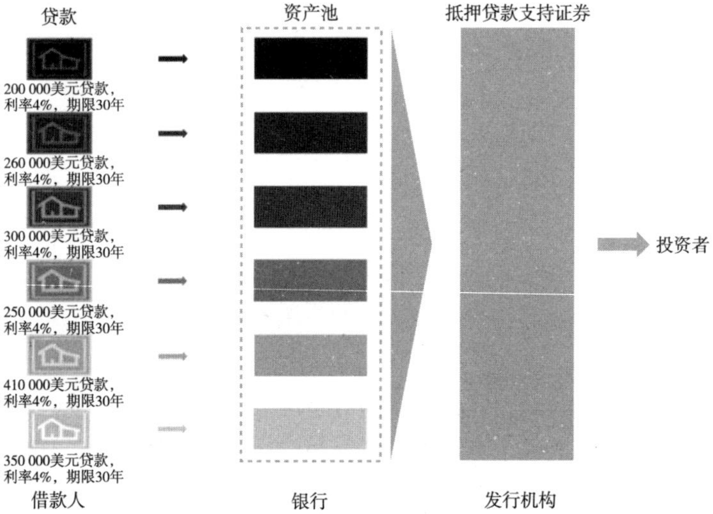

图 6.9　抵押贷款支持证券的包装过程

资料来源：Andreas Jobst，What is Securitization. Finance & Development Magazine，International Monetary Fund，Sep2008，P48。

注：发起机构有吉利美、房利美、房地美。

美国房屋贷款市场简介

美国房屋贷款按照是否有政府部门的担保可以分为政府保证房贷和传统房贷两类。政府保证房贷是美国政府部门担保的房屋贷款，当借款人违约时，政府部门会赔偿承贷机构的损失，主要为政府部门为中低收入群体或退伍军人所担保的房贷。传统房贷泛指没有美国政府部门担保的房屋贷款。

按照利率的计算方式，美国房屋贷款又可以分为固定利率房贷、浮动利率房贷和气球型房贷。固定利率房贷的借款人每期缴纳的本利是相同的。浮动利率房贷的利息是可以调整的，通常每年调整一次，利率的调整以某个指标利率为基准，作为指标利率的标的通常有一年期国债利率、资金成本指数及伦敦银行同业拆放利率。通常情况下，伦敦银行同业拆放利率的波幅较大，而资金成本指数的波幅较小，房贷申请人可依其对风险的偏好来选择所使用的指标利率。气球型房贷的借款人在贷款期间只支付利息，期末一次还本，通常借款人会在期末向原承贷银行或新的银行申请一笔新的贷款以清偿旧的房贷。1930 年以前，美国房贷大多属于该类型，但经济大恐慌发生后，银行因经济环境恶化而不敢再续约，导致许多借款人被迫清算。目前，气球型房贷大多是 5~7 年的房贷，申请者多为短期计划搬迁者。

抵押贷款支持证券的现金流

抵押贷款支持证券将许多单独的房屋贷款集合起来成为一个房贷资产池。将集合的房贷资产池扣除服务费和保证费后予以证券化包装，然后将其出售给投资人。房屋贷款的借款人依然按照原有约定定期向银行支付贷款的本息，银行在扣除相关税费后向证券化发行人分配，再由证券化产品发行人向投资人兑付本息。抵押贷款支持证券的现金流示意图如图 6.10 所示。

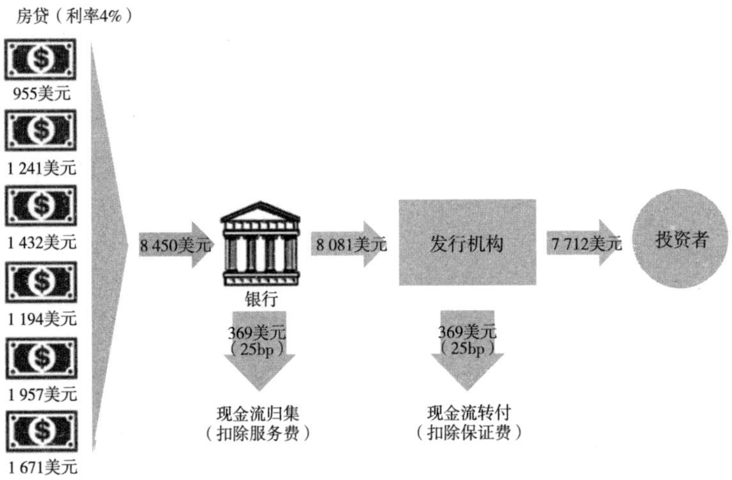

图 6.10　抵押贷款支持证券的现金流示意图

资料来源：Herve Hannoun, Financial Deepening without Financial Excesses, Bank for International Settlements，Mar21，200。

抵押贷款支持证券的类型

2016 年房贷相关证券发行种类如图 6.11 所示。1996—2016 年房贷相关证券的发行如图 6.12 所示。

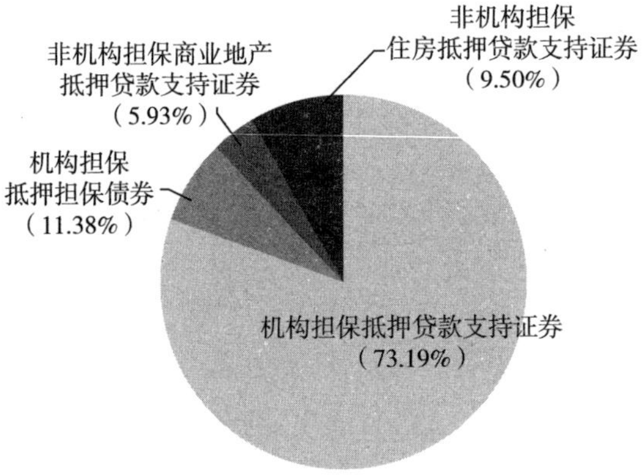

图 6.11　2016 年房贷相关证券发行种类

资料来源：美国证券业与金融市场协会。

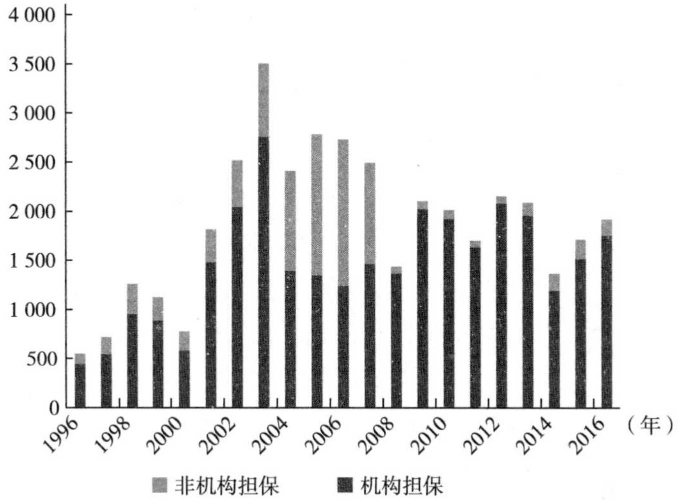

图 6.12　1996—2016 年房贷相关证券的发行

资料来源：美国证券业与金融市场协会。

根据发起机构的不同，抵押贷款支持证券可分为机构担保抵押贷款支持证券与非机构担保抵押贷款支持证券。由美国联邦政府赞助机构（GSE）所担保的房贷证券化产品称为机构担保抵押贷款支持证券，美国联邦政府赞助机构包括吉利美、房利美以及房地美。据美国证券业与金融市场协会数据统计，截至 2016 年年底，房贷相关证券发行总额达 1.92 兆美元，其中 91.42% 为机构担保抵押贷款支持证券。另外，2001—2016 年，政府担保机构发行的房贷相关证券金额维持在 1 兆 ~ 2 兆美元，而非政府担保机构发行的相关证券金额自 2008 年起大幅萎缩，这与次贷危机密切相关。

机构担保抵押贷款支持证券根据结构的不同大致分为两种，一种为房贷转付证券（Mortgage Pass Through，简写为 MPT），另一种为抵押担保债券。

房贷转付证券是最简单的抵押贷款支持证券，做法是将银行的众多房贷组合成为一个资产池，加以证券化，由服务银行扣除服务费与保险费后将本金与利息按比例支付给房贷转付证券持有人。房贷转付证券类似于一种可提前赎回的债券，不同之处在于，一般债券直到到期日才会支付本金，而房贷转付证券会每月支付本金，房贷转付证券为投资者提供了一个简单的方式来投资房地产市场。

抵押担保债券为抵押贷款支持证券的衍生性金融产品，其对房贷转付证券做进一步改良，以不同的还款等级来划分还款风险，使投资人可以更容易地控制现金流。在房贷转付证券中，每位投资者都承担了提前还款风险和违约风险，但在抵押担保债券中，发行机构通过划分本金清偿的方式将风险分散到不同的等级中。房贷转付证券的存续期间较不稳定，但通过抵押担保债券，可以满足投资者对各存续期间抵押贷款支持证券的投资需求。例如，商业银行需要存续期间较短的产品，可以选择短期的抵押担保债券，寿险公司需存续期间长的产品，可以选择长期的抵押担保债券。

主要发行机构

美国抵押贷款支持证券主要为机构担保抵押贷款支持证券，发行量在 2016 年大约为 1.92 兆美元，从图 6.13 可以看出，三大机构的发行规模所占比例极为接近，其中房地美所占比例最高，达 39.69%，房利美居中，占 32.74%，而吉利美所占比例较低，约为 27.58%。

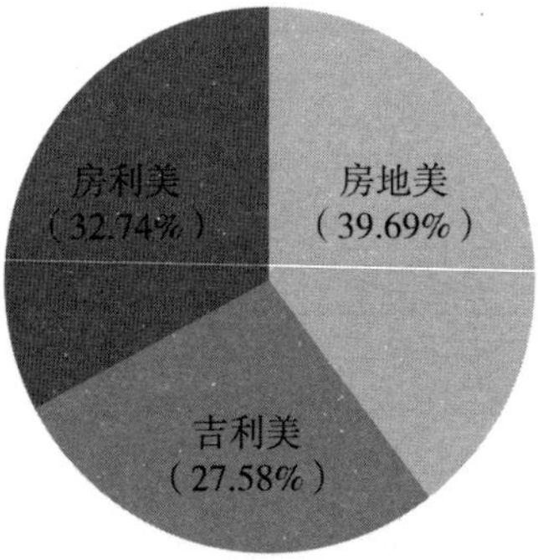

图 6.13　2015 年机构担保抵押贷款支持证券发行机构所占比例

资料来源：美国证券业与金融市场协会。

吉利美

吉利美是美国政府住宅及都市发展部（HUD）100% 持有的机构，

主要是将联邦住宅管理局（FHA）以及退伍军人事务部（VA）的房贷证券化并予以担保，经由房利美担保发行的不动产抵押证券的信用水平几乎与美国政府国债相当。

吉利美的主要功能是扮演房贷资金需求者与投资人之间的桥梁。当房贷借款人或房贷基础证券发行人违约无法清偿时，房利美对不动产抵押证券投资人负清偿责任。房利美只从事保证房贷业务，本身不发行债券。

房利美

房利美于1938年成立，1968年被分割为现在的房利美（民营）与吉利美（国营）。房利美为联邦政府特许公司，设立的主要目的是稳定全国的房贷市场，增加拥有房屋所有权的机会。购买符合特定担保标准（非美国政府保证）的贷款。

房地美

房地美于1970年成立，其功能性质与房利美类似，两者为姐妹公司，彼此相互竞争。其设立的主要目的在于稳定全国的房贷市场，增加拥有房屋所有权的机会以及合理的房租。房地美由联邦住宅贷款银行委员会（FHLBB）管理，董事会成员由美国总统任命，但1989年的金融购建重建法（Financial Institutions Reform，Recovery，and Enforcement Act）让房地美的所有权结构与政府划分开，任何投资人都可以持有其普通股。

抵押贷款支持证券投资策略

美国抵押贷款支持证券的投资人类型比较丰富，包括政府机构、银行、外国投资人以及退休基金，其中最大的单一持有者是美联储。由于不同机构的投资目标不同，其投资策略的选择也各有差异，主要的投资策略类型为以美联储为代表的持有至到期策略和以短期持有为目标的交易型策略。

持有至到期策略

美联储购买机构担保抵押贷款支持证券是基于货币政策的执行，以达成维持就业水平与稳定物价的双重目标。购买机构担保抵押贷款支持证券可产生货币政策效果的原因是，借压低长期利率，支持抵押贷款市场，让资金状况更为宽松。所以，美联储在投资抵押贷款支持证券时，采取的是持有至到期策略，并不在市场中主动交易抵押贷款支持证券。

在具体的加减仓过程中，其主要采取的方式是：针对投资标的以定期定额的方式逐步购入，当收益率下滑至近期低点，以最小基本量持续建立仓位，当收益率上扬至近期高点时，增加购买量。此举虽无法以最高的收益率建立仓位，却可使新增仓位的收益率落在年度平均收益率之上。接下来，我们以美联储机构担保抵押贷款支持证券的仓位管理为例，说明以持有至到期为目标的债券组合管理方式。

美联储公开市场操作账户资产简介

据美联储公布，截至 2017 年 6 月 30 日，其公开市场操作账户（SOMA）的资产规模约为 4.47 兆美元，主要以美国国债（2.46 兆美元，55.00%）和机构担保抵押贷款支持证券（1.77 兆美元，39.60%）为主，合计 4.23 兆美元（94.60%）。公开市场操作账户持有美国国债的到期期限分布如图 6.14 所示。

美联储将到期本金再投资至国债，使其国债仓位维持在 2.46 兆美元。截至 2016 年年底，公开市场操作账户投资组合的平均到期期间由 2015 年年底的 8.60 年降至 2016 年年底的 8.10 年，其中 3 年期以下国债占公开市场操作账户的比率由 31% 上升至 39%，而 3~10 年国债占公开市场操作账户的比率则下降。美联储通过公开市场操作账户持有的国债占流通在外的国债总额的比例为 18%，其持有较长期限（10 年期以上）国债占流通在外国债总额的比例为 36%，高于较短期限（3 年以下）国债占流通在外国债总额比例的 21%。公开市场操作账户持有美国国债相对流通在外国债的比例如图 6.15 所示。

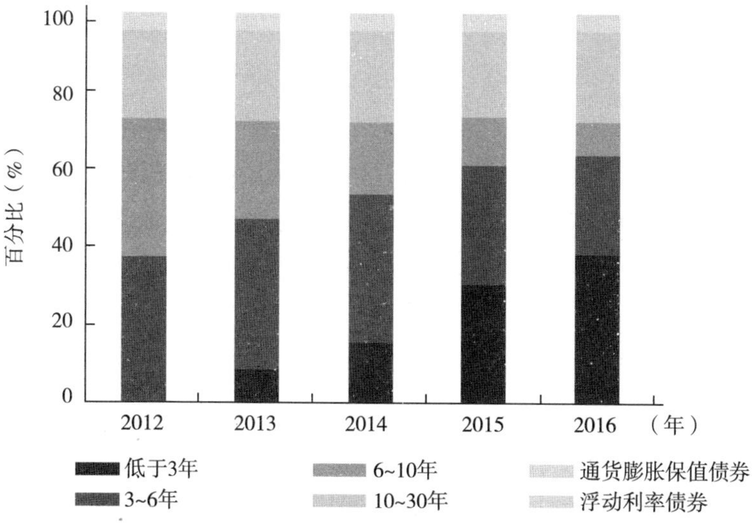

图 6.14　公开市场操作账户持有美国国债的到期期限分布

资料来源：FBR。

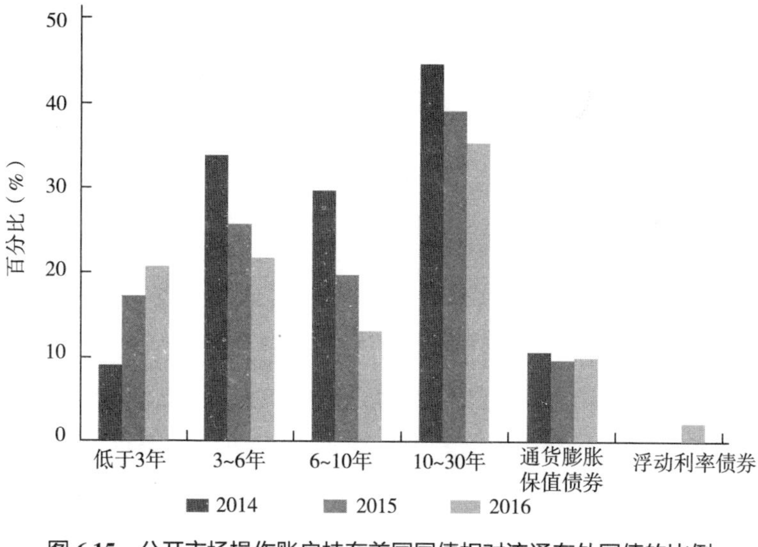

图 6.15　公开市场操作账户持有美国国债相对流通在外国债的比例

资料来源：FBR。

美联储通过公开市场操作账户持有的机构担保抵押贷款支持证券的仓位维持在 1.77 兆美元，其中分别由房利美、房地美及吉利美提供保证的抵押贷款支持证券的比例分别为48%、29%及23%。持有的抵押贷款支持证券中约90%为30年期，其余为15年期。公开市场操作账户持有抵押贷款支持证券的平均剩余期限为7.20年。公开市场操作账户持有的票面利率为3%及3.5%的机构担保抵押贷款支持证券占持有的机构担保抵押贷款支持证券的仓位比例由2015年年底的63%上升至2016年年底的近70%，2016年年底的加权平均票面利息为3.40%。公开市场操作账户持有的机构担保抵押贷款支持证券占流通在外的机构担保抵押贷款支持证券的比例由2015年年底的31%，下降至2016年年底的29%。公开市场操作账户持有机构担保抵押贷款支持证券的发行人、期限、票面利率与发行日期分布如图6.16所示。

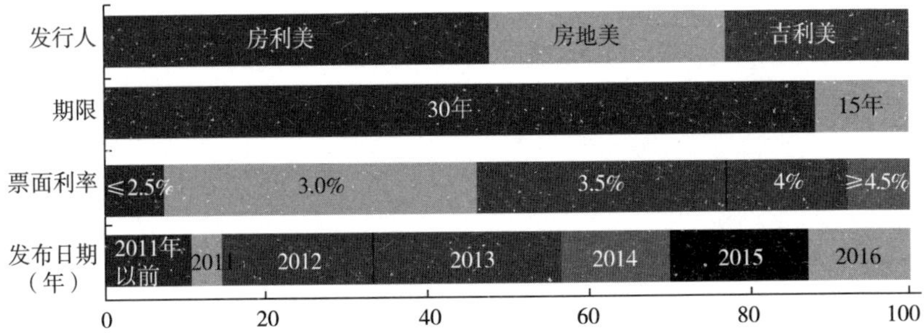

图6.16　公开市场操作账户持有机构担保抵押贷款支持证券的发行人、期限、票面利率与发行日期分布

资料来源：FBR。

公开市场操作账户的投资组合风险

2016年年底，公开市场操作账户投资组合的久期约为5.70年，大致维持不变，持仓中国债的久期随时间而变短，但被机构担保抵押贷款支持证券久期的增加抵消：持仓中国债久期由6.50年降至6.20年，主要反映了其随时间而变短的程度大于购买新发行债券所增加的久期；机构担保抵押贷款支持证券因2016年下半年利率上扬，提前还款速度变慢，延长了抵押贷款支持证券的久期，抵押贷款支持证券的久期由2015年年底的4.30年增加至2016年年底的4.90年。公开市场操作账户持有债券的平均久期如图6.17所示。

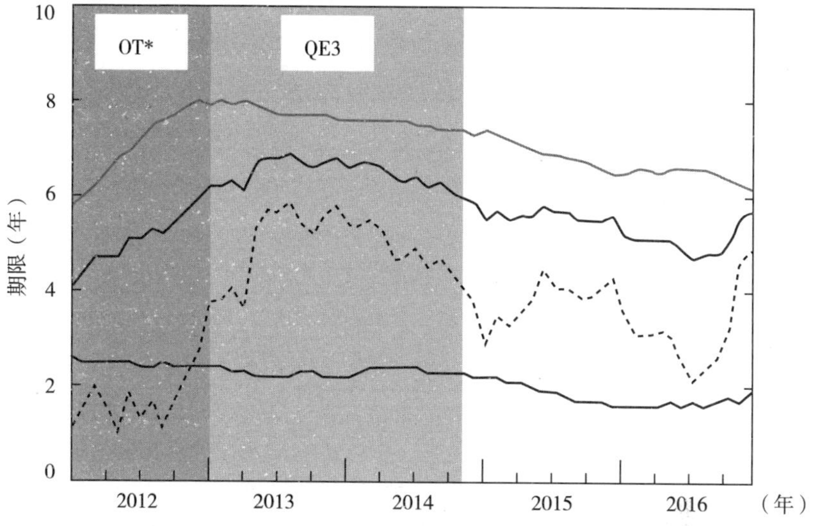

图 6.17　公开市场操作账户持有债券的平均久期

资料来源：FBR。

注：此处久期，国债系指调整后的久期（Modified Duration），抵押贷款支持证券系指有效久期（Effective Duration）。久期是对债券价格对利率变动的敏感度的衡量（久期越长，对利率变动越敏感），可视为投资组合现金流的加权到期期限。通常，到期期限越长或债息越低的债券，其久期越长。图中 OT 为逆转操作，指美联储通过卖出短期美国国债，同时买进长期限美国国债来延长投资组合的存续期间，并压低长期限美国国债利率。QE3 指第三轮量化宽松。

若转化为 10 年期国债的等价物[①]来比对，公开市场操作账户投资组合由 2015 年年底的 2.67 兆美元的 10 年期国债等价物，增加至 2.73 兆美元的 10 年期国债等价物，反映了机构担保抵押贷款支持证券净有效久期的增加。公开市场操作账户持有债券约当 10 年期公债的金额如图 6.18 所示。

① 10 年期国债的等价物，是指该投资组合约相当于多少的 10 年期国债，其计算公式为投资组合的久期乘以仓位金额，再除以 10 年期国债的久期。

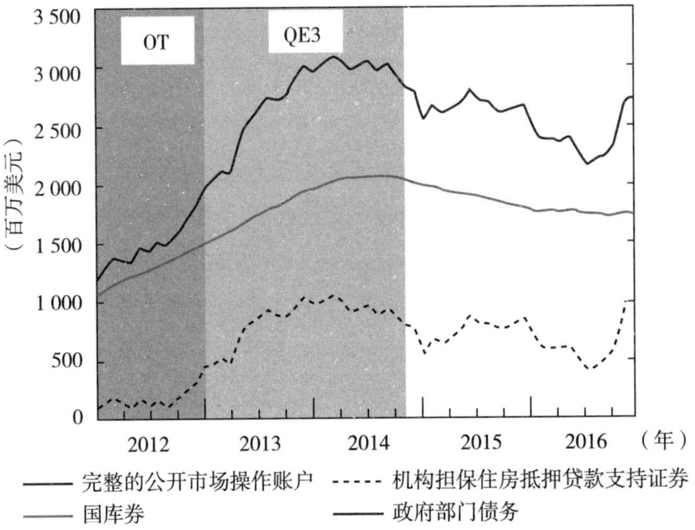

图 6.18　公开市场操作账户持有债券约当 10 年期公债的金额

资料来源：FBR。

公开市场操作账户仓位调整

2017 年 6 月，美联储公布的《资产负债表正常化原则及计划》中表示，当联邦基金利率上升至某一水平时，有关委员会预计通过公开市场操作账户持有资产的到期本金进行再投资，来逐步降低美联储持有的债券仓位。而且，未来到期本金只有超过逐渐调高上限的部分才能用于再投资，例如，当期上限为 300 亿美元，实际到期本金为 400 亿美元，只有 100 亿美元可以用于再投资）。具体而言，有缩减美国国债到期本金的再投资和缩减机构债券及机构担保抵押贷款支持证券到期本金的再投资。

缩减美国国债到期本金的再投资：预期期初上限将设定为每月 60 亿美元，之后在未来 12 个月中，每 3 个月调高 60 亿美元，直到每月上限达到 300 亿美元。

缩减机构债券及机构担保抵押贷款支持证券到期本金的再投资：预期期初上限将设定为每月 40 亿美元，之后在未来 12 个月中，每 3 个月调高 40 亿美元，直到每月上限达到 200 亿美元。

如果前述上限触及个别最大值，那么将维持在该水平，使美联储持续以渐进、可预测的方式降低持有债券的仓位，直到美联储仅持有为有效执行货币政策所需要的债券为止。美联储启动缩表后，美国国债、机构债券及抵押贷款支持证券的每月再投资缩减上限见表 6.4。

表 6.4　美联储启动缩表后，美国国债、机构债券及抵押贷款支持证券的每月再投资缩减上限

每月再投资缩减上限	第 1~3 个月	第 4~6 个月	第 7~9 个月	第 10~12 个月	第 13 个月（含以后）
美国国债	60	120	180	240	300
机构债券及抵押贷款支持证券	40	80	120	160	200
合计	100	200	300	400	500

资料来源：美联储。

抵押贷款支持证券的短期投资策略

对于市场的其他交易主体，抵押贷款支持证券动辄逾 10 年的期限与其久期配置需求相违背，但面对抵押贷款支持证券的短期交易机会，投资者可以采用短期投资策略。我们主要介绍资金展期（Dollar Roll）交易和抵押贷款支持证券的负凸性策略。

资金展期交易

资金展期交易是抵押贷款支持证券市场的一种短期融资方式，指投资人将所购买的过手型（Pass-through）抵押贷款支持证券借给交易员作为抵押品进行融资。其做法是：卖出当月交割的抵押贷款支持证券，同时买入一笔条件类似（与原始证券大致相同，而无须完全相同）的远期（通常为下个月）交割的抵押贷款支持证券。

从事资金展期交易的优点是，交易员可管理即期抵押贷款支持证券仓位；投资人可以较低利率融资，增加抵押贷款支持证券投资收

益。其风险主要是提前还款风险［当利率下跌时，房贷还款速度会加快，进而影响资金展期的执行）和逆选择风险（投资者卖即期、买远期抵押贷款支持证券，但交易员所归还的抵押贷款支持证券并不需要与原始证券完全相同，仅需实质性需同（substantially similar），因此交易员会将最有价值的证券保留下来，而将条件较差的证券归还给投资人］。

资金展期交易能否获利，取决于即期与远期抵押贷款支持证券的价差的大小。当期抵押贷款支持证券价格通常较远期好，主要是因为抵押贷款支持证券交易员需要当期抵押贷款支持证券来补回其空头仓位，而远期抵押贷款支持证券的价格通常较低，主要是因为房贷银行通常会卖远期抵押贷款支持证券来避险。所以，当即期与远期抵押贷款支持证券的价差大时，进行反向跨期（Drop Roll）交易（卖出价格较高的当月交割抵押贷款支持证券，并买入价格较低的远期交割抵押贷款支持证券），即可获利。一般而言，跨期市场（Roll Market）相对价值的主要决定因素有以下几种：

- 对提前还款的预期。不同的提前还款速度会影响跨期市场的相对价值，对溢价证券来说，提前还款速度加快，将提高反向跨期交易的价值，投资人交易意愿将增加。但对折价证券来说，还本速度加快，将降低反向跨期交易的价值，投资人的交易意愿将降低。
- 供给与需求。因反向跨期交易是卖出当月交割抵押贷款支持证券，同时买入远期交割抵押贷款支持证券，现货交割及远期交割抵押贷款支持证券的供需影响两者价格，进而影响反向跨期交易的相对价值。
- 抵押担保债券的发行。银行发行抵押担保债券，必须先在市场上买入过手型抵押贷款支持证券，拉高现货价格，造成价差（Drop）上升，增加资金展期交易收益。

在抵押贷款支持证券的两个市场——TBA 市场以及特定资产池市场，都可以按照衍生金融工具的思想进行套利。

利用抵押贷款支持证券的负凸性策略

一般债券的收益率曲线具有凸性，也就是当利率下降时，债券的价格以加速度上升，而当利率上升时，债券价格以减速度下降。对于具有期权属性的抵押贷款支持证券而言，其收益率曲线具有负凸性。

正凸性债券给债券投资人以保护，当利率上升时，正凸性债券的价格跌幅会缩小，而当利率下跌时，正凸性债券的价格涨幅会扩大。此特性对于债券投资人非常有利，因此会反映在债券投资者购买的价格上，也因而影响其收益率（正凸性越大，债券价格越高，收益率越低）。相反，抵押贷款支持证券是负凸性的，因此此类债券的投资人应当获得补偿，其收益率较一般债券更高，这就是投资抵押贷款支持证券可以获得较高报酬率的缘由。因此，如果投资人判断，短期内利率水准的波动性会下降，就可以考虑投资抵押贷款支持证券，放弃正凸性（接受负凸性），以换取较高的报酬率。

因此，我们可以利用抵押贷款支持证券的负凸性进行投资组合操作，具体如下：

（1）收益率上升需要通过降低仓位实现避险操作。

市场利率上升导致抵押贷款支持证券出现延长风险。收益率上行时，房屋贷款人的提前还款意愿降低，令预期中的提前还款速度放缓，导致抵押贷款支持证券投资者收回本金的时机延后，其结果就是投资人持有低收益率抵押贷款支持证券的时间超过他们的预期，使其错过在收益率较高时进行再投资的机会，或使他们无法利用较高的利率进行再投资，抵押贷款支持证券出现存续期延长风险，投资人资产面与负债面存续期间可能出现差距。抵押贷款支持证券每天都面临提前偿付速度放缓或加速以及关键参与者多寡等风险，若市场的主要参与者都在观望（如等待美元利率是否变化），抵押贷款支持证券市场将处于较脆弱的状态，而市场交易在夏季或假期前通常较清淡，如果利率继续上升，低票息抵押贷款支持证券的价格可能下跌，随着房屋抵押贷款利率的稳步上升，愿意套现房屋净值的消费者越来越少，套现再融资活动下降，因此低票息抵押贷款支持证券被提前偿付的可能性下降，从而导致投资者持有低收益率抵押贷款支持证券的期限长于其预期。

此时，需要通过抛售仓位实现降低存续期间的避险操作。为了缓释风险，抵押贷款市场参与方与抵押贷款支持证券投资者，需要针对其投资组合存续期被拉长进行缩短存续期间的避险操作。避险方式是在利率互换（IRS）中支付固定利率（买进交换合约）、抛售公债或抵押贷款支持证券，或买进公债卖权与抵押贷款支持证券卖权（持有选择权空头部位），来缩短存续期间，进行凸性避险交易，以重新调整抵押贷款支持证券投资组合的存续期限，抵消手中所持债券存续期较预期更长的影响，直至缩短存续期间差距，规避利率风险。若市场预期利率曲线趋于陡峭，互换利差将扩大，将可能推动抵押贷款支持证券利差进一步扩大。同时，利率上升会令贷款量下降，抵押公司将出售与贷款组合相关的利率互换仓位，这种操作也称为凸性避险。在利率趋于上升，出现卖盘的环境下，高票息抵押贷款支持证券的表现要好于低票息抵押贷款支持证券。

（2）收益率下降带来提前清偿的风险。

利率下跌，存续期限缩短，2003 年贷款利率处于历史低位，出现再融资热潮，美国民众纷纷进行再融资，因此，收益率下跌虽然消除了延期风险，但出现了抵押贷款者提前清偿的风险，使抵押贷款支持证券投资人被迫降低仓位，存续期限缩短。提前清偿速度太快或太慢，均将有损抵押贷款支持证券的投资报酬。

此时，需要通过增加仓位实现存续期间延长的避险操作。为规避利率下跌带来的存续期限缩短，抵押贷款支持证券投资人可以发行可赎回债券，或透过购买公债买权、利率交换选择权交易，来拉长存续期间，以规避利率风险，这称为静态避险。另外，也可从事动态避险，此时，抵押贷款支持证券投资人可增加长期利率曝险仓位，例如买进公债或抵押贷款支持证券，或进行利率交换，收取固定利率，公债、利率交换需求增加，将使公债收益率下降，交换利率也下降。摩根大通表示，10 年期国债收益率每下滑 0.1 个百分点，抵押贷款支持证券避险者可能就必须从现货和衍生性金融商品市场上买进 150 亿美元的 10 年期国债。

第四节　以美国抵押贷款支持证券产品为例的证券化产品风险管理

抵押贷款支持证券产品的主要风险类型

抵押贷款支持证券的风险特征与一般债券相似，包括违约风险、利率风险以及流动性风险，但由于抵押贷款支持证券的底层资产为不动产抵押贷款，有提前还款的特性，而且底层资产的提前偿还对抵押贷款支持证券的收益影响极大，因此本部分主要介绍抵押贷款支持证券的提前还款风险。

提前还款风险

因为抵押贷款资产池中的房贷，其借款人拥有随时提前清偿的权利，即借款人可随时提前偿还房贷，抵押贷款支持证券的现金流量受可能的提前清偿影响而产生的不确定风险即为提前还款风险。若提前还款速度变快，则会使房贷提前还清，因而使抵押贷款支持证券面临存续期间缩短的风险；反之，若提前还款速度变慢，则会使抵押贷款支持证券面临存续期间延长的风险。

研究分析显示，提前还款风险是投资抵押贷款支持证券的系统性风险，也就是说，提前还款风险无法运用分散投资策略（即投资多种抵押贷款支持证券）加以规避。因此，投资人会要求风险补贴，所以投资抵押贷款支持证券的报酬率通常高于投资政府公债的报酬率。在低利率时代，投资人为求高收益，纷纷投资此类报酬率较高的产品。

影响提前还款速度最主要的因素通常为利率水准的变化以及房市交易量。利率上升使房屋贷款人降低提前还款的意愿，导致提前还款速度减缓，抵押贷款支持证券的存续期间延长；反之，利率下跌会提高房屋贷款人“借新还旧”的提前还款意愿，导致提前还款速度加快，抵押贷款支持证券的存续期间缩减。另外，房市交易量的热度也会影响提前还款速度，增量地产或存量地产销售量大，常常是换房热潮涌现的现象，由于出售房屋者必须提前清偿尚未还清的房屋贷款，因此还款速度加快。

提前还款的原因主要包括：

- 再融资诱因。基本上，利率的变动是决定提前还款的主要因素。当市场利率快速下滑时，借款人可从市场中找到对其相对有利的借款机构，另订较低利率的新契约，以节省利息支出，因此，当利率下滑时，借新还旧的再融资活动就会增加。
- 季节性因素。一般来说，家长在学童就学期间，不会搬家。因此，每年的6月中至9月的第一周，提前还款往往有增加的趋势。
- 房贷期间。房贷前期利息支付比重超过本金支付，此时因为再融资而提前还款的可能性相对较高。房贷期间的增加，意味着屋主年纪的增大与家庭成员的增加，前者隐含的是所得成长与财富稳定性的增加，加之后者的加乘效果，自然有利于换房的需求。实证资料显示，房贷年龄在第 2 年至第 8 年期间，提前还款活动较高；房贷年龄在第 10 年至第 25 年期间，提前还款活动较低；而当房贷期间超过 25 年，贷款户倾向于将全部房贷提前清偿。
- 家庭状况。婚姻状况或工作转换等家庭状况，往往也会影响提前还款活动。例如，夫妇离婚可能会导致提前还款，失业或工作收入变低，也会导致提前还款。
- 房屋价格。当房价上涨时，房贷户或许会灵活运用房屋价值增加的部分，并将其变现，而变现的目的包括偿还其他负债、消费或房屋装修等。
- 既有贷款条件改变。例如，目前的贷款条件由浮动利率转为固定利率，缩短或延长贷款年限等。

一般常用的提前还款率的计算方法有 3 种，分别为单月提前还款率（SMM）、固定提前还款率（CPR）及年提前还款速度（PSA）。

单月提前还款率指的是，在任何一个月中，提前还款的金额占贷款余额的比率。

单月提前还款率 = 本月提前还款金额 / 月初未偿还的本金余额

固定提前还款率，可视为单月提前还款率年化后的结果，其假设前提为，单月提前还款率在未来的 12 个月都将固定不变。

年提前还款速度并不是一个提前还款的模型，而是一个提前还款的基准。在评估提前还款速度对抵押贷款支持证券债券价值影响时最常用的就是年提前还款速度法，这是 1985 年 7 月由美国证券业与金融市场协会根据当时的历史资料与经验值，所定的提前还款率计算公式。其基本假设为：

- 房贷初期提前还款速度较慢，第一个月的固定提前还款率是0.2%。
- 随着房贷期间增加，提前还款速度也逐渐攀升。因此，接下来每个月的固定提前还款率都将增加 0.2%，直至第 30 个月增加至 6% 为止。
- 在第 30 个月后，提前还款速度达到一稳定水准，每个月的提前还款率会维持在 6%。

由以上 3 个假设求得的提前还款曲线，是业界作为计算提前还款率的指标。不同的提前还款率，可以用以下的方式表达：

- 100PSA，指提前还款速度与提前还款的基准完全相同，均按每个月 0.2% 的固定提前还款率的速度增加，直到第 30 个月 6% 的固定提前还款率为止。
- 300PSA，指提前还款速度是提前还款的基准的 3 倍，也就是以每个月 0.6% 的固定提前还款率的速度增加，直到第 30 个月 18% 的固定提前还款率为止。
- 25%PSA，指提前还款速度是提前还款的基准的 1/4，也就是以每个月 0.05% 的固定提前还款率的速度增加，直到第 30 个月 1.5% 的固定提前还款率为止。不同固定提前还款率与年提前还款速度下的提前还款率如图 6.19 所示。不同固定提前还款额与年提前还款速度下的提前还款额如图 6.20 所示。

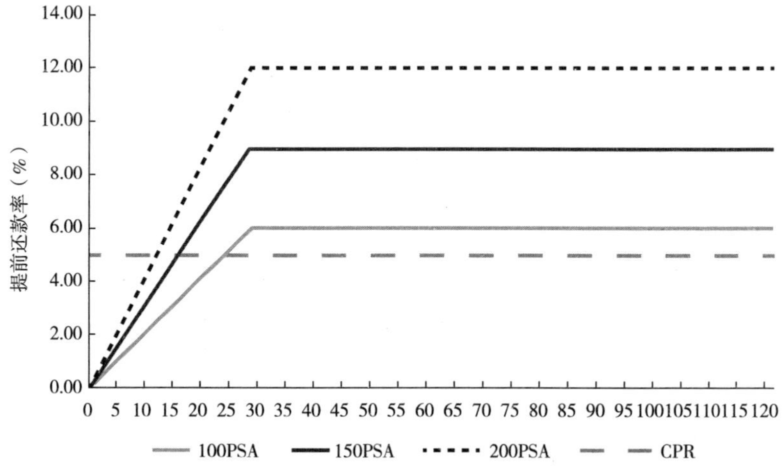

图 6.19 不同固定提前还款率与年提前还款速度下的提前还款率

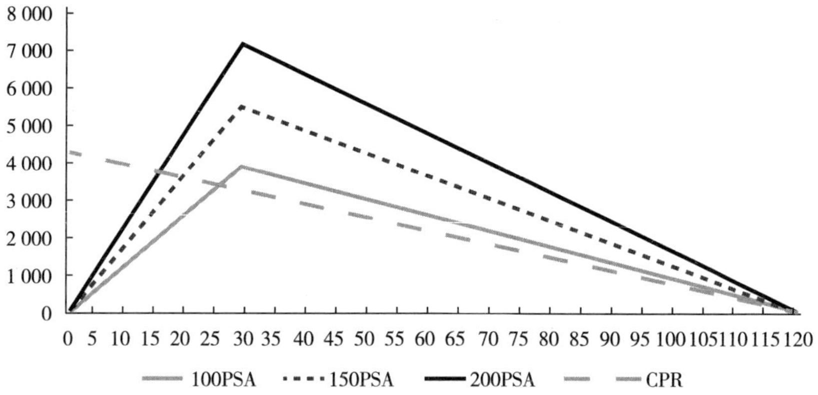

图 6.20 不同固定提前还款率与年提前还款速度下的提前还款额

美国抵押贷款支持证券业务的风险管理

抵押贷款支持证券业务的风险管理分为两个维度，其一是对抵押贷款支持证券的底层资产，即抵押贷款的监管，其二是对抵押贷款支持证券产品本身的监管。

针对底层资产——抵押贷款的监管

从美国抵押贷款市场的监管结构来看，政府管理部门的撤并随抵押贷款市场的变化可以分为 3 个阶段。第一、二阶段以 1989 年颁布的《金融机构改革、复兴和实施法案》(The Financial Institutions Reform, Recovery and Enforcement Act of 1989, 简写为 FIRREA）为界，第三阶段则是在次贷危机爆发后，通过颁布的《住房和经济复苏法》(Housing and Economic Recovery Act of 2008）对监管结构进行优化。FIRREA 与《联邦住房企业财政安全稳健法案》后美国抵押贷款监管体系如图 6.21 所示。

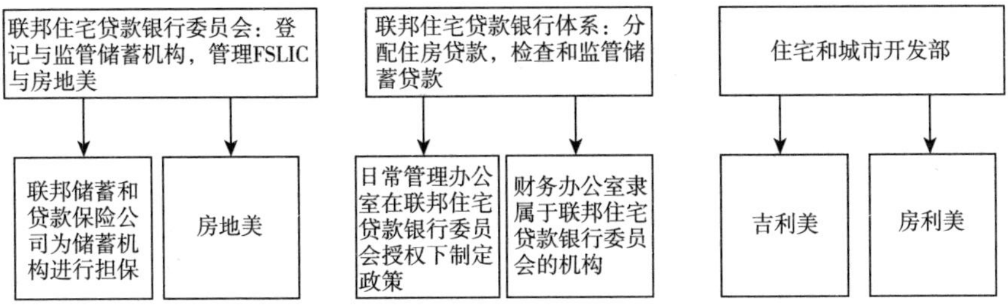

图 6.21　FIRREA 与《联邦住房企业财政安全稳健法案》后美国抵押贷款监管体系

《金融机构改革、复兴和实施方案》的宗旨是重新构建储蓄与贷款行业的监管体系。该法案撤销了联邦住宅贷款银行委员会，成立了储蓄机构监管办公室（OTS）以避免监管机构与保险基金之间的利益冲突，同时明确了住宅和城市开发部对于住房抵押贷款一二级市场的监管责任。在一级市场，该法案成立了联邦住房金融委员会（FHFB），对 12 家区域性联邦住房贷款银行进行监管，同时联邦住房金融委员会也受财政部下属财务办公室的直接管理。从二级市场来看，住房和城市开发部成立了联邦住房企业监管办公室（OFHEO），专门负责监管房利美与房地美的工作［1992 年美国《联邦住房企业财政安全稳健法案》(Federal Housing EnterprisesFinancial Safety and

Soundness Act of 1992）通过之前，房地美与房利美直接接受住宅和城市开发部的监管]。FIRREA 与《联邦住房企业财政安全稳健法案》后美国抵押贷款监管体系如图 6.22 所示。

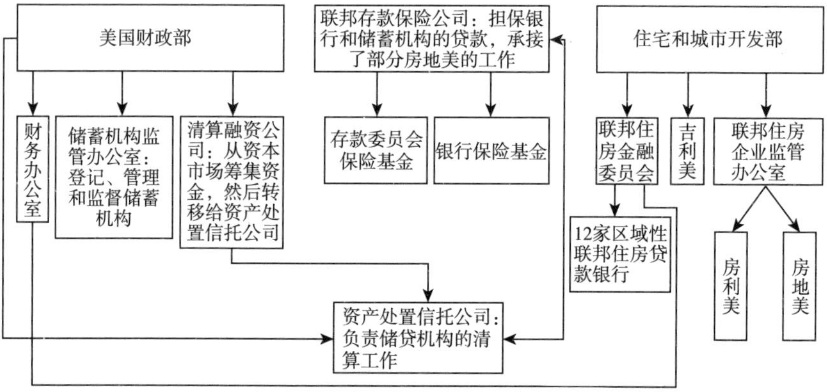

图 6.22　FIRREA 与《联邦住房企业财政安全稳健法案》后美国抵押贷款监管体系

《住房和经济复苏法》将联邦住房企业监管办公室和联邦住房金融委员会撤销，两者的职能并入新组建的联邦住房金融管理局（FHFA），将危机前的分市场监管体制变为统一监管的新体制，同时联邦住房金融管理局也有权利让政府支持企业（GSEs）进入破产管理阶段。至此，在抵押贷款一级市场，美国几乎所有的储蓄机构及住房抵押贷款占总资产 10% 以上的抵押贷款发放机构都加入了联邦住房贷款银行。美国联邦住房金融管理局通过监管这 12 家联邦住房贷款银行，间接完成对美国分散的抵押贷款一级市场的监管。在二级市场，美国政府则通过联邦住房金融管理局全面接管房利美与房地美，对二级市场实施控制。危机发生后的美国抵押贷款监管如图 6.23 所示。

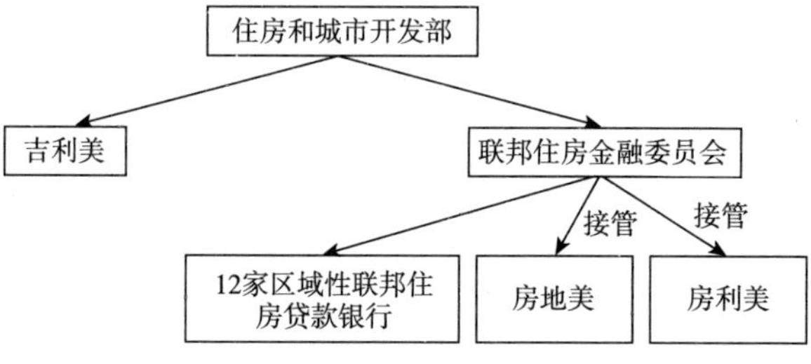

图 6.23　危机发生后的美国抵押贷款监管

在进行抵押贷款监管结构调整的同时，美国同样强化了放贷标准，从源头上对贷款质量加以控制。例如，美国消费者金融保护局（CFPB）制定了借款能力评估细则，要求贷款人从收入、资产、就业状态、债务情况以及信用状况等多方面评估借款人是否有足够的能力偿还贷款。

另外，美国消费者金融管理局还努力推动标准化的住房贷款合约，提出合格的房屋贷款的概念，其中包括《多德－弗兰克法案》中规定的合格住房按揭贷款资产证券化、合格商业贷款资产证券化、合格商业地产贷款资产证券化、合格汽车贷款资产证券化以及学生借贷资产证券化。这些符合标准的资产证券化交易不受风险自留要求的约束。合格的贷款类型见表 6.5。

表 6.5　合格的贷款类型

合格的贷款	可免除风险自留约束的标准
合格住房按揭贷款	• 有定期偿付。 • 最长借贷期限不能超过30年。 • 不属于消极分期付款贷款，即本金值不断增加的贷款，或只支付利息的贷款，或气球膨胀式付款。 • 整体债务收入比例不超过43%，其中包括与抵押贷款相关的义务
合格商业贷款	• 贷款期限最长为5年。 • 属于固定利率借贷。 • 在整个借贷期间以直线法进行分期偿还。 • 负债比率不超过50%，杠杆比率不超过3.0，过去两年债务偿付比率不少于1.5
合格商业地产贷款	• 每一笔贷款必须由有效的第一顺位留置权担保。 • 根据最近两年的实际履行情况以及未来两年的预期，合格出租商业地产贷款中借款人债务偿付比率应不低于1.5，合格多户住宅贷款中该比率不低于1.25，其他类型的商业地产贷款中该比率不低于1.7。 • 满足一定条件的固定利率贷款或浮动利率贷款。 • 借贷期限不少于10年且不超过25年（合格多户住宅贷款不超过30年）。 • 以月为单位进行偿付

续表

合格的贷款	可免除风险自留约束的标准
合格商业地产贷款	• 最多贷款与价值比率不得超过65%，并且不得超过组合贷款（由同一财产进行担保的次级留置权抵押贷款）价值的70%
合格汽车贷款	• 贷款期限最长为5年。 • 固定利率借贷。 • 以直线法进行分期偿还。 • 整体债务收入比例不超过36%。 • 借贷存续状态与资产证券化期限相匹配。 • 所有借贷必须满足豁免条件，而非只有一部分借贷满足
联邦家庭教育贷款计划	如果担保比率达到100%、98%或97%，那么相应承担0%、2%或3%的风险自留义务

针对证券化产品的监管

风险预留

风险预留指发起人必须持有资产支持证券的份额，以实现资产证券化发起人与资产支持证券投资者之间的利益捆绑，促使发起方严格控制证券化产品的质量。风险预留有几个主要特点：

- 发起人必须保证持有的资产市价总额不低于发行总规模的 5%。
- 自留的实现方式较为灵活，发起人可以选择只持有在请求偿付方面具有劣后性的最低层级证券，也可以选择垂直持有各个层级证券的 5%，还可以选择两者按 50∶50 的比例构成的组合。
- 不得对自留部分的信用风险进行对冲。
- 在规定时期内不得转让预留部分资产，限制转让的期限视资产的期限长短确定。

改进风险资本计量方法

对于银行类金融机构而言，其持有资产的风险计量方法通常由资产的外部评级决定，例如，根据我国《商业银行资本管理办法》的细则《资产证券化风险加权资产计量规则》的规定，长期信用评级为 AAA 到 AA- 的产品的风险暴露为 20%，评级为 A+ 到 A- 的产品的风险暴露为 50% 等。该规定使商业银行在进行投资管理过程中形成对外部评级的过度依赖。

为降低资产证券化产品在投资过程中对外部评级的依赖程度，2014 年巴塞尔委员会发布了针对资产证券化产品监管框架的最终修订方案，并于 2018 年 1 月 1 日起实施。该方案确定的三种针对资产证券化产品风险权重的计算方法，均在原有仅考虑评级的基础上增加了其他与产品更相关的要素，其中内部评级法和标准法除根据内部评级法或预期贷款比例计算风险资本比例外，综合考虑了证券化产品的优先级权重和产品结构的复杂程度，而外部评级法虽然依旧引入了证券化产品的外部评级，但也进一步加入了产品到期期限以及优先级程度等内容。

风险资本计量方法的修订，一方面通过引入其他与产品相关的要素，降低对外部评级的依赖程度；另一方面，在风险权重中加入优先级证券的程度，可以避免由于市场恶化导致大规模评级调低导致的系统性风险。

限制投机业务

2013 年 12 月 10 日，美国五大金融监管机构批准了沃克尔规则（Volcker Rule），通过限制商业银行从事高风险自营交易，反对商业银行拥有对冲基金和私人股权基金。

次贷危机爆发之前，银行通过构造结构化投资实体投资于市场长期限、高评级的资产证券化产品，而构造结构化投资实体对应的资金来源多为短期融资。据统计，危机前全市场构造结构化投资实体的资产规模达到 2.2 万亿美元。然而，这种投资方式通过提高杠杆和期限错配实现收益，为整个证券化市场埋下系统性风险的种子。在这样的背景下，严厉的沃克尔规则的推出显著降低了银行在证券化市场的套利活动。2013 年，银行购买的各类资产证券化产品的规模显著小于同期共同基金的购买规模。这些限制对于保障银行客户资金安全以及证券化市场投资有着重要的意义。

第七章

资产证券化产品的会计处理与税务问题

本章主要讲述的是资产证券化产品的会计处理和税务问题。本章分为两节，第一节为资产证券化产品的会计处理，由于优先级证券投资人和次级证券投资人在产品投资中扮演的角色大不相同，该节对责任进行分类，分别对优先级证券持有人和次级证券持有人的会计处理进行说明，在次级证券投资人的会计处理部分首先以境外资产证券化产品的会计处理方法为蓝本，对比国内会计准则，通过列举一些简单情景来介绍国内的会计应用。第二节对证券化产品的税务处理做简要介绍与概述。

第一节　资产证券化产品的会计处理

在具体的产品投资过程中，会计处理和税务处理是既现实又具体的问题，本节我们重点介绍证券化产品的会计处理，在末尾对税务问题进行简要探讨。

由于在证券化产品的投资中，优先级证券投资人和次级证券投资人的投资目的及在产品中扮演的角色完全不同，两者的会计处理方式有较大差异，我们分别对两类投资人的会计处理进行探讨。

优先级资产支持证券投资人的会计处理

对于优先级资产支持证券投资人而言，根据2017年财政部发布的修订版《企业会计准则第22号——金融工具确认和计量》，不同的业务模式对应着不同的会计处理方式，包括科目选择、对金融资产的初始计量和后续计量的会计分录等。

优先级证券投资人的投资业务模式

对优先级证券持有人而言，不同的投资业务模式将影响金融资产会计科目的选择。根据本书第一章的介绍与分析，目前我国优先级资产支持证券持有人的投资业务模式有两种，分别为：

- 持有资产支持证券直至到期日，获取证券票息价值。目前，我国市场上投资人投资优先级证券的投资业务模式大多为此类型。
- 在资产支持证券持有期间获取票息价值，并预计通过二级市场交易获取价差收益。近年来，我国资产支持证券二级市场的交易量有所上升，此类优先级证券投资人的比重也有所提升，但总体而言，资产支持证券二级市场仍不够活跃，较成熟市场来说交易量偏低，且目前尚未形成成熟的定价方式。

优先级证券投资人的科目选择

根据财政部于2017年发布的修订版《企业会计准则第22号——金融工具确认和计量》，企业根据金融资产的业务模式和金融资产的合同现金流量特征将金融资产分成3类：以摊余成本计量的金融资产；以公允价值计量且其变动计入其他综合收益的金融资产；以公允价值计量且其变动计入当期损益的金融资产。

根据准则规定，在满足“该金融资产的合同条款规定，在特定日期产生的现金流量，仅为对本金和以未偿付本金金额为基础的利息的支付”条件下，如果“企业管理该金融资产的业务模式是以收取合同现金流为目标”，则该金融资产应当确定为“以摊余成本计量的金融资产”；如果“企业管理该金融资产的业务模式是既以收取现金流量为目标，又以出售该金融资产为目标”，则该金融资产应当确定为“以公允价值计量且其变动计入其他综合收益的金融资产”。其余类型的金融资产都应当确定为“以公允价值计量且其变动计入当期损益的金融资产”。

结合资产支持证券的特点，优先级资产支持证券持有人在证券存续期间获得的收益在特定日期产生，且收益以未偿本金和优先级预期收益率为基础进行计算，满足上述“该金融资产的合同条款规定，在特定日期产生的现金流量，仅为对本金和以未偿付本金金额为基础的利息的支付”的条件。因此，若优先级证券持有人仅以获取票息收入为投资业务模式，则该优先级证券持有人应将持有的优先级证券份额计入“以摊余成本计量的金融资产”科目；若优先级证券持有人以获取票息收入兼在二级市场获得价差收入为投资业务模式，则该优先级证券持有人应将持有的优先级证券份额计入“以公允价值计量且其变动计入其他综合收益的金融资产”科目。

优先级证券投资人的会计处理

接下来，分别就“以摊余成本计量的金融资产”、“以公允价值计量且其变动计入其他综合收益的金融资产”两个会计科目，介绍优先级证券持有人在初始计量、后续计量等环节的会计处理。

以摊余成本计量的金融资产

（1）初始计量。

所有金融资产的初始计量均应以公允价值计量，在初始计量时，资产支持证券票面价值与支付价款之间的差额计入资产的利息调整科目，会计分录如下：

借：以摊余成本计量的金融资产 – 成本

　　贷：银行存款

　　　　以摊余成本计量的金融资产 – 利息调整

（2）后续计量。

以摊余成本计量的金融资产的实际利率是指将金融资产在预计存续期的估计未来现金流量，折现为该金融资产账面余额所使用的利率。以摊余成本计量的金融资产在存续期间以摊余成本进行计量：

摊余成本 = 资产初始确认金额 – 已偿还本金 ± 采用实际利率法将该初始确认金额与到期日金额之间的差额进行摊销形成的累计摊销额 – 累计计提的损失准备

投资人获得利息收入时，以实际利率法确认的利息收入计入当期损益，该利息收入与实际获得的利息收入的差额计入利息调整科目，具体会计分录如下：

借：应收利息

　　以摊余成本计量的金融资产 – 利息调整

　　贷：投资收益

借：银行存款

　　贷：应收利息

当投资人获得证券本金时，会计分录如下：

借：银行存款

　　贷：以摊余成本计量的金融资产 – 成本

以公允价值计量且其变动计入其他综合收益的金融资产

所有金融资产的初始计量均应以公允价值计量，在初始计量时，资产支持证券票面价值与支付价款之间的差额计入资产的利息调整科目，会计分录如下：

（1）初始计量。

借：以公允价值计量且其变动计入其他综合收益的金融资产 – 成本

　　贷：银行存款

以公允价值计量且其变动计入其他综合收益的金融资产 – 利息调整

（2）后续计量。

以公允价值计量且其变动计入其他综合收益的金融资产采用实际利率法计算的利息应计入当期收益，会计分录如下：

借：应收利息

　　以公允价值计量且其变动计入其他综合收益的金融资产 – 利息调整

　　贷：投资收益

借：银行存款

　　贷：应收利息

在存续期间，以公允价值计量且其变动计入其他综合收益的金融资产的价值应以公允价值计量，公允价值与摊余成本余额的差额应计入其他综合收益。在初始计量时，公允价值与摊余成本相等，在存续期间，当公允价值与摊余成本余额出现差额或差额发生变动时，应将差额或差额变动部分计入其他综合收益，以实现资产账面价值为公允价值的目的，具体会计分录如下：

借：以公允价值计量且其变动计入其他综合收益的金融资产 – 公允价值变动

　　贷：其他综合收益

（3）终止确认。

当资产支持证券被出售时，当期以实际利率法计算的收益直接确认为当期损益，同时终止确认该金融资产，已计入其他综合收益的累计收益应转入当期损益，会计科目如下：

借：以公允价值计量且其变动计入其他综合收益的金融资产－利息调整

贷：投资收益

借：银行存款

投资收益

贷：以公允价值计量且其变动计入其他综合收益的金融资产－成本

以公允价值计量且其变动计入其他综合收益的金融资产－公允价值变动

以公允价值计量且其变动计入其他综合收益的金融资产－利息调整

借：其他综合收益

贷：投资收益

次级资产支持证券投资人的会计处理

目前，我国资产证券化市场中的次级证券投资人群体并不丰富，绝大多数的次级证券由发行人自己持有，主要原因为：一方面，发起人通过持有次级证券等形式保留基础资产相关风险，以达到给优先级资产支持证券提供信用增级的目的，是产品内部增信的常用手段；另一方面，我国证券化市场的透明度和信息披露规则尚待完善，对于次级证券投资人而言，风险不太可控。关于发起人因自留风险产生能否终止确认证券化资产、如何计量基础资产等问题，以及发起人自持次级证券的会计处理，是本节重点讨论的内容。对于少数外部投资人为获取超额收益选择投资次级证券的会计处理，可以参见优先级资产支持证券投资人的会计处理。

证券化资产转移终止确认原则

国际会计准则框架内的终止确认原则

在国际上，确定金融资产转移终止的确认原则围绕以下两个问题展开：

第一，转让方对于金融资产的转移终止确认以“风险报酬转移观”为基础还是以“控制观”为基础。若以“风险报酬转移观”为基础，在风险与报酬部分转移的情况下如何处理；若以“控制观”为基础，对于控制如何定义。

第二，将金融资产作为一个整体看待，还是承认金融资产具有可分割性。

根据对以上两个问题的不同看法，国际会计准则中金融资产转移终止确认方法有 3 种：风险与报酬分析法、金融合成分析法以及后续涉入法。金融资产转移终止确认方法的差异比较见表 7.1。

表 7.1　金融资产转移终止确认方法的差异比较

	风险与报酬分析法	金融合成分析法	后续涉入法
终止确认模型	风险报酬模型	控制模型	风险报酬模型+控制模型
金融资产可分割性	不可分割	可分割	可分割
对控制的定义		破产隔离，受让方不受限制地处置资产，转出方不得通过回购协议等保持对资产的有效控制	受让方不受限制地处置资产
基本思路	实质上转移了金融资产所有权之上几乎所有的风险和报酬，转让方可以终止确认金融资产	以“控制”作为金融资产终止确认的标准，允许对“部分资产”进行终止确认	首先考察风险报酬转移情况，结合转让方是否保留控制，根据继续涉入程度确认

（1）风险与报酬分析法。

风险与报酬分析法的核心思想是，通过考察金融资产所有权之上的主要风险和报酬是否转移作为该金融资产是否达到终止确认的标准。具体而言，若发行人实质上转移了金融资产所有权之上几乎所有的风险和报酬，则交易视为真实销售并终止确认该项金融资产，同时确认交易所产生的收入及其相关损益，这与当前收入的确认原则一致。若发行人实质上依然保留金融资产所有权之上几乎所有的风险和报酬，则金融资产不满足终止确认条件，标的资产仍然作为发起人的资产保留在资产负债表之中，该项交易作为担保融资处理，收到的交易对价则确认为发起人的负债。

风险与报酬分析法作为早期出现的金融资产终止确认方法，其存在的主要问题集中在以下几个方面：

风险与报酬分析法未体现“控制”的含义。财务会计准则委员会（Financial Accounting Standards Board，简写为 FASB）、国际会计准则理事会（International Accounting Standards Board，简写为 IASB）以及我国对资产的定义虽然各有不同表述，但对资产的核心要求是一致的，即“由主体控制”以及“未来经济利益”，因此“控制”应在资产的初始确认、后续计量以及终止确认中得到完整体现。在较为简单的业务中，控制与承担风险、获取报酬存在一致性且易于操作，而随着证券化业务交易结构越来越复杂，“控制”可能与风险和收益相分离，但风险与报酬分析法未体现“控制”的含义。

风险与报酬分析法将金融资产作为统一的整体来看待，该方法采用的判断标准对于资产证券化业务实践并不完全适用。资产证券化业务通过特有的结构化设计，使风险和收益分散在包括发起人在内的证券持有人中，发起人通过持有部分资产支持证券来提高证券信用等级，此时发起人保留了部分资产的风险和报酬，根据该判断方法，此项证券化交易中基础资产整体均不能终止确认处理，这与业务实质不符。

风险与报酬分析法在实务操作上有一定难度。对金融资产所体现的风险和报酬进行识别和衡量，对“实质上几乎所有”的量化标准，均需要会计人员进行主观上的判断，而不同主体认知理解与判断标准的不同，可能导致实务中产生不同的结果。

（2）金融合成分析法。

针对风险与报酬分析法的缺陷，财务会计准则委员会尝试对金融资产的确认问题采用金融合成分析法，重新以“控制”作为金融资产终止确认的标准，此方法认为交易资产能否终止确认的依据为，通过转让方的销售意图来判断控制权是否保留。

金融合成分析法将金融资产转移交易拆分为两个问题：原金融资产的终止确认和交易产生的新金融资产的确认，即对于已放弃控制权的资产部分做终止确认处理，并根据交易合约确认新的金融工具。同时，金融合成分析法更注重资产证券化业务的经济实质，承认金融资产具有可以分割并组合的属性，而不再将金融资产视为不可分割的整体。FAS 140 号准则（《金融资产转让与服务以及债务偿还会计》）集中体现了金融合成分析法的处理方法，FAS 140 号准则提出了转让方已放弃对金融资产控制权的 3 个认定条件：

- 被转移资产已经与转让方实现破产隔离，即使在转让方发生破产或其他接管情况下，被转让资产与转让方及其债权人均无关联。
- 受让方可对受让资产进行抵质押或转让交易。若受让方是合格的特殊目的载体，则受益权持有人可以对受益权益进行抵质押或转让交易。
- 转让方未授权并强制转让方在到期日前回购或赎回被转让资产。除通过行使期权的方式外，转让方不存在使受让人返还特定资产的能力。

金融合成分析法的优势在于，以“控制”作为金融资产转移的判断基础，与资产的定义保持一致，并与资产证券化业务中基础资产池的可分割性相结合，允许对符合终止确认条件的部分资产进行终止确认。金融合成分析法的劣势在于，对“控制”的判断标准较为模糊，特别是对于复杂的交易，判断控制权需要对协议进行细致的分析，这在实务中存在较大困难。

（3）后续涉入法。

后续涉入法提出以“继续涉入”的概念作为金融资产终止确认标准，该方法首先考察转让方是否已转移资产所有权之上几乎所有风险和报酬，之后考察转让方对资产的控制情况。后续涉入法认为，只要转让方存在对被转让资产的继续涉入，就应当根据后续涉入的程度确认并计量相关金融资产和负债，后续涉入程度主要考察企业由于金融资产价值变动而面临的风险水平。

后续涉入法将被转让资产视为可分割的不同组成部分，并对各组成部分具体考察其是否符合终止确认条件，力图达到风险和报酬的转移与控制权转移的统一。同时，继续涉入资产和继续涉入负债两个会计要素的提出，为资产证券化业务中发起人保留的次级权益或提供信用担保等信用增级工具的计量提供了很好的解决方案。

但后续涉入法依然在以下几个方面受到质疑：首先后续涉入法认为，对风险和报酬的转移判断要优先于对控制权的判断，因而和风险与报酬分析法一样存在与资产定义不一致的问题；其次，风险报酬转移缺乏统一的判断标准，实务中会计师对于模型的选择有较大的自主权，难以避免其通过巧妙选择方法与参数从而顺利通过风险报酬转移测试，在这一点上，国际会计准则理事会在2009年的修订意见稿中提议取消风险报酬转移测试；最后，后续涉入法表述逻辑较为复杂，其决策流程综合运用了过手测试、风险报酬转移、控制、继续涉入等多重判断，在实务中容易造成操作上的混乱。

（4）金融资产转移终止确认方法的改进思路。

以上3种金融资产转移终止确认原则的差异主要是“风险报酬观”与“控制观”的差异。风险报酬法的确认原则源于收入准则，但资产的核心概念是“拥有或控制未来经济利益”，从这个意义上来看，风险与报酬转移并非资产初始确认或终止确认的必要组成部分，因此缺乏统一的逻辑基础。后续涉入法虽然强调控制的重要性，但对于控制的判断在风险报酬转移判断之后，且控制的判断标准仅限于受让方不受限制地出售或抵押被转让资产，在资产证券化业务中，特殊目的载体及投资者往往无权单独出售证券化资产，该项判断标准形同虚设。相对来说，金融合成分析法与现有资产定义更为贴切，也更符合资产证券化业务的实质，但其对于风险的控制饱受诟病。

因此，为了改进金融资产终止确认标准并实现标准趋同，财务会计准则委员会与国际会计准则理事会均着手修订各自准则。国际会计准则理事会在2009年发布的IAS 39号准则（《国际会计准则第39号——金融工具：确认与计量》）征求意见稿中提出了以控制作为终止确认标准的备选方法，该方法认为当主体不再具备为其自身利益而获得金融资产所有现金流量或其他经济利益的现实能力时，应当终止确认。虽然该方法最终未被新版IFRS 9（《国际财务报告准则第9号——金融工具》）采纳，但能够看出国际会计准则理事会对于控制确认标准的逐步认同。而财务会计准则委员会也力求在金融合成分析法中强化对风险控制的考虑，并提出了"参与利益"概念，要求在满足参与利益条件和转让方放弃对金融资产控制的两个条件下，相关金融资产部分才可视为销售并终止确认，以防止通过结构化设计达到出表目的。但新提出的"参与利益"的概念被认为要求过于严格，证券化实务中普遍存在的分级设计将导致被转让资产无法终止确认，该项条件更像是为应付金融危机引发的批评，隐含着以会计准则来遏制金融资产终止确认的意图，这在很大程度上抑制了资产证券化业务的发展。

通过分析不同终止确认原则的差异及各准则制定机构的尝试，我们认为金融资产转移终止确认原则的基本改进思路应以控制判断为基础，以达到与资产定义的一致性，之后结合风险报酬转移判断，实现控制与风险报酬的结合。

我国会计准则框架内的终止确认原则

我国对于金融资产转移终止确认的会计规范文件主要有2005年5月财政部发布的《信贷资产证券化试点会计处理规定》，以及2006年财政部发布的新版企业会计准则，其中金融资产的转移终止确认问题主要参照《企业会计准则第22号——金融资产确认和计量》、《企业会计准则第23号——金融资产转移》。企业会计准则第22号、第23号分别于2017年进行了修订，修订版准则维持原有的金融资产转移及终止判断原则不变，但对判断标准、过程及会计处理进行了梳理，并提供了相关实务案例，对判断企业是否继续控制被转移资产提供了更多指引。

《试点会计处理规定》的规范范围仅限于“信贷资产”，实质上也是为了配合信贷资产证券化试点而专门出具的过渡性文件，其会计处理原则基本上采用了同期 IAS 39 号准则主导的后续涉入法，并综合了美国会计准则的一些观点。《试点会计处理规定》提出了风险报酬转移 95% 的量化标准，强调“破产隔离”在控制判断中的重要性，对我国信贷资产证券化试点阶段具有比较积极的现实意义。

其后发布的 23 号准则仍然采用国际会计准则理事会提出的继续涉入法，但相对于《会计处理规定》做出了一定修改和补充，例如，在金融资产风险和报酬转移的认定上取消了 95% 的量化标准，接受了国际会计准则中的“几乎所有”的说法；在控制的判断上，取消了破产隔离标准，而重点考察受让方出售金融资产的实际能力等。

根据 2017 年修订版的企业会计准则第 23 号，我国会计准则框架内的终止确认原则如下：

（1）金融资产发生转移的情形。

根据企业会计准则第 23 号，金融资产的转移包括两种情形：企业将收取金融资产现金流量的合同权利转移给其他方；企业保留收取金融资产现金流量的合同权利，但承担将收取的该现金流量支付给一个或多个最终收款方的合同义务（即需通过“过手测试”）。

要通过“过手测试”，现金流需满足以下 3 个条件：

- 不垫款，即发起人收到对等的现金流时才有义务支付给最终收款方，若发生短期垫款但有权全额收回并按照市场利率计息的，视同满足不垫款条件。
- 不挪用，即发起人不能出售或抵押该金融资产。
- 不延误，即发起人需履行将收到的现金流及时支付给最终收款方的义务。

在资产证券化业务实务中，发起人往往同时兼任资产服务机构，例如代为收取信贷资产本息、收取合同现金等，过手协议也是较为常见的金融资产转移协议。

（2）金融资产终止确认的标准。

根据2017年修订版企业会计准则第23号，关于金融资产是否应当终止确认的问题，可分为4种情形：

- 发起人已经转移了金融资产所有权上几乎所有的风险和报酬。
- 发起人既没有转移也没有保留金融资产所有权上几乎所有的风险和报酬，且发起人未保留对该金融资产的控制。
- 发起人既没有转移也没有保留金融资产所有权上几乎所有的风险和报酬，且发起人保留了对该金融资产的控制。
- 发起人保留了金融资产所有权上几乎所有的风险和报酬。

对于上述第一、二种情形，发起人应终止确认该资产，并对转移过程中产生或保留的权利和义务单独确认为资产或负债。对于上述第三种情形，发起人应按照继续涉入被转移资产的程度继续确认有关资产，并确认相关负债。对上述第四种情形，发起人应继续确认该资产。

2006年版的企业会计准则第23号已接受了国际会计准则中的“几乎所有风险和报酬”的说法，2017年修订版也沿用此口径。对于具体如何判断转移“几乎所有的风险与报酬”这一问题，准则要求比较转移资产前后其所承担的该金融资产未来净现金流量金额及其时间分布变动的风险是否发生显著变化，若企业承担的金融资产未来净现金流量现值变动的风险没有因资产转移而发生显著变化，则表明该企业仍保留了金融资产所有权上几乎所有风险和报酬。

（3）对金融资产实现控制的标准。

根据企业会计准则第23号，企业在判断是否保留了对被转移金融资产的控制时，应当根据转入方是否具有出售被转移金融资产的实际能力而确定。转入方能够单方面将被转移金融资产整体出售给不相关的第三方，且没有额外条件对此项出售加以限制，表明转入方有出售被转移金融资产的实际能力，从而表明企业未保留对被转移金融资产的控制。其他情形表明企业保留了对被转移金融资产的控制。

（4）实务中的判断标准。

2017年修订版的企业会计准则第23号提出，在判断金融资产转移是否满足本准则规定的金融资产终止确认条件时，应当注重金融资产转移的实质。准则对实务中可能出现的资产转移情形进行分类，为会计处理实务提供了依据。

转移了金融资产所有权上几乎所有风险和报酬，应当终止确认被转移金融资产的情形主要有：无条件出售金融资产；出售金融资产，同时约定按回购日该金融资产的公允价值回购等。

保留了金融资产所有权上几乎所有风险和报酬，应当继续确认被转移金融资产的情形主要有：出售金融资产并与转入方签订回购协议，企业回购原金融资产，或者回购的金融资产与售出的金融资产相同或实质上相同、回购价格固定或原售价加上回报；融出证券或进行证券出借等。

按照其继续涉入被转移金融资产的程度继续确认金融资产的情形主要有：企业转移金融资产，并采用保留次级权益或提供信用担保等方式进行信用增级，企业只转移了被转移金融资产所有权上的部分（非几乎所有）风险和报酬，且保留了对被转移金融资产的控制等。

根据以上判断标准，若发起人自持次级资产支持证券，或为资产支持证券提供信用增级，则应按继续涉入被转移资产的程度继续确认资产。

我国资产证券化资产终止确认的实践

信贷资产证券化的实践

信贷资产证券化的主要参与机构是银行、金融租赁公司等金融机构，其参与证券化业务的动机较为明确，即提高资本充足率等监管指标，减少资产面对的信用风险敞口，因此有较强的动机将金融资产“出表”。例如，我国自2005年起试点信贷资产证券化，其主要目的是帮助银行化解不良贷款带来的压力，银行参与信贷资产证券化的首要目的不是提高贷款的流动性，而是转移信贷资产的风险，因而其“出表”动机较为强烈。接下来，我们从对风险报酬转移情况的判断和对发起人保留对证券化资产控制的判断两个角度探讨我国信贷资产证券化业务中发起人的会计处理实践。

（1）对风险报酬转移情况的判断。

鉴于国外资产证券化业务中，监管部门一般要求发起机构持有部分次级证券作为信用增级措施，2012 年 5 月，中国人民银行、银监会、财政部联合发出通知，要求信贷资产证券化发起机构应持有由其发起的每一单资产证券化产品中的最低档次资产支持证券的一定比例，且原则上该比例不得低于每一单全部资产支持证券发行规模的 5%。在这期间，发起机构通常持有较高比例的次级证券，如“12 中银”发起人持有 59% 的次级证券，“12 交银”发起人持有 62% 的次级证券，“13 工元”发起人持有 47% 的次级证券。金融机构出于资本金或杠杆倍数的考虑，有比较强烈的出表动机，但由于准则中对于风险报酬的判断集中在金融资产未来现金流量波动导致发起机构面临的信用风险敞口变化上，而次级证券承担了大部分未来现金流量波动，发起机构的风险自留特别是持有次级权益的比例较高，很难使监管机构相信金融资产所有权之上几乎所有的风险和报酬均已转移。我国并没有统一的风险、报酬转移指导模型，给了会计师更多的会计判断空间。在实务中，面对监管机构与发起机构之间的博弈，会计师倾向于选择认为发起人既未转移也未保留几乎所有的风险和报酬，从而进入对控制的判定环节。

2013 年 12 月，央行联合银监会再次对信贷资产证券化发起机构的风险自留比例做出规定，要求“信贷资产证券化发起机构需保留一定比例的基础资产信用风险，该比例不得低于 5%”，具体要求发起机构自留最低档次资产支持证券的比例不得低于该档次证券发行规模的 5%，同时若持有除最低档次之外的资产支持证券，则各档次资产支持证券均应当持有且在各档次证券中的规模占比应相同。新规相比之前的通知，对于发起机构次级证券自留占比的要求大幅降低，而在实务中，发起机构也比较一致地选择持有各档次资产支持证券的 5%（或略高于 5%，见表 7.2），在这一风险自留要求较为宽松的阶段，发起机构更倾向于选择按继续涉入程度继续确认或整体终止确认。

表 7.2 部分大型商业银行对证券化资产终止确认的会计处理

债券简称	发行日期	发起人持有权益情况	风险报酬转移情况	控制判断情况	会计处理方式
2012年5月《关于进一步扩大信贷资产证券化试点有关事项的通知》发布后					
12中银	2012年11月	持有59%的次级证券，占发行总额的5.00%	既未转移也未保留几乎所有的风险和报酬	未放弃控制	继续涉入
12交银	2012年11月	持有62%的次级证券，占发行总额的5.39%	既未转移也未保留几乎所有的风险和报酬	未放弃控制	继续涉入
13工元	2013年3月	持有47%的次级证券，占发行总额的5.01%	既未转移也未保留几乎所有的风险和报酬	未放弃控制	继续涉入
2013年12月《关于规范信贷资产证券化发起机构风险自留比例的文件》发布后					
14中银1	2014年3月	持有各级证券发行规模的5%	已转移几乎所有的风险和报酬	无须控制判断	整体终止确认
14招商1	2014年3月	持有各级证券发行规模的5%	已转移几乎所有的风险和报酬	无须控制判断	继续涉入
14农银1	2014年3月	持有各级证券发行规模的5%	既未转移也未保留几乎所有的风险和报酬	未放弃控制	继续涉入
14工元	2014年5月	持有次级证券5.03%，优先级证券5.01%	既未转移也未保留几乎所有的风险和报酬	未放弃控制	继续涉入
14信银1	2014年7月	持有各级证券发行规模的5%	已转移几乎所有的风险和报酬	无须控制判断	整体终止确认
14交银2	2014年10月	持有各级证券发行规模的5%	已转移几乎所有的风险和报酬	无须控制判断	整体终止确认
14中银2	2014年12月	持有各级证券发行规模的5%	已转移几乎所有的风险和报酬	无须控制判断	整体终止确认

（2）对发起人保留对证券化资产控制的判断。

准则中要求对于控制的判断取决于转入方是否具有出售被转移金融资产的实际能力，而信贷资产证券化实务中转入方通常无权单独出售基础资产，也就很难证明发起机构放弃了对基础资产的控制。实际上，由于对控制的判断要在对风险报酬转移的判断之后，且即便按照继续涉入程度的确认也大都依据其持有次级证券的比例，从而实现大部分信贷资产出表，对于控制的判断显得无足轻重。在进入第二个判断环节之后，并无会计师基于发起人放弃控制而选择终止确认被转让金融资产，因而准则对控制的判断难以反映资产证券化业务的实质。

企业资产证券化

企业资产证券化实务主要按照证监会于2014年11月发布的《证券公司及基金管理公司子公司资产证券化业务管理规定》执行。与金融机构不同，企业资产证券化的发起机构繁多，基础资产类型各异，发起人提供的增信措施更为多样，创新交易结构层出不穷，相对于信贷资产证券化，企业资产证券化基础资产的转移存在许多新的会计处理问题。

（1）发起人出表动机探讨。

不同类型的发起人对于参与资产证券化业务的目标各不相同。如果企业的目的是盘活存量资金，资产提前变现，获取低成本融资，则基础资产视为真实销售终止确认或视为担保融资对其自身并没有较大的区别。该类企业参与资产证券化的首要目的往往是提高其资产的流动性，其参与资产证券化的基础资产质地通常较好，但流动性较差。因为其主要目的是提高基础资产流动性，至于是否“出表”，往往不甚关心。例如，“京东白条应收账款债权资产支持专项计划”的基础资产是京东电商平台的应收账款（京东白条）。通过大数据控制风险，其违约率较低，但流动性较差，通过资产证券化业务可以大大提高其应收账款的流动性，提高资本利用效率。如果企业的目的是确认收入、提高净资产收益率，或者剥离风险资产（如风险较高的应收账款等），则企业就有较强的动机终止确认基础资产。

此外，部分企业资产证券化的基础资产是未来债权、未来收益权等尚不符合资产定义的权益，即原始权益人并未确认该项资产，也就不涉及资产的转移终止确认问题，因此证券化只能按照抵押借款进行处理。

（2）风险报酬转移情况的判断。

2017 年 12 月以前，监管机构没有对企业资产证券化业务中发起人自持次级证券的行为做出要求。根据上海证券交易所、深圳证券交易所、机构间私募产品报价与服务系统分别于 2017 年 12 月、2018 年 2 月发布的《应收账款资产支持证券挂牌条件确认指南》和《融资租赁债权资产支持证券挂牌条件确认指南》，在应收账款或融资租赁类资产支持证券产品中，原始权益人或其关联方持有次级资产支持证券的比例不低于 5%，或者同比例持有各档证券且总持有比例不低于 5%。可见，对于企业资产证券化，监管机构也开始逐步对发起人持有次级证券的比例进行约束。因此，发起人难以实现在资产所有权之上几乎所有风险和报酬的转移。

（3）发起人对资产的控制。

与信贷资产证券化类似，企业资产证券化实务中的转入方（即专项计划及其投资者）同样无权单独出售基础资产，也就无法证明发起人未保留对基础资产的控制。

值得注意的是，企业资产证券化业务中的特殊目的载体为资产支持专项计划，而资产支持专项计划下证券化资产能否在破产裁决中免受债权人追偿存在不确定性，即能否实现破产隔离效力受到质疑。此外，企业资产支持证券的发行利率因发起人的不同而存在显著差异，我国企业资产证券化发起人的财务状况会影响资产支持证券的信用利差，隐含着在证券化产品违约情形下发起机构可能会为自身声誉考虑而以较为优厚的价格回购基础资产或其他措施实现刚性兑付的可能，因而在考察转让方是否放弃对金融资产控制权时应当考虑其对金融资产的持续参与行为。但我国会计准则对于控制的定义并未包含“破产隔离”及“对基础资产实施有效控制”等内容。

我国证券化资产转移终止确认存在的主要问题

通过以上对我国资产证券化业务相关的会计规范及实务中的会计

处理进行分析，可以发现我国证券化资产转移终止确认存在 3 个主要问题，影响了我国证券化资产转移终止确认相关的会计信息的可靠性和可比性。

（1）风险报酬转移判断标准缺乏约束性。

会计准则对于风险报酬转移模型缺少具体的指引，导致实务中会计师在会计政策选择上具有较大的自主权。

例如，在信贷资产证券化中，持有相同比例次级证券的银行可以采用不同的终止确认方式，使投资者难以判断其中的差异是由风险报酬转移模型及参数的选择不同所致，还是由基础资产自身的未来现金流预测不同所致。在企业资产证券化方面，部分企业持有全部次级证券，仍然能够实现终止确认，例如 2014 年发行的“五矿发展应收账款资产支持专项计划”中，原始权益人五矿发展全额认购了次级资产支持证券，而次级证券占全部资产管理计划的 10%，根据其财务报表披露，五矿发展认为证券化资产所有权上几乎所有的风险和报酬已转移，从而终止确认了基础资产。

（2）控制的判断标准不符合证券化业务实质。

准则采纳的后续涉入法虽然也将对资产的控制纳入判断流程，但其判断标准与资产证券化业务的相关性较低，且发起机构对基础资产的控制判断位于风险和报酬转移判断之后，其作用就大打折扣。在判断的标准方面，准则对于控制的判断主要关注转入方能否自由地出售被转让资产，而在资产证券化业务中，特殊目的载体以及投资者通常都难以做到不受限制地处置基础资产。虽然资产证券化相关法律法规都要求基础资产与发起人相隔离，但准则取消了破产隔离这一控制判断标准。在控制判断的作用方面，由于控制判断在金融资产通过风险和报酬转移测试之后，即使认定发起人存在控制，依然能够实现基础资产的大部分出表，控制的判断显得无关紧要。

总之，在金融资产转移终止确认决策流程中，对于控制的判断在内容和作用上均不符合证券化业务实质。

（3）监管机构对“出表”认定存在干预。

出于风险控制的原则，监管机构对于企业的证券化资产能否终止确认具有较大的决定权，从而影响了会计准则的权威性。大型商业银行、政策性银行及上市公司作为证券化业务发起机构，比较容易实现金融资产的终止确认，而其他类型企业则受监管机构的严格约束，例如直到 2015 年 1 月，金融租赁业首单出表型证券化产品（“工银海天 2015 年第一期租赁资产支持证券”）才获批。

同时，出于保护投资者利益、防范风险的考虑，监管机构为促进优质资产证券化，或要求发起人提供更多增信措施以满足终止确认条件，例如在“南方骐元 - 远东宏信（天津）1 号资产支持专项计划”中，发行规模为 6.29 亿元，发起人除认购全部占发行规模总额 5% 的次级资产外，还由其关联方提供上限为 5 032 万元的流动性支持资金，以满足资产出表要求。但提供更多增信措施意味着，发起人承担了更多风险，这均与金融资产终止确认原则背道而驰。

次级证券投资人对证券化资产的会计处理

根据财政部企业会计准则，次级证券持有人的会计处理方法如下：

会计处理方法

企业会计准则第 23 号对于金融资产转移的会计计量的规定具体如下：

（1）金融资产整体满足终止确认条件的，应当将交易收到的对价加上原直接计入其他综合收益的公允价值变动累计额中对应终止确认部分的金额之和，与金融资产账面价值之间的差额确认为当期损益。因金融资产转移导致整体终止确认金融资产，同时获得了新金融资产或承担了新金融负债或服务负债的，应当在转移日确认该金融资产、金融负债或服务负债，并以公允价值进行初始计量。

（2）金融资产不满足终止确认条件，继续确认被转移金融资产整体的，应当将收到的对价确认为一项金融负债。

（3）企业既没有转移也没有保留金融资产所有权上几乎所有风险和报酬，且保留了对该金融资产控制的，应当按照其继续涉入被转移金融资产的程度继续确认该被转移金融资产，并相应确认相关负债。被转移金融资产以摊余成本计量的，相关负债的账面价值等于继续涉入被转移金融资产的账面价值减去企业保留的权利的摊余成本并加上企业承担的义务的摊余成本。相关负债不得指定为以公允价值计量且其变动计入当期损益的金融负债。被转移金融资产以公允价值计量的，相关负债的账面价值等于继续涉入被转移金融资产的账面价值减去企业保留的权利的公允价值加上企业承担的义务的公允价值，该权利和义务的公允价值应为按独立基础计量时的公允价值。

23 号准则对于金融资产转移 3 种情形下的会计计量均做了规定，但对于其中最为复杂的继续涉入条件下的金融资产转移，目前来看仍存在两点疑问：一是继续涉入资产在确认时应体现为新的金融资产还是继续体现为原始资产，在实践中存在分歧，这一方面需要准则加强解释；二是准则虽然列举了多种情况下的继续涉入并给出了指导性意见，但仍不足以覆盖实践中所涉及的情况，可能导致在实务操作中出现混乱。

会计处理分录

（1）终止确认资产，实现完全出表的情形。

如果基础资产完全出表（如不附追索权的应收账款转让），则应终止确认该债权，同时确认相关转让损益，会计处理如下：

借：货币资金

　　贷：应收账款

　　　　营业外收入（营业外支出，如在借方）

（2）继续确认资产的情形。

如果企业仍保留所转移基础资产所有权上几乎所有的风险和报酬的，应当继续确认所转移基础资产整体，并将收到的对价确认为一项负债，会计处理如下：

借：货币资金

　　贷：其他应付款

（3）继续涉入资产的情形。

企业既没有转移也没有保留金融资产所有权上几乎所有的风险和报酬，且保留了对该金融资产控制的，应当按照其继续涉入被转移金融资产的程度继续确认该被转移金融资产，并相应确认相关负债，会计处理如下：

出表部分：

借：货币资金

　　贷：应收账款

营业外收入（营业外支出，如在借方）

未出表部分：

借：货币资金

　　贷：其他应付款

其他资产和负债：

借：继续涉入资产

　　贷：继续涉入负债

第二节　资产证券化产品的税务问题

我国资产证券化税收政策概述

2006年，财政部、国家税务总局针对信贷资产证券化业务出台了《财政部、国家税务总局关于信贷资产证券化有关税收政策问题的通知》（后简称5号文）。这是我国目前仅有的资产证券化相对完整、明确的税收制度。5号文有关税收政策的总结见表7.3。

5号文的局限性主要体现在以下几个方面：

- 适用5号文应具有两个前提条件：一是发起人必须是银行金融机构；二是基础资产必须是信贷资产。5号文没有规定其他发起人发起的其他基础资产类型的资产证券化税收政策。
- 5号文仅针对税收实体层面进行了规定，但对税收征管（如税收申报、代扣代缴）等具体程序层面的事项没有做详细规定。
- 5号文的各项规定仅针对特定目的信托项目，并没有针对当特殊目的载体为特殊目的公司或公司型特殊目的基金或特殊目的的合伙企业（SPP）时的政策做出规定。

表 7.3　信贷资产证券化的税收政策

课税范围/纳税主体	设立特殊目的载体/转移基础资产	发售资产支持证券	买卖资产支持证券	贷款利息、服务费、收入等	特殊目的载体结算
发起机构	印花税：1.发起机构转让信贷资产给信托项目，信托合同暂不征收印花税【5号文1.1】；2.发起机构、受托机构因开展证券化业务而专设的资金账簿暂免征收印花税【5号文1.5】；3.发起机构、受托机构与资金保管机构、证券登记托管机构以及其他服务机构签订合同，暂免征收印花税【5号文1.3】 增值税：5号文未明确信贷资产转让是否缴纳增值税的问题，但依据36号文的规定，是否征收尚不明确。 所得税：发起机构转让信贷资产取得的所得缴纳企业所得税，转让损失可税前扣除；赎回或置换按转让、受让资产处理【5号文3.1】	—	—	—	—
信托项目	—	—	—	所得税：信托项目收益分配部分，暂不征收企业所得税；未分配部分，征收企业所得税，再向投资者时，投资者免税【5号文3.2】	—

续表

课税范围/纳税主体	设立特殊目的载体/转移基础资产	发售资产支持证券	买卖资产支持证券	贷款利息、服务费、收入等	特殊目的载体结算
受托项目	印花税：1.发起机构、受托机构因开展信贷资产证券化业务而专门设立的资金账簿暂免征收【5号文1.5】；2.受托机构与贷款服务机构签订的委托管理合同暂不征收【5号文1.2】	印花税：受托机构发售信贷资产支持证券暂免征收【5号文1.4】	—	1.全额征收营业税【5号文2.1】；2.取得的信托报酬按规定缴纳营业税【5号文2.2】。 所得税：取得的贷款利息收入缴纳企业所得税【5号文3.3】	—
投资者	—	—	印花税：投资者买卖信贷资产支持证券暂免征收【5号文1.4】 增值税：按36号文的规定缴纳 所得税：机构投资者买卖差价收入缴纳企业所得税，损失可税前扣除【5号文3.4】	所得税：信托项目暂不征收企业所得税期间，分配获得的收益，缴纳企业所得税【5号文3.4】	所得税：从信托项目清算分配中取得的收入，按规定缴纳企业所得税，清算发生的损失可税前扣除【5号文3.6】

续表

课税范围/纳税主体	设立特殊目的载体/转移基础资产	发售资产支持证券	买卖资产支持证券	贷款利息、服务费、收入等	特殊目的的载体结算
贷款服务机构	印花税：受托机构与贷款服务机构签订的委托管理合同暂不征收印花税【5号文1.2】	—	—	营业税：取得的贷款服务费收入、资金保管报酬、托管费、其他服务费收入按规定缴纳营业税【5号文2.2】 所得税：取得的服务费贷款服务费收入、资金保管报酬、托管费、其他服务费收入缴纳企业的所得税【5号文3.3】	—
资金保管机构	印花税：发起机构、受托机构与资金保管机构签订合同，暂免征收印花税【5号文1.3】	—	—		—
证券登记托管机构	印花税：发起机构、受托机构与证券登记托管机构签订合同，暂免征收印花税【5号文1.3】	—	—		—
其他服务机构	印花税：发起机构、受托机构与其他服务机构签订合同，暂免征收印花税【5号文1.3】	—	—		—

- 5 号文并未明确特殊目的载体的税收地位，因为该文有些规定体现了信托“实体”理论，即将信托视为独立的纳税主体；有些规定体现了信托“导管”理论，即信托收益实质归属于受益人，因此应对受益人进行课税。

资产证券化税收的理论分析

由于我国尚未对资产证券化出台完整的税收制度，以下所述从资产证券化的交易环节来论述理论上的税收制度以及其框架结构。

发起人向特殊目的载体转移基础资产

在该环节，发起人因转移的基础资产的不同而可能面临不同的应税行为并适用不同的税种：

- 发起人转移不同类型的基础资产，可能涉及不同类型的流转税。
- 发起人转移基础资产如果实现所得，可能需要承担企业所得税，而基础资产的转移是“真实销售”还是“担保融资”，将是分析该问题和得出结论的关键。

特殊目的载体的税务问题

特殊目的载体本身的税务问题既与特殊目的载体的组织形式有关，也与特殊目的载体所处的交易环节有关。主要集中在以下 3 个方面：

- 特殊目的载体接收基础资产是否属于应税行为。
- 特殊目的载体发行资产支持证券，可能需要承担印花税等。
- 特殊目的载体从原始权益人处取得的现金流扣除相关费用后，可能需要承担所得税。

投资者的税务问题

投资者的税务问题既与投资者的身份有关，也与其参与的交易和取得的收益性质有关。主要集中在以下 3 个方面：

- 投资者从特殊目的载体取得的收益可能需要承担所得税。
- 投资者转让其所持有的证券，可能需要承担印花税与所得税。
- 特殊目的载体终结清算时，投资者就取得的剩余财产可能需要承担所得税。

综上所述，资产证券化的税收制度如图 7.1 所示。

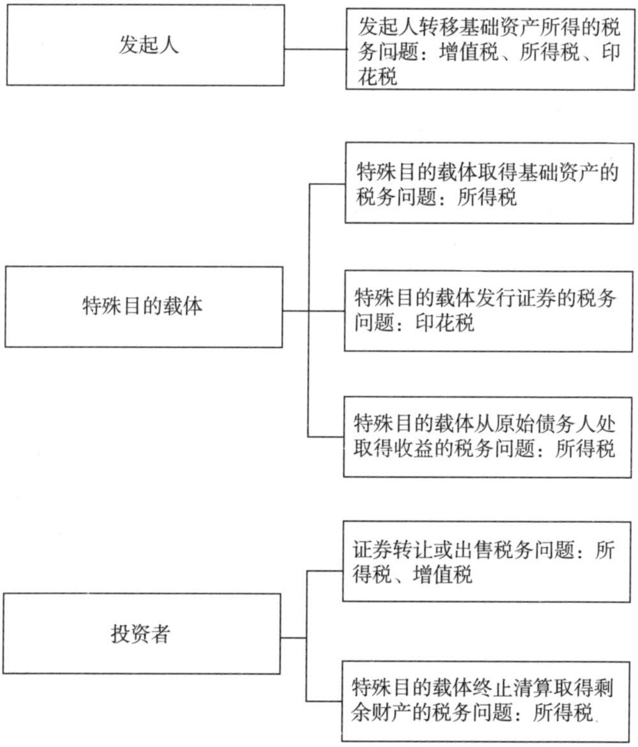

图 7.1　资产证券化的税收制度

从上述分析可以看出，如何把握特殊目的载体的税收地位问题是理解与探讨资产证券化税收制度的关键。

发起人（原始权益人）的税收问题

如前所述，发起人（原始权益人）在向特殊目的载体转移基础资产的过程中将可能涉及所得税、增值税和印花税。

特殊目的载体的税收问题

在此，本文主要从特殊目的载体的组织角度来分析其所得税问题。

本部分由于国内并没有可供借鉴的材料，故而主要以美国税法的特殊目的载体税收制度为样本来进行介绍。

严格来讲，美国并没有针对资产证券化或特殊目的载体的专门的税收立法，其主要通过税法对特定目的载体的税收地位进行规范，并给予相应的税收优惠政策。我们可对美国税法上适合作为特殊目的载体的组织进行总结，具体见表 7.4。

表 7.4　美国税法上的特殊目的载体组织

序号	类型	含义
1	享受实体层面免税的企业：合伙有限责任公司、个人独资企业	这些商业实体可以根据美国“打钩选择”规章，以选择性实体分类规则代替传统分类标准，从而允许那些因不符合公司特征而不属于各州公司法意义上的公司的商业实体可以选择按照公司的方式或合伙或在某些单一所有人实体情形下直接对所有者课税方式进行课税。同时，如果商业实体不按照“打钩选择”规章的要求做出选择（即不作为），默认分类规则将适用，即对于所有不做出选择的美国国内企业，财政规章规定的默认规则是：具有两个或两个以上所有者的适格实体被视为合伙企业；具有一个所有者的适格实体被视为被忽略的实体

续表

序号	类型	含义
2	委托人信托	在美国《国内税收法典》中，其规范信托的部分是第J分章，并根据其特点划分为委托人信托和非委托人信托。信托的一般税收规则是，一个信托属于一个应税实体。一个非委托人信托是应税信托，就像它是一个人一样，但是税法允许抵减分配给信托受益人的收益金额的税负，其主要目的在于双重征税。但委托人信托是例外的规定，它指在税法意义上直接地对其所有人征税，就像该信托不存在一样，从这个意思上讲，委托人信托属于“税收转嫁”实体
3	REITs	规范REITs的法源是《不动产投资信托法》，该法确认了不动产投资信托制度。《国内税收法典》第M分章第2部分规定了REITs自身属于税收“透明体”或“穿透”实体的待遇，依据“导管原理”，它被视为收入穿透的工具而免征所得税
4	不动产抵押投资通道（REMICs）	不动产抵押投资通道可以是一家公司，也可以是一个信托或合伙型载体，主要适用于不动产抵押贷款的证券化。《国内税收法典》第M分章第4部分规定了不动产抵押投资通道自身属于税收“透明体”的待遇
5	金融资产证券化投资信托	美国《1996年小企业就业保护法》提出了比较灵活的金融资产证券化投资信托，克服了不动产抵押投贷通道只能用于不动产抵押贷款证券化的限制，且其免税，收入、抵扣、利得和损失等都可以转递至其权益的所有者

注：合伙有限责任公司中的合伙分为普通合伙和有限合伙。

从上述组织形式以及美国税法给予的优惠政策来看，在资产证券化业务中，特殊目的载体可以通过选择特殊目的公司、特殊目的信托以及特殊目的合伙企业等组织形态作为载体，并享受对应的税法给予的实体层面的免税政策，以避免双重征税。

第八章

信贷资产证券化产品投资市场及风险特征

资产证券化产品复杂的交易结构为产品的投资增加了难度，投资者在识别资产证券化产品是否具有可投资价值时，除了判断产品发行人的信用外，对资产本身的特征、现金流偿付结构、风险特征及产品的结构属性等问题的认识也至关重要。随着我国资产证券化市场的发展，更复杂的交易结构和更细致的结构分层在不断涌现，这为投资人甄选证券化产品增添了新的考验，从现有证券化产品的类别和资产属性入手，对市场现有产品建立认识，是迎接市场创新应做的准备。

本章我们从投资的视角，对市场现有的资产证券化产品及其风险特征进行梳理。本章分为六节，第一节介绍银行间市场发行的信贷资产证券化的产品特征、发展情况和具体分类，第二节到第六节则具体介绍了企业贷款资产证券化、汽车抵押贷款资产证券化、个人住房抵押贷款资产证券化、金融租赁资产证券化、不良资产重组资产证券化的发行情况、基本特征、现金流特征、风险特征、中外对比等内容。

第一节 信贷资产证券化综述

信贷资产证券化概述

信贷资产指银行或其他银行业金融机构向政府、企业或者个人发放贷款所形成的应收账款债权。信贷资产证券化则为将上述应收账款债权作为基础资产，将原本不流通的金融资产转换成可流通资本市场证券的过程。

信贷资产证券化的政策经历了从审批制到备案制，再到目前注册制的变更。银行业金融机构首先向中国人民银行申请注册，经批准后将信贷资产出售给特殊目的载体从而发行信贷资产支持证券，发行所募集的资金经由特殊目的载体转让给银行业金融机构。产品存续期间，银行业金融机构委托服务商向借款人收回本息，经受托人将本息偿还给投资者。

信贷资产证券化将本身流动性较差的信贷资产转化为可流动的证券，对我国金融市场的发展具有诸多现实意义。目前，银行是我国金融系统的主导机构，而存贷款依然是银行的主要业务板块。从2013年起，中国银行业监督管理委员会按照《巴塞尔协议Ⅲ》的要求对商业银行的资本充足率、拨备覆盖率等重要指标进行考核，严格的杠杆比例与充足率等限制使商业银行原本较为单一的业务模式受到了较大的冲击，商业银行逐渐寻求多样化的投融资方式，以适应我国金融体系建设的变化。信贷资产证券化将银行业金融机构流动性较差的信贷资产盘活，在增加资产流动性的同时为银行提供更多灵活的资金，而随着证券化产品的出售，商业银行为该部分已证券化的资产计提的风险准备金相应减少，提高了资本充足率，释放了更多业务活力。

我国信贷资产证券化的发展历程

信贷资产证券化是我国证券化业务的先行者，但与发达市场相比，我国证券化市场的发展起步较晚。2005 年 3 月，在国务院牵头领导下，中国人民银行、中国银监会等 10 个部门组成信贷资产证券化试点工作组，拉开了我国信贷资产证券化试点的序幕。如今，我国的信贷资产证券化也已走过了十余年的历程，从业务发展的节奏和政策推动的脚步来看，其大致分为 4 个重要时期。

首轮试点时期（2005—2006 年）

2005 年 4 月 20 日，中国人民银行与中国银监会联合发布《信贷资产证券化试点管理办法》，开展资产证券化试点工作。在本次试点中，国务院同意由国家开发银行和中国建设银行分别进行信贷资产和住房抵押贷款证券化试点。同年，国开行和建设银行分别发行了首单企业贷款与首单个人住房抵押贷款资产支持证券，标志着信贷资产证券化业务的正式开启，并为后续该类资产证券化业务的发展指明了方向。2006 年年底，信达资产管理公司及东方资产管理公司作为发起人分别发行了不良资产重组资产证券化产品，为资产管理公司盘活不良资产债权奠定了实践基础。第一轮信贷资产证券化试点工作见表 8.1。

表 8.1　第一轮信贷资产证券化试点工作

发起机构	产品简称	发行金额（亿元）	次级占比（%）	产品分类	起息日	法定到期日
建设银行	建元 2005-1	30.17	3.00	住房抵押贷款	2005-12-19	2037-11-26
国开行	开元 2005-1	41.77	6.00	企业贷款	2005-12-21	2007-6-30
国开行	开元 2006-1	57.30	7.50	企业贷款	2006-4-28	2010-9-30

续表

发起机构	产品简称	发行金额（亿元）	次级占比（%）	产品分类	起息日	法定到期日
信达资管	信元2006-1	48.00	37.50	不良资产重组	2006-12-20	2011-12-20
东方资管	东元2006-1	10.50	33.33	不良资产重组	2006-12-21	2011-12-21
发行规模总计		187.74				

第二轮试点（2007—2008 年）

随着先期试点的稳步推进，自 2007 年起，银监会进一步扩大了信贷资产证券化的试点范围，包括中信银行、兴业银行、浦发银行、招商银行在内的多家商业银行及部分非银行机构均试水信贷资产证券化业务。截至 2008 年年底，信贷资产证券化的两轮试点共发行 17 单信贷资产证券化产品，总规模 667.83 亿元，业务类型覆盖了企业贷款资产证券化、不良资产重组资产证券化、住房抵押贷款资产证券化、汽车抵押贷款资产证券化几个类别，试点取得了初步成效。其中，上汽通用金融公司作为试点中唯一的汽车金融公司发行了我国第一单汽车抵押贷款资产支持证券。第二轮信贷资产证券化试点期间发行产品情况如图 8.1 所示。第二轮信贷资产证券化试点期间发起人分布情况如图 8.2 所示。

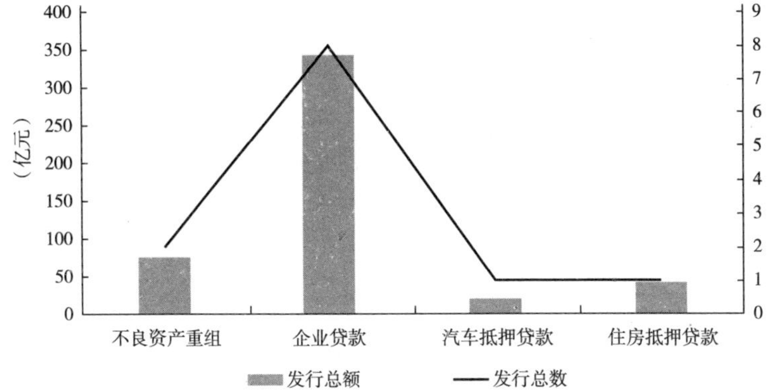

图 8.1　第二轮信贷资产证券化试点期间发行产品情况

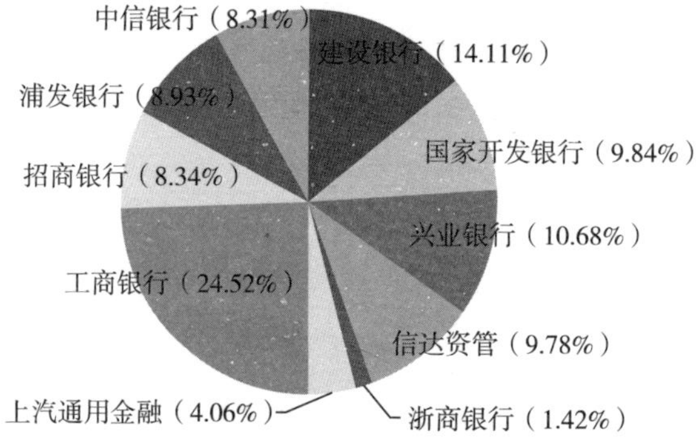

图 8.2　第二轮信贷资产证券化试点期间发起人分布情况

暂停阶段（2009—2011 年）

2008 年年底，随着美国次贷危机愈演愈烈，对金融创新及证券化业务的诟病不断加剧，为维护国内金融市场的稳定，我国于 2008 年年底暂停了信贷资产证券化的试点工作。业务进入了 3 年多的沉寂期。

重启试点（2012 年 5 月至今）

2012 年 5 月 17 日，中国人民银行、银监会、财政部等部门发布了《关于进一步扩大信贷资产证券化试点有关事项的通知》，标志着信贷资产证券化试点的重启。试点重启以来，随着政策鼓励的不断推进和银行业金融机构盘活存量资产需求的扩张，信贷资产证券化产品的发行呈快速增长趋势。2014 年 11 月 20 日，银监会发布《关于信贷资产证券化备案登记工作流程的通知》，将信贷资产证券化的审批模式变更为“备案制”，2015 年 3 月 26 日，中国人民银行发布《关于信贷资产支持证券试行注册制的公告》，“已经取得监管部门相关业务资格、发行过信贷资产支持证券且能够按照规定披露信息的受托机构和发起机构可以向央行申请注册，并在注册有效期内自主分期发行信贷资产支持证券。”信贷资产证券化的审批模式变为更为简单快捷的“注册制”，至此，信贷资产证券化业务由试点转为常规，且审批流程大大简化。各时期信贷资产证券化产品发行情况如图 8.3 所示。

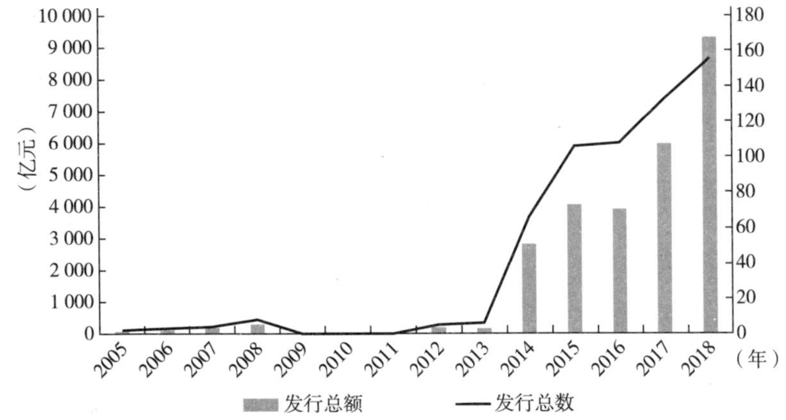

图 8.3　各时期信贷资产证券化产品发行情况

在试点重启之后的几年中，信贷资产证券化业务高速发展，2014 年发行规模较 2013 年增长 16.88 倍，截至 2018 年 12 月 31 日，信贷资产证券化产品总计发行 597 单，规模达 27 098.49 亿元。

业务的发展离不开政策的推动，从首轮试点到今天的产品大规模发行，国内各部门机构陆续制定并颁布了各项法律法规，为信贷资产证券化业务的顺利开展奠定了法律基础。中国人民银行、银监会等相关部门颁布的关于信贷资产证券化管理的主要文件见表 8.2。

表 8.2　中国人民银行、银监会等相关部门颁布的关于信贷资产证券化管理的主要文件

时间	相关规章制度制定和发布者	文件名称
2005-4-20	中国人民银行、中国银监会	《信贷资产证券化试点管理办法》
2005-6-1	财政部	《信贷资产证券化试点会计处理规定》
2005-6-13	中国人民银行	《资产支持证券信息披露规则》
2005-6-15	中国人民银行	《资产支持证券在银行间债券市场的登记、托管、交易和结算等有关事项公告》
2005-11-7	中国银监会	《金融机构信贷资产证券化试点监督管理办法》

续表

时间	相关规章制度制定和发布者	文件名称
2006-2-10	财政部、国家税务总局	《关于信贷资产证券化有关税收政策问题的通知》
2006-3-29	中国人民银行	《中国人民银行信用评级管理指导意见》
2007-8-21	中国人民银行	《信贷资产证券化基础资产池信息披露有关事项》
2007-9-30	中国人民银行	《关于资产支持证券质押式回购交易有关事项的公告》
2008-2-4	中国银监会	《关于进一步加强信贷资产证券化业务管理工作的通知》
2009-12-23	中国银监会	《商业银行资产证券化风险暴露监管资本计量指引》
2010-12-13	中国银监会	《关于进一步规范银行业金融机构信贷资产转让业务的通知》
2012-5-17	中国人民银行、银监会、财政部	《关于进一步扩大信贷资产证券化试点有关事项的通知》
2013-12-21	中国人民银行、银监会	《关于规范信贷资产证券化发起机构风险自留比例的文件》
2014-11-1	中国银监会	《关于信贷资产证券化备案登记工作流程的通知》
2015-4-3	中国人民银行	《中国人民银行公告〔2015〕第7号》

我国信贷资产证券化的主要类别

信贷资产证券化基础资产的主要类别

根据基础资产的分类，我国信贷资产证券化的类别大致分为企业贷款类、个人住房抵押贷款、汽车抵押贷款、个人消费贷款、不良资产重组、金融租赁、专项信贷、住房公积金、小微贷款、设备按揭贷款和 REITs。其中，企业贷款类信贷资产证券化产品的市场份额最高，共发行 226 单，规模达到了 9 465.29 亿元，占信贷资产证券化产品发行总规模的 34.93%。个人住房抵押贷款（含住房公积金）资产证券化产品的发行规模位列第二，共计发行 106 单，发行规模为 9 416.05 亿元。不同资产类别的产品及其风险特征差异较大，随后的章节将分别对企业贷款资产证券化、个人住房抵押贷款资产证券化、汽车抵押贷款资产证券化、金融租赁资产证券化及不良资产重组资产证券化做进一步分析。因个人消费贷款资产证券化、小微贷款资产证券化与企业资产证券化中的小额贷款资产证券化产品特征较为相似，在第八章企业资产证券化中介绍较为详细，此处不做赘述；另外，专项信贷与企业贷款的资产特征几乎无差别，产品特征可参考本章企业贷款资产证券化的相关内容。信贷资产证券化基础资产类别如图 8.4 所示。

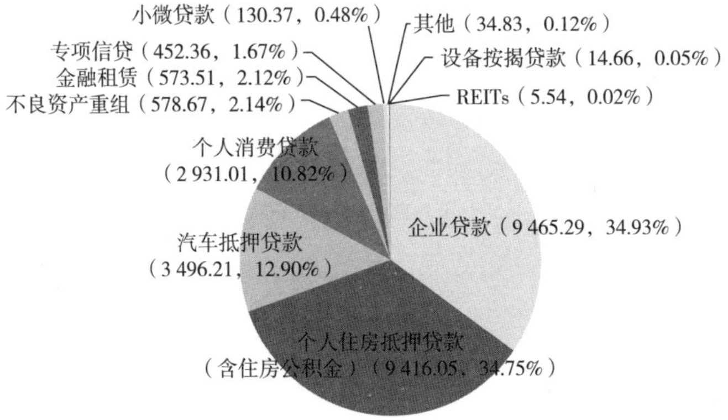

图 8.4 信贷资产证券化基础资产类别

信贷资产证券化发起人的主要类别

信贷资产证券化的发起人以银行业金融机构为主，[①] 包括银行、汽车金融公司、金融租赁公司、消费金融公司等。其中，银行作为信贷资产证券化的主力军，共发起 456 单产品，发行规模为 22 649.74

① 2017 年 2 月发行的 REITs 产品较为特殊，发起人为上市公司皖新传媒。

亿元，占全部信贷资产证券化产品规模的83.58%，其次为银保监会批准成立的汽车金融公司，其发行的汽车抵押贷款资产证券化产品的规模为2 783.17亿元，占信贷资产证券化产品总规模的10.27%。信贷资产证券化发起人分布如图8.5所示。

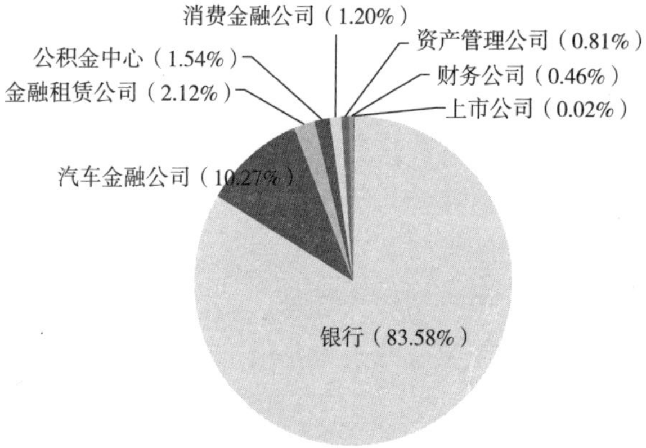

图8.5 信贷资产证券化发起人分布

第二节 企业贷款资产证券化及其风险特征

企业贷款资产证券化概况

企业贷款资产证券化是指发起人将多笔贷款进行组合，以该贷款组合所产生的现金流为偿付基础，通过特殊目的信托将其证券化出售给投资人并将证券化的贷款所产生的收益以约定的形式分配给对应等级的投资人的过程。企业贷款资产证券化是首轮信贷资产证券化试点的品种之一，从发行规模来看，也是信贷资产证券化的主流品种，由央行和银保监会主管，在银行间债券市场发行与交易。

在我国，以企业贷款为基础资产的信贷资产证券化产品又称企业贷款抵押证券或CLO，然而，我国发行的CLO和在其他国家（如美国）发行的CLO产品在分类与含义上有着明显的不同，以美国市场为例，CLO通常被定义为抵押贷款证券化产品，而在国内，CLO囊括了以企业贷款为基础资产的所有证券化产品。因为国内的 CLO 与境外的 CLO 有着很大区别，甚至有观点认为，两者只有相同的称呼，其中是不同的资产证券化产品。除特殊注明外，下述 CLO 均指我国的企业贷款资产证券化产品。

贷款抵押债券的贷款服务机构为信贷资产管理经验丰富的银行，且该类产品通常设置了结构化安排，同产品项下最高等级的证券通常会有 AAA 的评级，证券投资风险较小。对于发起银行来说，该类证券化产品增强了贷款资产的流动性，且可以为银行提供调整风险资产、财务比率、资本运作效率的有效手段。对于投资人来说，该类产品增加了投资人的投资品种，使资产配置可以多元化，满足了不同投资人的风险偏好。

贷款抵押债券是银行金融资产证券化产品的一种，在国内，也有人按照企业规模的大小将贷款抵押债券细分为中小企业贷款证券化产品与贷款抵押债券，因两者在产品层面的相似性较高，本文不对其进行区分。

通常贷款抵押债券入池资产笔数较多，投资者很难通过一般工具对基础资产的信用状况做出分析，所以通常而言，较多依赖的是信用评级机构给出的评级结果和评级意见。评级机构通过建立风险量化模型来测算贷款抵押债券的资产组合违约率，同时将证券的交易结构、现金流偿付顺序、信用增级措施等因素综合纳入测量范围，建立起整体的现金流模型，最终确定评定结果。贷款抵押债券在交易结构上并无很大创新，一般均采用常规模式，因此由交易结构带来的风险并不显著。对于投资者而言，可以重点关注贷款抵押债券现金流分析与入池资产信用等级两个主要因素。

企业贷款资产证券化产品的发行情况

作为信贷资产证券化产品的主流品种，无论发行规模还是发行数量，贷款抵押债券在所有信贷资产证券化产品类别中均独占鳌头。根据 CNABS 数据统计，自 2005 年资产证券化试点开始至 2018 年年末，共计发行 226 单企业贷款资产证券化产品，发行数量占信贷资产证券化产品总发行数量的 37.86%，发行规模约为 9 465.29 亿元，占信贷资产证券化产品发行总规模的 34.93%。其中，国有大行、股份制商业银行是贷款抵押债券的主力发起机构，其次为城商行与农商行，资产管理公司虽然也有发行，但总体数量较小。从已发行的产品来看，作为主要发起机构的国有大行、股份制商业银行多选取其优质的对公贷款作为基础资产，入池资产信用级别普遍较高，且加权信用等级差异较小。整体来看，我国信贷资产证券化产品的成熟度仍有待发展，经过时间的历练，贷款抵押债券的发起机构与入池的基础资产都将更加多元与丰富。

贷款抵押债券的首例产品是问世于 2005 年的“开元 2005 年第一期信贷资产支持证券”，国开行为发起人，发行规模为 41.77 亿元。2006—2013 年受次贷危机及发行流程复杂的限制，我国贷款抵押债券的发行并不活跃，自 2014 年起，发行数量和规模开始大幅增加，截至目前，2015 年的全年发行数量为历史最高。2014 全年发行产品总数共计 50 单，发行总额约 2 177.39 亿元；2015 年全年发行产品总数共计 74 单，发行总额约 3 103.08 亿元；2016—2018 年发行数量的增长有所放缓，贷款抵押债券发行数量与发行规模的回落，在一定程度上受到了市场发行利率上行的影响。贷款抵押债券发行情况如图 8.6 所示。

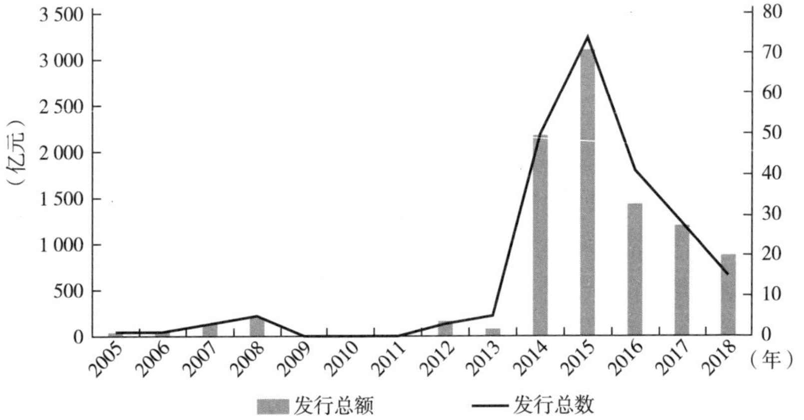

图 8.6　贷款抵押债券发行情况

企业贷款资产证券化的基本特征

产品特征

从已发行的产品来看，国内贷款抵押债券的基础资产主要由商业银行资产负债表上信用等级较高的企业贷款的静态池构成。贷款抵押债券在国内资产证券化市场中起步较早，至今已发展成为相对成熟的资产证券化产品，相较于国内债券市场的其他成熟产品，有着低风险、高回报的特点。到目前为止，在已发行的贷款抵押债券中，基础资产的加权信用评级最低是 B，大多数产品的基础资产加权信用级别高于 BB-，最高的可达到 AAA。企业贷款资产证券化产品已经经历了较长时间的发展，拥有了相对丰富的实践经验，相较于其他资产证券化产品，此类产品已形成相对成熟的产品结构，投资难度相对较低。

贷款抵押债券的发行对银行有着重大意义，其可以缓解资本占用问题，盘活存量贷款，为现代银行的报表管理提供帮助。通过发行贷款抵押债券，银行可以将大量滞留在账面上的流动性较差的信贷资产转换成具有充分流动性的现金，强化银行资产的流动性。另外，贷款抵押债券还可以被用作资产负债表的管理工具和信用风险的对冲工具，贷款抵押债券的使用增加了银行资产负债表上资产和负债两方的灵活性。

产品期限与利率

贷款抵押债券期限大多集中在 1~5 年，其中，期限为 2~3 年的产品发行总量占本类型信贷资产证券化产品发行总量的 41.59%。目前已发行的贷款抵押债券期限最长不超过 10 年，5 年以上的产品占比较小，较其他资产证券化产品而言，贷款抵押债券期限偏向中短期，综合其基础资产特征与发起机构信用来看，可作为中短期持有的投资标的。目前，该类型产品的加权平均贷款剩余期限主要集中在 1~2 年。贷款抵押债券的期限分布如图 8.7 所示。贷款抵押债券的剩余期限分布（加权平均）如图 8.8 所示。

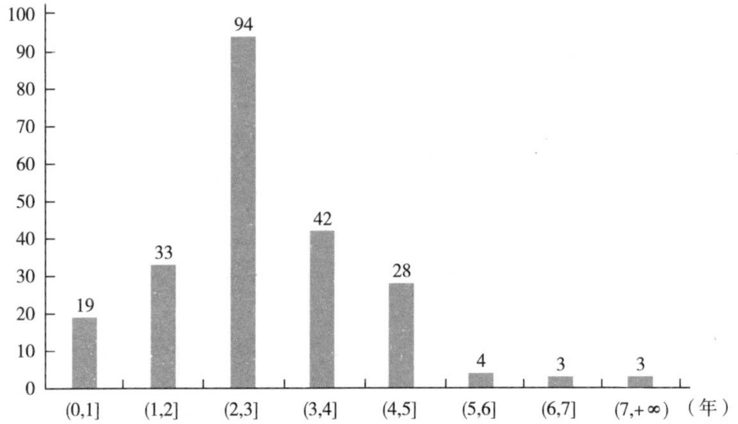

图 8.7　贷款抵押债券的期限分布

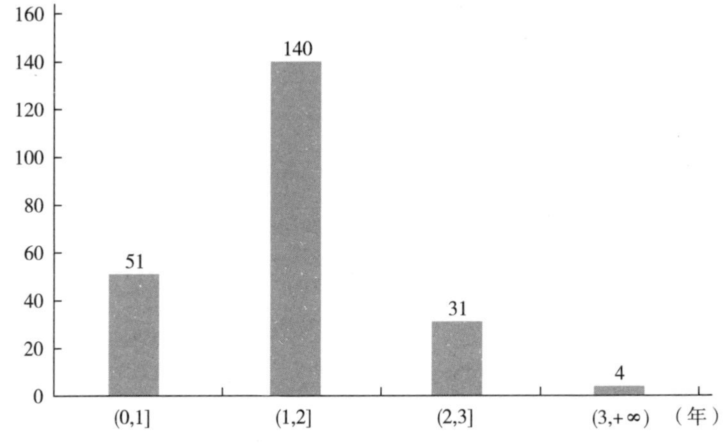

图 8.8　贷款抵押债券的剩余期限分布（加权平均）

贷款抵押债券因其发起机构良好的信用表现，以及产品模式成熟，市场认可度较高，发行利率与同期同级别中短期票据利率相差不大，尤其是在 2015—2016 年，优先级利率与同期中短期票据利率几乎重叠。相比而言，贷款抵押债券是安全度较高的投资品种，特别是产品经过分层设计后，优先级信用风险有较高保障，可以为发起人获得较低成本的资金，已发行贷款抵押债券的平均发行利率为 4.65%，其中，以国开行为发起机构发行的开元 2005-1 的优先级发行利率仅为 2.29%。贷款抵押债券（AAA）与同级别中短期票据到期收益率的比较如图 8.9 所示。

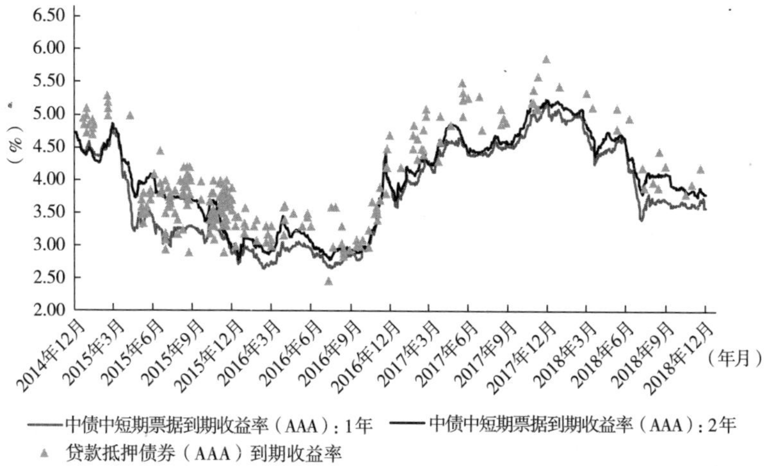

图 8.9　贷款抵押债券（AAA）与同级别中短期票据到期收益率的比较

交易结构分析

贷款抵押债券在交易结构设计上通常沿用常规的模型，市场已发行的贷款抵押债券在交易结构的设计上并没有过多新颖之处。交易结构基本为：由对基础资产拥有所有权的发起机构筛选现金流稳定且可预测的同质资产的作为基础资产，并将资产完全出售给特殊目的载体。发起机构一方面需要确保信贷资产的出售经过债务人的同意，另一方面也需要确保该信贷资产没有法律瑕疵。特殊目的载体一般分为特殊目的信托和特殊目的公司（Special Purpose Company，简写为 SPC），考虑到目前国内税收和法律的限制，我国主要采用特殊目的信托的形式，且早在 2001 年发布的《信托法》中就对特殊目的信托开展真实出售、风险隔离业务进行了规定，因此信托公司成立特殊目的信托有较完善的法律法规保障。特殊目的信托由信托公司设立，其目的仅为收购资产和发行证券化产品，并不做其他投融资或经营活动。基础资产的管理由资产服务机构来负责。在出售信贷资产前，发行机构还需在资金保管机构处开立各项交易账户（包括信托收款账户、信托付款账户、流动性储备账户等）。在本息收益分配时，资金保管行根据发行机构的指令，将相应数额资金从信托付款账户转入支付代理机构（登记机构）指定的相应资金账户，由支付代理机构向各级资产支持证券持有人进行收益分配。

以“开元 2017–2”为例，国家开发银行作为发起机构，中信信托作为受托人受让信贷资产设立专项信托，并向投资人发行信贷资产支持证券，以信托财产产生的现金流为资金来源支付证券的本金和收益。中央国债登记结算有限责任公司作为证券登记托管机构，负责对证券进行登记托管，并按约定的兑付时间向投资者转付由资金保管机构划入的到期应付信托利益。2017 年第二期开元信贷资产支持证券交易结构如图 8.10 所示。

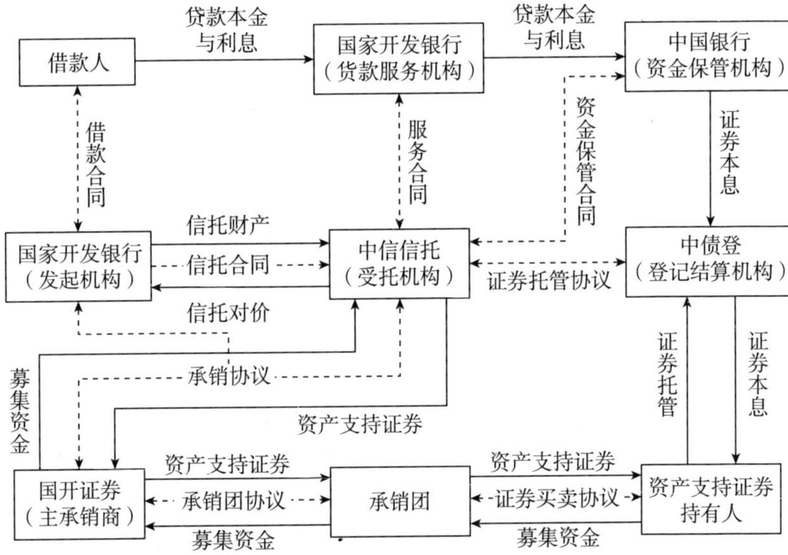

图 8.10　2017 年第二期开元信贷资产支持证券交易结构

资料来源：2017 年第二期开元信贷资产支持证券计划说明书。

注：图中实线表示各参与方之间的法律关系，虚线表示现金流划转。

发起人特征

贷款抵押债券的发起机构主要为开发性金融机构、政策性银行、国有大型商业银行、股份制商业银行、城商行、农商行和外资银行，还有少数资产管理公司。从发行数量来看，城商行发行的企业贷款资产证券化产品最多，其次是股份制商业银行。在所有有贷款抵押债券发行的股份制商业银行中，兴业银行发行的产品最多，共发行了 14 单企业贷款资产证券化产品。从单家银行发行数量来看，国开行（开发性金融机构）发行产品最多，共有 30 单。

由于贷款抵押债券发起人主要为银行，具有完善的信贷管理流程，其经营风险和财务风险相对较低，故其作为贷款服务机构的履约能力较强。从已发行产品的履约情况来看，贷款抵押债券的整体风险较小。在选择贷款抵押债券进行投资时，对发起人的判定一般基于机构的市场规模、市场排名等标准。贷款抵押债券发起机构的分布（按数量）如图 8.11 所示。

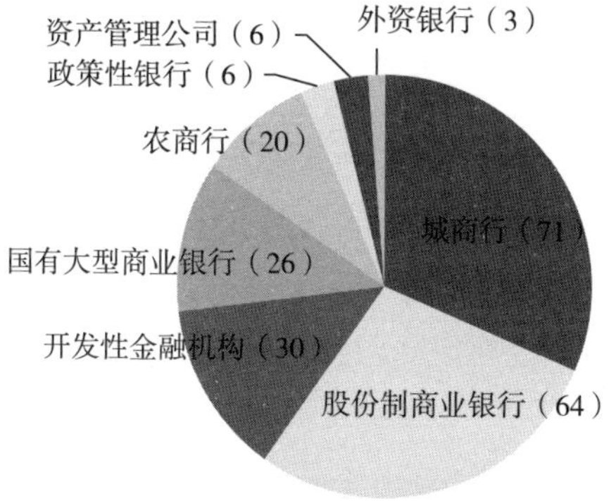

图 8.11　贷款抵押债券发起机构的分布（按数量）

贷款抵押债券的基础资产特征

贷款抵押债券的基础资产由若干笔企业贷款组成，基础资产的特征除了表现在每笔资产的组合特征上外，也受入池资产的集中度影响，一般考量的集中度指标包括贷款数量集中度、行业分布集中度和地域分布集中度等。

贷款数量集中度

从贷款数量来看，贷款抵押债券的基础资产多由100笔以内信贷资产构成，仅7.08%的产品基础资产池中包含了超过100笔的信贷资产。从借款人数量统计，有99.12%的产品的底层资产借款人在100个以内，仅2个产品的借款人数量超过100。

然而，在对贷款数量集中度进行考察时，还应综合考虑借款人的信用等级及信用等级的分散程度。例如，“深农商2015-1”的借款人户数为3 290户，贷款类型均为自营商业贷款，但其入池资产加权平均信用等级为B+/B，处于较低水平，该产品已于2017年1月清算。而国开行作为首轮信贷资产证券化的试点机构，其在企业贷款资产证券化的发展中占据了相当的优势，受其以专项贷款为主的业务模式的影响，国开行发行的存续贷款抵押债券中不可避免地有借款人集中的情况，以“开元2015第八期”为例，该资产支持证券的基础资产对应单一借款人首钢总公司，但借款人资信等级为AAA级，资信等级较高。贷款抵押债券基础资产贷款笔数的分布如图8.12所示。

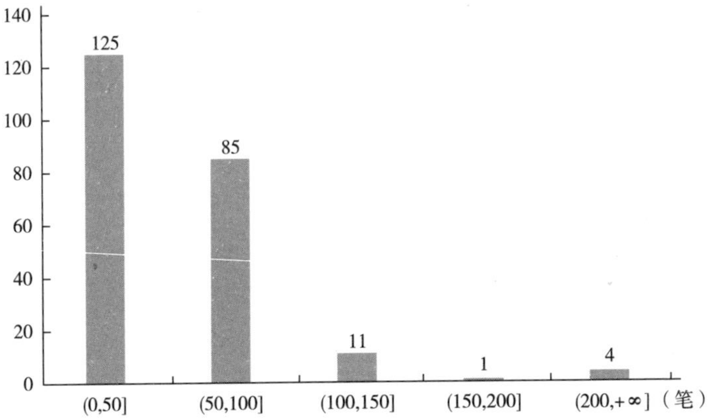

图8.12　贷款抵押债券基础资产贷款笔数的分布

行业分布集中度

CNABS统计并分析了资产证券化产品资产池原始资产的行业分布集中度，通过考虑产品原始资产的行业分布数量、各行业在资产池中的金额占比等因素，并综合比较所有已发行的资产证券化产品的行业分布情况，对每个产品的资产池原始行业分布集中度进行评分。该评分清晰明确地表述了某产品资产池的行业分布集中度，评分越高，表明行业集中度越高。据不完全统计，[①]贷款抵押债券的行业分布集中在50~60分。贷款抵押债券的平均行业分布集中度评分为55.62，所有资产证券化产品行业分布集中度的平均评分为74，因此贷款抵押债券的资产池在行业中的分布略分散一些。贷款抵押债券基础资产行业分布集中度统计如图8.13所示。

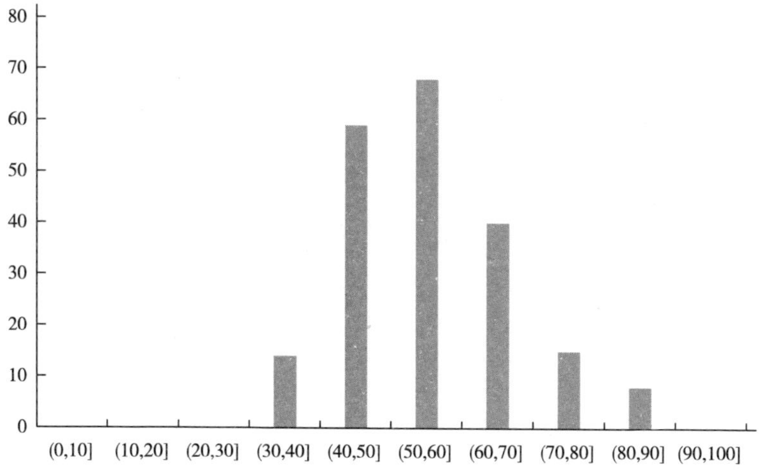

图 8.13　贷款抵押债券基础资产行业分布集中度统计

地域分布集中度

类似于行业分布集中度统计的逻辑，CNABS对资产证券化产品资产池原始资产的地域分布集中度进行了统计和分析。据不完全统计，[②]贷款抵押债券基础资产地域分布集中度统计如图8.14所示，可见，其主要集中在90~100分。贷款抵押债券的平均地域分布集中度评分为72.38，所有资产证券化产品地域分布集中度的平均评分为63，因此贷款抵押债券的资产在地域分布上的集中度更高。

① 截至2018年12月31日，有22单贷款抵押债券的行业分布数据缺失。

② 截至2018年12月31日，有2单贷款抵押债券的地域分布数据缺失。

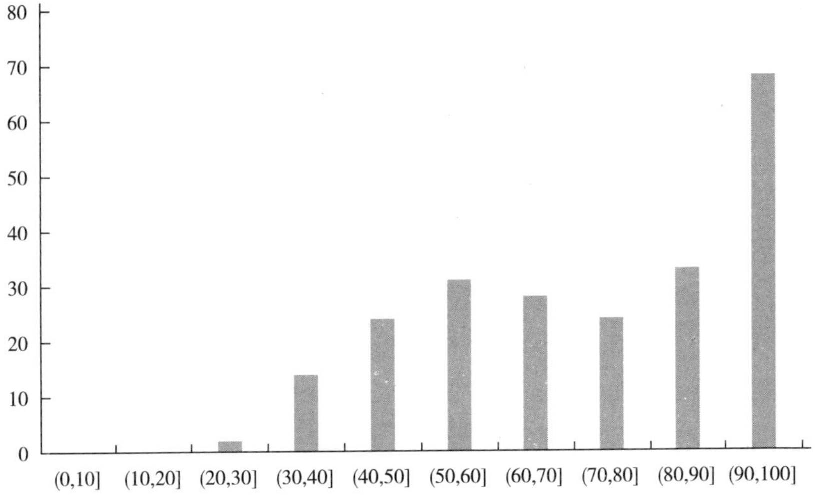

图 8.14 贷款抵押债券基础资产地域分布集中度统计

地域集中度具体表现为城商行和农商行发起的企业贷款资产证券化产品在地域分布上较为集中。这主要与这两类银行机构自身的发展路径有关，农商行一般由农村信用社转制而来，城商行一般由 20 世纪 80 年代设立的城市信用社转制而来，这两类银行因监管政策与业务定位的局限，放贷对象以本地企业为主，在发行证券化产品时难免出现基础资产地域集中的情况。政策性银行（如国开行）发行的企业贷款证券化产品，由于其服务专项贷款的需求，从债务人及地域分布上看都较为集中。资产管理公司在最初发行贷款抵押债券时，入池资产的借款人户数相对较少，例如长城资管作为发起机构的“金桥诚通 2015–1”和“长元 2014–1”，平均入池资产的借款人仅为 6 户，集中度较高。

贷款抵押债券的增信措施

贷款抵押债券因入池资产信用质量高，通常仅设置内部信用增级方式，如优先/次级分层结构、信用触发机制等。

贷款抵押债券通常会通过设定优先级与次级的本息偿付顺序来实现资产支持证券的内部信用提升。例如，资产支持证券划分为 3 个层次，优先A档证券、优先B档证券、次级档证券。在每个资金分配日，按照预先约定的分配顺序，最先偿付的是优先A档证券的本息，其次为优先B档证券的本息，最后才是次级档证券的本息。若因基础资产违约致使证券遭受损失，首先将由次级档证券承担资产违约造成的损失，当违约金额超过次级档证券本金余额时，优先B档证券将承受超过次级档证券本金余额部分的损失，若该部分损失仍然超过优先B档证券的待偿付金额，则将进一步由优先A档证券承担损失。而随着优先档证券不断偿付，次级档证券在剩余未偿金额中的占比逐渐增大，对优先档证券的信用支持力度将加强，平均来看，在企业贷款证券化产品中，次级证券为优先级证券提供了14.68%的信用增级量，在同等产品中处于较高的水平。通过证券分层设计及相应的本息偿还顺序设计可以最大限度地保障优先级证券持有人的利益。

同时，贷款抵押债券一般会设置两类信用触发机制：一类与参与机构履约能力相关的“加速清偿事件”，另一类是与证券兑付相关的“违约事件”。信用事件一旦被触发，基础资产现金流支付机制将进行重新安排。

企业贷款资产证券化的现金流特征

以专项计划账户为中心，资产证券化产品的现金流分为流入和流出两个环节，现金流流入即资金归集，现金流流出即现金偿付，现金流安排的出发点是，尽可能保障优先级证券持有者的利益。对于贷款抵押债券而言，这两个步骤的主要特征是：

- 资金归集，贷款抵押债券的基础资产为银行发放的企业贷款，一般而言，企业贷款采用按月/季付息，到期还本的偿付方式，贷款抵押债券的现金归集一般采用按月/季归集的方式。通常情况下，会有不同的账户归集、存放从基础资产中归集的本金、利息或现金储备。
- 现金偿付，贷款抵押债券现金偿付的过程是，发行人先将交易税费从专门开立的回款账户中扣减，然后按照相关法律文本的约定支付各类费用，最后对投资者进行本息偿付。在具体的偿付过程中，违约发生前和违约发生后的情况各有不同，偿付的触发条件是加速清偿和违约事件。

通常情况下，在违约发生前，信托专户内归集的现金需要划转形成收入账和本金账，收入账的支付顺序为税收、中介机构服务报酬（超过支出上限）、贷款服务机构报酬（不超过一定比例）、优先 A 档利息、优先 B 档利息、贷款服务机构报酬（超过支出上限），随后根据是否发生加速清偿事件分别计入本金账，或转入本金账，扣除执行费用后计入本金账。本金账的支付顺序为转入收益账、优先 A 档本金、优先 B 档本金、次级档本金、次级档收益。本金账户与收入账户的互转机制，在一定程度上缓解了流动性风险。

若加速清偿事件被触发，则收入分账户内的资金将不再用于支付后续次级档证券的期间收益，剩余资金将全部转入本金账用于偿付优先档证券的本金。若违约事件被触发，则收入回收款与本金回收款将不再区分，两者将混同支付相关税费及报酬后用于顺序偿付各级优先档证券的利息和本金，剩余金额再全额支付给次级档证券持有人。

通过现金流偿付的安排，贷款抵押债券的抗风险能力得到了一定的保障，根据中债资信对于贷款抵押债券的跟踪评级的统计，共有 97 个证券的评级发生了上调，占贷款抵押债券发行总规模的 6.68%，在所有上调评级的证券中，共有 65 个证券的评级被上调至 AAA，而尚未出现评级下调现象，贷款抵押债券的抗风险能力在跟踪评级的表现上得到了印证，在几乎没有设立外部信用增级措施的情况下，证券的信用表现情况依然良好。不同评级贷款抵押债券现金流偿付（中债资信）见表 8.3。

表 8.3　不同评级贷款抵押债券现金流偿付（中债资信）

	AAA	AAA−	AA+	AA	AA−	A+	A	A−	BBB+	BBB
AAA	301	0	18	7	13	20	4	3	0	0
AAA−	0	0	1	0	0	0	0	0	0	0
AA+	0	0	41	4	3	7	5	5	1	0

续表

	AAA	AAA-	AA+	AA	AA-	A+	A	A-	BBB+	BBB
AA	0	0	0	13	0	0	0	0	0	0
AA-	0	0	0	0	20	1	0	2	0	0
A+	0	0	0	0	0	30	0	1	0	1
A	0	0	0	0	0	0	5	1	0	0
A-	0	0	0	0	0	0	0	4	0	0
BBB+	0	0	0	0	0	0	0	0	2	0
BBB	0	0	0	0	0	0	0	0	0	0

企业贷款资产证券化的风险特征

贷款抵押债券面临的主要风险有利率风险、早偿风险、违约风险、关联交易风险。

利率风险

贷款抵押债券项下基础资产中通常包含占比较高的浮动利率贷款。在2016年之前的几年里，我国处于宽松的货币政策周期内，利率持续下行，因此浮动利率贷款所产生的收益将会随利率的下行而降低。如将浮动利率贷款组成的资产池打包，以固定利率的模式发行证券化产品，在利率下行的周期内，基础资产贷款利率的下降将缩小资产证券化产品与基础资产贷款之间的利差，降低资产池所能够承担的违约率，在利率上行的周期内，投资人会因为市场利率的上升预期提高产品在发行期间的定价，使发起机构的融资成本上升。

为应对上述情形，贷款抵押债券通常会在结构化设计时进行利率敏感性分析，以决定采用固定利率还是浮动利率的方式发行证券化产品。当优先级资产支持证券执行浮动利率时，一旦基准利率发生变化，证券收益率将发生同方向、同点数的变化。因各档证券的利率均为基准利率加固定利差，利差越大的资产支持证券的利率敏感性越低。

早偿风险

企业贷款资产证券化产品的到期日是发行机构根据入池资产现金流特点确定的证券本息偿付的终止日。若入池资产的现金流偿付发生变化，如借款人提前还款等，则会对资产支持证券的整体偿付带来不同程度的影响。若证券的本息偿付采用过手摊还的方式，则证券的实际到期日与预计到期日会不一致，影响投资者的现金管理计划，若证券的本息偿付采用固定摊还的方式，则会增加沉淀资金，在产品的预期收益无法得到保障时，或会提前结束产品。一般情况下，票面利率均已约定，且次级档资产支持证券为优先档资产支持证券提供一定的信用支持，在基准利率不发生变化的情况下，提前还款对优先档资产支持证券的内部收益率不产生影响，但会对次级档证券的投资收益产生较大的影响。若优先档资产支持证券、次级档资产支持证券均为过手型证券，则当提前还款率上升时，优先档和次级档资产支持证券持有人在持有证券期间的收益不会受到影响，但缩短了产品的加权平均期限，影响资金安排的计划。

早偿风险的存在，一方面与企业贷款客户的用款习惯有关，另一方面与市场利率的波动相关。在利率处于下行阶段时，企业贷款的借款人为了节约融资成本，有充分的动力进行借新还旧、债务置换，从而降低综合融资成本。据中债资信统计，2016 年共有 13 个证券出现提前还款的情况，本金合计 258.39 亿元，相比 2016 年年末贷款抵押债券总体存续规模 4 377.76 亿元，占比达到 5.90%。而 2015 年全年仅有 2 个证券提前还款，共涉及本金 15.62 亿元，占比仅为 0.46%。

为避免早偿事件的发生为产品带来的不利影响，贷款抵押债券通常会在结构化安排的时候进行提前还款敏感性分析，来确定产品还本的方式为摊还型还是过手型，并就此风险向投资人做充分披露。

违约风险

目前贷款抵押债券的发行规模与我国存量企业贷款规模相比依然

较小，已发行的贷款抵押债券的基础资产相对优质，总体来说，违约风险较小。但从基础资产的加权平均信用等级来看，由于经济下行以及企业偿债压力的增大，基础资产的信用风险在一定程度上有所提高，随着产品发行数量的增加，入池资产的整体信用有下降的趋势。

为避免违约事件的发生对资产支持证券的偿付产生影响，可以控制低评级资产的入池比例，选择相对短期限的资产入池，缩短风险暴露期间，结合增信措施的使用。例如，爽元2015年第一期信贷资产支持证券的基础资产中出现过违约还款的情形，但该产品在增信措施中安排了结构化分层和现金流超额覆盖，个别借款人的违约未对证券的整体偿付产生影响。

关联交易风险

在某些产品中，作为发起机构的银行和作为受托机构的信托公司存在关联关系，信托公司对信托财产的管理提供服务事项构成银行与信托公司之间的关联交易。该关联交易通常不会违反国内法律的禁止或限制性规定，但需关注发行人的相关披露、报备是否符合法律法规和发起人内部程序的约定。

案例分析：鑫浦2016年第二期信贷资产支持证券

产品概况

鑫浦2016年第二期信贷资产支持证券发行于2016年四季度，发行规模为44.10亿元，用于发行该期资产支持证券的信贷资产涉及37个借款人，45笔贷款。其中优先A档为36.40亿元，占比为82.54%，发行利率为3.50%，评级为AAA；优先B档为2.90亿元，占比为6.58%，发行利率为3.80%，评级为AA+；次级档为4.80亿元，占比为10.88%。鑫浦2016年第二期信贷资产支持证券的概况见表8.4。

表 8.4　鑫浦 2016 年第二期信贷资产支持证券的概况

产品名称		鑫浦2016年第二期信贷资产支持证券			
产品规模		44.1亿元	产品期限	2.89 年	
证券起息日		2016–11–24	基础资产类型	企业贷款	
次级占比		10.88%	还本方式	摊还型	
证券名称		发行规模（万元）	发行利率	预期到期日	评级
	16鑫浦2A	364 000.00	3.50%	2021–10–15	AAA
	16鑫浦2B	29 000.00	3.80%	2021–10–15	AA+
	16鑫浦2次	48 000.00	—	2021–10–15	无评级
委托人/发起机构/贷款服务机构		上海浦东发展银行股份有限公司	受托人/发行人	上海国际信托有限公司	
			主承销商	华泰证券股份有限公司	
会计顾问/税务顾问		普华永道中天会计师事务所（特殊普通合伙）	资金保管机构	招商银行股份有限公司上海分行	
			法律顾问	北京市环球律师事务所	
信用评级机构		联合资信评估有限公司、中债资信评估有限责任公司			
增信措施		优先/次级分层，超额利息收入，信用触发机制			
交易平台		银行间债券市场			
登记托管机构/支付代理机构		中央国债登记结算有限责任公司			

资料来源：鑫浦 2016 年第二期信贷资产支持证券计划说明书。

交易结构

浦发银行作为发起机构，将其合法所有的 44.10 亿元公司贷款作为基础资产，以上海信托设立的“鑫浦 2016 年第二期信贷资产证券化信托”为特殊目的载体，在全国银行间债券市场发行资产支持证券。通过购买并持有资产支持证券，投资者可获得该信托项下相应的信托受益权。

上海信托安排优先级资产支持证券在银行间债券市场上市流通交易，次级资产支持证券则依据《关于进一步扩大信贷资产证券化试点有关事项的通知》的规定，“发起机构应持有由其发起的每一单资产证券化中的最低档次资产支持证券的一定比例，该比例原则上不得低于每一单全部资产支持证券发行规模的5%，持有期限不得低于最低档次证券的存续期限”，以及人民银行、银监会《关于进一步规范信贷资产证券化发起机构风险自留行为的公告》的要求，承诺将持有不低于各个发行层级的资产支持证券的5%，并对各级资产支持证券的投资风险进行严格管理。鑫浦2016年第二期信贷资产支持证券交易结构如图8.15所示。

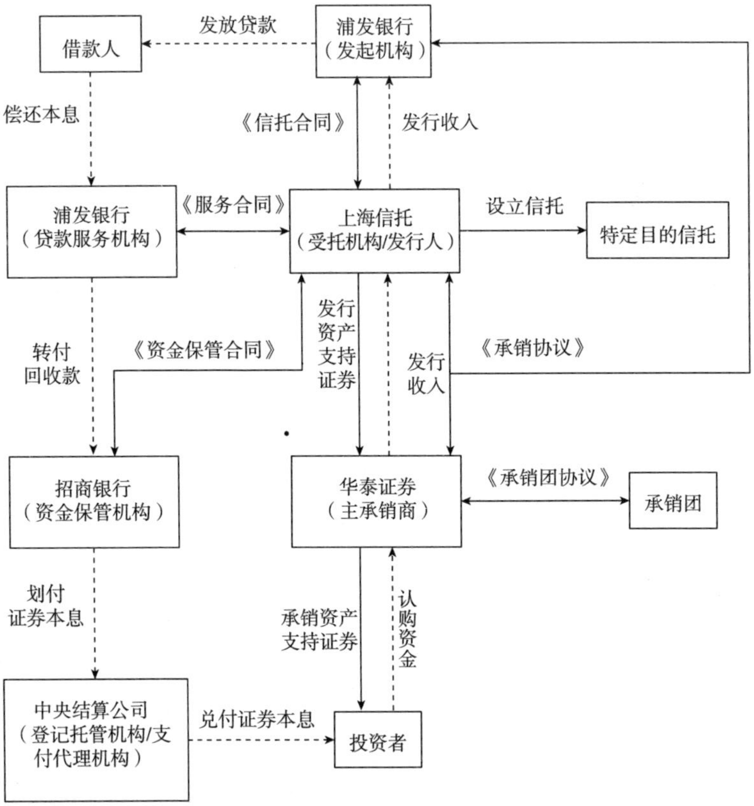

图8.15　鑫浦2016年第二期信贷资产支持证券交易结构

资料来源：鑫浦2016年第二期信贷资产支持证券计划说明书。

注：图中实线表示各参与方之间的法律关系，虚线表示现金流划转。

基础资产

该资产支持证券的基础资产涉及发起机构浦发银行向37名借款人发放的45笔公司贷款，[①] 初始资产池余额为人民币441 000万元。根据信托合同的约定，该项目入池资产的合格标准如下：

- 借款人、保证人均为依照中国法律在中国成立并合法存续的法人、其他组织。
- 各笔贷款均为浦发银行作为贷款人发放并合法所有的人民币贷款，不包括委托贷款、特种贷款。
- 各笔贷款均为浦发银行发放的自营商业贷款，不含银团贷款。
- 同一借款合同项下已发放的各笔贷款的未偿款项（包括但不限于本金、利息及其他款项）全部入池。
- 浦发银行将全部或部分信贷资产设立信托以及转让或出售该等信贷资产的行为不存在禁止或限制，且不需要获得借款人、保证人或任何其他主体的同意。
- 借款合同、保证合同适用中国法律，且在中国法律项下均合法有效。
- 各笔贷款的担保类型（如有）为保证方式，不包含涉及抵押或质押的贷款。
- 各笔贷款所对应的保证（如有）均合法有效，贷款附属的担保若涉及最高额保证，则截至初始起算日，该最高额保证担保的主债权已确定，且最高额保证担保的主债权在最高额保证合同约定的额度范围内。
- 借款人对信贷资产不享有任何主张扣减或减免应付款项的权利（但法定抵销权除外）。
- 信贷资产质量应为浦发银行制定的信贷资产质量5级分类中的

① 37名借款人的45笔借款中不存在单一借款人入池贷款本金余额占资产池比例超过15%的情况，也不存在某一借款人及其关联方入池贷款本金余额占资产池比例超过20%的情况。该项目入池资产合格标准为同一借款合同项下已发放的各笔贷款的未偿款项（包括但不限于本金、利息及其他款项）全部入池，并非所有借款人在发起机构的各笔贷款全部入池。

正常类资产。
- 借款人在近 3 年与浦发银行的所有借款交易中未出现贷款拖欠、破产或无清偿能力的情况。
- 各笔贷款均不涉及未决的诉讼或仲裁。
- 信贷资产项下不包含涉及军工或国家机密的贷款。
- 信贷资产所包含的每笔贷款的合同最晚到期日不早于 2016 年 11 月 16 日且不晚于 2019 年 9 月 11 日。
- 对同一借款人的全部入池贷款的未偿本金余额不超过 5 亿元。

资产服务机构筛选出了 45 笔符合上述入池标准的企业贷款作为该项目的初始资产池。在初始资产池中，加权平均贷款剩余期限为 1.04 年，资产池加权平均贷款利率约为 4.35%。全部信贷资产均为浦发银行信贷资产质量 5 级分类中的正常类贷款，入池贷款的资产质量良好。项目涉及的企业贷款分布在甘肃省、河北省、山东省和深圳市等 13 个省市。资产池的入池贷款类型为信用类、保证类贷款，前十大借款人贷款本金余额占比为 54.20%，前五大借款人的贷款本金余额占比为 36.28%，最大借款人的贷款本金余额占比为 11.34%，占比较大的借款人影子评级均可达到 AAAs（联合），故而整体信用风险不大。表 8.5 统计了鑫浦 2016 年第二期信贷资产支持证券入池资产基本情况。

表 8.5　鑫浦 2016 年第二期信贷资产支持证券入池资产基本情况

基本情况	数值
资产池未偿本金余额（万元）	441 000.00
贷款笔数（笔）	45
借款人户数（户）	37
单笔贷款最高本金余额（万元）	30 000.00
单笔贷款年均本金余额（万元）	9 800.00
合同总金额（万元）	451 000.00
单笔贷款最高合同金额（万元）	30 000.00
单笔贷款平均合同金额（万元）	10 022.22

续表

基本情况	数值
加权平均贷款年利率（%）	4.35
当前执行单笔贷款最高年利率（%）	4.785
加权平均贷款合同期限（年）	1.31
加权平均存续期限/账龄（年）	0.27
加权平均贷款剩余期限（年）	1.04
借款金额最高的前五名借款人集中度（%）	36.28
贷款最集中的前三个行业	资本市场服务、商业服务业、医药制造业
正常类笔数（笔）	45
联合资信评级A_s-以上贷款占比（%）	98.41
中债资信评级A_s -以上贷款占比（%）	81.63
信贷资产质量/基础资产加权评级	AA_s/AA_s- (联合），A_s+/A_s(中债）
最短贷款剩余期限（年）	0.16
最长贷款剩余期限（年）	2.98

资料来源：鑫浦 2016 年第二期信贷资产支持证券计划说明书。

现金流支付机制

在现金流归集与分配方面，因基础资产企业贷款的特殊性，企业贷款现金流的回收可分为本金回收款和收入回收款。

本金回收款指借款人正常归还的贷款本金、根据贷款合同及信托合同约定信托计划可收到借款人或保证人支付的其他金额中的本金部分，以及对非现金信托财产进行处置而取得的回收资金中属于本金的部分。本金回收款存入信托账户下设的本金分账户。

收入回收款指资产池中的信贷资产及其附属担保权益所产生的回收款中除本金回收款以外的回收款，如相关的利息、收费和报酬、信托账户中的资金取得的所有利息及投资收益等，收入回收款存入信托账户下设的收益分账户。

在现金流分配过程中，产品设置了两类信用触发机制：一类是与参与机构履约能力相关的加速清偿事件，另一类是与证券兑付相关的违约事件。信用事件一旦被触发，基础资产现金流支付机制将进行重新安排。鑫浦 2016 年第二期信贷资产支持证券现金流支付机制如图 8.16 所示。

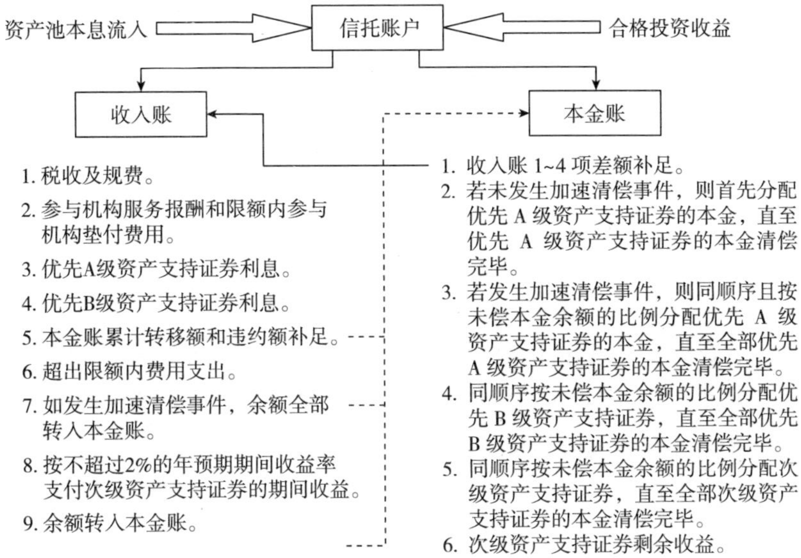

违约事件发生前的现金流支付机制

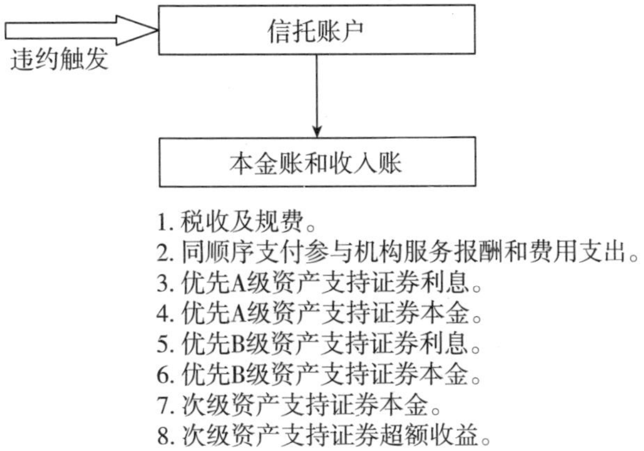

违约事件发生后的现金流支付机制

图 8.16　鑫浦 2016 年第二期信贷资产支持证券现金流支付机制

资料来源：鑫浦 2016 年第二期信贷资产支持证券信用评级报告（中债资信）。

案例特点

该项目入池贷款全部为浦发银行发放的正常类企业贷款，资产池整体信用水平较高。从入池资产的借款人集中度来看，本金余额占比超过 5% 的借款人共有 4 户，合计占比达到 31.75%，借款人集中度较高，但因这 4 户借款人的信用水平均较高，发生违约的可能性较小，对资产池整体信用风险影响不大。从地域集中度来看，入池贷款的前三大地区分别为甘肃省、河北省和山东省，三地入池贷款本金余额合计占比为 48.75%，存在一定的区域集中风险，各评级机构在信用评级的过程中已考虑了借款集中地区的经济形势及变化，评级模型及评级结果已反映了上述的区域集中风险。

在信用增级方面，该项目无外部信用增级措施，全部依靠产品内部的增信措施来提升证券信用。优先 / 次级分层结构为最主要的信用增级方式，按照该项目的优先 / 次级分层比例，优先 A 档证券可获得优先 B 档证券和次级档证券总计 17.46% 的信用支持，优先 B 档证券可获得次级档证券 10.88% 的信用支持。另外，在信用触发机制（加速清偿事件与违约事件）中，灵活运用本金分账户与收益分账户来调整现金流支付顺序，为优先级证券的偿付提供了进一步的保障。因而，在产品的整体评级中，优先 A 级产品的评级为 AAA，优先 B 级的评级为 AA+。

中外对比

由于次级抵押贷款的危机，欧美银行及各金融机构对贷款证券化业务，包括抵押贷款和贷款抵押债券的态度变得消极。美国贷款抵押债券市场直至 2012 年才真正恢复。然而，中美贷款抵押债券无论在基础资产、交易结构，还是管理制度等方面均有较大的区别。

基础资产的区别

其一，两类产品基础资产的范围不同，在美国市场，贷款抵押债券为贷款担保抵押债券，通常指抵押贷款的证券化产品，而在中国，贷款抵押债券泛指所有以银行向企业发放的贷款为基础资产的证券化产品。

其二，基础资产的特征不同。中国贷款抵押债券往往采用静态资产池，基础资产池在发行时就已经确定，随着产品的存续和资金的清偿，基础资产逐渐减少，不再增加新的资产。美国贷款抵押债券采用动态资产池，通过循环购买和持续管理的模式不断新增贷款资产，因此其资产池的基本特征可能随着资产的新增而略有变动，需要计划管理人和资产服务机构较强的管理及服务能力。从基础资产质量分布来看，美国贷款抵押债券资产池的主要评级为 B，部分是 BB，也存在一小部分 CCC 级贷款，评级分布相对广泛，而中国贷款抵押债券的基础资产以相对优质的企业贷款为主，虽然我国评级体系与境外存在差异，但基础资产的质量分布相对比较集中。从产品期限来看，美国贷款抵押债券优先 A 级的普遍期限为 6 年左右，夹层级和次级证券的期限更长，而中国贷款抵押债券期限较短，一般为 2~3 年。

交易结构的区别

从证券的本息偿付角度来看，中国贷款抵押债券通常设计为过手型证券，随着基础资产贷款的偿还，定期将专项计划账户中的资金分配给各级证券的投资者。美国贷款抵押债券采用动态资产池，在再投资期间，本金收益可以用来投资新的资产，不分配给投资者。

从产品的增信措施来看，因违约风险等因素，贷款抵押债券通常会设置信用触发事件。在产品存续期间，一旦触发了加速清偿事件，国内贷款抵押债券将严格按照加速清偿机制的约定，持续清偿直至偿还完全部的本息收益后进行清算。美国贷款抵押债券的信用触发事件是可逆的，在触发了加速清偿事件后，若产品在未来可以达到约定的条件，则现金流偿付等机制仍可恢复至原有设定。

管理制度的区别

中美市场关于贷款抵押债券的信息披露、二级市场交易等的制度均有较大差别。

从信息披露方面看，中国的资产服务机构、产品管理机构、资金托管机构需要定期出具资产服务报告、资产管理报告以及资产托管报告，披露基础资产的变动、资金的管理及分配情况，信用评级机构也需定期出具信用跟踪评级报告。在美国，除上述信息需要提供给投资者外，其披露的信息还有很多。美国贷款抵押债券每月都会给投资者提供一份详细的信息披露报告，报告中逐笔披露基础资产的详细信息及变动情况，包括贷款企业的名称、行业、评级等多维度信息，以便投资者可以全方位、多维度地了解产品的具体信息。

从产品的交易情况来看，美国贷款抵押债券市场拥有健全、透明、高流通性的二级市场，贷款抵押债券虽期限较长，但因其流通性高，投资者并非以持有至到期为目的进行投资。国内贷款抵押债券目前在银行间债券市场发行，存续期内的交易量极少，随着国内市场越来越成熟，产品越来越规范，未来国内信贷资产证券化市场也会朝着成熟市场的方向发展，具有更透明的信息披露原则和更活跃的交易市场。

第三节　个人住房抵押贷款资产证券化[①]

个人住房抵押贷款及个人住房抵押贷款资产证券化

个人住房抵押贷款

个人住房抵押贷款，是指借款人以个人名下的房产作为抵押，向

① 本节内容所统计住房抵押贷款资产证券化产品中包含商业住房抵押贷款资产证券化产品、交易所挂牌的公积金住房抵押贷款资产证券化产品以及银行间债券市场发行的公积金住房抵押贷款资产证券化产品。

金融机构申请贷款，并承诺按期偿付贷款本息。我国自 1992 年建设银行为个人开展抵押贷款服务以来，商业银行提供的个人住房贷款业务随着房地产市场的高速增长得到了长足的发展。在我国，个人住房抵押贷款有两种：

- 公积金住房抵押贷款，是指地方住房公积金管理中心使用个人及其所在单位缴纳的住房公积金委托商业银行发放的贷款，为政策性住房贷款，利率低于同期商业银行贷款利率。
- 商业性住房抵押贷款，是指商业银行以银行信贷资金向购房者发放的贷款。

上述两种贷款均可作为证券化的入池资产。

个人住房抵押贷款资产证券化

个人住房抵押贷款资产支持证券指的是以银行或者地方公积金管理中心作为发起人，以个人住房抵押贷款业务产生的现金流作为本息偿付来源，向投资者发行的资产证券化产品。可证券化的基础资产为公积金贷款及商业银行住房抵押贷款，产品的类型也分为公积金住房抵押贷款支持证券和商业性住房抵押贷款支持证券。

个人住房抵押贷款证券化的发行对发起人有重要意义。商业银行发行住房抵押贷款支持证券，可将流动性较差的长期个人住房抵押贷款转化为流动性较高的证券，一方面有利于优化银行资产负债表的结构，盘活存量资产，另一方面通过将这部分资产打包出售，实现资产出表，从而提高资本充足率，释放业务活力。地方公积金管理中心发行住房抵押贷款支持证券，可以有效缓解其资金流动性的压力，地方公积金中心具有特殊的区域特征。随着近年来房地产市场的过快发展，公积金贷款的发放额与提取额均出现快速增长，部分区域出现了流动性紧张的局面，证券化作为一种创新的融资方式，有效缓解了这一压力。

个人住房抵押贷款资产证券化的发行情况

在信贷资产证券化试点期间，建设银行分别在2005年和2007年发行了两单以商业个人住房贷款为基础资产的住房抵押贷款支持证券，分别为“建元2005第一期个人住房抵押贷款资产支持证券”（以下简称“建元2005-1”）和“建元2007第一期个人住房抵押贷款资产支持证券”（以下简称“建元2007-1”）。随后由于信贷资产证券化试点暂停，直到2014年才有新的住房抵押贷款支持证券发行，为邮储银行发起的“邮元2014年第一期个人住房抵押贷款资产支持证券”（以下简称“邮元2014-1”）。此后，住房抵押贷款资产证券化产品的发行数量和金额迅速增长。2016年全年共发行24单，总计1 439.57亿元，较2015年的发行规模增长295.61%。2017年和2018年没有公积金住房抵押贷款支持证券发行，2017年商业性住房抵押贷款支持证券共计发行19单，规模总计1 707.51亿元，较上年而言发行数量有所回落。2018年商业性住房抵押贷款支持证券发行54单，发行规模达到5 842.63亿元，增长率高达242.10%。随着发行规模的增长，住房抵押贷款支持证券的发行量在信贷资产证券化产品发行总额的占比在不断增加，2015年住房抵押贷款支持证券的发行规模占全部信贷资产证券化产品发行规模的8.90%，2016年、2017年和2018年，该比重分别为36.43%、28.59%和62.67%，住房抵押贷款支持证券已经成为银行间信贷资产证券化的重要组成部分。住房抵押贷款支持证券的发行情况如图8.17所示。住房抵押贷款支持证券与信贷资产证券化历年发行总额对比如图8.18所示。

截至2018年12月31日，市场共计发行117单个人住房抵押贷款支持证券（包含银行间债券市场及证券交易所市场），其中商业性住房抵押贷款支持证券总计99单，累计发行规模8 999.28亿元，均在银行间市场发行，公积金住房抵押贷款支持证券总计18单，其中由证券公司或基金子公司作为管理人并在证券交易所挂牌的产品共计11单，累计发行规模77.46亿元，由信托公司作为受托人在银行间债券市场发行的共计7单，累计规模为416.77亿元。仅看银行间债券市场发行的产品，商业住房抵押贷款支持证券与公积金住房抵押贷款支持证券共计发行 9 416.05 亿元，占全部信贷资产证券化发行总规模的 34.75%。住房抵押贷款支持证券的分类情况统计见表 8.6。

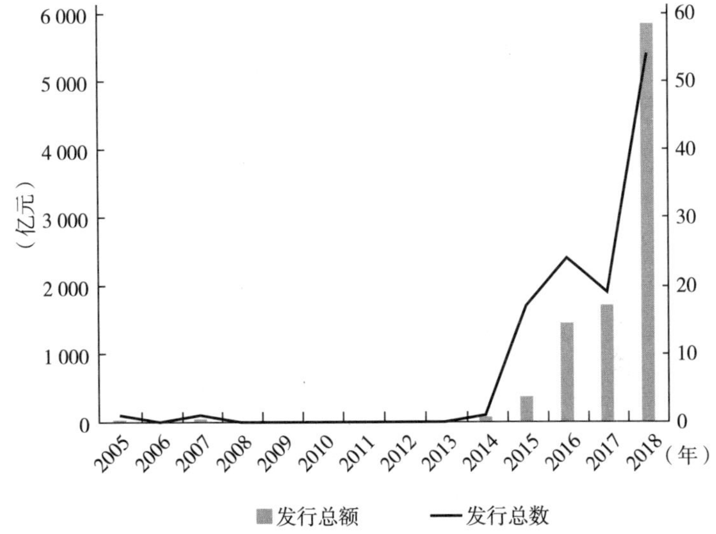

图 8.17　住房抵押贷款支持证券的发行情况

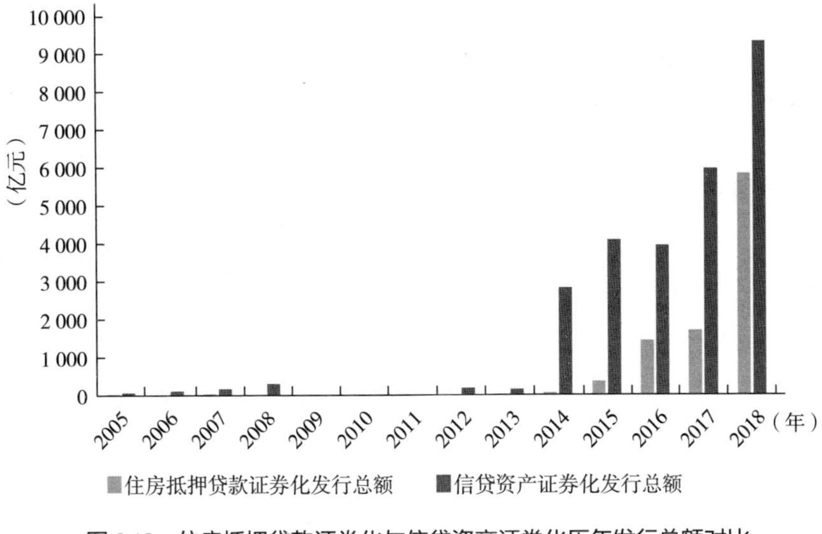

图 8.18　住房抵押贷款证券化与信贷资产证券化历年发行总额对比

表 8.6 住房抵押贷款支持证券的分类情况统计

分类	交易场所	发行期数	总计规模
商业住房抵押贷款支持证券	银行间债券市场	99	8 999.28
商业住房抵押贷款支持证券汇总		**99**	**8 999.28**
公积金住房抵押贷款支持证券	证券交易所市场	11	77.46
	银行间债券市场	7	416.77
公积金住房抵押贷款支持证券汇总		**18**	**494.23**
总计		**117**	**9 493.51**

公积金住房抵押贷款支持证券入池资产为公积金中心委托商业银行发放的委托贷款，可界定为信贷资产的一种，受相关政策的影响，2016 年 5 月以后，以公积金住房抵押贷款为基础资产的证券化产品只能在银行间债券市场或其他银保监会管辖范围内的场所发行，交易所市场的此类业务受到了限制。

个人住房抵押贷款资产证券化的基本特征

产品特征

据已发行产品统计，住房抵押贷款支持证券的期限普遍较长，其中，期限为 5~20 年的产品发行总量占个人住房抵押贷款资产证券化产品发行总量的 62.39%，平均期限为 19.12 年。住房抵押贷款支持证券的基础资产的贷款笔数在 1 284 和 74 420 笔之间，平均贷款笔数为 32 260 笔，分散性较高。个人住房抵押贷款的违约率较低，产品整体的信用等级较高。因产品的基础资产通过个人住房进行抵押，抵押物较稳定，产品整体信用风险有保障，相较于企业贷款资产支持证券，住房抵押贷款支持证券的票面利率较低，平均发行利率为 4.44%。该类产品适于寻求长期、稳定投资标的的投资者。住房抵押贷款支持证券的期限分布如图 8.19 所示。住房抵押贷款支持证券与同级别中短期票据到期收益率的比较如图 8.20 所示。

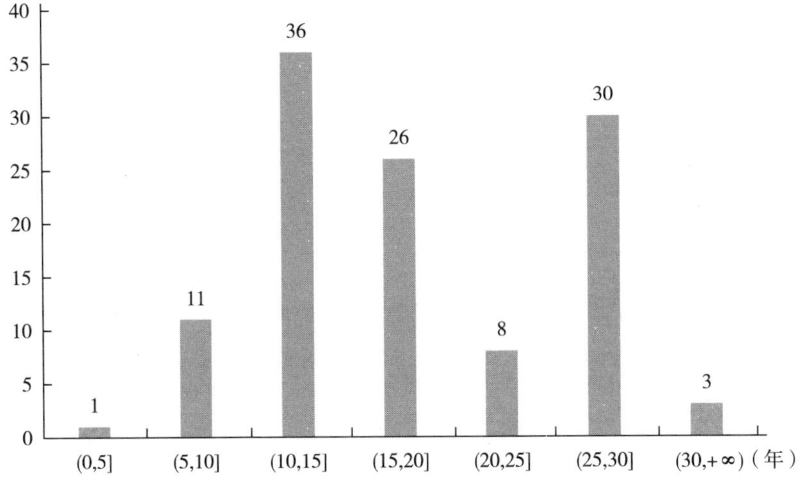

图 8.19　住房抵押贷款支持证券的期限分布

注：平安汇通公积金 1 号 2015-1 和广厦 1 号 2015-1 两单交易所公积金产品无相关数据。

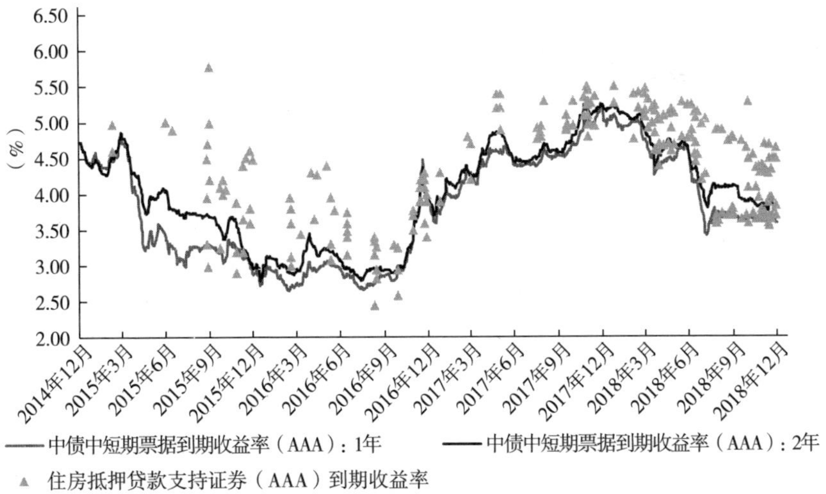

图 8.20　住房抵押贷款支持证券（AAA）与同级别中短期票据到期收益率的比较

基础资产特征

与其他信贷资产证券化产品相比，住房抵押贷款支持证券具有基础资产分散性较高、贷款剩余期限（入池资产合同期限）长、基础资产质量较好、资产同质化程度高等特点。商业个人住房抵押贷款与公积金住房抵押贷款具有3点不同之处。

第一，公积金贷款的逾期率更低。住房公积金贷款的发放流程相较于普通的商业性住房贷款，手续更烦琐，且贷款额度与个人缴存的公积金金额直接相关，具有天然筛选客户的门槛。同时，借款人已缴存和即将缴存的公积金对贷款的本息偿付有一定的覆盖作用。公积金贷款的逾期率较商业住房贷款更低。

第二，住房公积金住房抵押贷款支持证券的基础资产的区域特征更强。公积金住房抵押贷款的借款人一般购买公积金缴存地的本地住房，对应的当地公积金中心入池的基础资产通常集中在同一个区域，地区的集中度高于商业性住房抵押贷款。

第三，公积金住房抵押贷款支持证券的提前还款率更低，资产更稳定。住房公积金贷款的利率为央行统一发布的个人住房公积金贷款利率，一般低于商业性住房抵押贷款利率，借款人的提前还款意愿要远低于商业性住房抵押贷款。

发起人特征

住房抵押贷款支持证券的发起人主要为商业银行及地方公积金管理中心，银行作为发起人的住房抵押贷款支持证券的发行数量占全部住房抵押贷款支持证券发行数量的84.62%，发行规模占比为94.79%，其中国有大型商业银行的发行规模相对较大，占全部商业性住房抵押贷款支持证券的87.86%。公积金住房抵押贷款支持证券的整体规模较小，上海公积金管理中心为发行规模最大的公积金住房抵押贷款支持证券发起人。住房抵押贷款支持证券发起机构的分布情况如图8.21所示。住房抵押贷款支持证券发行情况统计见表8.7。

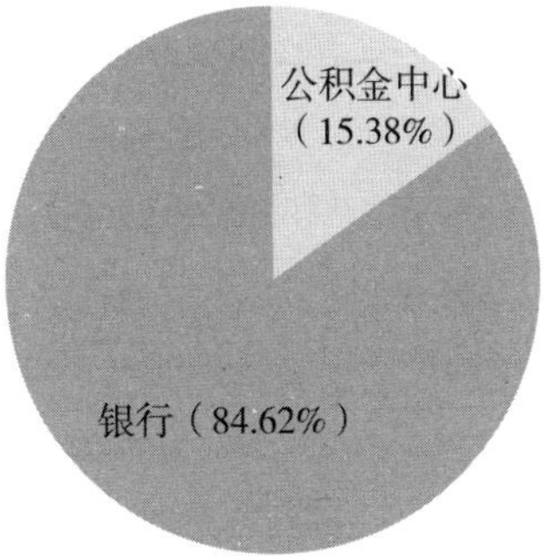

图 8.21　住房抵押贷款支持证券发起机构的分布情况

表 8.7　住房抵押贷款支持证券发行情况统计

公积金中心	发行产品数量	发行金额（亿元）	银行	发行产品数量	发行金额（亿元）
上海公积金中心	4	381.22	建设银行	39	3 790.35
武汉公积金中心	2	25.41	工商银行	20	2 541.79
杭州公积金中心	2	15.00	中国银行	11	990.48
湖州公积金中心	2	9.14	兴业银行	5	494.30
苏州公积金中心	1	20.00	招商银行	4	212.57
泉州公积金中心	1	10.00	邮政储蓄银行	3	249.28
滁州公积金中心	1	8.00	交通银行	3	231.38
常州公积金中心	1	6.19	江苏江南农商行	3	39.46
龙岩公积金中心	1	5.00	民生银行	2	98.68
泸州公积金中心	1	5.00	农业银行	1	103.16
三明公积金中心	1	5.00	中信银行	1	71.97
盐城公积金中心	1	4.27	广发银行	1	52.78
			杭州银行	1	40.58
			北京银行	1	29.90
			华夏银行	1	22.01
			顺德农商银行	1	19.21
			徽商银行	1	6.29
			苏州银行	1	5.08
总计	18	494.23	总计	99	8 999.27
汇总	住房抵押贷款支持证券共发行117单，规模达9 493.51亿元				

个人住房抵押贷款资产证券化的风险特征

底层资产的风险

与其他信贷资产支持证券相比，住房抵押贷款支持证券的风险特征略有不同。

第一，住房抵押贷款的平均年限是所有信贷资产中最长的，最长可达 32 年，跨越的经济周期最多，风险暴露时间最长。在整个产品存续期内，发生金融危机、经济下行等恶劣宏观经济现象的可能性最大，容易使产品受到外部风险的冲击。

第二，借款人支付能力和消费观念的改变，以及抵押物的转让会导致住房抵押贷款被提前偿还，这些潜藏的因素提高了产品的早偿风险，从而影响产品的未来收益，打乱投资者的再投资节奏。

第三，抵押物风险，个人住房抵押贷款的发放均有住房抵押作为支持，而贷款额度与抵押物的价值直接相关，当房产价值受到区域宏观经济变化的影响而发生变化时，会对证券化产品的本息安全带来隐患，若抵押物（房产）价格出现下跌，甚至下跌幅度超过抵押率的安全边界，则借款人的违约率会随之升高。

第四，住房抵押贷款支持证券入池资产的区域相对集中，其中，公积金住房抵押贷款支持证券的地区集中度往往高于商业住房抵押贷款支持证券，具有更显著的区域特征，区域经济发展情况、地方政策、居民收入水平、经济发展状况和人口增长等情况都将影响底层借款人的行为。

第五，在房产价格上行的周期内，住房抵押贷款的信用风险相较其他信贷资产更小，但因住房抵押贷款的期限较长，在相对长的时间内，借款人的经济状况、职业稳定性、家庭情况、健康状况等因素的不确定将对贷款的按时足额偿还产生一定程度的影响。

资产支持证券的风险（交易结构风险）

住房抵押贷款支持证券的交易结构与其他一般信贷资产证券化产

品的交易结构基本类似，发起人将基础资产住房抵押贷款委托给受托机构，受托机构设计特定目的信托并向市场投资者发行。在此交易结构中，风险点主要集中在抵押权变更风险、抵销风险、混同风险、后备服务机构缺失风险等。

抵押权变更风险，因入池资产笔数较多且具有一定的区域分散性，逐笔进行抵押变更的工作难度较大，实操中往往采取设置权利完善事件的方式进行操作。在不触发权利完善事件之前，房屋的债权与抵质押权一同发生转移但不办理登记变更；当触发权利完善事件时，再办理抵押变更手续。由于基础资产项下的抵押房产或分布于多个城市，各省市对房产权属变更登记的程序要求不尽相同，因此在具体办理变更登记中可能存在障碍和困难。在触发权利完善事件后需将抵押权变更至受托人时，转移登记手续可能因为各种障碍及困难无法及时完成而造成信托财产的损失。

抵销风险是指基础资产的债务人以对其发起人的债权行使抵销权，使已转让给受托机构的债权灭失。为了防范该风险，资产支持证券的相关法律文件中通常会约定，如果借款人已行使抵销权且被抵销的债权属于发起机构已交付设立信托的信托资产，那么发起机构应无时滞地将相当于被抵销款项的资金全额支付给贷款服务机构，作为借款人偿还的相应数额的还款。

混同风险是指贷款服务机构（通常为发起人）发生信用危机时，将信托财产与其他自有财产混同的风险，应关注贷款服务机构的风险控制能力及主体信用。

后备服务机构缺失风险是指在产品存续期间，由于现行贷款服务机构的缺失或不能胜任导致无法继续担任贷款服务机构，且产品并未安排合适的后备资产服务机构的风险，应关注交易结构中是否安排后备服务机构以防范此风险。

风险的分析

由于住房抵押贷款支持证券涉及的入池资产笔数较多，分散度高，逐一对入池贷款进行分析评估的难度较大，因此在分析住房抵押贷款支持证券入池资产的风险时，一般采取静态样本池分析法，关注基础资产的基本特征及影响资产池信用状况的主要指标，如违约率、损失率、早偿率等。

静态样本池分析法指通过使用发起机构提供的历史数据构建样本池，对证券化的基础资产池的信用状况进行分析的方法。通过观测样本池的贷款状态转移情况及其风险特征，推算出实际入池资产的逾期违约比率和逾期损失率。例如“建元 2017 第二期个人住房抵押资产支持证券”选取了 2009—2016 年上半年建设银行发放的住房抵押贷款形成的 70 余个静态池样本，“中盈 2017 第一期个人住房抵押贷款资产支持证券”选取了 69 个静态池样本。但静态池样本与拟证券化资产池在账龄、期限及所处的宏观经济周期上仍有差异，有可能导致推算的拟证券化资产池的逾期违约率与损失比率存在一定误差，需在信用风险模型中对参数进行修正调整。

除分析静态样本池外，还需关注样本池中的预期违约率、损失率、早偿率等指标。违约率通常选用抵押率作为基准违约率的重要参考变量，抵押率越小，借款人的还款意愿越强，抵押率的大小也体现了借款人的还款能力。在基准违约率的基础上，根据借款人年龄、抵押物使用状态、抵押物价格、还款方式、贷款人信用状况、贷款逾期状态、已偿还期限、借款人职业、收入还贷比等因素，对贷款池的整体预期违约率进行调整。损失率为另一个重点关注指标，影响损失率的因素包括抵押率、抵押物价值、房产类型等因素。抵押率除影响违约率外，对损失率也有一定程度的影响。一般情况下，抵押率越低，发生违约后，通过处置抵押物获得的价值越高，损失率越低。抵押物价格下跌，会导致贷款回收价值下降，从而造成损失。房产类型的不同，处置的成本与效率也将不同，会影响最终的损失率。早偿率受到利率、账龄、购房用途等因素的影响。从历史数据来看，利率一般为影响早偿的重要因素，利率越低，提前还款率越高；账龄越长，提前还款率越低；投资性购房受利率的影响高于自住购房。产品设计中关于应对早偿风险的相关条款对投资人来说极其重要。

案例分析：建元 2017 年第二期个人住房抵押贷款资产支持证券

产品概况

建元 2017 年第二期个人住房抵押贷款资产支持证券发行于 2017 年 5 月末，发行规模为 99.94 亿元，用于发行该期资产支持证券的信贷资产涉及建设银行向 41 712 个借款人发放的 41 712 笔个人住房抵押贷款。其中优先级证券分为三档，优先 A–1 档发行规模 5 亿元，占比为 5.00%；优先 A–2 档发行规模 40 亿元，占比为 40.02%；优先 A–3 档发行规模 45.94 亿元，占比为 45.97%；次级证券 9 亿元，占比为 9.01%。其中，优先 A–1 档采用固定利率制，发行利率为 4.90%，优先 A–2/A–3 档采取浮动利率制，为基准利率（5 年以上贷款利率）上浮 0.30%/0.49%，发行时利率分别为 5.20% 和 5.39%。得益于优质的资产及内部信用增级措施，优先级证券评级均为 AAA。建元 2017 年第二期个人住房抵押贷款资产支持证券概况见表 8.8。

表 8.8　建元 2017 年第二期个人住房抵押贷款资产支持证券概况

产品名称		建元2017年第二期个人住房抵押贷款资产支持证券			
产品规模		99.94亿元	产品期限	28.17 年	
证券起息日		2017–5–31	基础资产	住房抵押贷款	
次级占比		9.01%	还本方式	过手型	
证券名称		发行规模（万元）	发行利率	预期到期日	评级
	17建元2A1	50 000.00	4.90%	2018–3–26	AAA
	17建元2A2	400 000.00	5.20%	2020–2–26	AAA
	17建元2A3	459 400.00	5.39%	2024–2–26	AAA
	17建元2C	89 999.00	—	2045–7–26	无评级
委托人/发起机构/贷款服务机构		中国建设银行股份有限公司	发行人/受托机构	建信信托有限责任公司	
			主承销商	招商证券、中信证券、中信建投	

续表

财务顾问	建信资本管理有限责任公司	资金保管机构	华夏银行股份有限公司
会计/税务顾问	德勤华永会计师事务所（特殊普通合伙）	法律顾问	北京市中伦律师事务所
信用评级机构	中债资信评估有限责任公司、联合资信评估有限公司		
增信措施	优先/次级分层，储备账户设置，偿付结构安排，触发机制安排		
交易平台	银行间债券市场		
登记托管机构/支付代理机构	中央国债登记结算有限责任公司		

资料来源：建元 2017 年第二期个人住房抵押贷款资产支持证券计划说明书。

交易结构

建设银行将其合法所有且符合该项目约定的合格、标准的 999 399.15 万元个人住房抵押贷款及其相关权益作为基础资产，采用特殊目的信托作为载体，通过建信信托设立“建元 2017 年第二期个人住房抵押贷款证券化信托”。建信信托以受托的基础资产为支持在全国银行间债券市场发行优先 A–1 档、优先 A–2 档、优先 A–3 档和次级档资产支持证券。通过购买并持有该资产支持证券，投资者可获得该信托项下相应的信托受益权，次级档资产支持证券全部由发起人持有。建元 2017 年第二期个人住房抵押贷款资产支持证券的交易结构如图 8.22 所示。

基础资产

入池资产共涉及 41 712 笔贷款，单笔最大未偿本金余额占比为 0.06%，贷款分散度很高，借款人所属地域涉及 102 个地区，占比最高的地区为天津市，贷款余额占比 9.77%，地区集中度较低。借款人年龄主要分布于 30~40 岁，加权平均年龄为 38.43 岁，多处于职业及收入的上升期或稳定期，平均收入债务比为 4.73 倍，还款能力较强。

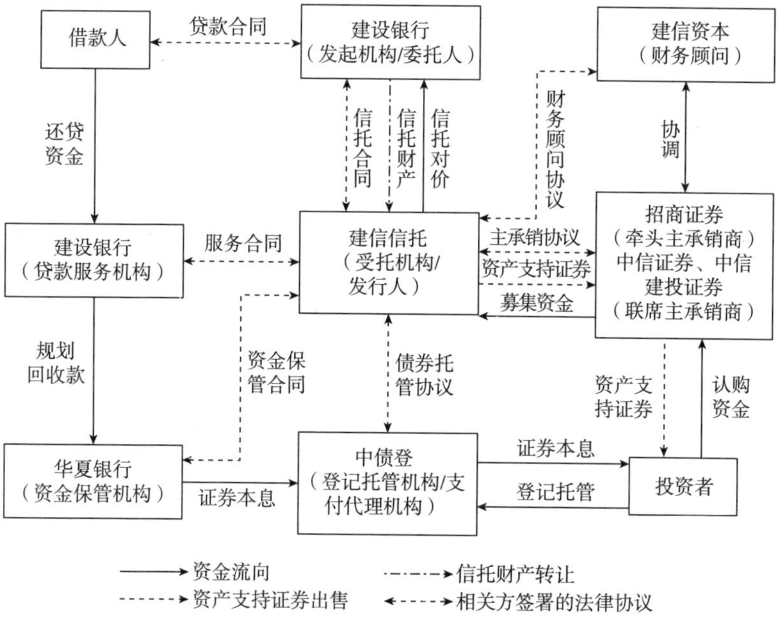

图 8.22 建元 2017 年第二期个人住房抵押贷款资产支持证券的交易结构

资料来源：建元 2017 年第二期个人住房抵押贷款资产支持证券计划说明书。

入池贷款利率类型为等额本息或等额本金，贷款加权平均利率为 4.83%，处于较低水平。入池贷款中最短账龄为 0.29 年，最长账龄为 15.68 年，加权平均账龄为 3.18 年。加权平均剩余期限为 13.11 年，剩余期限较长。

建元 2017 年第二期个人住房抵押贷款资产支持证券入池资产基本情况见表 8.9。

表 8.9 建元 2017 年第二期个人住房抵押贷款资产支持证券入池资产基本情况

基本情况	数值
入池总金额（万元）	999 399.15
入池资产笔数（笔）	41 712
借款人户数（户）	41 712
单笔贷款最高未偿本金余额（万元）	632.27
单笔贷款平均未偿本金余额（万元）	23.96

续表

基本情况	数值
合同总金额（万元）	1 227 682.96
单笔贷款最高合同金额（万元）	715.00
单笔贷款平均合同金额（万元）	29.43
加权平均贷款年利率（%）	4.83
最高贷款利率（%）	4.90
入池资产加权平均合同期限（年）	16.29
加权平均账龄（年）	3.18
加权平均剩余期限（年）	13.11
入池抵押住房初始评估价值合计（万元）	1 999 631.75
加权平均初始贷款价值比（%）	53.96
入池抵押住房一二线城市占比（%）	29.68
资产池抵押一手房占比（%)	88.76
借款人加权平均年龄（岁）	38.43
借款人加权平均年收入（万元）	14.31
贷款最短剩余期限（年）	1.01
贷款最长剩余期限（年）	28.15

资料来源：建元2017年第二期个人住房抵押贷款资产支持证券计划说明书。

从抵押物来看，抵押物均为商业住房，价值稳定性一般。抵押物中一手房占比88.67%；抵押物位于一二线城市[①]的贷款余额占比为29.68%，占比较低；抵押物大部分位于三四线城市，房地产去库存压力及未来房价的不确定性较大，给抵押物变现带来一定的风险。入池资产加权平均初始贷款价值比为53.96%，贷款按月分期摊还，随着账龄逐渐增加，贷款价值比不断下降，能有效降低借款人的违约意愿，提高贷款的回收率。

① 一二线城市名单引用自《个人住房抵押贷款资产支持证券信息披露指引》，具体名单如下：一线城市有北京、上海、广州、深圳；二线城市有天津、石家庄、太原、呼和浩特、沈阳、大连、长春、哈尔滨、南京、杭州、宁波、合肥、福州、厦门、南昌、济南、青岛、郑州、武汉、长沙、南宁、海口、重庆、成都、贵阳、昆明、西安、兰州、西宁、银川、乌鲁木齐。

案例特点

该项目中的产品为建设银行以其发放的 41 712 笔个人住房抵押贷款作为基础资产发行的信贷资产证券化产品。截至 2016 年年末，建设银行个人住房贷款不良贷款率为 0.28%，处于较低水平。本次交易入池贷款均属于正常类贷款，入池贷款资产质量良好。在次级证券提供 9.01% 信用支持的情况下，产品优先级证券全部获得 AAA 评级。

不同于前述企业贷款或汽车抵押贷款，个人住房抵押贷款期限较长，最长可达 30 年，因此该项目的存续期限长达 28 年之久。为了降低过长期限的不确定性给投资者带来的潜在损失，证券在设计分层结构时，根据现金流流入特征将优先级分为三档，期限分别为 0.82 年、2.74 年和 6.75 年，有效缩短了优先级证券投资者的风险暴露期，且后两档设置了浮动利率制，进一步降低了因利率波动导致证券无法足额偿付的风险。

从抵押物角度来看，以个人住房作为抵押物，具有以下特征：抵押物价值较大；抵押物未来价值不确定性较大；处置成本较高；变现金额及时间有较大的不确定性；房地产调控政策风险。上述特征使抵押权人主观上尽可能地避免因违约而处置抵押物这一行为。在入池资产中，初始抵押率为 60%~70%，为产品形成了一定的安全边界。

据统计，资产池中有 25 407 笔贷款仅办理了抵押权预告登记，未办理正式抵押，贷款余额占比为 60.91%，若此类贷款发生违约，建设银行因暂未取得相关房屋的抵押权，无法通过处置抵押物进行资金回收，将影响后续证券的偿付。另外，在基础资产买卖时，抵押贷款债权及其附属担保权益由发起机构转让至特殊目的信托，但未办理变更登记手续，因而存在无法对抗善意第三人的风险。为控制上述风险，建设银行将代为持有预告登记项下的权益，并在抵押权设立登记条件具备的情况下及时配合进行相应的设立登记。一旦触发个别同质事件，或者建设银行无法实际行使其作为贷款服务机构的相关权利，贷款服务机构建设银行和受托人建信信托应在规定期限内办理抵押权变更登记手续。

中外对比

美国作为第一个发行抵押贷款支持证券的国家，其证券化历史已超过 40 年，目前抵押贷款支持证券的市场存量超过 8 万亿美元，是全球公认的住房抵押贷款资产证券化模型和系统最完整的国家。当前，抵押贷款支持证券与国债、公司债共同作为美国债券市场的最主要产品。美国的抵押贷款支持证券拥有非常成熟的一二级市场，产品流通性很高，吸引了诸多境外投资者，虽受到 2008 年金融危机的影响，但其产品结构设计、增信方式、市场发展趋势等均可以作为国内住房抵押贷款学习借鉴的对象。

美国抵押贷款支持证券基于证券的发行主体，可以分为机构债券和非机构债券。非机构债券为信托或者其他特殊目的载体发行的债券，这些债券相较于机构债券拥有更高的风险评级、投资收益回报。非机构抵押贷款支持证券按照基础资产抵押物的类型可以分为住房抵押贷款支持证券，即以住房抵押贷款作为入池资产的抵押贷款支持证券，以及商业抵押贷款支持证券，即以商业地产抵押贷款作为入池资产的抵押贷款支持证券。

我国未设立与美国吉利美、房利美类似的政府机构或政府支持企业，目前市场发行的资产支持证券均由信托或其他特殊目的载体作为受托人，证券不含政府担保性质。大体上来看，我国的住房抵押贷款支持证券与美国非机构住房抵押贷款支持证券在结构上具有一定的相似之处，但也有不同之处。

- 入池基础资产的质量。我国发行的住房抵押贷款支持证券（包括公积金住房抵押贷款支持证券及商业性住房抵押贷款支持证券）入池的贷款资产均为贷款风险分类中的正常类，对于贷款分类级别在正常类以下的住房抵押贷款，我国一般认定为不良贷款，将以其为基础资产的证券化产品纳入不良资产重组资产支持证券，进行特殊的试点和管理。但美国发行的非机构住房抵押贷款支持证券的入池基础资产一般为不满足机构债券发行标准的，有瑕疵、不合规的住房抵押贷款，并按照瑕疵种类分为大额优质、次优和次级。入池资产的质量有较大差异。

- 担保增信。我国的住房抵押贷款支持证券通常进行优先劣后的分级，并通过发起人认购次级的方式对产品进行增信，由于发起人一般为银行或公积金中心，在市场上具有较好的信用评级，此种增信方式给投资者较强的信心。同时，也通过引入超额利差、保证金制度等方式提高产品优先级评级。美国的住房抵押贷款支持证券的入池资产没有代理机构担保，主要采取保险、超额抵押、超额利差、优先次级结构设计等增信方式。
- 流动性。由于我国住房抵押贷款支持证券的分级结构设置，可供以银行为主的市场投资者购买的优先级证券基本为固定收益结构，大多数投资者持有至到期以获取预期收益，转让情况较少。美国的住房抵押贷款支持证券市场较为成熟，二级市场发达且参与的市场投资者类型较丰富，拥有不同的风险偏好，对不同层级、不同评级的证券均有配置需求，投资的目的多样化，市场流动性较好。

未来随着国内资产证券化产品交易制度的逐步完善以及市场的逐渐成熟，国内住房抵押贷款支持证券将更加规范、标准，在资产分散性、增信措施、产品流动性等方面也将有更成熟的设计与表现。

第四节 汽车抵押贷款资产证券化

汽车抵押贷款资产证券化概况

汽车抵押贷款资产证券化是指由银行或汽车金融公司作为发起机构，以其合法拥有的汽车贷款及其抵押权与附属担保权益作为基础资产，以其未来还款的现金流作为偿付保证，通过交易结构化设计并加入增信措施构成资产支持证券的过程。

汽车抵押贷款资产证券化产品的主要发行机构为汽车金融公司和

商业银行。在机构自身发展需求与汽车市场监管政策双重利好的驱动下，汽车抵押贷款资产证券化在我国快速发展为信贷资产证券化的主流方式之一，其产品成熟度与发行规模逐步增长。对汽车金融公司而言，汽车抵押贷款资产证券化的发行有利于汽车金融公司拓宽融资渠道；对银行而言，有利于其盘活存量贷款、滚动个人金融业务。

汽车抵押贷款资产证券化产品在国际上的发展时间较长，对于投资者来说属于较成熟和理想的资产证券化产品投资标的。其主要特点为，基础资产分散程度高、单笔贷款占比低，且发起机构的风险管控能力及贷后管理能力较强。与住房抵押贷款相比，汽车抵押贷款属于期限较短的消费分期贷款。对投资者而言，标准化、高流动性的产品可以提高资金的周转效率，因此汽车贷款证券化产品对于偏好短期投资及对资产流动性要求高的投资者具有较大吸引力。

汽车抵押贷款资产证券化产品的发行情况

我国汽车行业经历了一段时间的迅猛发展，目前已经成为国民经济的重要组成部分。据中国汽车工业协会统计，2018 年全国汽车产销分别达到 2 780.92 万辆和 2 808.06 万辆，其中商用车产销量较 2017 年同期均有所增长。另外，国家对混合动力、小排量汽车出台了一些支持政策，早在 2006 年，财务部就出台了针对混合动力汽车以及小排量汽车的税收优惠政策；2009 年，国务院发布了《汽车产业调整和振兴规划》，稳定汽车消费，加快结构调整，增强自主创新能力，推动产业升级，促进我国汽车产业持续、健康、稳定发展；自 2010 年起，汽车下乡、汽车节能补贴以及完善增建停车场等一系列配套措施显示了国家支持汽车行业发展的决心。这些政策拉动了居民对汽车的需求，我国的汽车销售量进一步拉升。

市场公开数据显示，我国近年的汽车销量呈现出稳定增长的趋势。截至 2017 年年末，我国民用汽车保有量为 21 743 万辆。据工信部统计，预计到 2020 年，我国汽车保有量将超过 2 亿辆，与欧美国家的水平趋近一致，成为名副其实的汽车大国。汽车市场的成熟程度也会进一步提升。中国汽车销售量如图 8.23 所示。

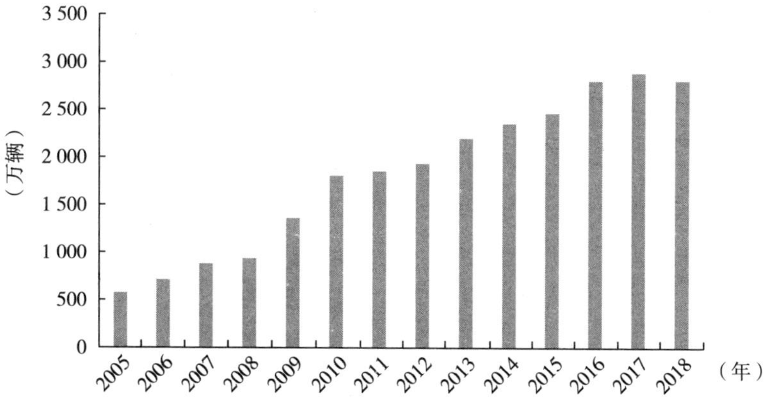

图 8.23　中国汽车销售量

汽车抵押贷款资产证券化产品在这样的行业背景下发展起来，中国国内消费水平的增加以及汽车金融公司推出的各项优惠方案，进一步促进了汽车抵押贷款业务的发展。传统的购买习惯在悄然改变，消费者不再局限于全款支付，贷款买车渐渐成为大众消费不可或缺的一部分，例如由大众汽车金融服务有限公司作为发起机构的华驭系列产品，其入池资产年龄跨度区间为 18~77 岁，可见贷款买车这种消费习惯已经渐渐影响了市场几乎全年龄阶段的消费者，而这些贷款行为则成为汽车抵押贷款资产证券化产品的基础。

汽车抵押贷款资产证券化产品的发行数量逐年攀升，成为信贷资产证券化产品中的第三大类产品。2008 年，上汽通用金融作为发起机构的“通元 2008–1”问世，发行规模为 19.93 亿元，是国内首单汽车抵押贷款资产证券化产品。2012 年，上汽通用金融又发起了一单“通元 2012 年第一期个人汽车抵押贷款资产支持证券”，发行规模近 20 亿元。在此期间，汽车抵押贷款资产证券化产品的发行并不活跃，直到 2014 年，各大汽车金融公司才相继开始发行汽车抵押贷款资产证券化产品。2014 年全年，汽车抵押贷款资产证券化产品的发行总额为 159.04 亿元，2015 年汽车抵押贷款资产证券化产品的发行总额增长为 424.01 亿元，增长了近 1.7 倍。截至 2018 年年末，我国已发行 102 单汽车抵押贷款资产证券化产品，累计发行规模为 3 496.21 亿元。其中，2015—2017 年为发行高峰期，2015 年总计发行 12 单，2016 年发行数量进一步攀升到 20 单，2017 年全年发行数量达 30 单，发行量呈现出稳定增长的势态。汽车抵押贷款资产证券化产品发行情况如图 8.24 所示。

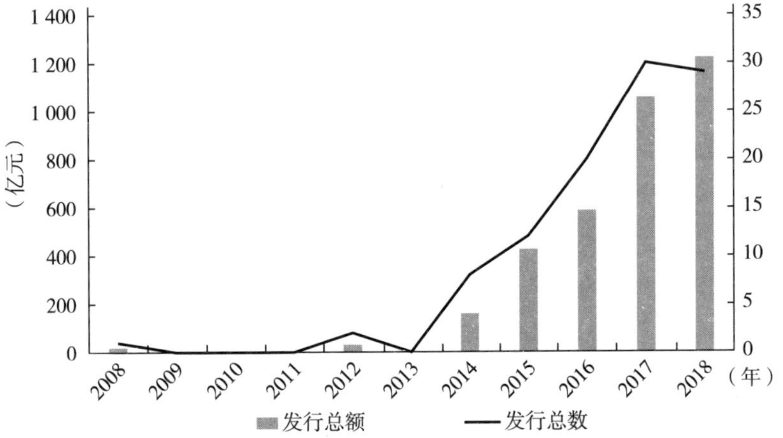

图 8.24　汽车抵押贷款资产证券化产品发行情况

在银行间信贷资产证券化市场中，汽车抵押贷款资产证券化产品的占比不断提升。2014 年，汽车抵押贷款资产证券化产品发行总额占信贷资产证券化产品发行总额的比例为 5.64%，2015—2017 年，该比例从 10.37% 逐步提升到 17.66%，2018 年的发行金额占比稍有下降，维持在 13.10%。

汽车抵押贷款资产证券化的基本特征

产品特征

从已发行的产品来看，汽车抵押贷款资产证券化产品的期限均在 7 年以内，有 78.43% 的产品期限集中于 1~3 年，5 年以上的仅有 2 单，平均期限为 2.62 年。相较于企业贷款资产证券化产品和个人住房抵押贷款资产证券化产品，汽车抵押贷款资产证券化产品的期限相对较短。

与一年期 AAA 级中短期票据或二年期 AAA 级中短期票据相比，

汽车抵押贷款资产证券化产品的发行利率总体略高于相同级别中短期票据，利差微小。因其发行机构多为大型汽车金融公司与银行机构，主体信用背景良好，发行利率相对较低，最低发行利率仅为 2.85%，但因不同产品的发行主体资质与基础资产质量有差异，该类产品的发行利率跨度较大，产品发行利率最高为 9%。汽车抵押贷款资产支持证券的期限分布如图 8.25 所示。汽车抵押贷款资产支持证券（AAA）与同级别中短期票据到期收益率的比较如图 8.26 所示。

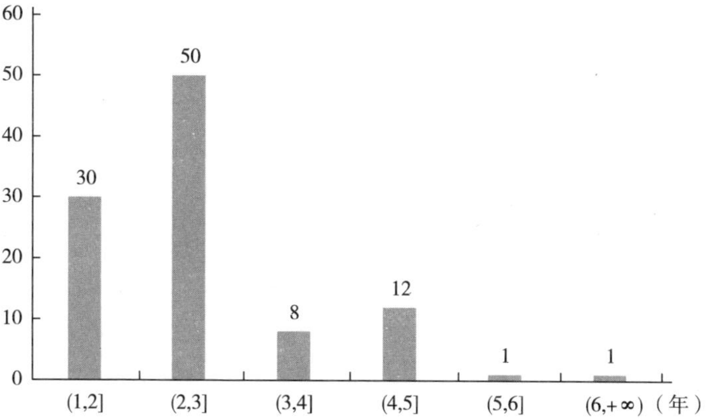

图 8.25 汽车抵押贷款资产支持证券的期限分布

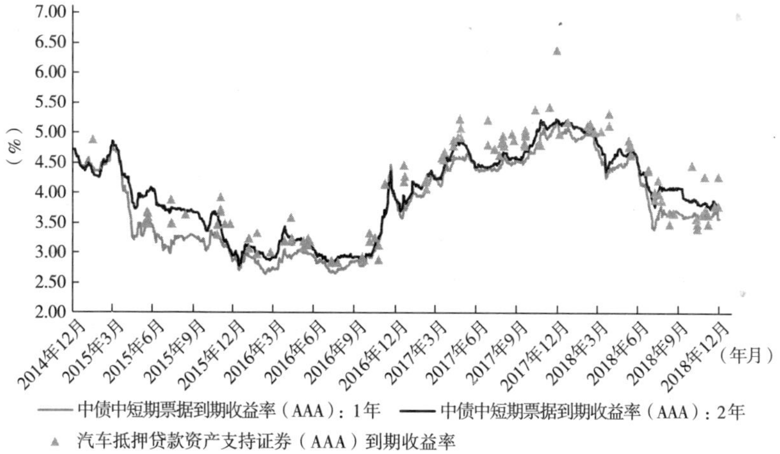

图 8.26 汽车抵押贷款资产支持证券（AAA）与同级别中短期票据到期收益率的比较

交易结构特征

汽车贷款资产证券化产品的交易结构一般以银行或者汽车金融机构作为发起机构，以信托公司作为受托人受让信贷资产并设立专项信托。以“融腾”系列（上汽通用汽车金融有限责任公司）为例，受托人向投资人发行资产支持证券，并以信托财产产生的现金为限支付证券的本金和收益。中央国债登记结算有限责任公司作为证券登记托管机构，负责对证券进行登记托管，并按约定的兑付时间向投资者转付由资金保管机构划入的到期应付信托利益。

值得一提的是，大众汽车金融（中国）有限公司发起的“华驭”系列产品首次引入了“红池”和“黑池”的转换模式。因汽车贷款的本金偿还速度通常较快，在产品设立和发行的过程中，部分资产可能已经被偿付以致资产池的整体特征与最初资产池有所差别，“红池”表示产品封包日的资产池，而“黑池”代表产品设立日的资产池。在产品设计中，“红池”与“黑池”需在基础资产分散性、剩余期限、入池标准等总体特征方面具有较大的一致性，保证资产池的属性基本相同。根据“华驭”系列的相关资料，我们提取了“大众汽车金融（中国）有限公司华驭 2014 年第一期汽车抵押贷款资产支持证券”（“华驭”系列第一期）与“华驭第六期汽车抵押贷款资产支持证券”中“红池”与“黑池”的基础资产的相关关键指标，可以看出两个资产池具有极高的相似性。在最初项目申报、证券营销阶段，先将一些符合相关参数的资产纳入“红池”，统计计算资产池基本特征，在簿记建档方式定价后，以已经批准的资产支持证券发行规模作为基础，按簿记建档定价所确定的折现率，反推计算“黑池”的规模。“华驭”第一期“红池”和“黑池”的基本情况见表 8.10。“华驭”第六期“红池”和“黑池”的基本情况见表 8.11。

表 8.10 “华驭”第一期“红池”和“黑池”的基本情况

项目	“红池”	“黑池”
贷款笔数（笔）	13 696	14 217
平均未偿折后本息余额（万元）	5.84	5.62
初始贷款本金余额总额（万元）	182 197.21	197 714.58

续表

项目	“红池”	“黑池”
平均初始贷款本金余额（万元）	13.3	13.9
加权平均贷款利率（%）	8.69	8.81
加权平均贷款剩余期限（月）	16.45	15.46
加权平均贷款账龄（月）	19.33	21.21

资料来源：华驭第一期计划说明书。

表 8.11 “华驭”第六期“红池”和“黑池”的基本情况

项目	“红池”	“黑池”
贷款笔数（笔）	83 796	84 013
平均未偿折后本息余额（万元）	5.37	5.36
初始贷款本金余额总额（万元）	726 944.79	704 886.79
平均初始贷款本金余额（万元）	8.68	8.39
加权平均贷款利率（%）	2.27	1.89
加权平均贷款剩余期限（月）	21.16	21.61
加权平均贷款账龄（月）	9.29	8.34

资料来源：华驭第六期计划说明书。

原始权益人特征

汽车抵押贷款资产证券化产品的发起机构主要为各大汽车金融公司，在已发行的 102 单产品中，82 单由汽车金融公司发起，15 单由银行发起，另有 5 单由财务公司（上海汽车集团财务有限责任公司和海马财务有限公司）发起。作为主力发起机构，获银保监会授予牌照的汽车金融公司并不多，目前共有 25 家。汽车金融公司按其股东背景可分为两类，一类为外商独资汽车金融公司，如梅赛德斯 – 奔驰汽车金融有限公司、福特汽车金融（中国）有限公司等，在已发行的产品中，有 36 单为外商独资汽车金融公司发起；另一类为中资或中外合资汽车金融公司，如上汽通用汽车金融有限责任公司、北京现代汽车金融有限公司均属于中外合资汽车金融公司，三一汽车金融公司、奇瑞徽银汽车金融股份有限公司等为中资汽车金融公司，已发行产品中有 46 单由这些汽车金融公司发起。汽车抵押贷款资产证券化产品发起机构商业银行数量分布情况如图 8.27 所示。汽车抵押贷款资产证券化产品发起机构汽车金融公司数量分布情况如图 8.28 所示。

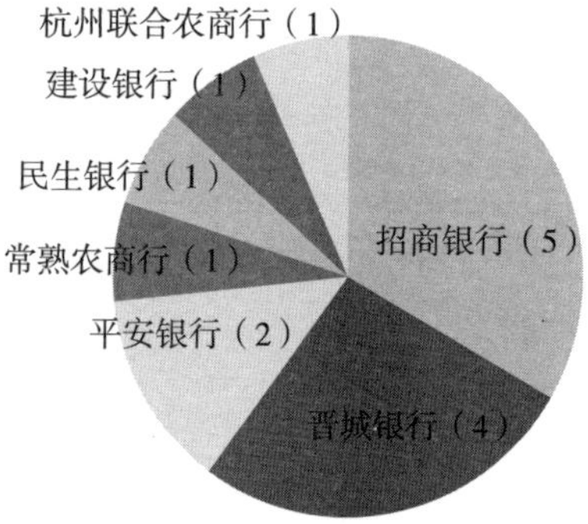

图 8.27 汽车抵押贷款资产证券化产品发起机构商业银行数量分布情况

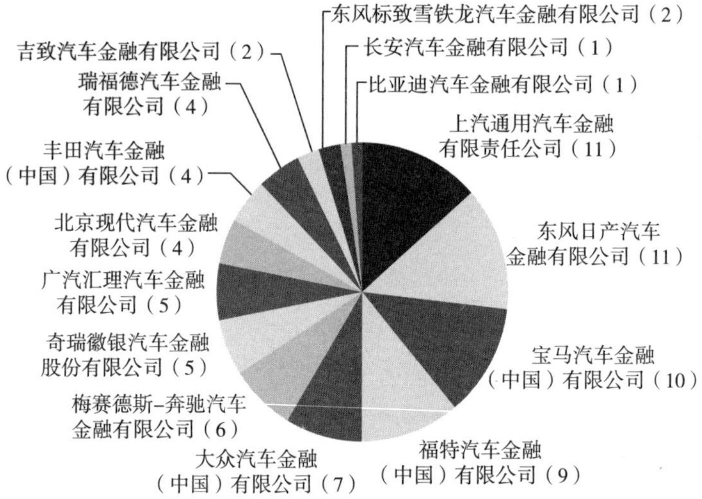

图 8.28 汽车抵押贷款资产证券化产品发起机构汽车金融公司数量分布情况

汽车金融公司因其业务属于资金密集型行业，融资方式的多样性和稳定性对其发展具有重要意义。国外汽车金融公司的资金来源多样，主要通过向母公司借款、申请银行贷款、同业拆借、发行股票或债券、吸收消费者储蓄、发行商业票据等方式进行融资。我国汽车金融公司的融资渠道相对单一。根据我国现行的《汽车金融公司管理办法》的相关规定，国内汽车金融公司的融资渠道可分为以下 3 种：吸收境内股东单位 3 个月以上期限的存款；转让和出售汽车贷款业务；向银行贷款和同业拆借。其中，汽车金融公司的股东的现金流往往并不充足，因此股东单位可提供的低成本、长期的资金支持较为有限。同时，汽车贷款为中长期的资金供给，因此短期、利率偏高的同业拆借资金难以解决其长期的资金运用问题，目前国内汽车金融公司最主要的融资方式仍然是银行贷款。而汽车金融公司对利率较为敏感，银行贷款的利息往往较高，汽车金融公司的盈利空间被压缩。因此，汽车贷款资产证券化的发展对汽车金融公司拓宽融资渠道有着重要意义，随着汽车金融公司业务规模的逐渐扩大和国内金融环境的成熟，未来汽车抵押贷款资产证券化产品的发行将会进一步攀升。

基础资产特征

汽车抵押贷款资产证券化产品具有入池资产的单笔规模较小的特征，一般而言，汽车抵押贷款资产证券化产品基础资产的贷款笔数多达上万笔甚至数十万笔，单笔贷款占比极低，再辅之以车辆本身的抵押担保，产品的风险状态相对可控。另外，汽车贷款机构在放贷时对借款人的信用状况和偿债能力会进行筛选，汽车金融公司在此环节具有相对丰富的经验，以大众汽车金融公司为例，其标准的贷款发放流程涉及客户、汽车经销商和大众金融之间的电子邮件沟通、文件流和资金流等。在贷款审批会上，由 60 名员工组成的一支信贷团队负责做出信贷审批决定。做出信贷审批决定的流程涉及多个步骤：首先，通过公司内部的信用评分系统，零售贷款申请中有较大一部分（约 43%）被自动批准或拒绝；剩余申请（约 57%）的信贷决定则由人工做出。严格的贷款审批流程减少了入池资产的信用风险，单笔资产占比低降低了单个资产对资产池的影响，所以汽车抵押贷款资产证券化产品的借款人风险分散，信贷质量较高，受到市场众多投资机构的认可。汽车抵押贷款资产证券化产品贷款笔数分布情况如图 8.29 所示。

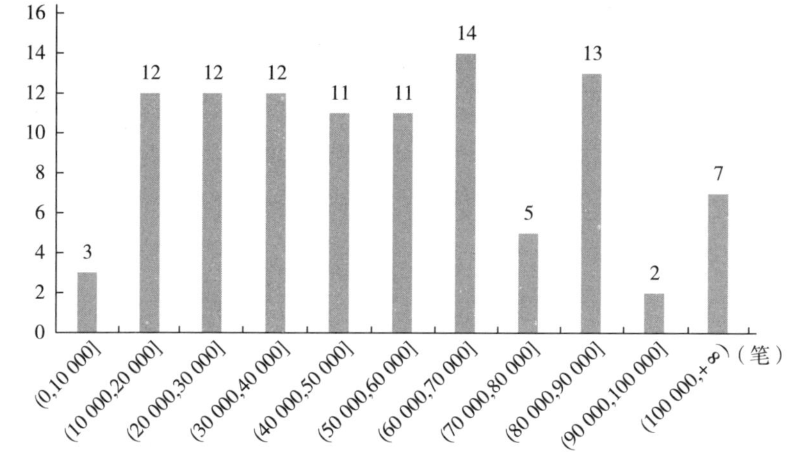

图 8.29　汽车抵押贷款资产证券化产品贷款笔数分布情况

从基础资产的担保措施来看，汽车贷款均采用一定的担保方式，例如纯车辆抵押、车辆抵押 + 机构担保、车辆抵押 + 自然人担保、车辆抵押 + 履约保证保险等。根据 CNABS 的统计，基础资产增信方式中应用最多的是抵押，占比为 56.20%，其次是保证、抵押、质押的组合形式，占比为 18.40%。汽车抵押贷款资产证券化产品基础资产担保措施如图 8.30 所示。

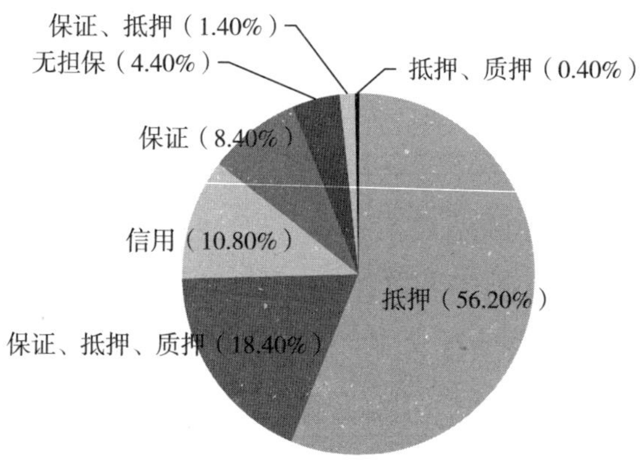

图 8.30　汽车抵押贷款资产证券化产品基础资产担保措施

同时，作为贷款发放主体的银行或汽车金融公司往往会采取一定的贷款催收措施。若贷款出现拖欠或者违约的情况，当逾期天数为

1~3 天时，汽车金融公司或银行通常会向借款人发放问询函，以确定借款人的还款意愿与还款条件；当逾期天数超过 90 天时，放贷机构通常会通过申请查封、拍卖等方式获取汽车的所有权。

然而，汽车抵押贷款资产证券化的基础资产——汽车不可避免地会存在贬值的情况，由自然因素和人为因素引起的汽车车体的损坏、新型产品对市场的冲击等都会造成汽车本身价值的下降，即使通过拍卖获得资金回流，也将面临车辆价值下降的损失。通过提高首付比例和降低抵押率，以及增加除车辆抵押外的其他增信措施，可以在一定程度上缓解这些风险，因此在投资汽车抵押贷款资产证券化产品时，可通过关注资产分散程度及产品条款中设计的增信措施来降低投资风险。

现金流特征

现金流稳定性问题是汽车抵押贷款资产证券化产品的一大亮点。汽车抵押贷款资产证券化产品的现金流来自贷款人缴纳的车贷本息，车贷期限以 3~4 年居多，利率由签订的贷款合同约定，通常，还款是按月偿还本息，少数是按季度或按年偿付。分期付款的安排和每期的本息支付份额在销售合同中已经确定，并且在整个贷款期限内不会发生变化。相对于其他信贷资产证券化产品，汽车抵押贷款证券化产品现金流的可预测性与稳定性更高。

增信措施

除了车辆贷款本身的一些抵质押担保措施，汽车抵押贷款资产证券化会在产品层面设计一些信用增级措施，包括超额利差、优先/次级分层结构、流动性储备账户和信用触发机制等。

超额利差

汽车贷款的利率相对较高，基础资产的加权平均利率一般可达 8%~9%，扣除汽车抵押贷款资产证券化 5%~6% 的平均发行成本和费率，产品可以获得较高的超额利差。超额利差是资产证券化产品承受损失的首要防线，能够弥补基础资产现金流遭受的违约损失，一般通过设立子账户的形式，将基础资产产生的现金收益存入超额利差账户，作为损失发生时的现金补偿。超额利差账户的管理一般由发起人负责，在已发行的汽车贷款资产证券化产品中，发起人通常兼任资产服务机构，并参与次级证券的认购，即证券化产品完成优先级固定本息的兑付后，剩余的超额利差由次级证券持有人即发起人获取，对发起人而言，有执行好账款回收服务职能的动力。通过现金流归集的频次和路径的安排，防范发起人的运营风险，如服务转移、混同、抵销等。在分析超额利差的信用支持力度时，需要关注收入账下资金的分配方式，以判断超额利差对于本金和利息偿付的支持力度，同时也需要关注可能使超额利差水平降低的因素及其历史表现情况，如提前还款事件等。

超额利差是汽车抵押贷款资产证券化产品中比较重要的增信措施，在相关产品的投资中，应关注超额利差对资产池信用风险提供的额外保护。

优先/次级分层结构

汽车抵押贷款资产证券化产品通过设置优先、次级的分层结构对优先级证券提供信用增级。据统计，产品中次级证券发行规模占比约为4%~18%，平均占比为9.59%。汽车抵押贷款基础资产的信用质量比较接近，且入池资产笔数多、分散度高，基础资产的违约及损失分布较稳定，10%以内的次级比例基本可以满足优先级证券所需的信用增级。

流动性储备账户/保证金账户

汽车抵押贷款资产证券化产品还会设置流动性储备账户或保证金账户，为产品提供信用增级，当发起机构的评级下调时，发起机构需要在流动性储备账户/保证金账户中存入约定的金额，为资产支持证券的本金和收益提供保护。

信用触发机制

汽车抵押贷款资产证券化产品的信用触发条款一般设计为出现贷款服务机构被解任或优先级证券的评级下调等情况时，信用触发机制被启动，随后将加速对优先档证券本金和收益的偿付，或由准备金账户储备金额进行补充支付。

汽车抵押贷款资产证券化的风险特征

个人汽车抵押贷款资产证券化的风险主要为早偿风险和违约风险，这两种风险相互交叉，早偿本身带有一定的违约性质，而违约是被动早偿的触发因素。

一般而言，汽车抵押贷款的早偿可能有以下 4 个主要原因：一是借款人准备购买新车，欲以新换旧而提前清偿旧车的贷款；二是借款人为了再融资而主动提前还款；三是合约双方或其中某一方合约当事人因违约而触发贷款清算；四是作为抵押物的车辆受损，使借款人无法按要求追加抵押品而被迫进行提前还款。

为防范早偿风险，部分个人汽车抵押贷款会约定提前还款的条件是将原周期内的所有利息全额付清，如此一来，早偿并不会形成利息的实质损失，同时也会大幅降低借款人的早偿意愿。另外，可通过测算早偿的敏感性，设计相匹配的还本付息方式，降低早偿事件对证券化产品的影响。

违约风险的判定可以从基础资产的风险特征和发起机构的风险管控能力两方面进行。由于我国征信系统尚处于发展中，个人征信方式混杂，入池资产笔数相对分散、数量较大，投资者很难借助常规工具对借款人的信用质量进行统一衡量，因此更多的时候需要依赖发起机构的风险管理能力。从历史发行数据来看，在已发行的产品中，发起机构大多为实力雄厚的汽车金融公司或银行，这些发起人有较强的风险管理能力，内部风控措施相对完善，衡量发起人风险管理能力的具体量化指标主要有两个。

- 贷款价值比，是指贷款金额与作为抵押物的汽车的价值的比值。一般情况下，贷款价值比越小，对应的首付比例越大，违约成本越高，后续违约的可能性越小。在衡量汽车抵押贷款资产证券化产品时，贷款价值比越小，发起人的内部风控措施越严格，产品的风险相对越小。

- 回收率，指违约贷款的回收金额与违约贷款的未偿本金的比值，衡量的是发起机构对欠收贷款的管理能力和催收能力。通常情况下，回收率高，表明发起机构对贷后资金有较高的控制能力，可以弱化基础资产违约对资产支持证券产生的影响，提高产品的稳定性和抗风险能力。

为应对违约风险，汽车抵押贷款资产证券化产品在交易结构中增加设计外部储备金账户和现金流转付机制的信用增级措施。

案例分析：德宝天元2017年第二期个人汽车贷款资产支持证券

产品概况

德宝天元2017年第二期个人汽车贷款资产支持证券发行于2017年，发行规模为40亿元。其中优先A档为35.20亿元，占比为81.25%，发行利率为4.74%，评级为AAA；优先B档为4.20亿元，占比为10.50%，发行利率为4.94%，评级为AA+；次级档为3.30亿元，占比为8.25%。该项目由宝马汽车金融（中国）有限公司（以下简称宝马金融）发起，基础资产为30 615笔宝马（BMW）和MINI的汽车抵押贷款。

交易结构

宝马金融作为资产支持证券的发起机构，将其持有的标的基础资产对应的汽车抵押贷款的所有权利信托予作为受托机构的中粮信托，由中粮信托设立特殊目的信托，标的资产对应的汽车抵押贷款的本息偿付作为信托的本息来源，投资者通过购买并持有资产支持证券而获得该信托项下相应的信托受益权。德宝天元2017年第二期个人汽车贷款资产支持证券概况见表 8.12。

表 8.12　德宝天元 2017 年第二期个人汽车贷款资产支持证券概况

<table>
<tr><td colspan="2">产品名称</td><td colspan="4">德宝天元2017年第二期个人汽车贷款资产支持证券</td></tr>
<tr><td colspan="2">产品规模</td><td>40亿元</td><td>产品期限</td><td colspan="2">1.55年</td></tr>
<tr><td colspan="2">证券起息日</td><td>2017-4-29</td><td>基础资产</td><td colspan="2">汽车抵押贷款</td></tr>
<tr><td colspan="2">次级占比</td><td>8.25%</td><td>还本方式</td><td colspan="2">过手型</td></tr>
<tr><td rowspan="4">证券名称</td><td></td><td>发行规模（万元）</td><td>发行利率</td><td>预期到期日</td><td>评级</td></tr>
<tr><td>17德宝天元2A</td><td>325 000.00</td><td>4.74%</td><td>2018-10-26</td><td>AAA</td></tr>
<tr><td>17德宝天元2B</td><td>42 000.00</td><td>4.94%</td><td>2019-1-26</td><td>AA+</td></tr>
<tr><td>17德宝天元2C</td><td>33 000.00</td><td>—</td><td>2019-2-26</td><td>无评级</td></tr>
<tr><td colspan="2" rowspan="2">委托人/发起机构/贷款服务机构</td><td rowspan="2">宝马汽车金融（中国）有限公司</td><td>受托人/发行人</td><td colspan="2">中粮信托有限责任公司</td></tr>
<tr><td>主承销商</td><td colspan="2">中信证券、渣打银行、中国银行</td></tr>
<tr><td colspan="2" rowspan="2">会计顾问/税务顾问</td><td rowspan="2">毕马威华振会计师事务所（特殊普通合伙）/毕马威企业咨询（中国）有限公司</td><td>资金保管机构</td><td colspan="2">中国银行股份有限公司北京分行</td></tr>
<tr><td>法律顾问</td><td colspan="2">通力律师事务所、贝克·麦坚时国际律师事务所</td></tr>
<tr><td colspan="2">信用评级机构</td><td colspan="4">中诚信国际信用评级有限责任公司、中债资信评估有限责任公司</td></tr>
<tr><td colspan="2">增信措施</td><td colspan="4">优先/次级分层，储备账户设置，超额利差，强制执行事件</td></tr>
<tr><td colspan="2">交易平台</td><td colspan="4">银行间债券市场</td></tr>
<tr><td colspan="2">登记托管机构/支付代理机构</td><td colspan="4">中央国债登记结算有限责任公司</td></tr>
</table>

资料来源：德宝天元 2017 年第二期个人汽车贷款资产支持证券计划说明书。

宝马金融作为发起机构持有全部次级证券。中粮信托从发行资产支持证券所得的认购金额中扣除与发行相关的所有预付成本和支出，并与发起机构认购次级证券支付的对价进行轧差，由此得出的净额支付给发起机构。德宝天元 2017 年第二期个人汽车贷款资产支持证券交易结构如图 8.31 所示。

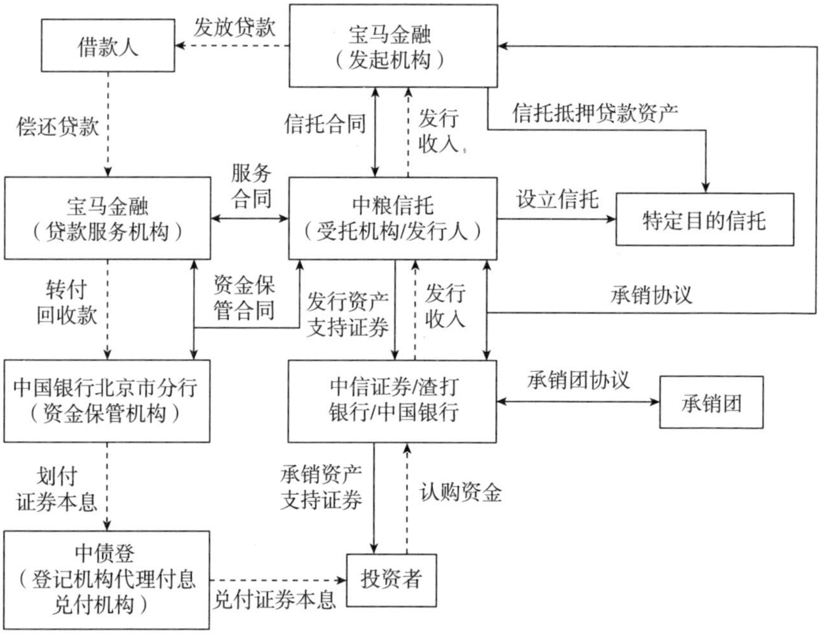

图 8.31　德宝天元 2017 年第二期个人汽车贷款资产支持证券交易结构

资料来源：德宝天元 2017 年第二期个人汽车贷款资产支持证券计划说明书。

注：图中实线表示各参与方之间的法律关系，虚线表示现金流划转。

基础资产

该项目的基础资产为宝马金融于 2015 年 4 月至 2017 年 1 月发放的个人汽车抵押贷款。入池资产共涉及 30 615 笔汽车抵押贷款（静态池），抵押物均为宝马（BMW）和 MINI 品牌新车，抵押车辆价格集中于 20 万元和 80 万元之间。德宝天元 2017 年第二期个人汽车贷款资产支持证券入池资产基本情况见表 8.13。

表 8.13　德宝天元 2017 年第二期个人汽车贷款资产支持证券入池资产基本情况

基本情况	数值
资产池未偿本金金额（万元）	400 000.00
贷款笔数（笔）	30 615
借款人数量（个）	30 612
单笔贷款最高本金余额（万元）	48.70

续表

基本情况	数值
单笔贷款最低本金余额（万元）	1.30
单笔贷款平均本金余额（万元）	13.07
借款人平均未偿本金余额（万元）	13.07
合同金额（万元）	807 126.33
单笔贷款最高合同金额（万元）	100.00
单笔贷款最低合同金额（万元）	7.63
单笔贷款平均合同金额（万元）	26.36
加权平均贷款年利率（%）	5.96
单笔贷款最高年利率（%）	10.50
加权平均贷款合同期限（月）	35.26
加权平均贷款账龄（月）	15.75
加权平均贷款剩余期限（月）	19.51
前十大借款人集中度占比（%）	0.12
抵押车辆初始评估价值合计（万元）	1 281 400.73
加权平均贷款初始抵押率（%）	65.50
资产池抵押新车占比（%）	100.00
加权平均借款人年龄（岁）	39.74
借款人加权平均年收入（万元）	36.78
单笔贷款最短剩余期限（月）	3.00
单笔贷款最长剩余期限（月）	57.00

资料来源：德宝天元 2017 年第二期个人汽车贷款资产支持证券计划说明书。

从入池资产的集中度来看，单笔贷款本金余额占资产池未偿本金金额不超过 0.012%，借款人所属地区涉及 31 个省市，资产集中风险以及地区集中风险都很低。从借款人的资质来看，借款人的年龄分布集中于 30~40 岁，加权平均年龄为 39.74 岁，大多处于职业与收入的稳定期，平均收入债务比为 3.46 倍，借款人的还款能力处于较好水平。从资产的期限和利率来看，基础资产的加权平均利率为 5.96%，为证券本息的偿付提供了相应支持。入池贷款加权平均合同期限为 35.26 个月，加权平均剩余期限为 19.51 个月，加权平均账龄为 15.75

个月，基础资产的尾部还款风险较低，相对较长的账龄具有一定的历史信用表现的支持。

基础资产的加权平均贷款价值比为65.50%，相对较低，一定程度上降低了预期损失程度，且贷款涉及的抵押物均为新车，抵押物的变现对回收率的提升具有一定作用。同时，发起机构/贷款服务机构宝马汽车金融的风险控制能力及贷后管理能力较强。整体来看，基础资产的信用质量较好。

信用增级措施

该项目全部采用内部增级措施，具体如下：

分层结构设计

该项目证券分为优先A级证券（占比为81.25%）、优先B级证券（占比为10.50%）和次级证券（占比为8.25%）。在每次支付中，次级证券的本金和利息的支付劣后于优先级资产支持证券的本金和利息支付，次级证券和优先B级资产支持证券的本金和利息支付劣后于优先A级资产支持证券的本金和利息的支付，从而形成对优先A级资产支持证券18.75%的信用支持，达到信用增级的目的。

储备账户设置

（1）混同储备分账户。

为弥补因贷款服务机构财务状况或信用状况恶化或者丧失清偿能力给资产支持证券带来的混同风险，该产品在交易结构中设置了混同储备分账户。该账户资金来源为贷款服务机构，若发生混同储备触发事件[①]，则要求贷款服务机构在该事件发生之日后30日内向信托机构提供混同储备，金额应等同于上两个月度期间的回收款金额；若贷款

① 混同储备触发事件是指，在任何时间，只要发起机构仍然作为贷款服务机构，就中诚信的评级系统而言，发起机构的资信评级低于A+；或就中债资信的评级系统而言，发起机构的资信评级低于BBB+。

服务机构每天将收到的回收款转付至分配分账户，则该混同储备金额应等同于上一个月度期间的回收款金额。在发生贷款服务机构终止事件或强制执行事件后，混同储备分账户内的储备金将用于各支付日的分配，以覆盖因贷款服务机构的资质下降引起的差额。在发生强制执行事件前，应将混同储备分账户内超出必备混同储备金额的部分于下一个支付日付给贷款服务机构。

（2）现金储备分账户。

发起机构应当于发行日向现金储备分账户存入封包日未偿本金余额的 1%（约 4 000 万元）作为必备的现金储备。在产品存续期内，若该账户余额低于必备现金储备金额，则需进行补足（除非发生违约事件）以防范交易文件项下与税款、开支和优先级证券的利息相关的潜在流动性风险。

超额利差

超额利差由基础资产的贷款收益超出资产支持证券的利息和其他费用而产生。在支付顺序的设计上，超额利差首先被用于偿付优先级资产支持证券的本金。在完成优先级资产支持证券本金全额偿付之前，不对次级证券进行任何本金和利息的支付。该架构意味着超额利差将被全额用来为资产池信用风险提供额外保护。

强制执行事件

为保障优先级投资人的利益，该项目约定，在发生强制执行事件后，将变更现金流支付顺序：在优先 A 级资产支持证券的利息和本金尚未支付完毕前，不支付优先 B 级资产支持证券的利息和本金，从而加速优先 A 级资产支持证券本金和利息的回收，实现对优先 A 级资产支持证券的信用增级。

案例特点

该项目的发起机构及贷款服务机构宝马金融是由华晨宝马汽车有限公司与德国宝马股份公司出资组建的中外合资企业，是银保监会监管的非银行金融机构。宝马金融制定了一套标准的贷款业务流程，截至 2016 年 12 月末，零售贷款不良率为 0.09%，在行业中处于较好水平。项目设计了各种内部信用增级措施，为优先级证券提供信用支持，其中宝马金融作为发起机构，持有全部的次级证券，产品优先 A 级获得 AAA 的信用评级，优先 B 级获得 AA+ 的信用评级。

在该项目的入池资产中，有 30 480 笔贷款为浮动利率贷款，证券未偿本金余额占比为 99.52%。浮动贷款利率基准依据贷款的类型及期限有所不同，利率在基准利率调整后第 3 个回收款转付日进行调整，并通知贷款人。在产品的证券分层设计时，优先 A 级证券设定为固定利率债券，优先 B 级证券为浮动利率债券，以一年期定期存款利率作为基准利率，利率在基准利率调整生效之日后下一个支付日调整。基础资产和优先级证券的利率类型及调整方式不同，存在一定程度的利率错配风险。

该项目的另一个主要风险为未办理抵押权变更登记风险。因项目中涉及的汽车贷款笔数较多，逐一变更登抵押登记的成本过高，发起机构宝马金融和受托机构中粮信托并未在产品设立时办理抵押权转让变更登记，因此，若汽车贷款发生违约需行使抵押权时，可能会因抵押权未做变更登记而导致无法对抗善意第三人，对信托权益造成不利影响。考虑到这一风险，项目在交易文件中约定，宝马金融作为贷款服务机构可以继续登记为名义上的抵押权人，同时代表受托机构中粮信托持有记载该抵押登记的车辆登记证正本，此举使善意第三人阻止中粮信托行使抵押权的可能性很小。

中外对比

境外汽车抵押贷款资产支持证券的发展情况

从宏观来看，境外汽车金融市场起步较早，市场成熟度、数据的积累较为完善。以美国为例，美国的汽车金融业务始于 20 世纪初，至今已有 100 多年的历史，期间经历了世界大战、大萧条等极端经济情形，已形成较为完整的周期，汽车信贷的相关数据较为充足。自马林·米德兰银行（现汇丰银行）于1985年发行第一笔汽车抵押担保贷款资产支持证券后，汽车抵押担保贷款资产证券化产品在20世纪90年代获得飞速发展，虽然在进入21世纪后，汽车贷款证券化的发展速度有所减缓，余额小幅下滑，但在次贷危机中，汽车抵押贷款资产证券化产品的表现仍然稳健。经过30多年的发展，美国汽车抵押贷款资产证券化产品的发行数量不断上升，市场日趋成熟，公开市场存续数据、其他来源的行业可比数据等也非常丰富。美国汽车销售的按揭比率非常高，期限也较长，汽车抵押贷款的投资时间最长可达84个月，违约率仅为0.6%~0.8%。在欧美等成熟市场，汽车抵押贷款证券化产品已成为释放资本、扩张规模、企业融资以及管理资产负债表的有效方法。

美国汽车金融业主要由银行、汽车金融公司等企业构成，包括其他的独立金融公司，如信用合作社、经销商以及专业汽车贷款公司等，可以只做汽车贷款，也可以提供其他服务。这些汽车金融业的参与者在不同程度上依赖证券化产品进行融资。商业银行对汽车贷款的占有率为40%，通过发行汽车贷款证券化产品，可以转移大量汽车贷款的风险暴露，发行汽车贷款证券化产品的动力充足。汽车金融公司对汽车贷款的占有率约为30%，也是汽车贷款证券化产品的主要发起人。

我国汽车抵押贷款证券化产品的发展情况

我国汽车金融市场起步较晚，2004年成立了第一家汽车金融公司，标志着我国汽车金融业务的开启。2008年，上汽通用汽车金融作为发起机构的“通元2008年第一期个人汽车抵押贷款资产证券化信托资产支持证券”的成功发行，为我国银行间市场汽车抵押贷款资产证券化产品拉开序幕。截至2018年年末，我国汽车抵押贷款资产证券化共发行102单产品，发行规模为3 496.21亿元。我国汽车抵押贷款资产证券化发起机构目前所能提供的历史数据覆盖期限较短，且数据主要存在于我国经济稳步增长周期，并没有经历一个完整的经济周期，发行产品的数量及可供参考的历史经验有限。

2014年以来，国内经济总体需求的恢复较为疲弱，内需下行压力较大，投资增速放缓。从中长期来看，我国的经济增速相较于前一轮经济周期略微下降。宏观经济增速放缓，居民收入有所降低，可能造成未来汽车抵押贷款的资产池信用表现与历史数据差异较大。2015年下半年以来，居民购车意愿减弱。在乘用车销量增速放缓的情况下，汽车金融公司面临盈利空间缩小的压力，在信贷审核及信贷管理等政策方面可能进行一定的调整，仅通过分析历史数据很难预测未来的资产质量与资产特征。

另外，因汽车贬值迅速，若违约时通过抵押物变现仅能获得较少比例的未回收贷款金额，因此汽车贷款的回收目前仍高度依赖第一还款来源，即借款人按约直接偿还贷款。此类资产证券化产品的资产质量与借款人本身的还款能力及还款意愿有着极高的相关性。投资者在判断此类产品的投资风险时，应准确评估汽车贷款借款人自身的信用风险。美国金融市场发展较为成熟，风险定价机制较为完善，产品的风险收益特征较为明显，而国内目前尚未形成良好的风险定价机制，贷款利率与借款人和资产本身的潜在风险的关联性有限。这为汽车金融行业的发展以及汽车抵押贷款资产证券化产品的投资增加了难度。

小结

综上所述，我国汽车金融市场起步较晚，整体市场尚未成熟，且受制于宏观经济增速放缓、信用信息获取受限等因素，各类评测机构（如信用评级机构）对于国内汽车抵押贷款资产证券化产品的基础资产信用风险评测具有一定的难度，与国外成熟市场对于汽车抵押贷款资产证券化产品的评级方法和评级结果仍有较大差异。我们也相信，未来随着国内汽车金融市场的不断发展，汽车抵押贷款资产证券化产品持续发行，将会有越来越多的机构参与其中，市场日趋成熟，国内汽车抵押贷款资产证券化的证券级别与基础资产质量的对应关系将会与国际汽车抵押贷款资产证券化产品日趋一致。

第五节　金融租赁资产证券化

金融租赁行业及金融租赁资产证券化

金融租赁行业

金融租赁是指出租人（金融租赁公司）根据承租人的请求，按照双方预先签订的合同中对租赁物和供货商选择的约定，出资向供货人购买固定资产并出租给承租人，出租人在出租期间享有租赁物的所有权并向承租人收取租金的业务。金融租赁以融物的形式实现融资的目的，具有金融业务的属性。

在我国，由于监管、股东背景及行业划分等方面的差异，可以开展融资租赁业务的租赁公司主要分为金融租赁公司和普通融资租赁公司。金融租赁公司的业务类型和普通融资租赁公司基本一致，主要开展直接融资租赁和售后回租业务，但由于金融租赁公司浓厚的金融色彩，其业务通常作为银行传统业务的延伸，由银保监会统一监管，传承了银行业的风险控制及管理模式，可通过同业拆借、发行债券等方式募集资金，同时受到资本充足率（不得低于 8%）、杠杆比率、拨备覆盖率等核心指标的限制。普通融资租赁公司的监管则按照不允许开办金融业务的方向进行，要求其“不得从事吸收存款、发放贷款、受托发放贷款等金融业务。未经相关部门批准，融资租赁公司不得从事同业拆借等业务。严禁融资租赁公司借融资租赁的名义开展非法集资活动。”“风险资产不得超过净资产总额的 10 倍”等。

金融租赁公司主要受《金融租赁公司管理办法》等法律法规的监管，2007 年，中国银监会发布《金融租赁公司管理办法》修订稿，允许符合相关条件的商业银行成立金融租赁公司，政策放宽后，符合条件的银行纷纷成立金融租赁子公司，如工商银行成立工银租赁、建设银行成立建银租赁、招商银行成立招银租赁等。银行系金融租赁公司的兴起带动了国内金融租赁行业的发展，为企业融资提供了新的途径。

金融租赁资产证券化

金融租赁资产证券化是指金融租赁公司作为发起人，以特殊目的信托为载体，以其基于金融租赁业务形成的租金回款作为现金流偿付来源，向投资者发行的资产支持证券。

从业务类型来看，金融租赁公司与普通融资租赁公司的差异不大，但由于其监管、财税政策、法律授权等方面的不同，两者发行的资产证券化产品具有一定差异。

- 产品的监管部门不同。金融租赁资产证券化产品受到银保监会、央行的监管，其主要遵从《信贷资产证券化试点管理办法》等规定；企业融资租赁资产证券化产品受到证监会、基金业协会及挂牌场所的监管，主要遵守《证券公司及基金管理公司子公司资产证券化管理规定》等规定。
- 基础资产集中度不同。金融租赁资产证券化入池资产笔数平均为 23 笔，入池资产的集中度较高；融资租赁资产证券化产品入池笔数则多得多，平均为 3 046 笔，入池资产集中度较金融租赁资产证券化产品低。
- 增信措施不同。金融租赁资产证券化产品借款人资信情况较好，主要依靠内部优先次级等增信方式，不采取外部增信的方式；而企业融资租赁资产证券化一般采取内部增信与外部增信相结合的方式，通常在产品中设置差额补足和担保机制。

金融租赁资产证券化为金融租赁公司拓宽了融资途径，通过结构化的产品设计和破产隔离等措施，可以实现资产的出表，优化金融租赁公司的报表结构。这是其他融资途径所不具备的优势。

金融租赁资产证券化的发行情况

自2014年交银租赁发行首单金融租赁资产证券化产品以来，金融租赁资产证券化开始逐步发展，截至2018年年末，金融租赁资产证券化产品共发行22单，共计573.51亿元，占全部信贷资产证券化市场的比例为2.12%。其中，2017年全年发行11单，共计345.67亿元，超出2016年全年发行量的2.64倍。金融租赁资产证券化产品发行情况如图8.32所示。

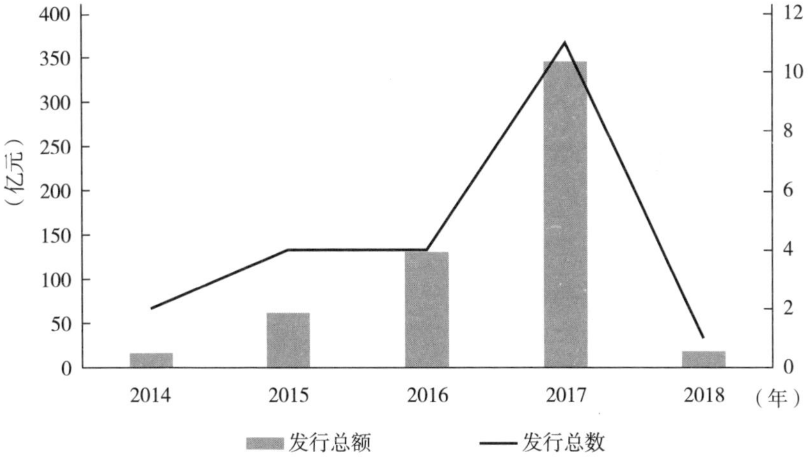

图8.32　金融租赁资产证券化产品发行情况

金融租赁资产证券化的基本特征

产品特征

从已发行的产品来看，金融租赁资产证券化产品平均每单发行规模为26.07亿元，与其他类型的信贷资产证券化产品相比，单笔发行规模较小。产品期限为2~8年，其中，期限为3.5~5年的产品发行数量占金融租赁资产证券化产品发行数量的72.73%，平均期限为4.17年。金融租赁资产证券化产品基础资产的贷款笔数为11~69笔，平均贷款笔数为23笔，分散性较弱。从发行利率来看，金融租赁资产证券化产品的发行利率为2.85%~6.70%，平均发行利率为4.86%。金融租赁资产证券化产品期限分布如图8.33所示。金融租赁资产证券化产品（AAA）与同级别中短期票据到期收益率比较如图8.34所示。

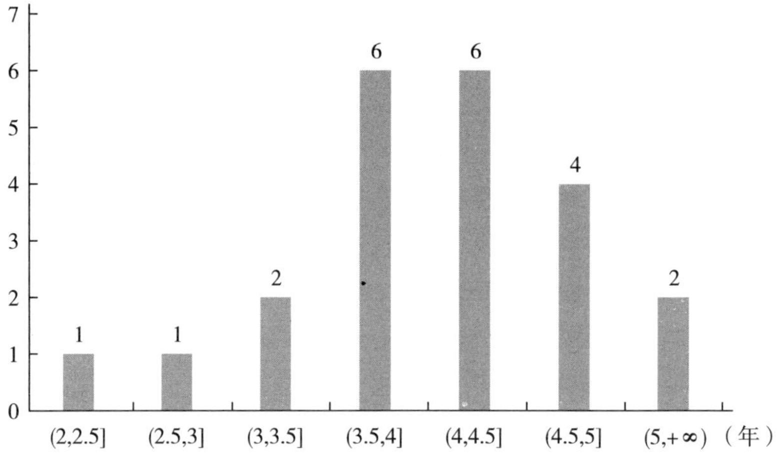

图8.33　金融租赁资产证券化产品期限分布

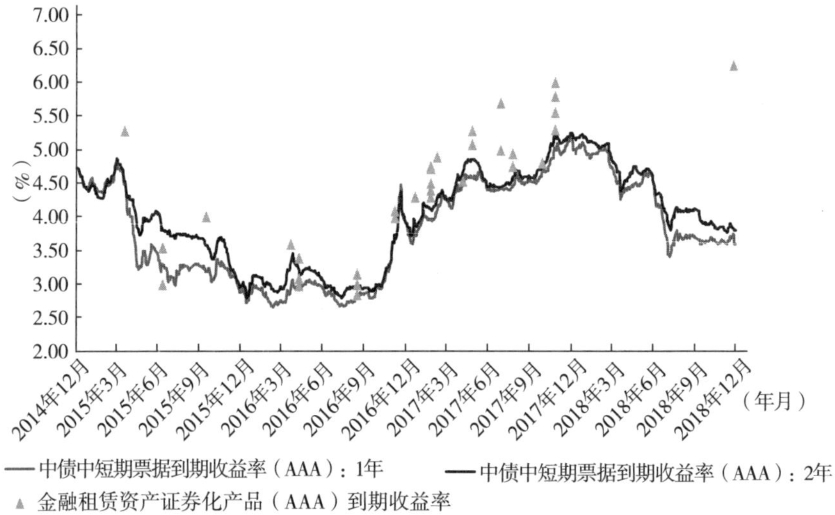

图8.34　金融租赁资产证券化产品（AAA）与同级别中短期票据到期收益率比较

基础资产特征

与其他种类的信贷资产支持证券相比，金融租赁资产支持证券拥有以下特征：

第一，基础资产的信用质量较好。金融租赁公司一般为银行信贷业务的衍生，其风险控制能力较强，且在实际业务开展中面对的客户一般为大型国企或地方支柱性民营企业，租赁资产的信用质量较好。

第二，基础资产的集中度较高。金融租赁资产证券化产品的入池资产笔数较少，由于其承租人集中度较高，一般需对每笔入池资产进行影子评级，需对占比较高的入池资产进行全面尽职调查，逐一排查基础资产的风险。

第三，基础资产多数涉及保证担保。金融租赁资产证券化的基础资产一般会附加保证担保等增信措施，为底层资产的安全性提供一定的保障。

总体而言，金融租赁资产支持证券的底层资产品质较高，风险较低，但单笔资产规模通常较大，基础资产的分散度有限，对底层资产的穿透核查要求较高。

发起人特征

金融租赁资产证券化产品的发起人为银保监会监管的金融租赁公司，目前已有 11 家金融租赁公司发行过金融租赁资产证券化产品。从发行规模来看，华融金融租赁股份有限公司发行的金融租赁资产证券化产品最多，共发行了 5 单产品，发行总额为 178.61 亿元，占全部金融租赁资产证券化产品的 31.14%。其次是招银金融租赁有限公司，共发行了 3 单产品，发行总额为 117.54 亿元，其余 9 家金融租赁公司的发行总额均不超过 100 亿元。金融租赁资产证券化产品发起机构发行数量分布如图 8.35 所示。金融租赁资产证券化产品发起机构发行金额分布如图 8.36 所示。

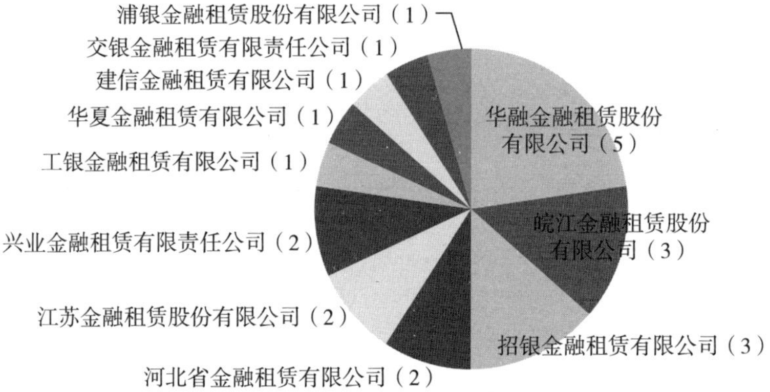

图 8.35　金融租赁资产证券化产品发起机构发行数量分布

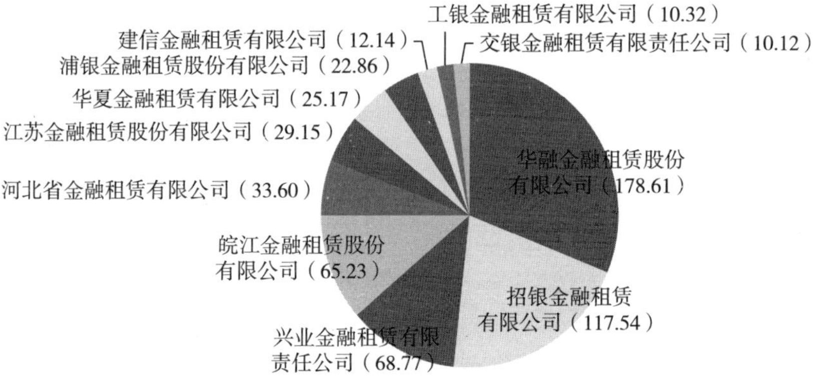

图 8.36　金融租赁资产证券化产品发起机构发行金额分布（单位：亿元）

金融租赁资产证券化的风险特征

与其他信贷资产证券化产品相似，金融租赁资产也面临承租人违约和早偿的风险，除此之外，相较于其他信贷资产证券化产品，金融租赁资产支持证券入池资产贷款笔数较低，单一承租人占全部未偿本息余额的比例较高，且承租人的行业和地区集中度都很高。金融租赁资产证券化的平均入池资产笔数为 23 笔，入池笔数最高的产品为“招金 2017 年第一期租赁资产支持证券”，入池资产笔数为 69 笔，承租人有 51 个，其中电力行业租赁资产余额占比为 41.47%，行业集中度依然很高，承租人分布于全国 22 个省市自治区，江苏地区占比为 20.58%，地区集中度也较高；入池笔数最低的为“工银海天 2015 年第一期租赁资产证券化信托”（以下简称“工银海天 2015-1”），入池租赁资产共计 11 笔，承租人仅有 4 个，单户承租人最大未偿本金余额占比高达 36.81%，占比最高的行业和地区均达到了 37.04%。

在产品层面，由于大部分金融租赁资产并未办理所有权的转让，存在破产隔离不完善，在承租人破产等极端事件发生时租赁资产被纳入其破产清算资产的风险。另外，金融租赁以服务制造业为主，在我国经济去产能调结构的背景下，部分行业或面临信用质量下降的风险。

在分析金融租赁资产证券化产品的风险时，应注意单一资产的信用风险、违约回收率水平、产品集中度等问题。

案例分析：招金 2017 年第一期租赁资产支持证券

产品概况

招金 2017 年第一期租赁资产支持证券发行于 2017 年 2 月，发行规模为 56.36 亿元，用于发行该期资产支持证券的基础资产为涉及 51 个承租人的 69 笔租赁资产。优先级证券分为三档，优先 A-1 档发行规模为 12 亿元，占比为 21.29%；优先 A-2 档发行规模为 6 亿元，占比为 10.64%；优先 A-3 档发行规模为 31.30 亿元，占比为 55.53%；次级证券发行规模为 7.06 亿元，占比为 12.53%。其中，优先 A-1/A-2 档采用固定利率制，发行利率分别为 4.30% 和 4.48%，优先 A-3 档采取浮动利率制，为基准利率（1~5 年贷款利率）下浮 0.02%，发行时利率为 4.73%。招金 2017 年第一期租赁资产支持证券概况见表 8.14。

表 8.14　招金 2017 年第一期租赁资产支持证券概况

<table>
<tr><td colspan="2">产品名称</td><td colspan="4">招金2017年第一期租赁资产支持证券</td></tr>
<tr><td colspan="2">产品规模</td><td>56.36亿元</td><td>产品期限</td><td colspan="2">4.09年</td></tr>
<tr><td colspan="2">证券起息日</td><td>2017-2-23</td><td>基础资产</td><td colspan="2">金融租赁</td></tr>
<tr><td colspan="2">次级占比</td><td>12.53%</td><td>还本方式</td><td colspan="2">过手型</td></tr>
<tr><td rowspan="5">证券名称</td><td></td><td>发行规模（万元）</td><td>发行利率</td><td>预期到期日</td><td>评级</td></tr>
<tr><td>17招金1A1</td><td>120 000.00</td><td>4.30%</td><td>2017-3-26</td><td>AAA</td></tr>
<tr><td>17招金1A2</td><td>60 000.00</td><td>4.48%</td><td>2017-9-26</td><td>AAA</td></tr>
<tr><td>17招金1A3</td><td>313 000.00</td><td>4.73%</td><td>2019-9-26</td><td>AAA</td></tr>
<tr><td>17招金1C</td><td>70 647.00</td><td>—</td><td>2021-3-26</td><td>无评级</td></tr>
<tr><td colspan="2">发起机构/资产服务机构</td><td>招银金融租赁有限公司</td><td>主承销商</td><td colspan="2">招商证券、国泰君安、中德证券、海通证券</td></tr>
<tr><td colspan="2">发行人/受托机构</td><td>华润深国投信托有限公司</td><td>法律顾问</td><td colspan="2">北京市金杜律师事务所上海分所</td></tr>
<tr><td colspan="2">资金保管机构</td><td>招商银行股份有限公司上海分行</td><td>会计/税务顾问</td><td colspan="2">德勤华永会计师事务所（特殊普通合伙）</td></tr>
<tr><td colspan="2">信用评级机构</td><td colspan="4">中诚信国际信用评级有限责任公司、中债资信评估有限责任公司</td></tr>
<tr><td colspan="2">增信措施</td><td colspan="4">优先/次级分层，信用触发机制</td></tr>
<tr><td colspan="2">交易平台</td><td colspan="4">银行间债券市场</td></tr>
<tr><td colspan="2">登记托管机构/支付代理机构</td><td colspan="4">中央国债登记结算有限责任公司</td></tr>
</table>

资料来源：招金 2017 年第一期租赁资产支持证券计划说明书。

交易结构

该产品的主要交易结构为：招银金融租赁作为发起机构，将经筛选的合格资产委托给受托机构（华润信托），设立招金 2017 年第一期租赁资产支持证券。受托机构以信托财产为支持发行资产支持证券，所得认购金额扣除承销报酬后支付给发起机构，并以信托财产所产生的现金为限支付相应税收、费用支出及各期资产支持证券相应的本金和收益。该项目的次级资产支持证券全部由发起人招银金融租赁持有。招金 2017 年第一期租赁资产支持证券交易结构如图 8.37 所示。

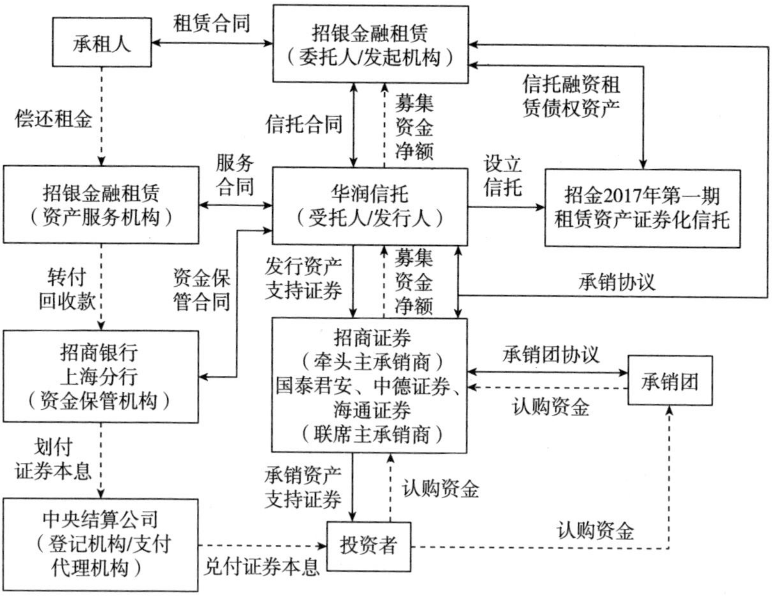

图 8.37　招金 2017 年第一期租赁资产支持证券交易结构

资料来源：招金 2017 年第一期租赁资产支持证券计划说明书。

注：图中实线表示各参与方之间的法律关系，虚线表示现金流划转。

基础资产

该项目的基础资产涉及发起机构招银金融租赁公司向 51 个承租人发放的 69 笔融资租赁债权，未偿本金余额合计为 563 647.03 万元。招金 2017 年第一期租赁资产支持证券入池资产基本情况见表 8.15。

表 8.15　招金 2017 年第一期租赁资产支持证券入池资产基本情况

基本情况	数值
资产本金余额总额（万元）	563 647.03
保证金总额（万元）	17 959.82
资产笔数（笔）	69
承租人数量（个）	51
单笔资产最高本金余额（万元）	35 109.68

续表

基本情况	数值
单笔资产平均本金余额（万元）	8 168.80
合同总金额（万元）	826 374.00
单笔资产最高合同金额（万元）	50 000.00
单笔资产平均合同金额（万元）	11 976.43
加权平均租赁资产收益率（%）	4.94
单笔资产最高租赁资产收益率（%）	7.31
加权平均资产租赁期限（月）	59.95
加权平均资产剩余期限（月）	40.44
加权平均资产账龄（月）	19.50
承租人地域分布	分布于22个省、市、自治区，其中江苏省占比20.58%
承租人行业分布	分布于9个行业，其中电力、热力生产和供应业占比37.88%
租赁类型	回租占比99.44%，直租占比0.56%
租赁资产担保情况	21.48%的保证担保，2.42%的质押担保，0.90%的保证担保 + 质押担保

资料来源：招金 2017 年第一期租赁资产支持证券计划说明书。

根据中债资信对于入池资产的逐笔评估结果，承租人加权平均信用等级为 A-/BBB+，加权平均回收率为 55.78%。资产池中有 18 笔租赁资产有担保增信，资产余额占比为 22.38%，其中 17 笔资产的保证人信用级别高于承租人，资产余额占比为 21.48%，考虑担保人的增信后，入池资产的加权平均信用等级为 A/A-，且信用等级在 A 及以上的租赁资产余额占比为 53.94%，处于较高水平。

从资产集中度来看，基础资产前五大承租人的租赁资产余额占比为 36.01%，集中度较高。从行业分布来看，入池租赁资产涉及 9 个行业，其中电力、热力生产和供应业未偿本金余额占比达 37.88%，行业集中度很高。从地区分布来看，入池资产承租人分布于全国 22 个省市自治区，其中江苏地区占比最高，达 20.58%，地区集中度也较高。

案例特点

发起机构及资产服务机构招银租赁自2008年成立以来，资产质量良好，截至2015年年末，其不良资产率为0.64%。本次入池资产的集中度稍高，但入池资产信用等级在A及以上的租赁资产余额占比为53.94%，资产质量较高，信用风险尚可。中债资信对于大额承租人违约的压力测试结果显示，达到AAA级证券的最低分层支持要求为11.12%。该项目设置次级分层占比为12.53%，即对于优先级证券的信用支持超过了11.12%，满足最高为AAA级的分层支持要求。因此，本产品优先A级证券的信用等级达到AAA级。

除优先/次级分层结构外，超额利差/超额抵押也对优先级证券提供一定信用支持。入池资产的加权平均资产收益率仅为4.94%，相较于证券发行利率4.30%/4.48%/4.73%来说，扣除利息支出和各项费用之后，剩余利息的流入对证券的支持程度较为有限，超额利差的增信效果不明显。证券的初始起算日（即封包日）为2016年6月1日，信托设立日为2017年2月23日，即从封包日至证券成立期间，资产池在正常情况下将获得8.63个月的利息回收款，据中债资信统计，该部分回收金额约占资产池总额的3.55%，降低了资产池回收不确定性对证券偿付的影响。

第六节　不良资产重组资产证券化

不良资产及不良资产重组资产证券化

不良资产的基本情况

不良资产是指企业尚未处理的资产损失挂账，以及按会计制度规定应提未提减值准备的资产，包括但不限于政府的不良资产、企业的不良资产、银行及其他金融机构的不良资产等，因政府及企业不良资产目前尚不可开展资产证券化业务，本文讨论的不良资产专指我国商业银行的不良贷款。

国内目前对不良贷款的划分基于2001年12月24日中国人民银行印发的《贷款风险分类指导原则》。该指导原则根据借款人的偿还能力将贷款分为正常、关注、次级、可疑和损失5类。其中，后3类合称为不良贷款。

与正常贷款相比，不良贷款具有以下特点：

首先，不良贷款的未来现金流不稳定，不良贷款通常通过催收或抵押物处置来获得现金流入，贷款的回收具有一定的不确定性。其次，不良贷款不具有同质性，不同笔贷款间的质量差异较大。最后，不良贷款通过变现法进行估价，通过市场变现价格来确定不良资产的价格，不良贷款变现价格的折扣率通常较大，其账面价值与市场价格有一定差异。

目前我国商业银行处置不良资产有三大正规途径：

一是商业银行自行清收重组，此为银行处置不良资产的首选方式，商业银行通过常规催收、依法收贷或债务重组的形式收回债权，该种处置方式常常需要使用法律手段，借助诉讼判决，面临执行程序较长以及处置费用高昂等问题。

二是自主核销，银行依据财政部出台的《金融企业呆账核销管理办法（2013年修订版）》、国家税务总局出台的《企业资产损失所得税税前扣除管理办法》等相关政策对无法收回的贷款进行核销，该种处置方式截断了不良资产后续产生现金流的可能，损失不可逆。

三是不良资产的对外转让，主要方式包括银行将不良资产批量转让给四大资产管理公司或地方资产管理公司，通过不良资产重组资产证券化，通过银行业信贷资产登记流转中心备案登记不良贷款收益权转让等方式进行处置，该处置方式在优化银行资产结构的情况下，保留了不良资产形成现金流的可能性，将不良资产催收、诉讼等事由交由专业机构处置，减轻了商业银行处置不良资产的压力。

不良资产处置的历史背景

1998年年底，我国四大国有银行的不良贷款总额约为3.2万亿元，在亚洲地区仅次于日本，位居第二，对我国银行的财务基础甚至整个金融系统的稳定带来了威胁。为化解由不良贷款带来的金融风险，我国借鉴国际经验，组建了东方、信达、华融、长城四大资产管理公司，接收、管理、处置四大国有银行及国家开发银行的约 1.39 万亿元的不良资产。

2001 年，《信托法》的正式颁布和实施为设立特定目的载体提供了法律依据。

2004 年，我国完成了四大国有银行的股份制改革，改革期间四大资产管理公司按照财政部给出的“适宜的价格比例”的标准对约 4 000 亿元的不良贷款进行了第二轮剥离。

2005 年颁布的《金融机构信贷资产证券化试点监督管理办法》和《信贷资产证券化试点管理办法》为信贷资产证券化业务的开展奠定了法律基础。

2016 年 2 月，中国人民银行发布了《关于金融支持工业稳增长调结构增效益的若干意见》，意见提出“在审慎稳妥的前提下，选择少数符合条件的金融机构探索开展不良资产重组资产证券化试点”。同年 3 月、4 月，国家发改委和银行间市场交易商协会先后出台了资产证券化试点的相关意见或指引，至此，通过资产证券化业务进行不良资产的处置在法律和实践层面均有了操作的可行性。

不良资产重组资产证券化的定义和种类

不良资产重组资产证券化是指将流动性较差的不良贷款，通过结构化设计，对资产的风险和收益进行重组，转让给特殊目的信托，再向投资者发售的业务。

我国的不良资产重组资产证券化按照底层不良贷款的类别大致可以分为个人不良贷款资产证券化及对公不良贷款资产证券化，而个人不良贷款按照资金使用目的不同可分为个人消费类、个人经营类及个人住房类。

不良资产重组资产证券化的作用和意义

不良资产重组资产证券化对我国金融市场的稳定具有重大意义。不良贷款的增加会占据银行的信贷额度，降低资产的流动性，影响银行的经营收益。不良资产重组资产证券化作为创新的金融工具，为商业银行提供了新型不良资产处置方式，一方面可以帮助商业银行通过相对简单的方式实现不良资产的变现，增强银行资产的流动性，释放资本，增加活力；另一方面，帮助商业银行从处置不良资产的大量工作中解放出来，促进银行常规业务的更好发展。

对于投资者而言，不良资产重组资产证券化产品的底层入池资产虽为不良类贷款，但由于其转让折扣率较低，再辅之以结构化设计等安排，优先级证券的本金和收益一般能获得较高的安全保障，而其收益略高于同期同评级中短期票据利率，具有一定的投资价值。

不良资产重组资产证券化的发行情况

在相关政策的鼓励下，我国在2005—2008年开展了第一轮不良资产重组资产证券化业务的试点工作。在该轮试点期间，共计发行四单不良资产重组资产证券化产品，其中，“建元2008年第一期重整资产支持证券”为唯一一单以商业银行作为发起机构的不良资产重组资产证券化产品，为后续商业银行实现市场化批量处置不良资产奠定了实践基础。4单试点产品总计规模约为134.15亿元，目前均已完成到期兑付，未出现违约事件。不良资产重组资产证券化产品首轮试点情况见表8.16。

2008年美国次贷危机爆发，我国信贷资产证券化试点工作中止，直到2016年6月30日，中国银行和招商银行作为发起机构分别发行了不良资产重组资产证券化产品，不良资产重组资产证券化业务才重新回到大众的视野中。新一轮业务重启以来，商业银行陆续通过信托公司开展不良资产重组资产证券化业务，但出于不良资产本身的业务性质，不良资产重组资产证券化的发展较为谨慎。截至2018年12月31日，我国银行间债券市场共计发行71单不良资产重组资产证券化产品，总规模为578.67亿元。不良资产重组资产证券化产品历年发行情况如图8.38所示。

表8.16　不良资产重组资产证券化产品首轮试点情况

项目名称	发起人机构/原始权益人	发行总额（亿元）	次级占比(%)	起息日	法定到期日	当前状态
信元2008年第一期重整资产支持证券	中国信达资产管理股份有限公司	48.00	58.33	2008-12-30	2013-12-30	已到期
建元2008年第一期重整资产支持证券	中国建设银行股份有限公司	27.65	22.24	2008-1-30	2012-12-28	已到期
东元2006年第一期重整资产支持证券	中国东方资产管理有限公司	10.50	33.33	2006-12-21	2011-12-21	已到期
信元2006年第一期重整资产支持证券	中国信达资产管理股份有限公司	48.00	37.50	2006-12-20	2011-12-20	已到期
总规模		134.15				

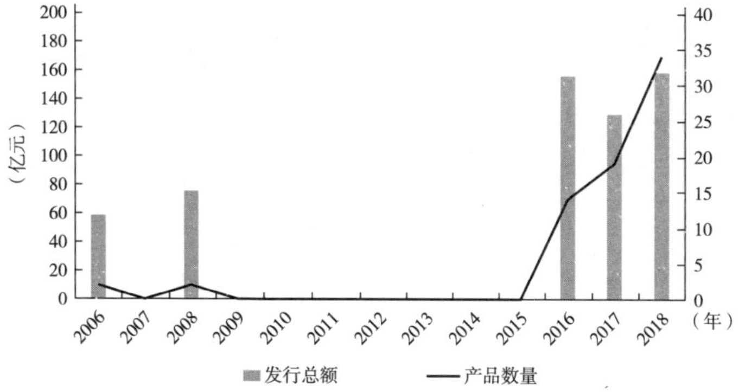

图8.38　不良资产重组资产证券化产品历年发行情况

不良资产重组资产证券化的基本特征

产品基本特征

不良资产重组资产证券化产品的基础资产均为发生损失的概率较高的资产，因此在产品的基本识别逻辑上与其他类型的信贷资产差异较大。

根据对目前已发行产品的统计，不良资产重组资产证券化产品的基本特征是：每单产品的发行规模与其他信贷资产证券化相比较小，平均发行规模为 8.15 亿元；发行期限主要为 2~5 年；所有发行产品的信用评级均为 AAA，平均票面利率为 4.89%；次级证券的平均占比为 25.08%，对于优先级证券的本息偿还覆盖比率较高。

不良资产重组资产证券化产品在产品结构部分与一般信贷资产证券化产品存在一定的差异，通常情况下，不良资产重组证券化产品的入池资产的未偿本息余额远高于证券的实际发行总额。目前已发行的不良资产重组证券化产品的平均超额抵押比率（入池资产未偿本息余额 / 证券实际发行金额）为 571.07%，其中最高的为“鸿富 2018 年第一期不良资产支持证券”，超额抵押比率达到 1 465.95%。超额抵押比率的高低与是否有抵质押物密切相关。据已有公开数据统计，基础资产为个人消费类的不良贷款，其资产证券化产品的平均超额抵押比率为 861.37%；基础资产为对公类的不良贷款，其资产证券化产品的平均超额抵押比率为 337.81%；基础资产为个人住房类的不良贷款，其资产证券化产品的平均超额抵押比率为 214.62%。可以发现，在同等条件下，无抵押物的不良资产重组资产证券化产品（一般为个人消费类）的超额抵押比率高于有抵押的不良资产重组资产证券化产品（一般为对公类或个人住房类）。不良资产重组资产证券化产品期限分布如图 8.39 所示。不良资产重组资产证券化产品（AAA）与同级别中短期票据到期收益率的比较如图 8.40 所示。

不良资产重组资产证券化产品入池资产均为不良贷款，其不良资产回收一般由贷款服务机构（一般为发起人）以自身名义或贷款机构委托外部合法机构进行催收处置，催收处置的方式主要包括短信催收、电话催收、信函催收、上门催收、司法催收等。根据入池不良贷款的实际情况，可采用一种或多种方式向借款人、担保人等进行有效追索，实现受托资产贷款本息的清偿。

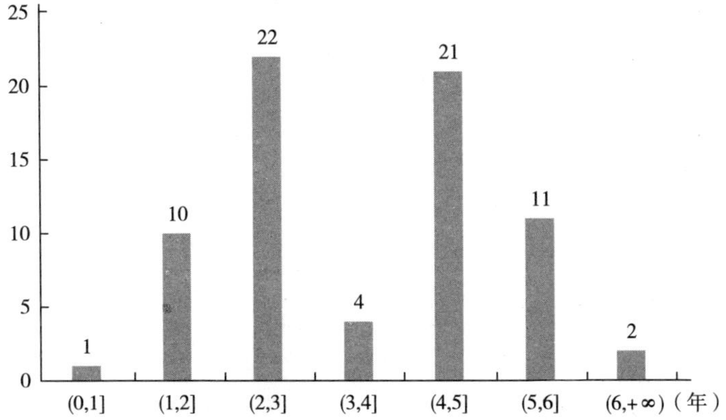

图 8.39　不良资产重组资产证券化产品期限分布

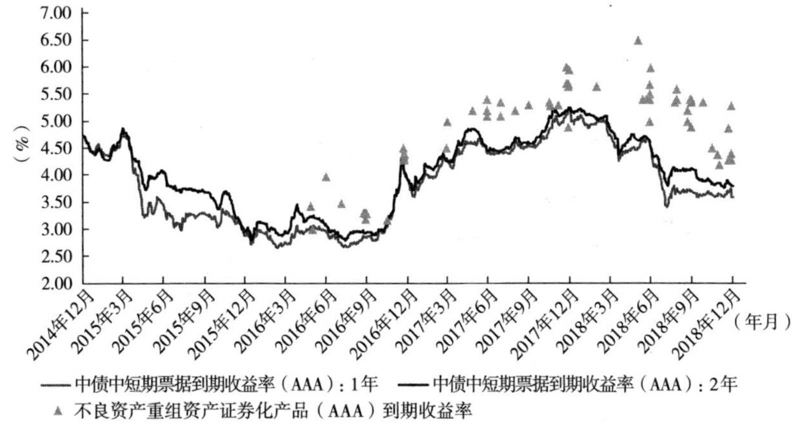

图 8.40　不良资产重组资产证券化产品（AAA）与同级别中短期票据到期收益率的比较

原始权益人特征

不良资产重组资产证券化产品的原始权益人/发起人主要为资产管理公司和商业银行，资产管理公司仅在首轮试点期间发行过产品，

2016 年试点重启后的不良资产重组证券化产品的发行人均为商业银行。不良资产重组资产证券化产品发起人情况统计（按规模）如图 8.41 所示。

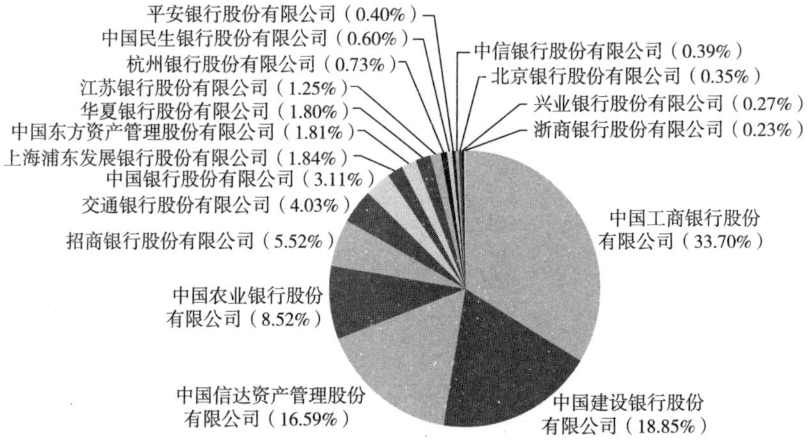

图 8.41　不良资产重组资产证券化产品发起人情况统计（按规模）

发起人为资产管理公司的有 3 单，规模为 106.50 亿元，占全部不良资产重组资产证券化规模的 18.40%，其中信达资产管理股份有限公司发行 2 单产品，规模共计 96 亿元。银行作为发起人占全部不良资产重组资产证券化发行总额的 81.60%，其中国有大型商业银行作为发起人共计发行 43 单，规模为 394.70 亿元，占全部不良资产重组资产证券化发行总额的 68.21%，股份制商业银行作为发起人共计发行 22 单，规模为 63.97 亿元，仅占全部不良资产重组资产证券化发行总额的 11.05%。在所有发起人中，工商银行发行产品数量与规模均居首位，共计发行 16 单产品，总规模达 195 亿元，入池不良贷款的种类丰富，涉及对公类、个人消费类、个人混合类（消费、住房及经营类）不良贷款类别，为后续的批量常态化发行奠定了基础。

基础资产特征

不良资产重组资产证券化产品的基础资产为贷款五级分类中的次级类、可疑类及损失类，基于历史统计情况，各级不良贷款的损失率均不同，其中次级类贷款的损失率为30%~50%，可疑类贷款的损失率为50%~75%，损失类贷款的回收难度最大，损失率最高，为75%~100%。各类不良资产在资产池中的占比在一定程度上决定了资产池的整体回收情况，次级类贷款的占比越高，资产池的回收情况越好。表8.17为2016—2018年不良资产重组资产证券化产品资产池贷款五级分类分布情况。

表8.17 2016—2018年不良资产重组资产证券化产品资产池贷款五级分类分布情况

序号	产品名称	次级类占比（%）	可疑类占比（%）	损失类占比（%）	不良贷款类型
1	钱塘2018-1	98.37	1.05	0.58	对公类
2	中誉2016-1	96.69	3.31	0.00	对公类
3	京诚2018-1	93.78	2.84	3.38	对公类
4	和萃2016-2	93.72	6.13	0.15	对公类
5	龙兴2017-1	92.19	7.81	0.00	对公类
6	和萃2016-3	87.71	9.38	2.91	对公类
7	建鑫(不良)2018-4	81.60	12.22	6.18	个人消费类
8	和萃2016-4	80.44	19.54	0.02	对公类
9	工元至诚2018-8	73.60	26.09	0.31	个人消费类
10	工元2016-1	72.87	27.13	0.00	对公类
11	交诚2016-1	71.95	22.39	5.66	对公类
12	建鑫2016-1	71.47	20.10	8.43	对公类
13	建鑫(不良)2018-2	65.46	33.38	1.16	个人住房类
14	工元至诚2018-7	63.02	36.81	0.17	个人住房类
15	工元至诚2018-6	57.89	42.03	0.09	个人住房类
16	和萃2017-2	56.37	33.45	10.18	个人经营类、个人住房类
17	中誉2016-2	56.26	36.06	7.68	对公类

续表

序号	产品名称	次级类占比（%）	可疑类占比（%）	损失类占比（%）	不良贷款类型
18	建鑫2016-2	53.40	46.60	0.00	个人住房类
19	建鑫(不良) 2017-1	52.86	45.59	1.55	个人住房类
20	和萃2018-3	50.22	10.48	39.29	个人消费类
21	臻金2017-1	47.37	51.51	1.12	个人经营类
22	和萃2018-2	46.44	30.08	23.48	个人消费类
23	农盈2018-1	45.52	43.51	10.98	个人住房类
24	苏誉2017-1	42.46	49.44	8.10	对公类
25	农盈2016-1	40.78	58.94	0.28	对公类
26	农盈2018-3	38.19	51.58	10.22	个人住房类
27	工元至诚2018-2	36.70	63.18	0.12	个人住房类
28	和萃2016-1	31.91	53.07	15.02	个人消费类
29	建鑫(不良) 2018-3	31.45	23.91	44.64	个人消费类
30	农盈2018-2	29.13	58.13	12.74	个人住房类
31	浦鑫2018-3	26.85	55.83	17.32	个人消费类
32	和萃2017-1	26.23	23.91	49.86	个人消费类
33	工元至诚2018-9	25.16	33.00	41.84	个人消费类
34	工元2017-7	24.63	74.25	1.12	个人消费类、个人住房类、个人经营类
35	工元至诚2018-4	24.41	75.43	0.16	个人经营类
36	建鑫(不良)2018-5	24.33	71.12	4.55	个人住房类
37	工元至诚2018-3	23.96	75.60	0.44	个人消费类
38	工元至诚2018-5	22.55	48.42	29.04	个人消费类
39	和萃2018-1	21.40	42.38	36.22	个人消费类
40	中誉2017-2	20.52	36.78	42.70	个人住房类

续表

序号	产品名称	次级类占比（%）	可疑类占比（%）	损失类占比（%）	不良贷款类型
41	工元2017-2	18.39	81.07	0.54	个人消费类、个人住房类、个人经营类
42	浦鑫2018-1	16.66	38.56	44.77	个人消费类
43	中誉2017-1	16.41	17.01	66.58	个人消费类
44	和萃2017-3	15.95	21.83	62.22	个人消费类
45	农盈2018-6	15.61	28.07	56.32	个人消费类
46	惠元2018-1	15.60	30.35	54.05	个人消费类
47	鸿富2017-1	15.49	28.40	56.11	个人消费类
48	建鑫(不良)2018-6	15.34	31.40	53.26	个人消费类
49	工元2016-3	14.78	74.57	10.65	个人消费类、个人住房类、个人经营类
50	龙兴2018-2	14.40	31.06	54.54	个人住房类
51	建鑫2016-3	14.38	29.56	56.06	个人消费类
52	建鑫2017-2	13.16	25.32	61.52	个人消费类
53	龙兴2018-1	11.53	19.01	69.46	个人消费类
54	工元至诚2018-1	10.36	17.43	72.21	个人消费类
55	农盈2018-4	9.71	16.61	73.68	个人消费类
56	建鑫(不良)2018-1	9.10	19.70	71.19	个人消费类
57	橙益2018-1	8.68	21.45	69.87	个人经营类
58	兴瑞2017-1	7.32	28.34	64.34	个人消费类
59	浦鑫不良2017-1	7.24	15.29	77.47	个人消费类
60	农盈2017-2	6.85	13.12	80.03	个人消费类
61	鸿富2018-1	6.75	25.57	67.68	个人消费类
62	工元2017-6	5.69	12.48	81.83	个人消费类

续表

序号	产品名称	次级类占比（%）	可疑类占比（%）	损失类占比（%）	不良贷款类型
63	工元2017–1	5.62	15.32	79.06	个人消费类
64	工元2016–2	5.44	19.85	74.71	个人消费类
65	交诚2017–1	5.07	75.47	19.46	对公类
66	中誉2018–1	2.99	14.86	82.15	个人消费类
67	交诚2018–1	0.52	37.60	61.87	个人消费类

从底层贷款的类型来看，试点以来，对公类不良贷款证券化共发行 14 单，累计发行规模为 115.02 亿元，占全部不良资产重组资产证券化总额的 25.88%。个人不良贷款证券化中个人消费类发行 34 单，发行数量最多，个人住房类发行 12 单，个人经营类发行 3 单，混合类发行 4 单。2016 年及以后不良资产重组资产证券化产品细分分类情况如图 8.42 所示。

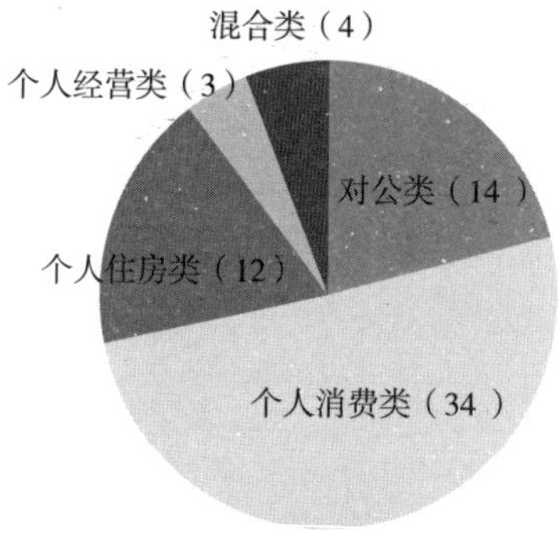

图 8.42　2016 年及以后不良资产重组资产证券化产品细分分类情况

结合五级分类的结果，对公类不良贷款证券化的基础资产以次级类和可疑类资产居多，占比均超过 80%，而个人不良贷款证券化的基础资产以可疑类和损失类居多，大部分产品的可疑类和损失类资产合计占比在 65% 以上。交通银行以个人消费类不良贷款为基础资产发行的“交诚 2018–1”，可疑类和损失类资产的占比最高，达到 99.47%，而“中誉 2018–1”的损失类资产的占比居目前发行的所有不良资产重组证券化产品之首，高达 82.15%。

不良资产重组资产证券化的风险特征

不良资产重组资产证券化的风险主要包括底层资产的风险和证券化产品本身的风险。

底层资产的风险

与其他信贷资产证券化产品底层资产的主要风险为违约风险和早偿风险不同，不良资产重组资产证券化产品底层资产的风险主要为入池资产的集中度风险和借款人破产风险。

入池资产的集中度风险

对公类不良资产重组资产证券化产品的区域、行业集中度较高，增加了贷款回收的不确定性。例如，“中誉 2016–2”的入池贷款集中在浙江、山东、山西三个省，且浙江省的未偿本息余额占全部余额的 42.67%；资产池中行业占比最大的为贸易公司与经销商，其未偿本息余额占比为 23.30%。同地区、同行业的企业之间一般存在比较密集的业务往来，甚至有互保的情况发生，其中一笔资产的回收率下降或主体风险的加剧有可能增加其他主体的偿还压力，使实际回款与预测值发生较大偏差，影响整个产品的回收率。

借款人破产的风险

不良资产证券化产品的基础资产已经被认定为不良资产，说明贷款主体的资质较差或已经处在风险事件当中，但不良资产尚有一定的回收概率，若入池资产的债务人出现破产、解散等影响主体存续的情况，则会对资产的回收比例和回收时效产生进一步的影响。

资产支持证券的风险

抵押权变更风险

根据对已发行的不良资产重组资产证券化产品情况的总结，由于实际操作的难度较大，部分产品并未对所有基础资产所对应的抵质押物办理完整的登记变更，一般仅办理预抵押登记。预抵押登记是否具有物权效力及权利人是否享有抵押权，在理论和实务上具有一定争议，这将对资产的回收带来一定的风险。

诉讼届满风险

根据我国法律法规的规定，债权的诉讼时效期间为主债权届满日起两年，抵押权的行使应当在主债权诉讼时效期间主张。若发起机构 / 贷款服务机构未能在主债权诉讼期间向贷款人主张债权或抵押权，可能导致诉讼时效届满，使增信措施进一步减弱，影响资产的回收。

当入池资产为纯信用类贷款时，若资产已经被划为不良贷款，则贷款回收难度对催收等后续管理措施的依赖程度更高，回收难度较大，实际回收率及回收时间的不确定性更强。

抽样调查的风险

由于入池资产的笔数较多，底层资产的尽职调查一般采取抽样的方式。对于正常类信贷资产证券化产品而言，基础资产的相似程度较高，通过合理确认抽样的原则和方法，所选取的样本对整个资产池的代表程度较高，但不良资产间的差异性更强，抽样调查能否代表基础资产的整体情况存疑。

流动性风险

不良资产的现金流回收情况具有一定的不确定性，证券在当期现金流入及资产处置收入不足以偿付优先级证券本息时，会发生流动性风险。资产支持证券通常在交易结构中设置流动性储备账户及各项流动性支持机制来缓解流动性风险的发生。

风险的分析

由于不良资产的特殊性增加了风险识别的难度，一般在不良资产重组资产证券化产品的判断中，应当重点关注以下几个重要指标：

整体回收率

整体回收率是指通过抽样尽调、静态池评估、贷款服务机构及外包催收机构的历史数据构建评估模型等方式，对证券的入池资产的回收率进行预测所得出的结果。整体回收率在一定程度上反映了入池不良资产的质量，整体回收率越高，基础资产质量越好。

加权连续逾期时间

一般情况来看，逾期时间越长，不良贷款的回收难度越大。在其他因素相同的情况下，产品加权连续逾期时间较短的，其整体回收率较高。

抵押率

需关注入池贷款中抵质押情况，除个人消费类不良贷款证券化产品的所有入池资产均无抵质押或其他担保外，其他类型的不良资产重组资产证券化产品均入池一定比例的附带抵质押担保增信措施的贷款。应关注入池贷款的担保方式、占比情况，担保措施越完善，担保物价值越高，其不良贷款的回收率越高。

贷款五级分类的占比

根据我国对贷款的五级分类，不同类的不良资产之间的本息回收金额以及损失率也不一样。次级类、可疑类及损失类贷款在资产池中占比的不同对现金流回款的影响不同，次级类贷款的占比越大，回收的现金流越多。

案例分析一：和萃 2016 年第二期不良资产支持证券

产品概况

和萃 2016 年第二期不良资产支持证券发行于 2016 年 6 月 29 日，发行规模为 4.70 亿元，用于发行该期资产支持证券的不良资产涉及 1 193 笔小微贷款。其中，优先级证券金额为 3.60 亿元，占比为

76.60%，发行利率为固定利率3.98%，评级为AAA；次级证券金额为1.10亿元，占比为23.40%。和萃2016年第二期不良资产支持证券概况见表8.18。

表8.18　和萃2016年第二期不良资产支持证券概况

<table>
<tr><td colspan="2">产品名称</td><td colspan="4">和萃2016年第二期不良资产支持证券</td></tr>
<tr><td colspan="2">产品规模</td><td>4.7亿元</td><td>产品期限</td><td colspan="2">4.58年</td></tr>
<tr><td colspan="2">证券起息日</td><td>2016-6-29</td><td>基础资产</td><td colspan="2">不良资产重组</td></tr>
<tr><td colspan="2">次级占比</td><td>23.40%</td><td>还本方式</td><td colspan="2">过手型</td></tr>
<tr><td rowspan="3">证券名称</td><td></td><td>发行规模（万元）</td><td>预期年化收益率</td><td>预期到期日</td><td>评级</td></tr>
<tr><td>16和萃2优先</td><td>36 000.00</td><td>3.98%</td><td>2019-1-26</td><td>AAA</td></tr>
<tr><td>16和萃2C</td><td>11 000.00</td><td>—</td><td>2021-1-26</td><td>无评级</td></tr>
<tr><td colspan="2" rowspan="2">委托人/发起机构/贷款服务机构</td><td rowspan="2">招商银行股份有限公司</td><td>发行人/受托机构</td><td colspan="2">华润深国投信托有限公司</td></tr>
<tr><td>主承销商</td><td colspan="2">招商证券、中金公司、中信建投</td></tr>
<tr><td colspan="2">评估机构</td><td>深圳市世联资产评估有限公司</td><td>资金保管机构</td><td colspan="2">北京银行股份有限公司</td></tr>
<tr><td colspan="2">会计/税务顾问</td><td>毕马威华振会计师事务所（特殊普通合伙）</td><td>法律顾问</td><td colspan="2">北京市中伦律师事务所（特殊普通合伙）</td></tr>
<tr><td colspan="2">信用评级机构</td><td colspan="4">联合资信评估有限公司、中债资信评估有限责任公司</td></tr>
<tr><td colspan="2">增信措施</td><td colspan="4">优先/次级分层，流动性储备账户，信用触发机制，第三方流动性支付机构机制</td></tr>
<tr><td colspan="2">交易平台</td><td colspan="4">银行间债券市场</td></tr>
<tr><td colspan="2">登记托管机构/支付代理机构</td><td colspan="4">中央国债登记结算有限责任公司</td></tr>
</table>

资料来源：和萃2016年第二期不良资产支持证券说明书。

交易结构

作为发起机构，招商银行将不良小微贷款债权（个人经营贷款）委托给作为受托机构的华润深国投信托，设立“和萃2016年第二期不良资产证券化信托”。受托机构将发行以信托财产为支持的资产支持证券，募集资金交付至发起机构。

受托机构向投资者发行资产支持证券，并以信托财产所产生的现金为限支付发行费用、税收、服务报酬、费用支出及本期资产支持证券的本金和收益。该项目资产支持证券分为优先级资产支持证券和次级资产支持证券，作为发起机构，招商银行对各档次资产支持证券的持有均不低于其相应发行规模的5%。和萃2016年第二期不良资产支持证券交易结构如图8.43所示。

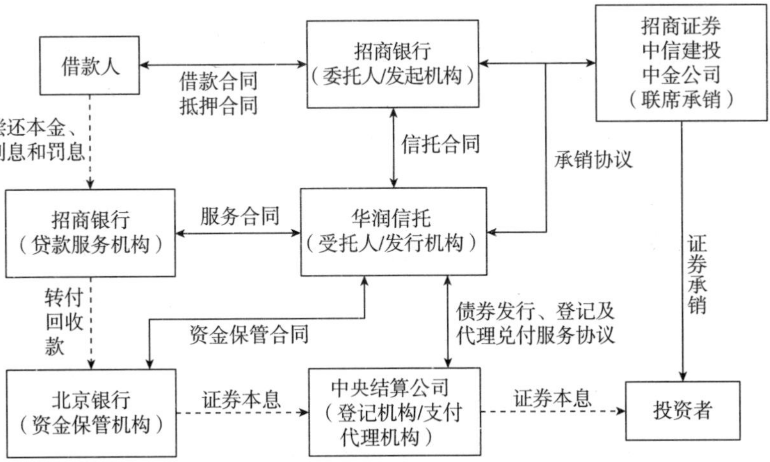

图8.43　和萃2016年第二期不良资产支持证券交易结构

资料来源：和萃2016年第二期不良资产支持证券计划说明书。

注：图中实线表示各参与方之间的法律关系，虚线表示现金流划转。

基础资产

基础资产为发起机构招商银行于2014年3月至2016年3月所持有的按内部五级分类划分为次级、可疑、损失的不良类小微贷款，资产池共涉及1 193笔小微贷款，未偿本金余额为110 655.68万元，未偿本息余额为115 542.44万元。其中，次级类贷款有1 095笔，未偿本息余额为108 284.72万元，占比为93.72%；可疑类贷款有95笔，未偿本息余额为7 088.36万元，占比为6.13%；损失类贷款仅有3笔，未偿本息余额为169.35万元，占比为0.15%。和萃2016年第二期不良资产支持证券入池资产基本情况见表 8.19。

表 8.19　和萃 2016 年第二期不良资产支持证券入池资产基本情况

基本情况	数值
入池本息和（万元）	115 542.44
入池本金总额（万元）	110 655.68
资产总笔数（笔）	1 193
借款人数量（户）	529
预计回收总额（万元）	61 167.42
借款人平均未偿本息金额（万元）	218.42
借款人平均预计回收总额（万元）	115.63
单一借款人最高未偿本息余额（万元）	1 005.42
单一借款人最高未偿本金余额（万元）	900.00
单一借款人最高预计回收额（万元）	558.47
合同总金额（万元）	116 251.86
单笔贷款最高合同金额（万元）	620.00
每笔贷款平均合同金额（万元）	97.44
加权平均贷款年利率（%）	6.30
单笔贷款最高年利率（%）	10.17
加权平均贷款合同期限（月）	20.64
加权平均贷款账龄（月）	14.86
加权平均逾期期限（月）	5.98
抵押物初始评估价值合计（万元）	151 470.91
加权平均初始抵押率（%）	130.84
借款人加权平均年龄（岁）	44.38
借款人加权平均年收入（万元）	84.88
借款人加权平均获得的授信额度（万元）	280.13

资料来源：和萃 2016 年第二期不良资产支持证券计划说明书。

入池资产池共涉及 529 户借款人，分布于 13 个地区，其中重庆、昆明、成都和大连的入池不良贷款本息余额占比均超过 10%，合计占比为 61.63%，存在较高的地区集中风险。入池贷款的借款人行业主要集中于批发和零售业，其未偿本息余额占比为 80.42%，借款人的年龄主要集中在 40~50 岁，未偿本息余额合计占比约为 47.87%。单一借款人最高未偿本金占比为 0.87%，前十大借款人贷款余额占比为

6.03%，单笔资产分散程度较高，在一定程度上降低了回收现金流的波动风险。入池贷款均有抵押担保，且抵押物类型为商铺或住宅，以住宅作为抵押的未偿本息余额占79.10%，不动产的总体变现能力相对较强，在一定程度上提高了入池资产的回收水平。入池资产加权平均贷款账龄为14.86个月，加权平均逾期期限为5.98个月，入池贷款未偿本息余额主要集中在逾期3~6个月的区间内，占比为49.95%。加权平均贷款利率约为6.30%，单笔贷款最高年利率为10.17%。

案例特点

本案例的基础资产为不良贷款，贷款回收率和回收时间存在较大的不确定性，且相比一般信贷资产，没有利息流入，只有贷款回收金。虽然在评估贷款的回收率时考虑了处置抵押物的回收情况，但具体的回收情况还需考虑贷款服务机构的回收能力及实际处置过程中的司法环境等不确定性因素，实际回收率与回收时间均存在不确定性。

资产池中的不良贷款全部为抵押贷款，抵押物价值对资产池本息金额的覆盖率较高。因此，判断资产池的回收情况主要需考虑抵押物价值及其回收率，即抵押物的市场公允价值波动幅度和抵押物变现难易程度。抵押物均为住宅或商铺，其处置将受到当地的经济政策环境、不动产二手市场的价格走势、司法环境等因素的影响。整体来看，相较于对公类不良贷款中常见的工业土地、工业厂房、设备等抵押物，以住宅或商铺为抵押物具有更强的变现能力，抵押物的处置变现为资产池提供了相对可靠的回收来源，对资产池预期回收水平和回收可靠性形成了较好的支撑。

在设计分层结构时，优先级证券占比为76.60%，次级证券占比为23.40%。优先级证券可以获得次级证券提供的相当于发行总额23.40%的信用支持，因而可获得AAA评级。另外，交易结构的设置融入了资产服务机构超额回收奖励机制，交易文件中约定，在支付完次级证券的本金后，若还能收回现金，资产服务机构将获取超额的服务费奖励，此项约定增加了资产服务机构的尽职意愿，对资产的回收效果起到一定的保障作用。

案例分析二：建鑫 2016 年第三期不良资产支持证券

产品概况

建鑫 2016 年第三期不良资产支持证券发行于 2016 年 12 月 22 日，发行规模为 4.74 亿元，用于发行该期资产支持证券的不良资产涉及 122 157 笔个人消费类贷款。其中优先级证券金额为 3.60 亿元，占比为 76.79%，发行利率为固定利率 4.40%，评级为 AAA；次级证券金额为 1.10 亿元，占比为 23.21%。建鑫 2016 年第三期不良资产支持证券产品概况见表 8.20。

表 8.20 建鑫 2016 年第三期不良资产支持证券概况

<table>
<tr><td colspan="2">产品名称</td><td colspan="4">建鑫2016年第三期不良资产支持证券</td></tr>
<tr><td colspan="2">产品规模</td><td>4.74亿元</td><td>产品期限</td><td colspan="2">2.01年</td></tr>
<tr><td colspan="2">证券起息日</td><td>2016-12-22</td><td>基础资产</td><td colspan="2">不良资产重组</td></tr>
<tr><td colspan="2">次级占比</td><td>23.21%</td><td>还本方式</td><td colspan="2">过手型</td></tr>
<tr><td rowspan="3">证券名称</td><td></td><td>发行规模（万元）</td><td>预期年化收益率</td><td>预期到期日</td><td>评级</td></tr>
<tr><td>16建鑫和3优先</td><td>36 400.00</td><td>4.40%</td><td>2017-6-26</td><td>AAA</td></tr>
<tr><td>16建鑫3C</td><td>11 000.00</td><td>—</td><td>2018-12-26</td><td>无评级</td></tr>
<tr><td colspan="2" rowspan="2">委托人/发起机构/贷款服务机构</td><td rowspan="2">中国建设银行股份有限公司</td><td>发行人/受托机构</td><td colspan="2">建信信托有限责任公司</td></tr>
<tr><td>主承销商</td><td colspan="2">招商证券、中信证券、中信建投</td></tr>
<tr><td colspan="2">财务顾问</td><td>建信资本管理有限责任公司</td><td>资金保管机构</td><td colspan="2">中国工商银行股份有限公司北京市分行</td></tr>
<tr><td colspan="2">会计/税务顾问</td><td>毕马威华振会计师事务所（特殊普通合伙）</td><td>法律顾问</td><td colspan="2">北京市中伦律师事务所（特殊普通合伙）</td></tr>
<tr><td colspan="2">信用评级机构</td><td colspan="4">联合资信评估有限公司、中债资信评估有限责任公司</td></tr>
<tr><td colspan="2">增信措施</td><td colspan="4">优先/次级分层，流动性储备账户，偿付结构安排，触发机制安排</td></tr>
<tr><td colspan="2">交易平台</td><td colspan="4">银行间债券市场</td></tr>
<tr><td colspan="2">登记托管机构/支付代理机构</td><td colspan="4">中央国债登记结算有限责任公司</td></tr>
</table>

资料来源：建鑫 2016 年第三期不良资产支持证券计划说明书。

交易结构

建设银行作为发起机构以个人信用卡不良债权作为信托财产委托给受托人，以建信信托有限责任公司为受托人，设立“建鑫 2016 年第三期不良资产证券化信托。”受托机构将发行以信托财产为支持的资产支持证券，募集资金交付至发起机构。建鑫 2016 年第三期不良资产支持证券交易结构如图 8.44 所示。

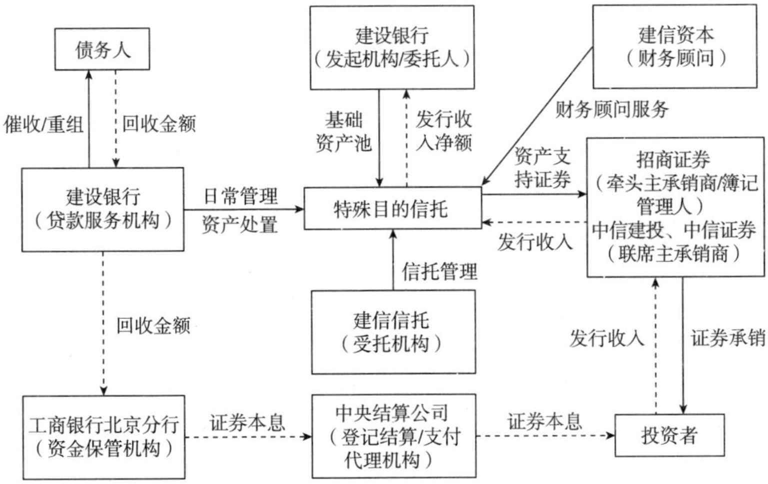

图 8.44　建鑫 2016 年第三期不良资产支持证券交易结构

资料来源：建鑫 2016 年第三期不良资产支持证券信用评级报告（联合资信）。

注：图中实线表示各参与方之间的法律关系，虚线表示现金流划转。

受托机构向投资者发行资产支持证券，并以信托财产所产生的现金为限支付发行费用、相应税费、服务报酬、费用支出及本期资产支持证券的本金和收益。该项目的资产支持证券分为优先级资产支持证券和次级资产支持证券，建设银行作为发起机构对各档次资产支持证券分别持有发行规模 5% 的份额。

基础资产

该项目的基础资产为发起机构建设银行于 2009 年 2 月至 2016 年

6月所持有的按其内部五级分类划分为不良类贷款的个人消费类不良贷款。入池资产的未偿本金余额为222 536.97万元，资产池未偿本息余额合计为281 046.76万元。建鑫2016年第三期不良资产支持证券入池资产基本情况见表8.21。

表8.21　建鑫2016年第三期不良资产支持证券入池资产基本情况

基本情况	数值
入池本息费和（万元）	281 046.76
入池本金总额（万元）	222 536.97
入池资产笔数（笔）	122 157
借款人户数（户）	112 076
预计回收总额（万元）	67 734.86
单笔贷款最高本息费余额（万元）	136.80
单笔贷款平均本息费余额（万元）	2.30
合同总金额（万元）	222 536.97
单笔贷款最高合同金额（万元）	76.53
每笔贷款平均合同金额（万元）	1.82
加权平均逾期期限（月）	9.34
借款人加权平均年龄（岁）	39.79
借款人加权平均年收入（万元）	24.12
借款人加权平均获得的授信额度（万元）	5.04
单个借款人最高预计回收额（万元）	18.01

资料来源：建鑫2016年第三期不良资产支持证券计划说明书。

入池贷款共计122 157笔个人信用卡债权，包括次级类、可疑类与损失类三类贷款，其中，次级类贷款有27 319笔，未偿本息余额为40 405.46万元，占比为14.38%；可疑类贷款有49 563笔，未偿本息余额为83 078.35万元，占比为29.56%；损失类贷款有45 275笔，未偿本息余额为157 562.94万元，占比为56.06%，主要集中在损失类贷款。入池贷款单笔平均未偿本息余额为2.30万元，单笔余额不超过1万元的贷款共计63 088笔，金额占比为11.36%。入池贷款授信额度主要集中在3万元以下，无保证或抵质押担保。入池贷款涉及

112 076户借款人，前五大借款人未偿本息总额占比为0.20%，前十大借款人未偿本息总额占比为0.35%，借款人集中风险很低。借款人年龄主要分布在30~40岁，平均回收率相对较高。借款人主要分布在商务服务业、制造业、批发零售业、建筑房地产业等行业，其中商务服务业和制造业占比均超过20%。从地区分布来看，借款人分布于全国35个省市，地区分布较为分散，地区占比最高的广东地区的贷款金额占比为13.01%，地区集中风险较低。入池资产加权平均逾期期限为9.34个月，逾期时间为3~6个月的贷款余额占比最高，整体逾期期限及预计回收情况一般。

案例特点

本案例的入池贷款共有122 157笔，涉及112 076户借款人，单户借款人未偿本息总额占比不超过1%，借款人在地域、行业、放款额度、年龄等上的分布均较为分散。单个借款人的回收情况存在较大的不确定性，但资产池良好的分散性在一定程度上削弱了这种不确定性，降低了资产池整体回收金额的波动性。

入池贷款为信用卡个人消费类不良贷款，与“和萃2016–2”不同的是，此次不良贷款并无抵押物或质押物担保，属于纯信用类不良贷款，单笔回收的不确定性较大。在贷款的回收过程中只能依靠对借款人催收的回款支付证券本息及相关费用，回收效果对催收政策比较敏感。

按照建设银行欠款催收的相关制度，以下几个方面将影响资产回收效果：

- 从催收方式来看，将根据业务规模及人力情况，采取自催和委托催收相结合的方式。
- 从委外催收机构的任用方式来看，将通过末位轮空和择优补充的方式，优先选取回收业绩好、服务品质高、内部管理规范的外部催收机构，促进外部催收机构的良性竞争，提高委外催收效果。

- 从对于经过多次催收仍无法促使其还款客户的处理来看，将及时采取向公安机关报案、向法院提起诉讼或向仲裁机构申请仲裁等司法措施，律师顾问的聘请及律师费用的支出按照建设银行相关管理规定执行。
- 从催收费用来看，将根据信用卡不良资产所处的逾期阶段、委外账户实际状况等来约定外包催收佣金费率。

因信用卡债权的分散性较好，笔数较多但单笔金额较小，资产池整体回收水平相对较为稳定。通过统计分析建设银行信用卡个人消费类不良贷款的历史回收情况，并综合考虑资产池逾期期限、借款人的年龄、所获得的授信额度、行业、地区、卡片是否分期等因素对催收效果的影响，以确定资产回收程度的整体情况，有助于缓解没有抵押物的不足。

从增信方式来看，本案例以优先/次级结构作为主要的信用提升机制，优先级证券可获得由次级证券提供的23.21%的信用支持。另外，封包期内积累的部分回收款也为优先级证券提供了较好的信用支持。证券的初始起算日为2016年7月1日，信托设立日为2016年12月16日，根据中债资信的统计，截至2016年8月31日，资产池回收金额为16 704.64万元，占证券发行总额的35.24%，降低了资产池回收不确定性对证券偿付的影响。另外，与"和萃2016-2"相同的是，"建鑫2016-3"在交易结构的设置中也设计了资产服务机构超额回收奖励机制，增加了资产服务机构的尽职意愿。

国外不良资产重组资产证券化的经验借鉴

美国的不良资产重组资产证券化经验

美国是最早开展不良资产重组资产证券化的国家。20世纪80年代，美国储蓄贷款机构爆发了两次大规模破产风潮，为应对不断增长的不良贷款，防止危机的蔓延，美国财政部设立重组托管公司（Resolution Trust Corporation，简写为RTC），接管了所有储蓄贷款机构的不良资产，并允许其通过证券化形式处置资产。1991 年 6 月，重组托管公司发行了第一单不良资产重组资产证券化产品，至 1995 年 12 月，在重组托管公司的运作下，通过证券化方式处置的不良资产总额接近 420 亿美元，占托管总规模的 10% 以上。重组托管公司在实践中通过使用现金储备账户、设立专业抵押物管理机构等创新型信用增级方式，推动了不良资产重组资产证券化业务在美国的发展。当前，美国的不良贷款证券化并非一个单独的类别，而是分散在抵押贷款支持证券中。

日本的不良资产重组资产证券化经验

1997 年，亚洲经济危机爆发，导致日本大型企业连续破产，金融机构的不良资产达到 1.2 万亿元，银行资产的流动性严重不足。为解决银行大量的不良资产，维护金融系统的稳定，日本政府采取了各项金融改革措施，成立了专门处置不良资产的日本株式会社整理回收机构（Resolution and Collection Corp，简写为 RCC）。1998 年，日本制定了《特别目的公司特定资产流动化法》，之后又制定了一系列关于不良资产重组资产证券化及参与主体的相关法律法规，为不良资产证券化打下基础。1999 年，日本发行了第一单不良资产重组资产证券化产品，为亚洲首次使用证券化产品处置银行不良贷款，该资产证券化产品的基础资产为分散在日本境内的 700 多处房产抵押贷款，通过特殊目的信托发行了共计 210 亿日元的浮动利率证券。美国投行摩根士丹利（MSCI）和高盛（GS）作为基础资产的服务商和承销商在本次证券化进程中扮演了重要的角色。

韩国的不良资产重组资产证券化经验

与日本情况相似，韩国同样在 1997 年的亚洲金融危机中受到了重创，这迫使韩国政府开始尝试以证券化方式解决不良资产问题。

为集中处理银行的大量不良贷款，1997 年韩国成立了韩国资产管理公司（Korea Asset Management Corp，简写为 KAMCO），专门负责处置不良资产，1998年9月出台了《资产证券化法案》及其他系列法律法规，修订了《公司整顿法》、《产业发展法》，为不良资产重组资产证券化的市场规则框架提供了法律保证。

从1997年到2001年，韩国资产管理公司共计收购商业银行不良贷款43.2万亿美元，占全部不良贷款的28.55%。2002年，韩国资产管理公司在韩国境内发行了第一只不良资产重组资产证券化产品，发行总金额约为4 120亿韩元，基础资产池包含6家韩国国有银行的不良贷款，韩国资产管理公司先与这6家银行签订了资产转让协议，再将不良资产转让给韩国第一证券化公司，由证券公司向境内投资者发行证券化产品，实现了真实出售与风险隔离。

考虑到韩国本国的资本市场相对狭小，容量不大，为吸引海外投资者，韩国的不良资产重组资产证券化产品中设置了较为特殊的境内境外双特殊目的载体的交易结构。境内特殊目的载体为韩国第一证券化公司，通过受让韩国资产管理公司买断的不良贷款，实现资产的真实出售与风险隔离。境外部分通过在开曼群岛注册成立的韩国资产基金有限公司（Korea Asset Fund），受让韩国第一证券化公司持有的不良资产并签订相应回售条款，向境外投资者发行浮动利率证券。浮动利率证券在卢森堡及美国的证券交易所挂牌上市并进行转让，提高了该证券的流动性，吸引了诸多海外投资者的参与。产品采取多种信用增级方式，包括结构化设计、超额抵押、流动性支持、回售条款等。由于资产池中有大量的日元外币贷款，未来回收的现金流为日元，在向海外发行美元证券时，通过签订货币掉期协议的方式来规避汇率风险。

第九章

企业资产证券化产品投资市场及风险特征

2016年来，信贷资产证券化发行量明显收缩，交易所企业资产证券化则大幅放量，出现了交易所市场发行规模反超银行间的不正常现象（交易所企业资产证券化对应美国狭义上的资产支持证券，占比往往为10%~20%，而以抵押贷款支持证券为代表的信贷资产支持证券占比超过80%）。CNABS数据显示，2018年信贷资产证券化发行接近9 400亿元，企业资产证券化发行则超过了9 600亿元，企业资产证券化发行规模连续3年超过信贷资产证券化。

概括而言，主要原因在于，一方面，我国的信贷资产证券化市场自身发展动力不足。另一方面，企业资产证券化顺应了实体经济中企业的发展需求。企业资产证券化是以资产为基础来融资，为拥有优质资产的中小企业形成一个竞争性市场，削弱了大型国有企业融资的优势。如果只靠自己公司的信用来融资，那么只有成为国有企业才有条件通过债券市场融资。但是，国有企业负债大多是不计风险、不计成本的融资，因为它们之前很容易在市场进行资金套利。在这样的背景下，金融去杠杆其实是在打击金融市场的资金空转。所以，企业资产证券化市场的放量发展，一定程度上反映了政府和监管政策在顺应实体经济发展的市场需求。在国内现有制度环境的限制下，以资产证券化支持实体经济融资，面临诸多掣肘，在经济形势下行时期，风险开始逐步显露。

本章我们从投资的视角，对市场现有的企业资产证券化产品及其风险特征进行梳理。本章分为四节，第一节介绍交易所市场发行的企业资产证券化的产品特征、发展历史和具体分类，第二节到第四节具体介绍交易所市场上债权类资产证券化（重点讲述其中最重要的四大类）、收益权类资产证券化、不动产资产证券化的发行情况、基本特征、风险特征、投资价值和具体案例等。

第一节　企业资产证券化综述

企业资产证券化概述

由于监管主导机构的差异，在我国，由证券公司、基金管理公司子公司等相关主体作为管理人开展的，以基础资产所产生的现金流为偿付支持，通过设立特殊目的载体（通常为资产支持专项计划），采用结构化等方式进行信用增级，并在此基础上发行资产支持证券的业务活动被称为企业资产证券化。与信贷资产证券化的发起人只能为金融机构不同，企业资产证券化的发起机构可以是金融机构，也可以是非金融机构。

企业资产证券化产品的基础资产，是指符合法律法规规定，权属明确，可以产生独立、可预测的现金流且可特定化的财产权利或财产，从类别来看，可以是企业应收款、租赁债权、信贷资产、信托受益权等财产权利，基础设施、商业物业等不动产财产或不动产收益权，以及中国证监会认可的其他财产或财产权利。

与传统信贷和债券市场差异互补，企业资产证券化市场不但能够支持以真实资产为基础的直接融资，还能够充实固定收益市场的产品结构，帮助发行人实现资产的重构或出表。在当前金融行业影子银行规模庞大、降杠杆目标尚未实现、合规风控能力需要进一步提升的背景下，企业资产证券化对于“优化结构”“服务实体经济”“降低中小企业融资成本”等战略目标具有重要意义。

我国企业资产证券化市场的发展历程

2004 年 1 月，被称为“国九条”的《国务院关于推进资本市场改革开放和稳定发展的若干意见》提出：“积极探索并开发资产证券化品种”。根据这一精神，中国证监会于2004年4月启动了以证券公司专项资产管理计划为载体的企业资产证券化业务的研究论证，并于2005年8月开始了证券公司企业资产证券化业务的试点。为夯实企业资产证券化业务的法律基础，明确业务的内涵和外延，自2004年开始，中国证监会、基金业协会等有关部门和行业自律组织为企业资产证券化业务制定和颁布了一系列法规和规章制度。依据这些法规和制度对企业资产证券化业务的约束程度，我国企业资产证券化市场的发展大体分为试点和常规两个阶段。证监会、中国证券投资基金协会等有关部门颁布的关于企业资产证券化管理的主要文件见表9.1。

表9.1 证监会、中国证券投资基金协会等有关部门颁布的关于企业资产证券化管理的主要文件

时间	制订和发布者	文件名称
2004-10-21	证监会	《关于证券公司开展资产证券化业务试点有关问题的通知》
2009-05-21	证监会	《证券公司企业资产证券化业务试点指引（试行）》
2013-03-15	证监会	《证券公司资产证券化业务管理规定》
2013-04-22	深交所	《深圳证券交易所资产证券化业务指引》
2014-11-19	证监会	《证券公司及基金管理公司子公司资产证券化业务管理规定》及配套《证券公司及基金管理公司子公司资产证券化业务信息披露指引》、《证券公司及基金管理公司子公司资产证券化业务尽职调查工作指引》
2014-11-25	深交所	《深圳证券交易所资产证券化业务指引》（2014年修订）
2014-11-26	上交所	《上海证券交易所资产证券化业务指引》
2014-12-24	基金业协会	《资产支持专项计划备案管理办法》及《资产证券化业务基础资产负面清单指引》、《资产证券化业务风险控制指引》等配套规则
2015-02-16	证券业协会	《机构间私募产品报价与服务系统资产证券化业务指引（试行）》

续表

时间	制订和发布者	文件名称
2015-12-30	深交所	《深圳证券交易所资产支持证券挂牌条件确认业务指引》
2016-10-28	上交所	《上海证券交易所资产证券化业务指南》（2016年10月修订）
2016-12-20	上交所	《关于资产支持证券财务报告有效期及期后事项有关事项的通知》
2017-06-20	上交所	《上海证券交易所资产支持证券挂牌条件确认业务指引》

试点阶段（2004年10月至2013年3月）

在企业资产证券化发展初期，中国证监会采用“先试点，后推开”的原则以稳妥推动业务的发展，防范潜在风险。自2004年10月发布《关于证券公司开展资产证券化业务试点有关问题的通知》起至2013年3月发布《证券公司资产证券化业务管理规定》止，可以看作我国企业资产证券化的试点阶段。以证监会2009年5月下发的《证券公司企业资产证券化业务试点指引（试行）》为界，试点阶段又可以进一步分为第一轮试点和第二轮试点两个阶段。

在第一轮试点阶段，共有9家企业作为原始权益人发行了9单产品，参与试点的9家企业分属于电信、电力和基础设施等行业，累计融资262.85亿元。其中，2005年8月26日，由中国联通发起的“中国联通CDMA网络租赁费收益计划”是国内首只企业资产证券化产品，发行规模为95亿元。该产品的成功发行，打开了我国企业资产证券化市场。

2007年，在试点开展两年后，证监会对企业资产证券化的运行和管理等状况进行了全面的检查和总结，并起草《证券公司企业资产证券化业务试点指引（试行）》，对后续的业务试点提供进一步的指导。但2008年美国次贷危机的爆发对世界范围内的证券化业务形成冲击，出于宏观审慎的考虑，国内资产证券化业务的试点全面中断。企业资产证券化专项计划第一轮试点项目的基本情况见表9.2。

表 9.2 企业资产证券化专项计划第一轮试点项目的基本情况

专项计划名称	原始权益人	发行金额（亿元）	产品分类	起息日
中国联通CDMA网络租赁费收益计划	联通新时空	95	收费收益权（上网收费收益权）	2005-08-26
莞深高速公路收费收益权专项资产管理计划	东莞控股	5.8	收费收益权（收费路桥收益权）	2005-12-27
中国网通应收款资产支持受益凭证专项资产管理计划	中国网通	103	应收账款	2006-03-14
远东首期租赁资产支持收益专项资产管理计划	远东国际租赁	4.86	融资租赁（混合租赁）	2006-05-10
华能澜沧江水电收益专项资产管理计划	华能澜沧江	20	收费收益权（公共事业收益权）	2006-05-12
浦东建设BT项目资产支持收益专项资产管理计划	浦东建设	4.25	BT项目回购款债权	2006-06-22
南京城建污水处理收费资产支持收益专项资产管理计划	南京城建	7.21	收费收益权（绿色资源收益权）	2006-07-13
南通天电销售资产支持收益专项资产管理计划	南通天生港发电	8	收费收益权（公共事业收益权）	2006-08-04
江苏吴中集团BT项目回购款专项资产管理计划	吴中教育投资	16.58	BT合同回购款债权	2006-08-31

2009 年，世界经济局势趋于平缓，企业资产证券化试点重启。2009 年 5 月 21 日，证监会发布《证券公司企业资产证券化业务试点指引（试行）》和《关于通报证券公司企业资产证券化业务试点情况

的函》，企业资产证券化业务试点进入第二阶段。此阶段除在第一轮试点中发行过产品的远东国际租赁完成第二期产品发行外，另有两家非金融机构成功发行了新的企业资产证券化产品。

虽然在整个试点阶段，企业资产证券化产品发行的范围和规模均有限，但试点阶段的平稳发展和经验积累为后续业务转常规奠定了良好的基础。企业资产证券化专项计划第二轮试点项目基本情况见表 9.3。

表 9.3 企业资产证券化专项计划第二轮试点项目基本情况

专项计划名称	原始权益人	发行金额（亿元）	产品分类	起息日
远东二期专项资产管理计划	远东国际租赁	12.79	融资租赁（混合租赁）	2011-08-05
南京公用控股污水处理收费收益权专项资产管理计划	南京公用	13.3	收费收益权（绿色资源收益权）	2012-03-20
欢乐谷主题公园入园凭证专项资产管理计划	深圳华侨城	18.5	收费收益权（公园景区收益权）	2012-12-04

常规阶段（2013 年 3 月至今）

随着 2013 年 3 月《证券公司资产证券化业务管理规定》的颁布，我国企业资产证券化业务正式由试点转常规。2014 年 11 月，证监会正式发布《证券公司及基金管理公司子公司资产证券化业务管理规定》，将企业资产证券化的审批方式改为备案制，并由中国基金业协会对备案实施自律管理。2014 年 12 月，负责企业资产证券化业务备案和自律管理的中国证券投资基金业协会发布《资产支持专项计划备案管理办法》，同时配套《资产证券化业务风险控制指引》、《资产证券化业务基础资产负面清单指引》等系列指引，明确了管理人在开展企业资产证券化业务时应采取的风险控制措施，并对基础资产实施负面清单管理，拓宽了发行人及基础资产的可选范围，多措并举，促进了企业资产证券化业务自 2015 年以来的高速发展。

2016年5月，证监会发布《资产证券化监管问答》，鼓励绿色环保产业相关项目通过资产证券化方式融资发展。2016年6月3日，国务院发布《关于加快培育和发展住房租赁市场的若干意见》，提出支持符合条件的住房租赁企业发行不动产证券化产品。2016年10月10日，国务院提出将有序开展企业资产证券化作为盘活企业存量资产、降低企业杠杆率的主要途径之一。在政策鼓励与市场需求叠加的背景下，2016年全年企业资产证券化产品发行规模较2015年翻番，延续快速增长态势。

自2017年以来，资产证券化市场延续了2016年快速扩容和创新迭出的发展态势，基础资产类型日益丰富，各类首单产品不断涌现，流动性提升。根据CNABS统计，截至2018年12月31日，我国企业资产证券化产品共发行1 879只，累计发行规模为26 301.89亿元。各时期企业资产证券化产品的发行情况如图9.1所示。

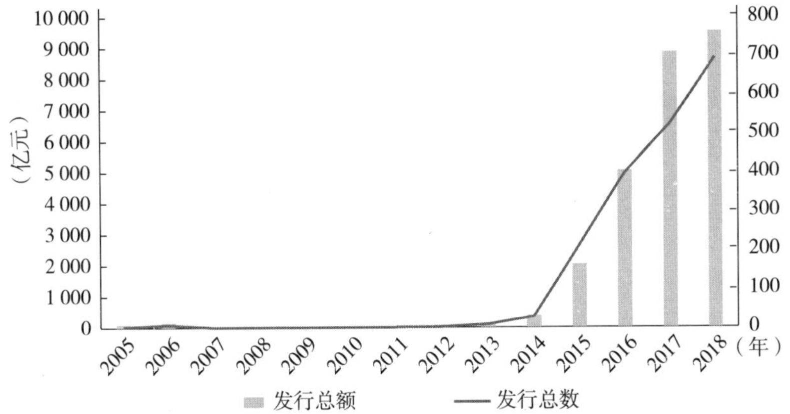

图9.1 各时期企业资产证券化产品的发行情况

我国企业资产证券化的主要类别

根据基础资产法律权属的不同，我国企业资产证券化大致分为债权类、收费收益权类和不动产三大类。债权类基础资产是指截至资产入池日，已经形成明确的债权债务关系，在不发生违约事件时，未来现金流的金额和发生的时点均可以确认的资产，如应收账款、小额贷款、租赁债权等资产。收费收益权类基础资产基于发行人未来持续经营产生可预测现金流的财产权利，虽然由于行业垄断或特许经营的属性，这类基础资产可产生的现金流是稳定可预期的，但与债权类资产不同，在资产入池日，收费收益权类基础资产的现金流的实际金额并不能确认，这类资产包括供水供热收费权、门票收益权等。不动产资产相关的证券化产品对应的基础资产为商业地产、工业地产、保障房、医疗地产、养老地产等不动产资产生成的现金流，包括但不限于保障房的销售收入、商业物业的租金收入等，目前以不动产资产为基础的证券化产品主要是 REITs 和商业地产抵押贷款支持证券两个大类。在本节的后续内容中，我们将以这三类资产为代表，简要分析各类资产及其风险特征。我国企业资产证券化的主要类别如图 9.2 所示。

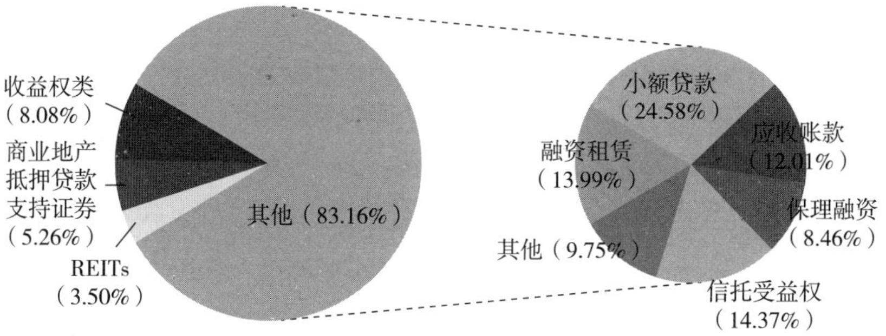

图 9.2　我国企业资产证券化的主要类别

第二节　债权类资产证券化及其风险特征

债权类资产证券化产品概述

债权类资产的标准化程度相对较高，且法律结构清晰，因此债权类资产证券化产品是最早发展起来且发展速度最快的一类企业资产证券化产品。截至 2018 年年末，发行规模约占已发行的全部企业资产证券化产品总额的 83.16%，总发行规模达 21 873.27 亿元。虽然从基础资产的表现形式上看，几类债权资产证券化产品各有千秋，但从本质来说，债权类资产证券化产品都是基于买卖双方的债权构建的结构化产品，因此债权类资产证券化产品在产品风险点、结构设计和增信措施方面存在共性。

债权类资产证券化的主要类别

目前已经发行的债权类企业资产证券化产品按照发行规模排序主要包括信托受益权资产证券化产品、融资租赁资产证券化产品、小额贷款资产证券化产品、应收账款资产证券化产品、保理债权资产证券化产品等。本节主要从底层资产的角度对不同资产类别的证券化产品进行分析，信托受益权资产证券化产品的底层资产与其他四类有所重叠，本节不做重点介绍。债权类企业资产证券化产品发行规模如图 9.3 所示。

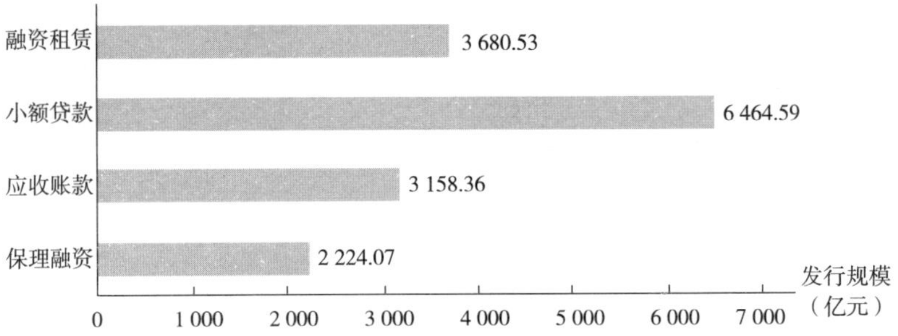

图 9.3　债权类企业资产证券化产品发行规模

“中国网通应收款资产支持受益凭证”是我国首单企业资产证券化产品，也是首单债权类资产证券化产品。债权类资产证券化产品伴随了企业资产证券化发展的整个周期。2013 年之前，企业债权类资产证券化主要以融资租赁类和应收账款类为主，其中，由于融资租赁资产与证券化融资模式的天然联结，融资租赁公司一直是企业资产证券化产品发行的主力军。2013 年，随着互联网金融和网络小贷公司的兴起，小额贷款资产证券化开始试水，并于 2016 年开始迅速发展，2017 年小额贷款资产证券化产品的发行规模居所有类别之首，并远超其他类别产品。保理债权资产证券化产品始于2015年，也属于两种创新融资方式的结合，或许保理与证券化的结合会如融资租赁与证券化的融合一样，在未来成为更受关注的融资模式和产品类别。

融资租赁资产证券化

融资租赁是指出租人根据承租人对出卖人、租赁物的选择，向出卖人购买租赁物，提供给承租人使用，承租人支付租金的交易活动。融资租赁资产证券化产品的基础资产为融资租赁公司持有的对承租人的融资租赁债权。债权类企业资产证券化产品发行情况如图9.4所示。

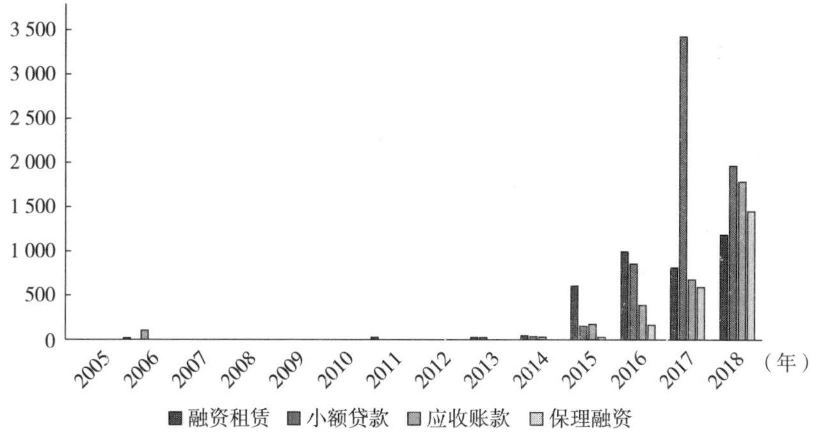

图9.4 债权类企业资产证券化产品发行情况

根据股东属性和监管机构的不同，我国的融资租赁公司分为3类，分别为银保监会主管的金融租赁公司，商务部主管的外商投资融资租赁公司及商务部和国家税务总局共同主管的内资试点融资租赁公司。银保监会主管的金融租赁公司发行的资产证券化产品属于信贷资产证券化产品的范畴，在上一节我们已有讨论，本节所指融资租赁资产证券化产品特指原始权益人为外商投资融资租赁公司和内资试点融资租赁公司的产品。3类融资租赁公司的比较见表9.4。

表 9.4 3类融资租赁公司的比较

类别	监管机构	经营杠杆	注册资本	业务范围
金融租赁公司	银保监会	≤12.5倍	最低注册资本1亿元。此外，商业银行必须满足8%的资本充足率要求	融资租赁业务；吸收股东1年期（含）以上定期存款；接受承租人的租赁保证金；向商业银行转让应收租赁款；经批准发行金融债券；同业拆借；向金融机构贷款；境外外汇借款；租赁物品残值变卖及处理业务；经济咨询；中国银行业监督管理委员会批准的其他业务
外商投资融资租赁公司	商务部	≤10.0倍	注册资本不低于1 000万美元	融资租赁业务；租赁业务；向国内外购买租赁财产；租赁财产的残值处理及维修；租赁财产的残值处理及维修；租赁交易咨询和担保；经审批部门批准的其他业务
内资试点融资租赁公司	商务部、国家税务总局	≤10.0倍	最低注册资本为1.7亿元，企业经营3年以上没有亏损	融资租赁业务；租赁业务；向国内外购买租赁财产；租赁财产的残值处理及维修；租赁交易咨询；接受承租人的租赁保证金；向商业银行、商业保理公司转让租赁应收款；符合法律规定的其他业务

注：金融租赁公司资本净额不得低于风险加权资产的8%。外资租赁公司与内资租赁公司风险资产不超过净资产总额的10倍。

小额贷款资产证券化

小额贷款资产证券化的基础资产为小额贷款公司向借款人发放小额贷款而产生的对借款人持有的债权。小额贷款公司的主管部门由省级政府确定，小额贷款公司的客户一般为个人或小微企业，小额贷款的特点是单笔金额较小、分散程度较高、地域集中度较高。

小额贷款公司中的互联网小额贷款公司随着互联网巨头的兴起在行业中扮演越来越重要的角色，互联网小额贷款与传统小额贷款相比，单笔金额更小，分散程度更高，且地域集中度弱化，资产属性发生了较大的变化，在本节的后续内容中我们会就互联网小额贷款资产证券化做单独的案例分析。

应收账款资产证券化

应收账款资产证券化的基础资产为企业间的应收账款，指企业因履行合同项下销售商品、提供劳务等经营活动的义务后获得的付款请求权。企业间应收账款在实际商品销售过程中延长了买方向卖方付款的期限，但增加了卖方的资金压力，通过证券化，一方面可以延续卖方在回款周期方面的竞争力以保持销售优势，另一方面也缓解了卖方的流动性压力。

保理债权资产证券化

保理债权资产证券化的基础资产为商业保理公司的保理债权。保理全称为保付代理，又称托收保付，是指卖方企业将其基于与买方企业订立的货物销售 / 服务合同所产生的应收账款转让给保理商，由保理商为其提供贸易融资、销售分账管理、应收账款催收、信用风险控制、坏账担保等服务的行为。保理的本质为应收账款的转让，保理债权资产证券化与应收账款资产证券化在本质上极为相似，但引入专业的保理机构，在单纯应收账款转让的基础上可以扩大应收账款买卖双方的机构数量，提高基础资产的行业分散度，另外证券化产品可以享受保理公司的专业服务，在分账管理、催收、风险控制等方面提升产品的安全度。

债权类资产证券化产品的风险特征

由于基础资产的共性特征，债权类资产证券化产品的风险点有许多相同之处。一般来说，债权类资产证券化产品的主要风险包括债务人信用风险、资产池集中度风险、债务人逾期或早偿风险以及关联交易风险。

债务人信用风险

信用风险在以债权为基础资产的产品中普遍存在，当债务人丧失还款能力或由于道德风险导致还款意愿下降时，专项计划无法按预期获得应有的现金流，使产品的本息偿付受到影响，基础资产遭受损失。在任何债权债务关系中，都潜藏着债务人无法偿还的信用风险，在资产支持专项计划中，一般通过对底层债务人的尽职调查，获得债务人的经营情况和历史还款表现的相关资料，了解其还款能力和还款意愿，再辅以结构化的产品设计，如增加差额支付人、担保人等增信机构，提高产品的超额覆盖倍数，为产品增设其他的外部增信措施等，提高产品层面的兑付保障力度，规避信用风险的发生。

资产池集中度风险

通常情况下，债权类资产证券化产品的底层债权债务关系不会只有一笔，一般也不会是几笔，这样的产品设置本身就是为了规避资产池集中度过高情况下个别债务人的偿付危机导致的整个产品的兑付压力。在考虑资产池集中度问题时，一般考虑债务人、债务人所属行业、债务人所在区域 3 个维度的集中度情况，若 3 个层次的资产分散情况均能达到一定水平，那么资产池的抗风险能力就会相应提高，产品的安全性相应得到保障。

债务人逾期或早偿风险

除了债务人的信用风险，债务人还款的逾期也会对产品的流动性带来压力，而债务人提前偿还则会对产品的收益率带来影响。债权类资产的偿还一般在买卖双方约定的账期内进行，若债务人自身经营或流动性情况等因素导致债务人在约定账期届满时仍不能还款，且这种逾期并未在专项计划设立时进行充分的考虑和预估，则专项计划的兑付将无法按期完成，专项计划在设立时通常会通过分析买卖双方历史资金流水预估逾期的比例和发生的概率，然后通过设置一定比例的劣后资金或增加流动性支持机构来规避这类风险导致的产品违约。相应地，对于债权类资产，也存在债务人提前偿还的情形，对于应收账款、保理债权等资产而言，由于未还款期间并不产生利息，提前偿还只会增加资金沉淀，并不会对产品的兑付产生实质影响。对于融资租赁资产、小额贷款资产等未偿还期间有利息产生的资产，如承租人提前退租或借款人提前偿还借款本息，则会导致资产证券化产品现金流回款不足的风险。

关联交易风险

在应收账款资产证券化产品、保理债权资产证券化产品中，存在购销双方属于同一控制下关联方的情况，因关联交易情况下底层贸易的真实性，贸易合理性的识别均具有较大难度，一般情况下，不建议将关联交易形成的债权作为债权类资产证券化产品的基础资产。

债权类资产证券化产品的结构设计

在产品结构设计上，债权类资产证券化产品通常会面临选择何种资金分配方式、是否设置循环购买等问题。

资金分配方式

资产证券化产品的资金分配方式一般分为过手型和固定摊还型。过手型分配方式在产品设立时不设置固定的还本安排，根据摊还期内实际产生的现金流，扣除相关费用后按照约定的比例分配给不同档级证券投资人，分配时不扣减产品份额，直接记减每份份额的价值。固定摊还型分配方式则按产品设立时约定的还本计划定期向投资人偿还本金并支付利息。

截至 2018 年 12 月 31 日，债权类资产证券化产品的优先级证券、夹层级证券、次级证券共发行 5 650 只。根据资产证券化产品的结构设计，次级资金的分配方式一般为过手偿付型。而优先级证券、夹层级证券共发行 4 288 只，其中过手型证券共 1 811 只，占比为 42.23%，固定摊还型证券 2 475 只，占比为 57.72%。

循环购买机制

债权类资产证券化产品，特别是以应收账款和保理债权为基础资产的产品，一般存在资产端期限和证券端期限不匹配的问题，为避免由此导致的大量资金闲置，一般在产品设置中会增加基础资产循环购买机制。

对于循环购买机制的设计，一般需要关注两个主要问题：

- 循环购买基础资产的资产质量。资产证券化产品在设立初期应设置合理的基础资产入池标准，原始权益人、计划管理人按照入池标准进行循环购买期间的基础资产筛选。
- 合格基础资产不足的应对措施。在资产证券化产品存续期间，可能存在原始权益人无法提供足额可供循环购买的基础资产的风险。针对此风险，资产证券化产品一般采取两种应对措施，即设置加速清偿机制，若原始权益人无法提供足额基础资产超过一定期限，则产品加速清偿，资产证券化产品可能提前终止；基础资产回款资金保留在账户内，不进行循环购买，直至专项计划到期结束。

另外，在资产证券化产品设立后或循环购买结束后，由于债务人不及时清偿款项或其他使基础资产恶化的情形，基础资产可能成为不合格资产，进而对资产支持证券本息的兑付造成影响，可通过设置不合格基础资产置换或赎回机制，保障基础资产池的质量。

债权类资产证券化产品的增信措施

债权类资产证券化产品通常使用的增信措施包括优先劣后结构设计、现金流超额覆盖倍数、超额利差等内部增信措施和准备金机制、差额支付承诺和第三方担保等外部增信措施。

优先劣后结构设计

优先劣后结构设计是债权类资产证券化产品最常见的增信措施，部分产品会设置次优级或夹层级。基础资产产生的现金流将依据证券分级，按照预先约定的分配顺序对不同级别证券的本息予以偿付。优先级证券本息的偿付优于次优级或夹层级，次优级或夹层级证券优于次级。

次级证券一般由原始权益人或其关联方持有，当基础资产池发生损失时，在次级证券份额范围内的损失首先由次级证券承担。因此，次级证券规模占比越高，产品对资产池可能产生的损失比例的容忍度越高，对优先级和夹层级证券的信用增信效果越好。

现金流超额覆盖倍数

债权类资产证券化产品的现金流回款一般对资产支持证券的本息形成一定的超额覆盖倍数，从而增加本息偿付的安全系数。对投资人来说，超额覆盖倍数越高，证券本息兑付的风险越小。

超额利差

超额利差是基础资产池的加权平均利率与优先级资产支持证券的平均票面利率之间存在的利差，该利差的存在可以对产品的本息兑付提供一定的支持。不过，此增信措施仅适用于基础资产具有固定利息率的资产证券化产品，如融资租赁资产证券化产品、小额贷款资产证券化产品。

准备金机制

准备金机制是指资产证券化产品在托管账户内留存一定金额的准备金，用于保障优先级证券本息的兑付。若基础资产发生违约，则托管账户内的准备金可形成对投资人的保护。

准备金账户分为不变准备金账户及可变准备金账户。不变准备金指留存的准备金金额固定，可变准备金指准备金金额随基础资产池中违约金额的大小而变化。对于投资人来说，可变准备金账户水平与基础资产的状态具有相关性，在资产池状况恶化的情况下，可以为投资人提供更进一步的保护。

差额支付承诺

差额支付承诺是差额支付承诺人对资产证券化产品不能足额偿付证券持有人本息时的一种差额补足义务。差额支付承诺人可以为原始权益人，也可以为第三方。若差额支付人为原始权益人，将在一定程度上降低资产“真实出售”的效力，原始权益人无法做到基础资产的“出表”。

第三方担保

第三方担保是资产证券化产品较为传统的增信措施，由第三方对优先级证券本息的兑付或差额支付承诺人的差额支付义务提供连带责任保证担保。尤其是在应收账款资产证券化产品、保理债权资产证券化产品中，因基础资产一般不附带抵质押，通常需设置外部第三方担保。

债权类资产证券化的具体类型及案例分析

融资租赁资产证券化

融资租赁资产证券化概述

根据中国租赁联盟、天津滨海融资租赁研究院组织编写的中国租赁蓝皮书《2017 年中国融资租赁业发展报告》所述，截至 2018 年年底，我国融资租赁企业总数为 11 777 家，较 2017 年年底的 9 090 家，同比增长 29.6%。从业务发展规模看，融资租赁业务的规模呈几何级数增长，业务总量由 2006 年的约 80 亿元增至 2018 年年末的约 66 500 亿元，较 2017 年底的 60 600 亿元，同比增长 9.74%。融资租赁行业的发展吸引了越来越多的机构参与，而越来越多的机构参与又进一步推动了行业的发展。

从融资渠道来看，融资租赁公司传统的资金来源为股东和银行贷款，融资模式比较单一，同时这两种融资模式都较易达到天花板，融资租赁行业融资模式的制约亟待解决。随着国内资产证券化市场的发展，资产证券化可以盘活存量资产，实现资产出表，降低融资成本等优势对融资租赁行业恰是一剂良药，目前，发行资产证券化产品已日益成为融资租赁公司较为青睐的新型融资模式。

融资租赁资产证券化得到大规模发展的原因，一方面是融资租赁资产作为资产证券化的基础资产，无权利瑕疵且产品结构设计相对简单，融资租赁形成的租金稳定、可预测、可特定化，与资产证券化基础资产的要求相吻合，在包装成资产证券化产品的过程中需要通过结构设计规避的问题较少。另一方面，对于同一家融资租赁公司而言，资产证券化产品的融资模式可复制性强，融资租赁资产的模式比较相似，同质性高，与资产证券化完成联姻后，租赁公司的业务规模得到进一步释放，融资租赁公司可以通过滚动发行的模式不断获得新的资金，投向新的资产，这种循环又进一步促进资产证券化基础资产的增加。

融资租赁资产证券化的发行情况

在企业资产证券化首轮试点阶段，2006 年，远东租赁发行了远东首期租赁资产支持收益专项资产管理计划这一单融资租赁资产证券化产品。在第二轮试点阶段，远东租赁又发行了远东二期专项资产管理计划，在企业资产证券化试点转常规后，特别是 2014 年交易所资产证券化改为"备案 + 负面清单"的管理模式后，融资租赁资产证券化产品的发行数量呈指数级增长，2016 年全年产品发行数量达 115 单，发行规模超过 1 000 亿元。

截至 2018 年 12 月 31 日，融资租赁资产证券化产品共发行 365 单，占企业资产证券化产品发行总量的 19.43%，总规模达 3 680.53 亿元，占企业资产证券化产品发行总规模的 13.99%。2015 年和 2016 年，融资租赁资产证券化产品与企业资产证券化产品发行数量的占比分别为 31.13% 和 28.86%，连续两年排名第一，已成为市场发行数量最多的资产证券化产品类别。融资租赁资产证券化产品发行情况如图 9.5 所示。

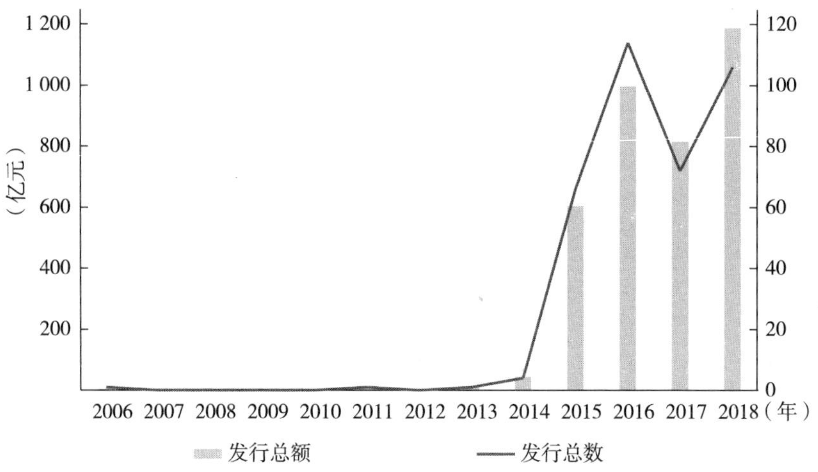

图 9.5 融资租赁资产证券化产品发行情况

融资租赁资产证券化的基本特征

（1）产品特征。

①产品规模。

截至2018年年末，融资租赁资产证券化产品平均发行规模为10.08亿元，其中，发行规模小于5亿元的产品最多，占33.97%，发行规模在10亿元以下的产品数量占融资租赁资产证券化产品总数的62.47%。在统计期间，融资租赁资产证券化产品发行规模最大的是“2017远东四期资产支持专项计划”和“2018远东一期资产支持专项计划”，发行规模均为40.53亿元，该类产品的发行规模均小于45亿元。融资租赁资产证券化产品发行规模的分布如图9.6所示。

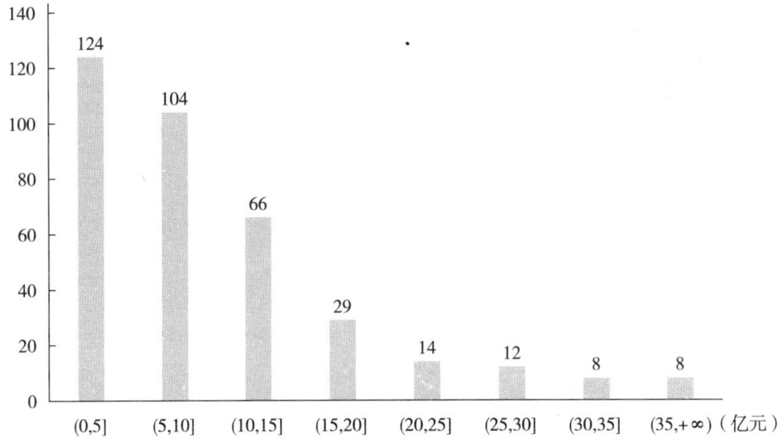

图9.6　融资租赁资产证券化产品发行规模的分布

②产品期限。

截至2018年年末，已发行的融资租赁资产证券化产品期限集中于2~5年，期限为2~5年的产品发行总量占本类型企业资产证券化产品发行总量的80.55%。在统计期间，融资租赁资产证券化产品最长的期限不超过10年，期限在6年以上的产品较少。较其他企业资产证券化产品而言，融资租赁资产证券化的期限属于中长期，综合其基础资产特征与发起机构信用来看，可作为中长期限的配置标的。融资租赁资产证券化产品的期限分布如图9.7所示。

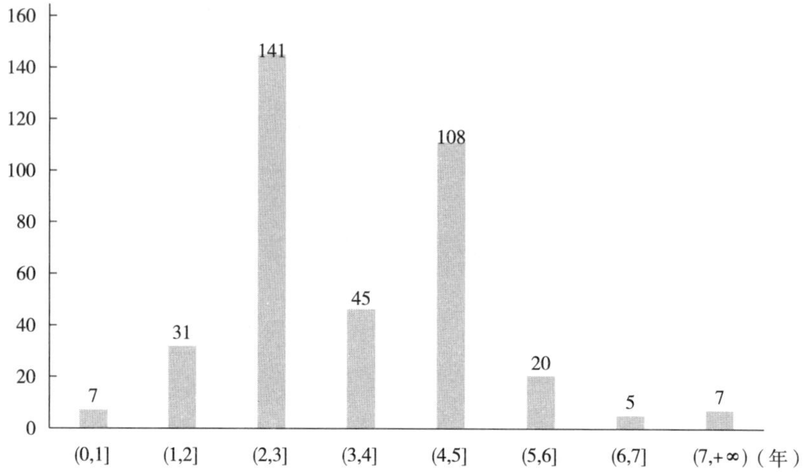

图 9.7　融资租赁资产证券化产品的期限分布

③信用评级及利率走势。

目前，已发行的融资租赁资产证券化产品的信用评级较高，其中优先级证券信用评级为 AAA 的证券数量占比为 88.95%，夹层级证券的信用评级以 AA+ 和 AA 级为主，夹层级证券评级在 AA 及以上的占比为 92.74%。优先级和夹层级融资租赁资产证券化产品评级分布如图 9.8、图 9.9 所示。

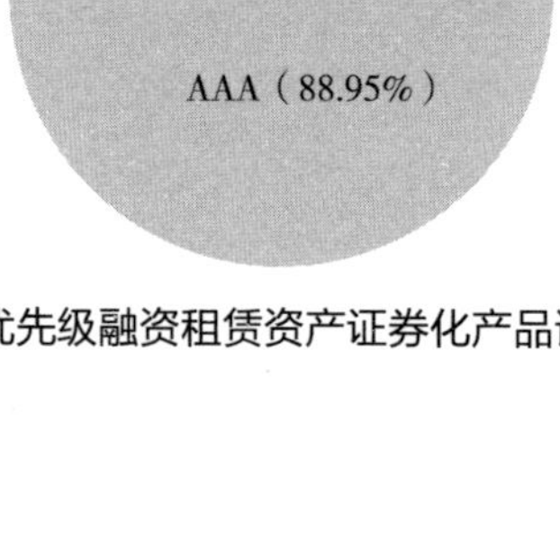

图 9.8　优先级融资租赁资产证券化产品评级分布

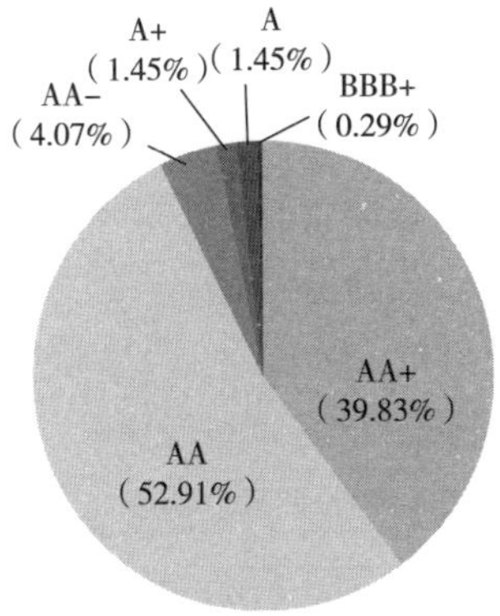

图 9.9 夹层级融资租赁资产证券化产品评级分布

融资租赁资产证券化历经多年的发展，目前的市场认可度较高，从与同期的公司债到期收益率的比较中可以看出，2017 年同评级产品的发行利率区间不断趋近，随着产品逐渐丰富，同评级产品的发行利率在 2018 年下半年逐渐呈现差异化。AAA 级与 AA+ 级融资租赁资产证券化产品与公司债到期收益率的比较如图 9.10、图 9.11 所示。

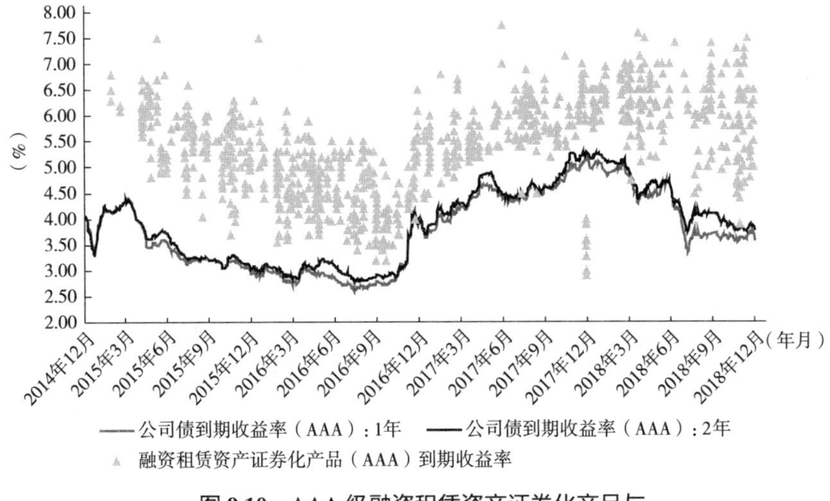

图 9.10 **AAA** 级融资租赁资产证券化产品与公司债到期收益率的比较

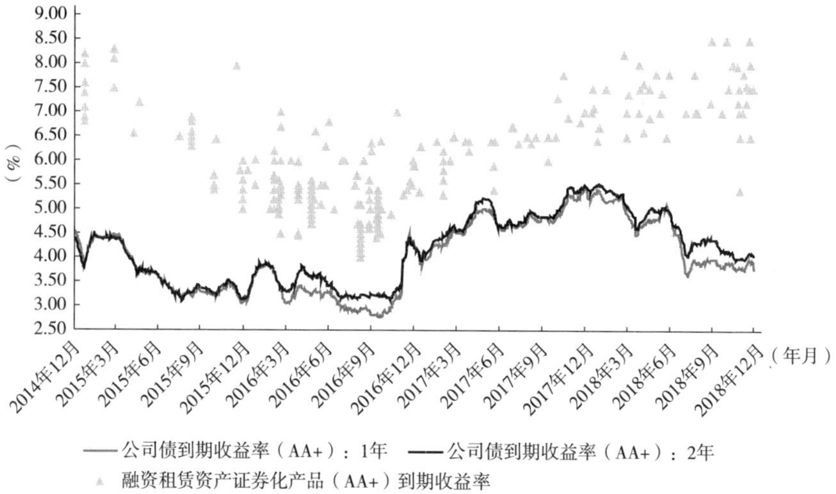

图 9.11　AA+ 级融资租赁资产证券化产品与公司债到期收益率的比较（AA+）

（2）基础资产特征。

①按租赁物分类。

融资租赁资产证券化所涉及的基础资产行业和领域相当广泛，根据市场可公开获取的信息，融资租赁资产证券化产品按租赁物类别可分为混合租赁、交通工具租赁、医疗器械租赁、设备租赁、能源租赁、基础设施租赁、网络设备租赁、知识产权租赁等。截至 2018 年年末，从租赁物类别来看，混合租赁行业发行的证券化产品数量最多，共发行了 149 只产品，其次为交通工具和医疗器械租赁，分别有 96 只和 30 只产品，再次为设备、能源、基础设施、网络设备租赁和知识产品租赁，分别发行了 23 只、8 只、8 只、3 只和 2 只产品。不同类别租赁物的特点也会反映到资产证券化产品的层面，在产品设计和销售环节产生一定的影响，如从次级产品在整个产品中的占比来看，底层资产为知识产权租赁和基础设施租赁的次级产品占比相对较低，分别为 5.07% 和 7.35%，这与租赁业务的债务人主体资质相对较好有一定关系，而底层资产为能源租赁的次级产品占比达 15.45%，次级产品占比最高。

接下来，介绍交通工具、医疗器械、设备作为租赁物的融资租赁资产证券化业务。

（1）交通工具融资租赁资产证券化。

交通工具融资租赁，特别是车辆融资租赁的资产证券化，是融资租赁资产证券化的重要类别，车辆融资租赁的客户群体可分为个人和企业，其中企业包括驾校、出租车公司等，租赁物可分为新车和二手车。原始权益人既有专营汽车租赁的融资租赁公司，也有综合性融资租赁公司。随着国内消费的升级和居民消费习惯的改变，以车辆融资租赁为基础资产的证券化产品在所有融资租赁类别中的占比逐渐上升。

车辆融资租赁资产证券化的总体特点为单笔金额小，入池租赁债权笔数多，一般均设置租赁首付款或保证金。针对个人客户的资产证券化产品的分散性较针对企业客户的资产证券化产品更高。从底层资产的收益率水平来看，交通工具租赁类的底层资产收益率一般较高，平均为 12.86%，其中汇通信诚租赁和先锋太盟发行的产品底层资产平均收益率超过 15%，最高达 18.61%，主要原因是车辆融资租赁的业务模式类似消费信贷，年化利率相对较高。

（2）医疗器械融资租赁资产证券化。

医疗器械类融资租赁是融资租赁公司重点开展的业务板块，因医疗行业受经济周期的影响较小且承租人主要为医院，信用水平较高，租金还款的安全性相对较高。但随着融资租赁业务的推广，承租人主体资质存在一定的下沉，通过关注医院性质、医院等级、医院所在地等因素关注医疗器械类融资租赁证券化产品的风险。

（3）设备融资租赁资产证券化。

设备融资租赁资产证券化产品的特点为单笔金额较大，入池租赁债权笔数少，基础资产的集中度较高，如中铁租赁一期资产支持专项计划，基础资产池中的租赁合同数量为 22 笔，单笔租赁合同平均本金余额为 3 090.84 万元。另外，设备融资租赁的承租人通常处于周期性较强的行业，需重点关注承租人的行业状况及资信水平。融资租赁资产证券化产品租赁资产类别统计见表 9.5。融资租赁资产证券化产品数量的分布如图 9.12 所示。

表 9.5　融资租赁资产证券化产品租赁资产类别统计

租赁资产类别	数量	规模	次级占比（%）	底层资产平均收益率（%）
混合租赁	149	1 725.20	10.79	7.20
交通工具租赁	96	771.02	11.76	12.86
医疗器械租赁	30	250.40	10.08	7.73
设备租赁	23	170.10	9.51	7.43
能源租赁	8	97.67	15.45	6.17
基础设施租赁	8	82.69	7.35	7.17
网络设备租赁	3	9.03	8.17	不详
知识产权租赁	2	12.87	5.07	不详

注：底层资产平均收益率是根据 CNABS 产品列表统计的各类加权贷款年利率。

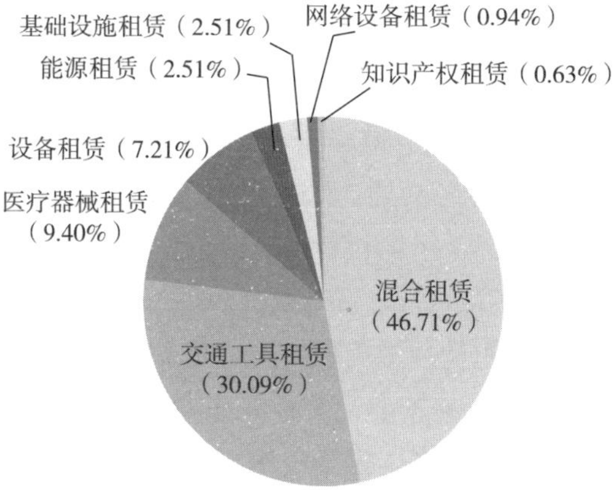

图 9.12　融资租赁资产证券化产品数量的分布

融资租赁业务的主要类型有直接融资租赁、售后回租、杠杆租赁、委托租赁和转租赁。其中，直接融资租赁是融资租赁交易的基础，售后回租作为盘活承租人存量资产的方式，在实务中也较为常见。除了上述 5 种模式外，融资租赁业务也派生出一些创新模式，如结构化共享式租赁、风险租赁、捆绑式融资租赁、融资性经营租赁、项目融资租赁、结构式参与融资租赁、销售式租赁等，这些创新模式目前在国内应用较少，在入池资产中尚不多见。

根据 CNABS 的统计结果，截至 2018 年年末，在融资租赁资产证券化基础资产租赁方式的分布中，售后回租、回转租赁、直接租赁和杠杆租赁分别占 87.30%、6.60%、5.90% 和 0.20%。售后回租占绝对主要的地位。融资租赁资产证券化产品基础资产租赁方式分布如图 9.13 所示。

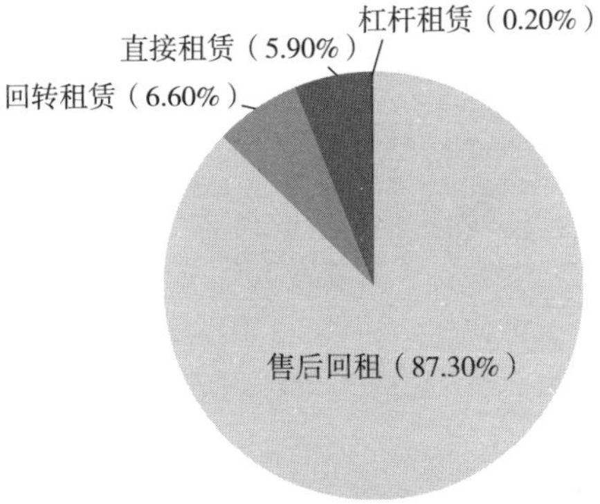

图 9.13　融资租赁资产证券化产品基础资产租赁方式分布

融资租赁资产证券化产品的基础资产具有较强的地域分散性和行业分散性。根据 CNABS 的统计信息，目前融资租赁资产地域分布最多的 5 个省分别为山东省、四川省、江苏省、贵州省和云南省，而资产分布最多的行业前五位分别为制造业，卫生与社会工作，电力、热力、燃气及水生产和供应业，建筑业和教育业。融资租赁资产证券化产品的地域分布和行业分布如图 9.14 和图 9.15 所示。

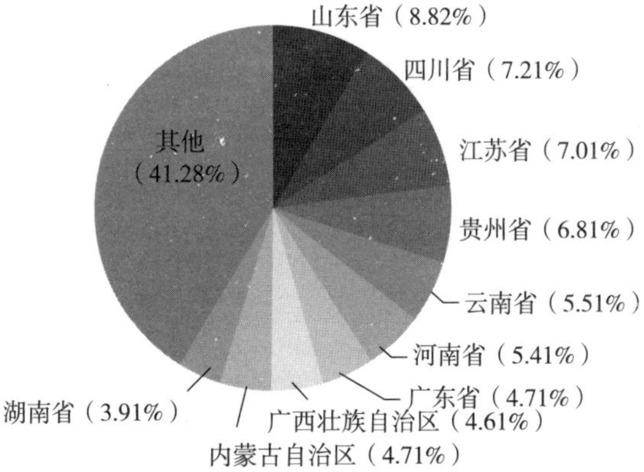

图 9.14　融资租赁资产证券化产品的地域分布

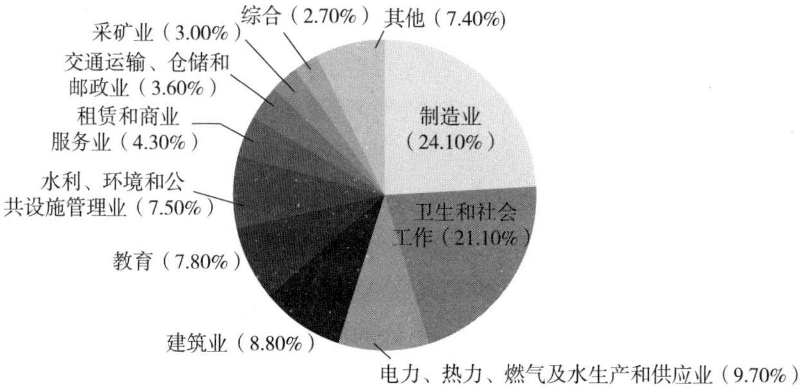

图 9.15　融资租赁资产证券化产品的行业分布

（3）原始权益人特征。

根据 CNABS 数据统计，截至 2018 年 12 月 31 日，共有 130 家公司发起过融资租赁资产证券化产品，图 9.16 统计了产品发行规模排名前十的发起人的市场占有率。其中，远东、平安、易鑫、汇通、聚信等融资租赁公司均已发行数十单融资租赁资产证券化产品，融资规模超过百亿元。

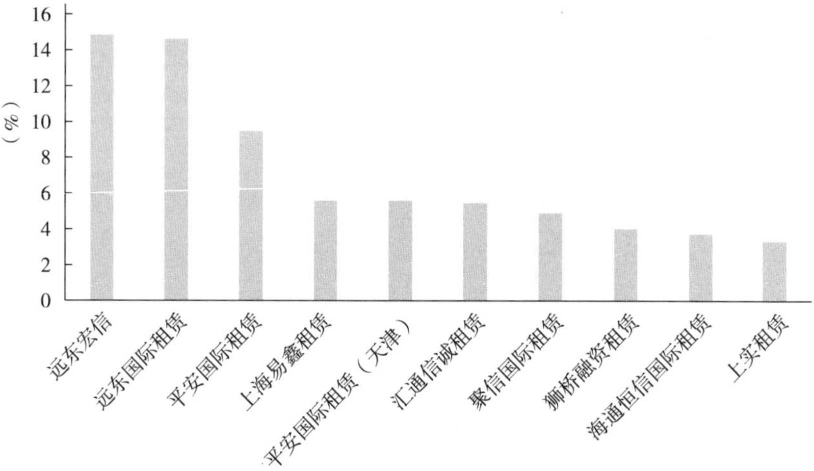

图 9.16　融资租赁资产证券化产品发行规模
排名前十的发起人的市场占有率

融资租赁资产证券化的风险特征

同其他债权类资产证券化产品相似，融资租赁资产证券化产品同样面临承租人信用风险、承租人逾期还款风险、承租人提前退租风险。除此之外，融资租赁资产证券化还面临租赁物件权属及处置风险。

（1）承租人信用风险。

融资租赁资产支持证券偿付本息的现金流来自特定租赁合同承租人按期偿还的租金及其他相关款项。若在产品存续期内，承租人未按照约定履行支付租金的义务，将影响专项计划的本息兑付，导致基础资产的损失。

为应对由于承租人违约导致的信用风险，首先，在产品设计中应关注原始权益人的内部风控措施，包括但不限于客户筛选和内部审批流程、业务风险控制措施等，同时关注融资租赁合同的条款设计及底层资产的信用增级措施。其次，可以通过产品结构设计，如增加次级比例、设置保证金制度等，缓解承租人的违约风险。

（2）承租人逾期还款风险。

承租人逾期还款会造成资产支持证券的实际现金流与预测产生偏差，可能导致资产支持证券偿付过程中的流动性压力，甚至出现无力偿付的情况。

为应对承租人逾期还款的风险，在确定基础资产入池标准时应尽量提高基础资产的分散性，同时核查历史逾期情况，剔除逾期还款可能性高的资产。面对经常发生的短暂逾期情况，可在产品设计时即在兑付日前预留一定的偿还期间，针对严重逾期的情况，可以在产品设计中加入加速清偿条款。

（3）承租人提前退租风险。

承租人提前退租会改变基础现金流的归还时点，进而减少产品可以获得的现金流总额。对于采用固定摊还方式进行偿付的产品而言，承租人提前退租会对产品的偿付带来压力，过多地提前退租，甚至会导致产品无法按照预期兑付收益。对于采用过手摊还方式进行偿付的产品而言，承租人提前退租会增加当期的基础资产现金流，使资产支持证券本金的分配速度加快，甚至使资产支持证券的到期日提前，影响投资人的预期，增加再投资风险。

为应对承租人提前退租的风险，在基础资产的筛选中需要关注融资租赁合同条款中对提前退租的约定，如一些合同约定承租人必须得到出租人同意才能提前退租，这在一定程度上减缓了提前退租的风险。

（4）租赁物件权属及处置风险。

当承租人不履行偿还义务时，原始权益人处置租赁物，以所获款项抵偿未偿租金及相关费用，但因融资租赁业务的特殊性，租赁物一般为承租人指定，在进行租赁物处置的过程中可能存在租赁物处置困难、变现能力差等情况，导致变现价值低于租赁物的剩余未偿价值，从而给专项计划造成损失。另外，因动产的登记制度不完善，租赁物在承租期间也存在被恶意处置的风险，最终给投资者带来损失。

为应对上述风险，可在产品设计中加入第三方担保或保险等增信措施，提升产品的安全性。另外，2013 年最高人民法院出台了《关于审理融资租赁合同纠纷案件适用法律问题的解释》，其中第九条规定，善意第三人取得租赁物的抵押权可以对抗租赁物的所有权，除非“出租人授权承租人将租赁物抵押给出租人并在登记机关依法办理抵押权登记”，另外，2015 年工商总局发布《关于融资租赁公司办理动产抵押登记有关问题的答复意见》，意见指出融资租赁公司的租赁物可以根据《动产抵押办法》办理抵押登记，登记地是抵押人住所地的县级工商行政管理部门，所有权人和抵押权人可以是同一人。因此在实际操作中，可以采用出租人授权承租人将租赁物抵押给出租人的方式来对抗承租人将租赁物抵押给善意第三人的风险。

案例分析：狮桥五期资产支持专项计划

（1）产品结构。

狮桥五期资产支持计划总规模为 10 亿元，其中优先级规模为 8.35 亿元（优先 A 档规模为 7.93 亿元，占比为 79.3%，评级为 AAA，发行利率为 4.50%；优先 B 档规模为 0.42 亿元，占比为 4.2%，评级为 AA，发行利率为 5.30%）；次级档规模为 1.65 亿元（占比为 16.5%，无评级，由原始权益人自持）。狮桥五期资产支持专项计划产品概况见表 9.6。

表 9.6　狮桥五期资产支持专项计划产品概况

<table>
<tr><td colspan="2">产品名称</td><td colspan="4">狮桥五期资产支持专项计划</td></tr>
<tr><td colspan="2">产品规模</td><td>10亿元</td><td>产品期限</td><td colspan="2">3.05年</td></tr>
<tr><td colspan="2">证券起息日</td><td>2016-12-13</td><td>还本付息方式</td><td colspan="2">固定利率、每季付息、过手摊还</td></tr>
<tr><td rowspan="4">证券名称</td><td></td><td>发行规模（万元）</td><td>预期年化收益率</td><td>预期到期日</td><td>评级</td></tr>
<tr><td>狮桥05A</td><td>79 300.00</td><td>4.50%</td><td>2018-6-19</td><td>AAA</td></tr>
<tr><td>狮桥05B</td><td>4 200.00</td><td>5.30%</td><td>2018-9-18</td><td>AA</td></tr>
<tr><td>狮桥05C</td><td>16 500.00</td><td>—</td><td>2019-12-17</td><td>无评级</td></tr>
<tr><td colspan="2" rowspan="2">原始权益人/资产服务机构</td><td rowspan="2">狮桥融资租赁（中国）有限公司</td><td>计划管理人</td><td colspan="2">中信建设证券股份有限公司</td></tr>
<tr><td>托管银行</td><td colspan="2">平安银行股份有限公司</td></tr>
<tr><td colspan="2">增信措施</td><td colspan="4">优先/次级分级，现金流超额覆盖，加速清偿事件</td></tr>
<tr><td colspan="2">交易平台</td><td colspan="4">深圳证券交易所</td></tr>
<tr><td colspan="2">登记托管机构/支付代理机构</td><td colspan="4">中国证券登记结算有限责任公司深圳分公司</td></tr>
</table>

资料来源：狮桥五期资产支持专项计划说明书。

（2）交易结构。

认购人与管理人签订认购协议并缴付认购资金，管理人设立并管理专项计划，认购人持有资产支持证券。管理人运用专项计划资金向原始权益人购买基础资产，即基础资产清单所列的由原始权益人在交割日转让给专项计划的，原始权益人依据租赁合同对承租人享有的租金、附属担保权益和租赁合同项下原始权益人享有的除所有权以外的其他权利。狮桥五期资产支持专项计划的交易结构如图 9.17 所示。

（3）基础资产与资产池情况。

本案例的基础资产是租金请求权和其他权利及其附属担保权益。

租金请求权和其他权利，指原始权益人根据租赁合同的规定将相应合同项下租赁物件出租予各承租人而对各承租人享有的全部债权，包括自封包日起存在的未偿本金余额、利息、违约金、损害赔偿金、租赁物件留购价款及其他依据租赁合同应由承租人向原始权益人偿还的款项。

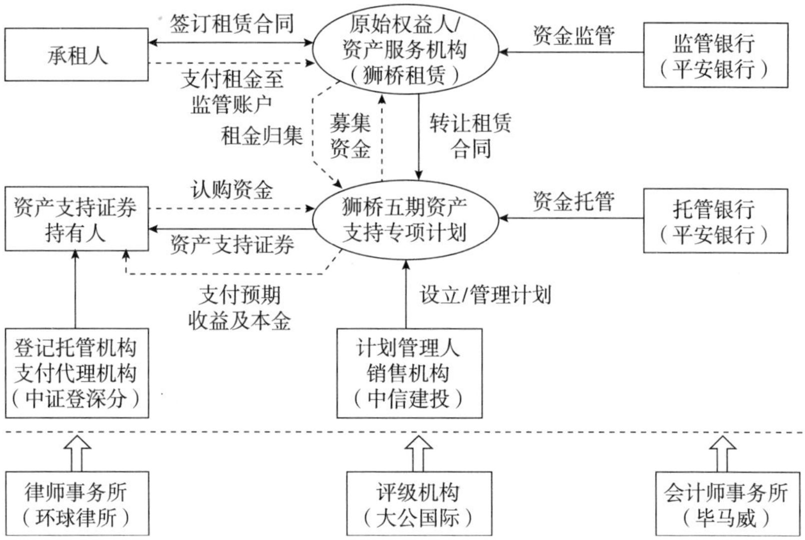

图 9.17　狮桥五期资产支持专项计划的交易结构

资料来源：狮桥五期资产支持专项计划说明书。

注：图中实线表示各参与方之间的法律关系，虚线表示现金流划转。

附属担保权益，指与租赁合同有关的为原始权益人的利益而设定的任何担保或其他权益，包括但不限于抵押权、质权、第三方保证、保证金、与租赁物件或基础资产相关的保险单和由此产生的保险金、赔偿金以及其他收益。

①基础资产合格标准。

原始权益人：真实、合法、有效拥有基础资产，且基础资产上未设定抵押权、质权、其他担保物权或任何第三方权利；已经履行并遵守基础资产所对应的任一份租赁合同。

基础资产：相关租赁物件均已起租；不涉及诉讼、仲裁、执行或破产程序；合法有效，且不涉及国防、军工或其他国家机密；可以进行合法有效的转让，且无须取得承租人或其他主体的同意；为原始权益人正常、关注、次级、可疑、损失 5 级分类体系中的正常类；所对应的任一份租赁合同项下的到期租金均已按时足额支付，无违约情况；任一份租赁合同的到期日在专项计划成立日之后，且任何一笔回收款到期日不得晚于专项计划预期到期日；除以原始权益人为抵押权人的抵押登记外，租赁物件上没有被设定任何其他抵押权、担保物权或第三方权利；相关租赁车辆已经根据行业通用标准投保，所投保险包括但不限于以承租人或狮桥名义取得的但标明狮桥为第一受益人的财产险（第三人责任险除外）；租赁车辆依据出租人的标准评估程序和政策进行评价或估值。

承租人：不包括地方政府或其融资平台；可以为企业法人、事业单位法人或其他组织或自然人；在租赁合同项下不享有任何主张扣减或减免应付款项的权利；（仅限于自然人情形）不是与出租人及其关联方签订劳动合同的雇员；历史最大迟延支付租赁合同项下到期应付金额的时间未超过 30 天；除非相关承租人提前偿还完毕相关租赁合同项下全部应付款项（包括现时的和将来的，已有的和或有的），承租人均无权单方终止该租赁合同。

其他：针对该融资租赁而言，无论是就其应付金额、付款时间、付款方式或其他方面，出租人和相关的承租人之间均无尚未解决的争议；融资租赁均不涉及任何诉讼、仲裁、破产或执行程序；计划管理人依据最大善意管理原则认定的其他标准。

②基础资产的抵质押情况。

基础资产中部分存在权利限制的情形：

狮桥与芜湖歌斐资产管理有限公司（简称歌斐资管）（代表“创世狮桥租赁二号投资基金”）签署了合作协议，狮桥（作为借款人）、歌斐资管（作为委托人）与上海银行常州分行（作为贷款人）在此基础上签署了人民币单位委托贷款借款合同。据此，狮桥与歌斐资管签署了应收账款质押合同。

狮桥与中建投信托有限责任公司（简称中建投信托）（代表“中建投信托·涌泉系列集合资金信托计划”）签署了信托贷款合同。狮桥与中建投信托据此签署了应收账款质押合同。

③资产池组成情况。

根据上述入池标准的筛选，资产池涉及原始权益人与 10 252 个承租人签署的 11 160 笔租赁合同，应收租金总规模约为 11.67 亿元，剩余应收本金约为 10.07 亿元。租赁物为狮桥根据相关直租和售后回租租赁合同，向承租人出租的用于承租人生产经营活动的运输车辆（包含载货车、牵引车、专用车等重卡)，以及用于承租人生活自用的乘用车。狮桥五期资产支持专项计划资产池的基本信息见表9.7。

表9.7 狮桥五期资产支持专项计划资产池的基本信息

承租人数量	10 252个	租赁笔数	11 160笔
单笔租赁平均租金余额	104 585.82元	加权平均首付比例	22.05%
加权平均租赁年利率	12.52%	加权平均租赁剩余期限	27.53月
租赁业务模式	直租，售后回租	抵押担保率	100%
租赁物	乘用车，运输车辆(包含载货车、牵引车、专用车等重卡)		

资料来源：狮桥五期资产支持专项计划说明书。

专项计划拟购买的基础资产包括根据上述两份应收账款质押合同已质押的部分应收账款债权。为解决这个问题，专项计划文件中做出如下约定：

- 根据资产买卖协议约定，专项计划成功设立后，计划管理人将募集资金中狮桥应还歌斐资管、中建投信托的款项直接支付给歌斐资管、中建投信托指定账户，余额支付给狮桥。
- 根据提前还款协议及提前还款申请书，歌斐资管、中建投信托同意狮桥应偿还贷款由计划管理人从募集资金中直接支付。
- 提前还款协议生效后且歌斐资管、中建投信托指定账户收到计划管理人偿还的款项之时(T时)起，前述应收账款的全部相关权利自T时起归属狮桥，与歌斐资管、中建投信托无任何关联。歌斐资管、中建投信托后续注销应收账款转让登记或质押登记(如需)。

上述款项支付完成后，即歌斐资管、中建投信托指定账户及狮桥指定账户收到前述款项之时(T时)，基础资产由专项计划享有。

应收账款(融资租赁债权)转让生效不需要以登记为前提，只需双方签署协议并约定自对价支付完成之时即由受让方合法所有。根据上述设计，歌斐资管、中建投信托指定账户收到计划管理人偿还的款项时（T时），对应的融资租赁债权即由狮桥合法所有，同时根据资产买卖协议的约定，该融资租赁债权作为基础资产池的一部分，已转让予专项计划合法所有。

（4）信用增级措施。

①优先/次级分层。

该专项计划通过设计优先级、次优级、次级受偿顺序的交易结构实现内部信用增级，次级资产支持证券在支付相关税费和优先级、次优级资产支持证券的全部剩余本金后，分配专项计划剩余资产。次级资产支持证券作为劣后受益人为优先级、次优级资产支持证券提供优先偿付保证，次优级资产支持证券为优先级资产支持证券提供优先偿付保证。

②现金流超额覆盖/超额利差。

基础资产池未偿本金余额为1 006 980 630.60元，略高于该专项计划发行规模10亿元。资产池现行加权平均利率为12.52%，与优先级、次优级资产支持证券预计平均票面利率之间存在一定的超额利差。基础资产所产生的未来现金流大于需要支付给投资者的本息。

基础资产现金流对优先级资产支持证券的覆盖倍数可达1.354倍，对次优级资产支持证券的覆盖倍数可达6.376倍。超额覆盖的部分为优先级与次优级资产支持证券投资者提供风险缓冲，在一定程度上减少了优先级与次优级资产支持证券投资者可能的损失。

③信用触发机制。

该专项计划设置了信用触发机制，同参与机构履约能力、资产池违约率相关的加速清偿事件、信用事件一旦触发，将导致基础资产现金流支付机制的重新安排，对优先级及次优级资产支持证券形成信用保护。如果加速清偿事件被触发，那么专项计划账户内资金将提前偿付优先级及次优级资产支持证券的利息和本金。

（5）资金归集流程。

①资产服务机构狮桥通知债务人将应收租赁款偿付至狮桥指定账户。狮桥应将其各账户中收到的任一笔回收款区分为入池基础资产产生的回收款及非入池资产产生的资金，并做相应的账务记录或标记。狮桥对入池基础资产产生的回收款及利息不享有所有权，仅依据服务

协议履行接收及转付的权利义务。

②在每个租金归集日，狮桥将基础资产回收款划入监管账户，并在每个租金回收计算日后的3日内将监管账户内全部资金划入专项计划账户。若狮桥累计两次发生基础资产回收款划转延迟或金额不足，或当发生权利完善事件时，狮桥须在3日内将其各日常收款账户内所收到的基础资产回收款全额划入专项计划账户，且此后划款时间均为回收款转入狮桥各日常收款账户之日（不含该日）起3日内，存续期间该转付安排不再恢复。

③保证金科目项下资金归集。保证金科目用于存放承租人及第三方向原始权益人交付的保证金及记录保证金的收支情况。狮桥作为资产服务机构，应按照租赁合同的约定对保证金进行管理和运用。当承租人以保证金抵扣租赁合同项下承租人的应付款项时，该抵扣的款项应作为回收款转付至专项计划账户。如扣划保证金后承租人应当补充保证金的，狮桥应于收到补充的保证金后3个工作日内将补充的保证金划入专项计划账户，并由托管银行记入保证金科目。

当发生权利完善事件时，狮桥应将其届时持有的承租人或第三方交付的全部保证金在3个工作日内（包含权利完善发生日）转付至专项计划账户，并由托管银行记入保证金科目。前述转付一旦实施即不可逆转。资产服务机构按租赁合同的约定要求承租人或其他方补充保证金的，应要求承租人或其他方直接将补充的保证金划入专项计划账户，并由托管银行记入保证金科目。

保证金科目项下资金可用于：

- 若狮桥或承租人以保证金抵扣承租人应付款项的，保证金科目项下相当于被抵扣的保证金数额的资金应作为基础资产回收款，托管银行应根据计划管理人的指令将相应款项计入专项计划账户。
- 若全部应付款项付清或与保证金抵扣之后，保证金仍有剩余的，剩余的保证金应退还给承租人或其指定的第三人。
- 发生需动用保证金的事由时，托管银行应根据计划管理人的划款指令划付保证金科目项下的资金。

（6）案例特点。

本案例是融资租赁的典型案例。原始权益人狮桥融资租赁（中国）有限公司（AA 级）是独立外商投资融资租赁公司，注册资金 2.376 亿美元，居外资融资租赁公司前列。同时，发行业务集中于重卡、医疗两个模块，在行业中市场排名靠前。原始权益人主体资质较好，基础资产分散性较高，该项目仅应用内部增信措施（优先 / 次级分层结构、现金流超额覆盖金和加速清偿事件），优先级资产支持证券获得次优级、次级资产支持证券和超额抵押共计 21.25% 的信用支持，达到了 AAA 的评级。

汽车融资租赁近年来发展较快，由于单笔融资租赁合同金额一般较小，入池资产数量较多，分散性较高。狮桥的重卡业务主要为受经济周期影响较小的大型消费领域客户提供牵引车、载货车、自卸车等重型卡车的融资租赁服务。由于重型卡车设备具有市场需求持续性较强、租赁期限较短、设备残值较高等特点，狮桥租赁将重型卡车租赁业务作为业务发展的重点领域。近年来，宏观经济增长放缓，在快递物流、公路物流等物流行业快速发展的背景下，公司工程类重卡业务比例下降，运输类重卡业务比例上升。

汽车融资租赁也存在一些风险，如部分融资租赁公司业务开展不规范，存在误导客户签订合同，违规租赁盗抢、涉案车辆等现象，且入池资产数量多，通常在万笔以上，管理人对基础资产逐一尽调的难度非常大，诱签合同现象较难调查，因此在汽车租赁资产证券化项目中，一旦存在有较大法律瑕疵的入池资产，则对应现金流获付的时间及金额将存在较大的不确定性，进而对证券的信用水平造成一定影响。

小额贷款资产证券化

小额贷款资产证券化的概述

（1）我国小额贷款行业发展概况。

2005 年，经央行批准，山西、四川、陕西、贵州、内蒙古 5 个省区首先开展小额贷款公司试点，共成立 7 家“只存不贷”的小额贷款公司，是我国小额贷款行业的起点。2008 年银保监会和央行联合发布

《关于小额贷款公司试点的指导意见》，小额贷款公司的试点正式在全国开展起来。受益于小微企业融资需求的不断扩大，我国的小额贷款行业经历了一轮快速发展，截至 2018 年 12 月 31 日，全国共有小额贷款公司 8 133 家，贷款余额达 9 550.44 亿元。小额贷款公司分地区情况统计（截至 2018–12–31）见表 9.8。

表 9.8　小额贷款公司分地区情况统计（截至 2018–12–31）

地区名称	机构数量（家）	贷款余额（亿元）	地区名称	机构数量（家）	贷款余额（亿元）
全国	8 133	9 550.44	河南省	247	221.51
北京市	104	152.42	湖北省	278	309.01
天津市	95	128.52	湖南省	126	103.21
河北省	430	244.35	广东省	460	773.41
内蒙古自治区	339	240.92	广西壮族自治区	308	467.62
山西省	275	163.72	海南省	57	66.7
辽宁省	499	291.38	重庆市	274	1 582.78
吉林省	488	104.32	四川省	293	557.17
黑龙江省	243	107.51	贵州省	220	67.31
上海市	125	223.82	云南省	242	116.64
江苏省	574	804.46	西藏自治区	19	22.89
浙江省	320	649.02	陕西省	267	244.59
安徽省	436	470.82	甘肃省	307	133.03
福建省	118	299.43	青海省	78	48.44
江西省	198	233.73	山东省	322	480.51
宁夏回族自治区	116	49.72	新疆维吾尔自治区	275	191.45

资料来源：中国人民银行网站。

近年来，伴随着互联网消费的发展，由互联网消费滋生的客户对小额借贷服务的需求在不断增加，为满足这类需求，网络小额贷款公司应运而生。网络小额贷款公司在互联网平台上为其客户提供借贷服务，打破了传统小额贷款公司的地域限制，将服务推送至全国。2015年7月14日，十部委联合出台的《关于促进互联网金融健康发展的指导意见》首次为网络小额贷款公司的成立提供了政策指导依据，其中第八条明确规定："网络小额贷款是指互联网企业通过其控制的小额贷款公司，利用互联网向客户提供的小额贷款。网络小额贷款应遵守现有小额贷款公司监管规定，发挥网络贷款优势，努力降低客户融资成本。"

目前，我国设立最多网络小额贷款公司的地区是重庆市，这主要得益于重庆市对网络小额贷款行业的鼓励政策以及完善的配套制度体系，在鼓励创新的同时，制定了相对完善的监管措施。自2008年8月启动小额贷款公司试点以来，重庆市已发布39个监管文件，其中包括放开经营区域限制，支持债转股消化不良信贷资产，支持设立互联网小贷等。2017年2月15日，重庆市金融办印发了《2017年重庆市小额贷款公司监管工作要点》，提出加快行业转型升级，加大合规监管力度，加强重点风险管控，加紧夯实行业素质，促进小额贷款公司转型升级、规范经营、稳健发展。

（2）开展小额贷款资产证券化的背景。

根据银保监会2008年发布的《关于小额贷款公司试点的指导意见》，小额贷款公司的主要资金来源为股东缴纳的资本金、捐赠资金，以及来自不超过两个银行业金融机构的融入资金。小额贷款公司的融资渠道有限，银行贷款等传统融资方式无法满足其业务发展需要。在此背景下，小额贷款资产证券化业务逐步发展起来。

小额贷款资产证券化产品的发行情况

我国首单小额贷款资产证券化产品发行于2013年，为"东证资管－阿里巴巴1号专项资产管理计划"，此后东证资管于2013—2014年发行了东证资管－阿里巴巴2~10号专项资产管理计划，为小额贷款资产证券化的发展奠定了基础。从2015年开始，小额贷款资产证券化产品发行数量大幅增加，截至2018年12月31日，我国小额贷款资产证券化产品共发行363单，规模总计6 464.59亿元。从小额贷款资产证券化产品发行情况（见图 9.18）可以看出，2017 年产品的发行数量和规模均远超 2016 年，产品发行势头强劲。2018 年发行规模虽较 2017 年有所下降，但仍居各品类之首。

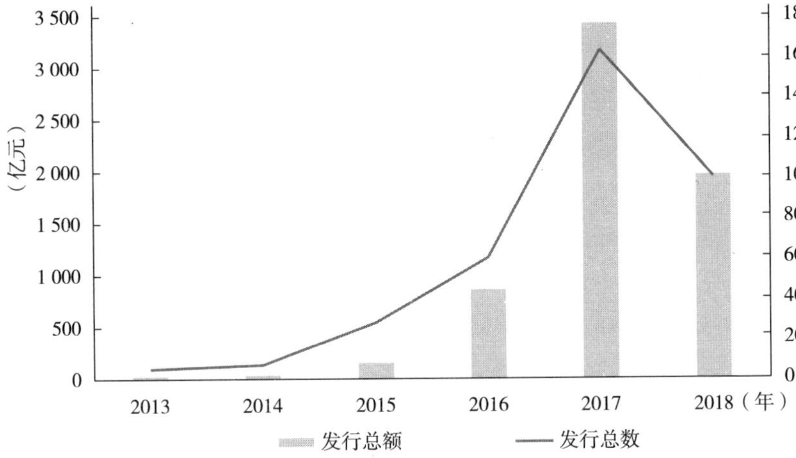

图 9.18　小额贷款资产证券化产品发行情况

小额贷款资产证券化的基本特征

（1）产品特征。

①产品规模。

截至 2018 年年末，小额贷款资产证券化产品平均发行规模为 17.81 亿元，其中，发行规模为 5 亿 ~10 亿元的产品数量最多，占比为 21.21%，发行规模在 20 亿元以下的产品数量占小额贷款资产证券化产品总数的 69.15%，单笔发行规模不超过 50 亿元。目前发行规模最大的系列产品为“德邦借呗第 × 期消费贷款资产支持专项计划”，该系列为储架发行模式，截至 2018 年 12 月 31 日，已经发行 60 期产品，累计发行规模为 1 530 亿元。小额贷款资产证券化产品发行规模的分布如图 9.19 所示。

②产品期限。

根据市场公开信息统计，截至 2018 年年末，已发行的小额贷款资产证券化产品的期限集中在 2 年以内，期限不超过 2 年的产品的发行总量占本类型产品发行总量的 65.84%。在统计期间，小额贷款资产证券化产品最长的期限不超过 9 年，且超过 4 年的产品较少。较其他资产证券化产品而言，小额贷款资产证券化产品期限较短，综合其基础资产特征与发起机构信用来看，可作为短久期产品的配置标的。小额贷款资产证券化产品的期限分布如图 9.20 所示。

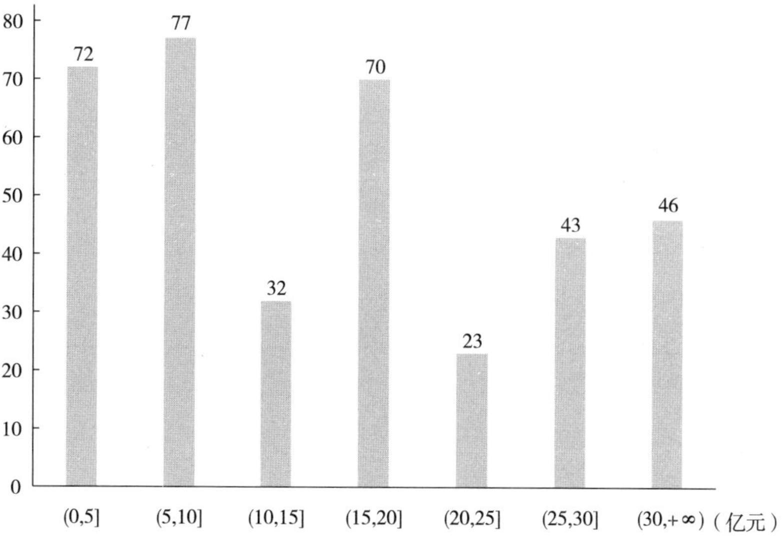

图 9.19　小额贷款资产证券化产品发行规模的分布

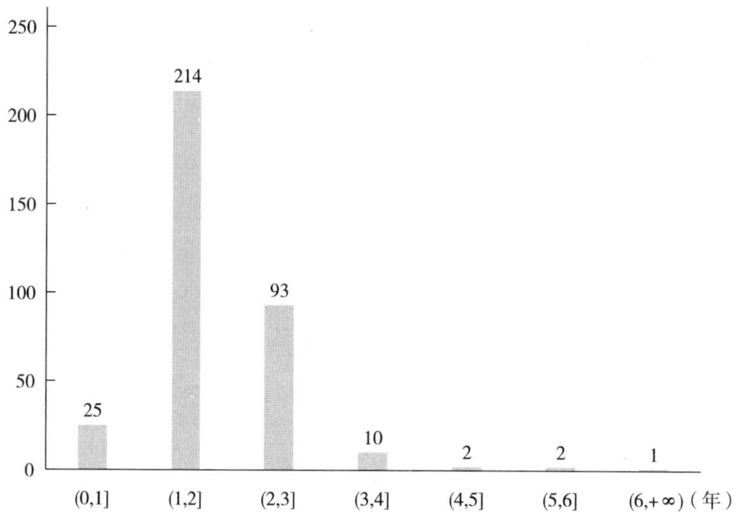

图 9.20　小额贷款资产证券化产品的期限分布

③信用评级及利率走势。

截至 2018 年年末，在已发行的小额贷款资产证券化产品中，优先级评级最低为 AA-，大多数小额贷款资产证券化产品的信用级别为 AAA。在小额贷款资产证券化产品中，优先级证券的信用评级为 AAA 的证券数量占比为 95.60%，夹层级证券的信用评级在 AA 及以上的占 73.52%。优先级和夹层级小额贷款资产证券化产品的评级分布如图 9.21 和图 9.22 所示。

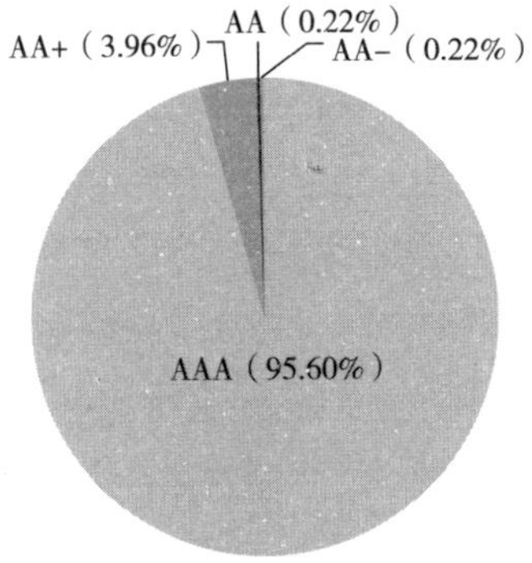

图 9.21　优先级小额贷款资产证券化产品的评级分布

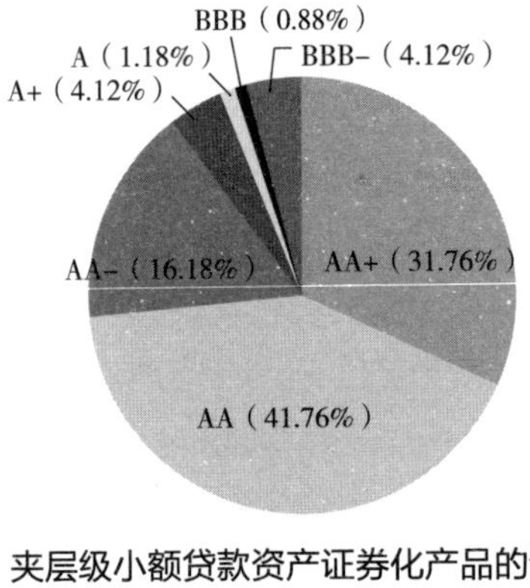

图 9.22　夹层级小额贷款资产证券化产品的评级分布

小额贷款资产证券化的底层资产以个人或小微企业的贷款为主，风险控制的核心在于小额贷款公司的准入标准和风险控制逻辑，历史违约率的高低是判别资产质量的重要因素。由于排除了参与主体的信用加持，虽然小额贷款资产证券化产品的信用评级依靠资产分散度可以达到相对较高的水平，但优先级的利率水平较有强主体信用背书的证券化产品更高，随着利率中枢上行，该类资产与传统高评级资产的利差有扩大的趋势。AAA 级与 AA+ 级小额贷款资产证券化产品与公司债到期收益率的比较如图 9.23 和图 9.24 所示。

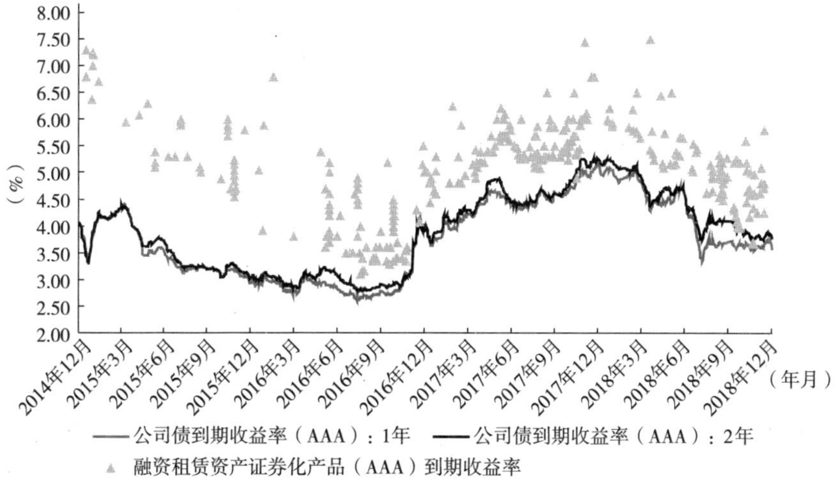

图 9.23　AAA 级小额贷款资产证券化产品与公司债到期收益率的比较

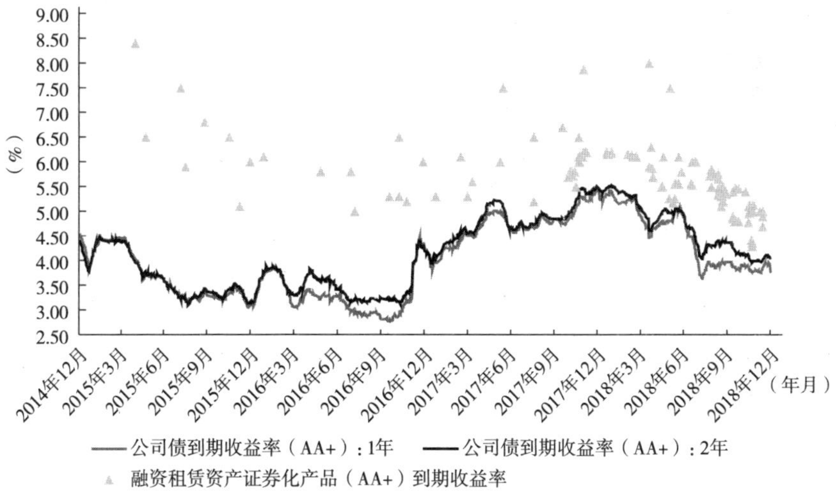

图 9.24　AA+ 级小额贷款资产证券化产品与公司债到期收益率的比较

（2）原始权益人特征。

根据CNABS数据统计，截至2018年12月31日，共有62家公司发起过小额贷款资产证券化产品，图9.25统计了产品发行规模排名前十的发起人的市场占有率。其中，阿里旗下的蚂蚁小微小贷和蚂蚁商诚小贷发行产品最多，发行规模分别为3 221.80亿元和2 229.10亿元，在小额贷款资产证券化市场中占比分别为49.41%和34.18%，合计占比高达83.59%。

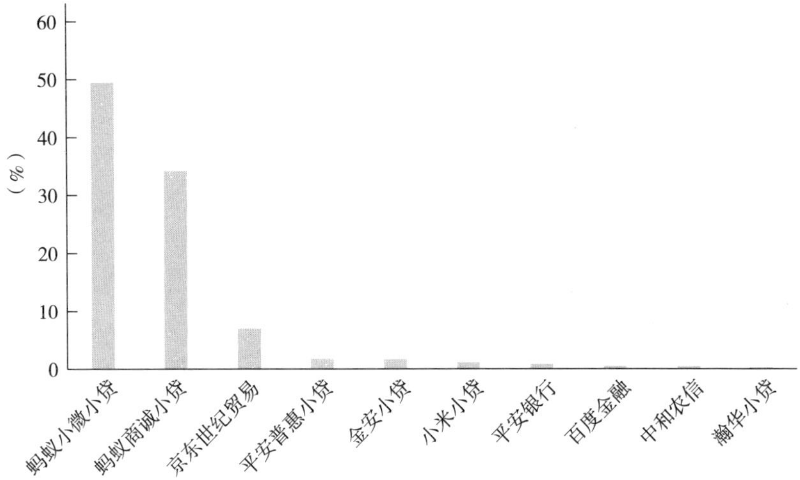

图9.25　小额贷款资产证券化产品发行规模排名前十的发起人的市场占有率

（3）基础资产特征。

①基础资产集中度。

根据市场公开资料可以了解资产池信息的小额贷款证券化产品共有78单，其中，入池小额贷款合同笔数小于100笔的有13单，合同笔数在100笔至1 000笔的有11单，合同笔数在1 000笔以上的有54单。入池合同笔数最少的为17笔，最多的为7 209 610笔。

②基础资产合格标准。

通过对已发行产品的统计，小额贷款类资产支持证券入池资产一般满足如下要求：

- 作为基础资产的债权真实、合法、有效，权属明确，其上未设定抵押权、质权或任何第三方的其他有效的权利主张。
- 基础资产无限制转让规定。
- 按照贷款的五级分类标准，入池资产均属于“正常类”。
- 借款人的历史逾期还款记录不超过 3 次。
- 单一借款人的借款余额合计不超过发起人上一年度净资本的 5%。
- 单个贷款合同项下的贷款年利率不低于银行贷款基准利率的 0.9 倍，且不高于 24%。
- 贷款剩余期限不超过专项计划到期日。
- 需保持资产池内行业、地域的适度分散性。

（4）增信措施。

小额贷款资产证券化在增信措施方面没有什么特别之处，基于对目前已发行产品的统计，主要增信措施见表 9.9。

表 9.9　小额贷款资产证券化的主要增信措施

内部增信措施	外部增信措施
优先/次级结构 现金流超额覆盖 现金流转付机制 差额支付承诺 信用触发机制	外部补充支付 母公司/集团担保 保险机制

一般而言，若小贷公司自身的资产质量好，公司经营规范，透明度高，则通过在循环购买中加入不合格基础资产的置换、灭失基础资产的回购等设计即可实现产品的信用增级，以阿里小贷资产支持证券为代表的一类产品资产分散程度高，超额利差丰厚，且公司自身经营规范、稳定性强，产品未引入外部增信也获得了 AAA 的评级。而一些地方性的规模较小的小贷公司，单笔资产占比较高，经营规范程度较差，则需要引入较强的外部增信措施以提高产品的评级。外部增信方通常为小贷公司的股东或其他关联方担保，或引入保险机制。例如，国正小贷的担保方为联想控股股份有限公司，主体评级为 AAA；

金通小贷的差额支付承诺人为广西金融投资集团有限公司，为国有独资的金融控股集团，差额支付承诺人主体评级为AA+，产品优先A档资产支持证券获得AAA评级，优先B档资产支持证券获得AA评级。

小额贷款资产证券化的风险特征

（1）基础资产质量下降导致的信用风险。

小额贷款机构在业务规模扩张的过程中可能存在客户资质下沉，或风险管理能力未能及时跟上业务发展需要的情况，可能会导致贷款质量下降，不良率上升。若借款人或其担保人届时未能履行相应义务，则将导致基础资产的实质损失。

应对措施包括：通过对入池资产设置严格的合格标准，并对整体资产池的不良率进行限制，可以对原始权益人的风控水准形成一定压力，进而间接控制资产质量，保障资产安全；关注贷款合同中的违约条款，如发生违约，管理人和资产服务机构可以根据贷款合同的条款追究借款人的违约责任，采取贷款合同项下的补救措施，从而降低基础资产的损失；关注借款人的分散程度，分散且无关联的基础资产信用风险更低。

（2）再投资效率下降风险。

由于小额贷款期限较短，初始入池资产的剩余期限不能覆盖产品的整个生命周期，小贷资产支持证券一般会设计循环购买。但在每个循环购买时点，若原始权益人没有形成足够的合格资产供专项计划购买，则会导致循环购买无法或不能足额进行，从而使专项计划的资金闲置，再投资效率下降。

应对措施：在选择原始权益人时应考虑其业务的拓展和持续能力，是否能够持续产生维持专项计划运营所需的基础资产，同时，在规模测算时不应过于乐观，应为后续的循环购买留有余地；可在产品设计中加入加速清偿机制，若在一段时间内资产池未偿本金余额无法达到资产支持证券的未偿本金余额，则启动加速清偿，以保证证券持有人的本金及时回收，减少资金占用。

案例分析：安信小贷资产支持专项计划

（1）产品结构。

安信小贷资产支持专项计划的总规模为 3.14 亿元，其中优先级证券的规模为 2.98 亿元（优先 A 档规模为 1.82 亿元，占比为 57.96%，评级为 AAA，发行利率为 4.88%；优先 B 档规模为 1.16 亿元，占比为 36.94%，评级为 AA，发行利率为 5.50%）；次级档证券的规模为 0.16 亿元（占比为 5.10%，无评级，由原始权益人自持）。安信小贷资产支持专项计划产品概况见表 9.10。

表 9.10　安信小贷资产支持专项计划产品概况

<table>
<tr><td colspan="2">产品名称</td><td colspan="4">安信小贷资产支持专项计划</td></tr>
<tr><td colspan="2">产品规模</td><td>3.14亿元</td><td>产品期限</td><td colspan="2">2.89年</td></tr>
<tr><td colspan="2">证券起息日</td><td>2015-10-29</td><td>基础资产</td><td colspan="2">小额贷款</td></tr>
<tr><td rowspan="4">证券名称</td><td></td><td>发行规模（万元）</td><td>预期年化收益率</td><td>预期到期日</td><td>评级</td></tr>
<tr><td>15安信A</td><td>18 200.00</td><td>4.88%</td><td>2018-9-19</td><td>AAA</td></tr>
<tr><td>15安信B</td><td>11 600.00</td><td>5.50%</td><td>2018-9-19</td><td>AA</td></tr>
<tr><td>15安信C</td><td>1 637.90</td><td>—</td><td>2018-9-19</td><td>无评级</td></tr>
<tr><td colspan="2" rowspan="2">原始权益人/资产服务机构</td><td rowspan="2">亳州安信小额贷款有限责任公司</td><td>计划管理人</td><td colspan="2">中信证券股份有限公司</td></tr>
<tr><td>差额补足承诺人</td><td colspan="2">安徽古井集团有限责任公司</td></tr>
<tr><td colspan="2">托管银行</td><td>中国农业银行股份有限公司安徽分行</td><td>监管银行</td><td colspan="2">中国农业银行股份有限公司亳州分行</td></tr>
<tr><td colspan="2">增信措施</td><td colspan="4">优先/次级安排，超额利差，信用触发机制，古井集团差额补足承诺</td></tr>
<tr><td colspan="2">交易平台</td><td colspan="4">深圳证券交易所</td></tr>
<tr><td colspan="2">登记托管机构/支付代理机构</td><td colspan="4">中国证券登记结算有限责任公司深圳分公司</td></tr>
</table>

资料来源：安信小贷资产支持专项计划说明书。

（2）交易结构。

管理人根据与原始权益人签订的资产买卖协议的约定，将专项计划资金用于向原始权益人购买基础资产，即原始权益人向借款人提供小额贷款融资服务，从而向借款人实际发放人民币贷款而合法享有的债权，包括未偿还的本金、利息、违约金、损害赔偿金及其他依据贷款合同应由借款人向原始权益人偿还的款项及基于前述债权的全部附属担保权益等从权利。在循环期内，管理人根据资产买卖协议的约定向托管银行发出付款指令，指示托管银行将专项计划账户内资金划拨至原始权益人指定的账户，用于购买基础资产。当发生任一差额补足启动事件时，差额补足承诺人根据差额补足承诺函将差额资金划入专项计划账户。

（3）资产池情况说明。

资产池涉及原始权益人与186个借款人签署的207笔贷款。截至2015年6月23日，资产池的剩余本金约为3.14亿元。初始入池资产中，单笔合同平均借款余额为151.87万元，加权平均实际年利率为10.59%。从行业分类来看，超过85%的借款人属于批发零售业，行业集中度较高。安信小贷资产支持专项计划的交易结构如图9.26所示。

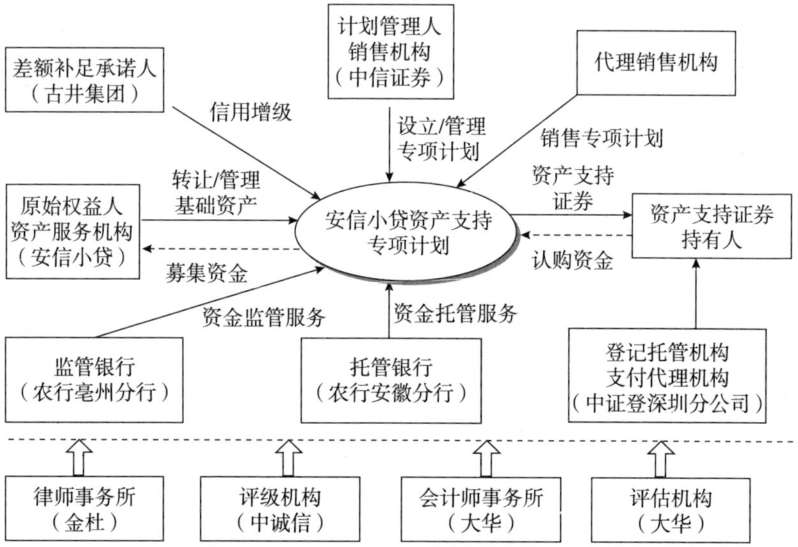

图9.26　安信小贷资产支持专项计划的交易结构

资料来源：安信小贷资产支持专项计划说明书。

注：图中实线表示各参与方之间的法律关系，虚线表示现金流划转。

入池基础资产的筛选标准（除本章第二部分的一般要求外）有：

- 该基础资产的历史逾期还款天数合计不超过 10 个工作日，任一借款人所对应的全部入池基础资产历史逾期超过 3 个工作日的次数合计不超过 3 次。
- 该基础资产对应的剩余贷款期限不超过 12 个月。
- 入池的全部基础资产的平均本金余额不超过人民币 200 万元。
- 由原始权益人转让给管理人的基础资产所对应的资产包加权贷款年利率均不低于 8.89%，且转让完成后，资产池的加权贷款年利率不低于 8.89%。

（4）案例特点。

在该案例中，原始权益人安信小贷是经安徽省金融办批准可在亳州市辖区内开展业务的小额贷款公司，为地方性的小额贷款公司，经营范围有地域限制，区域分散度不高。入池资产对应的贷款数量只有 207 笔，借款人的分散度也不高。从贷款类型来看，初始入池资产中约有 80% 为古井集团（最终控制人）一级经销商申请的贷款，仅 20% 为外部贷款，行业分散度不高，且借款人与母公司业务的关联性较强。

该项目评级为 AAA/AA，信用增级一方面依靠产品结构，另一方面依靠集团担保。从产品结构来看，该产品设计了优先 A 级、优先 B 级、次级的分层结构，规模占比分别为 58%、37% 和 5%。优先 A 级可获得优先 B 级和次级资产支持证券共计 42% 的内部信用支持，因而达到了 AAA 的评级。从担保方来看，安信小贷是安徽汇信金融投资集团有限责任公司（安徽古井集团有限责任公司旗下全资公司）的子公司，古井集团（评级为 AA）作为其最终控制人，对其提供差额支付承诺。所以，传统小贷公司的地域等限制导致其资产分散性受限，在资产资质不占优的情况下，强担保或是资产支持证券发行成功的关键。

案例分析：中金－蚂蚁小贷2015年第七期小额贷款资产支持专项计划

（1）产品结构。

中金－蚂蚁小贷2015年第七期小额贷款资产支持专项计划的总规模为10亿元，其中优先级证券的规模为9亿元（优先A档规模为7.8亿元，占比为78%，评级为AAA，发行利率为4.70%；优先B档规模为1.2亿元，占比为12%，评级为A+，发行利率为7.00%）；次级档证券的规模为1亿元（占比为10%，无评级，由原始权益人自持）。中金－蚂蚁小贷2015年第七期小额贷款资产支持专项计划产品概况见表9.11。

表9.11　中金－蚂蚁小贷2015年第七期小额贷款资产支持专项计划产品概况

产品名称		中金–蚂蚁小贷2015年第七期小额贷款资产支持专项计划			
产品规模		10亿元	产品期限	1.25年	
证券起息日		2015–11–18	基础资产	小额贷款	
证券名称		发行规模（万元）	预期年化收益率	预期到期日	评级
	15蚂蚁7A	78 000.00	4.70%	2017–2–18	AAA
	15蚂蚁7B	12 000.00	7.00%	2017–2–18	A+
	15蚂蚁7C	10 000.00	—	2017–2–18	无评级
原始权益人/资产服务机构		重庆市阿里巴巴小额贷款有限公司	计划管理人	中国国际金融股份有限公司	
			托管银行	兴业银行股份有限公司	
增信措施		优先/次优先/次级安排，超额利差，信用触发机制			
交易平台		深圳证券交易所			
登记托管机构/支付代理机构		中国证券登记结算有限责任公司深圳分公司			

资料来源：中金－蚂蚁小贷2015年第七期小额贷款资产支持专项计划说明书。

（2）交易结构。

认购人与管理人签订认购协议并缴付认购资金，管理人设立并管理专项计划，认购人持有资产支持证券。管理人运用专项计划资金向原始权益人购买符合合格标准的小额贷款资产，并委托原始权益人作为资产服务机构，对基础资产进行管理，包括但不限于基础资产资料保管，对借款人应还款项进行催收，运用前期基础资产回收款滚动投资后续资产包等。具体交易结构图如图 9.27 所示。

（3）基础资产及资产池。

该专项计划的基础资产指管理人向原始权益人购买的符合合格标准的小额贷款资产（包含已计提但尚未支付的利息和/或费用）。阿里小贷的小额贷款资产是指在其日常经营活动中基于阿里巴巴、淘宝、天猫平台向借款人提供小额贷款融资服务，从而向借款人实际发放人民币贷款而合法享有的债权及附属担保权益等从权利（如有）。

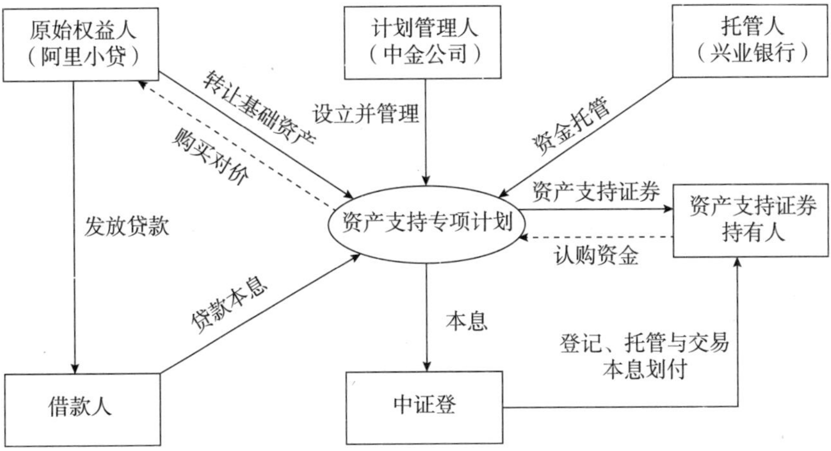

图 9.27　中金－蚂蚁小贷 2015 年第七期小额贷款资产支持专项计划交易结构

资料来源：中金－蚂蚁小贷 2015 年第七期小额贷款资产支持专项计划说明书。

注：图中实线表示各参与方之间的法律关系，虚线表示现金流划转。

按照阿里小贷的产品类型，基础资产可分为信用贷款和订单贷款。信用贷款同传统银行的无抵押信用贷款产品，包含针对阿里巴巴、淘宝、天猫平台上的卖家进行授信并由该卖家发起支用的纯信用贷款。订单贷款是指当买家拍下商品后，卖家根据订单申请的贷款，该贷款来自阿里巴巴、淘宝、天猫平台并基于真实交易。

其基础资产筛选标准除了我们在前文列示的一般要求外，还规定：

- 借款人在专项计划项下的借款本金余额（包括该基础资产项下的借款本金余额）合计不超过 300 万元。

- 借款人在平台的历史逾期还款天数合计不超过 25 个自然日，历史逾期还款次数不超过 3 次。
- 基础资产对应的贷款到期日不晚于自专项计划设立日起第 15 个月届满之日。
- 在资产池内，单笔借款本金余额超过 100 万元的基础资产的借款本金余额总和占资产池借款本金余额的比例在任何时点不高于 10%。
- 原始权益人转让给计划管理人的基础资产所对应的资产包加权贷款年利率均不低于 10%，且转让完成后，资产池的加权贷款年利率不低于 10%。

（4）循环购买。

专项计划以基础资产产生现金流循环购买新的符合合格标准的基础资产的方式构成动态资产池。原始权益人应通过其 IT 系统自动筛选符合合格标准的小额贷款资产并向管理人发送该次拟购买小额贷款资产的清单。管理人有权通过设置在阿里云服务器的审批平台向资产服务机构发出后续购买指令，列明允许购买的小额贷款资产清单，并授权资产服务机构在该清单范围内执行后续购买。

（5）案例特点。

阿里巴巴是国内首单小贷资产证券化的发起机构，本案例是阿里巴巴继东证资管 – 阿里巴巴 1~10 号专项资产管理计划发行之后的第二个系列产品中金 – 蚂蚁微贷 / 小贷 2015 年第 1~7 期小额贷款资产支持专项计划之一。电商平台的小贷资产证券化成功的一个重要因素即为其自身拥有的“大数据”信息资源以及信息处理能力极强的 IT 系统。阿里小贷利用其在互联网的客户资源、信息和技术优势，使用支付宝账户来实现基础资产的每日循环购买，为同类产品的发行提供了思路。

该案例的另一特点是，基础资产比较优质，从阿里小贷整体贷款池来看，截至 2015 年 6 月末，阿里小贷整体不良率为 1.56%。在分散性方面，阿里小贷的贷款资产规模以 50 万元以下为主，10 亿元的基础资产对应的贷款笔数至少为 2 000 笔。从借款人行业分布来看，占比最高的为服饰鞋包，其次是3C数码，两者贷款余额和客户数量合计占比均超过45%，虽然行业分散性一般，但涉及的行业受经济波动的影响相对较小。从贷款地域分布来看，以长三角、南部沿海和北部沿海地区为主，分布地域范围较广。另外，阿里小贷的资产证券化产品在很大程度上得益于阿里的品牌影响，产品未安排外部增信，依然具有较高的评级。

应收账款资产证券化

应收账款资产证券化概述

根据国家统计局数据，截至2018年年末，我国规模以上工业企业①应收账款总额为14.3万亿元，比上年增长8.6%，应收账款的平均回收期为47.4天，总体账期较短。工业企业应收账款平均回收期统计见表9.12。

表9.12 工业企业应收账款平均回收期统计

分类标准	企业类别	平均回收期（天）
按行业	采矿业	32.4
	制造业	40.3
	电力、热力、燃气及水生产和供应业	25.2
按企业性质	国有控股企业	38.6
	集体企业	29.3
	股份制企业	35.4
	外商及港澳台商投资企业	55.6
	私营企业	28.8

资料来源：国家统计局。

应收账款周转速度将直接影响企业流动资金的充裕度，进而影响企业的日常经营活动，开展应收账款证券化可有效降低应收账款的管理成本，提高企业资产流动性，增加企业融资途径，在特定情况下可

① 规模以上工业企业指的是年主营业务收入为2 000万元及以上的工业法人单位。

实现资产出表。

近年来，企业开展应收账款证券化业务获得相关政策的支持。2016 年 2 月 14 日，中国人民银行、国家发改委、财政部、银保监会等八部委联合印发《关于金融支持工业稳增长调结构增效益的若干意见》，提出要稳步推进资产证券化发展，具体包括加快推进应收账款证券化等业务发展，盘活工业企业存量资产。2016 年 9 月 22 日，国务院印发《关于积极稳妥降低企业杠杆率的意见》，提出将有序开展企业资产证券化作为盘活企业存量资产、降低企业杠杆率的主要途径之一。

在庞大的市场存量、有效的报表管理效果以及积极的政策鼓励下，应收账款证券化在近年来受到更多主体的关注，发行规模和发行质量均在不断提高。

应收账款资产证券化的发行情况

我国首单应收账款证券化产品发行于 2006 年，此后 2007—2013 年没有产品发行，自 2014 年以来，产品发行数量及规模迅速增长。截至 2018 年 12 月 31 日，应收账款资产证券化产品共发行 208 单，总规模达 3 158.36 亿元。应收账款资产证券化产品的发行情况如图 9.28 所示。

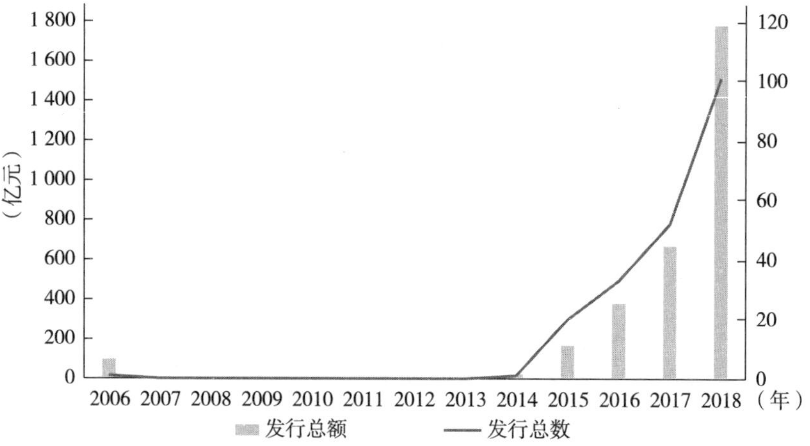

图 9.28　应收账款资产证券化产品的发行情况

应收账款资产证券化的基本特征

（1）产品特征。

①产品规模。

截至 2018 年年末，应收账款资产证券化产品平均发行规模为 15.18 亿元，其中，发行规模为 5 亿 ~15 亿元的产品数量占应收账款资产证券化产品总数的 62.50%。发行规模最大的为“信达宁远 2018 年第二期 2 号资产支持专项计划”，产品规模达 103.29 亿元。另外，“中国网通应收款资产支持受益凭证”发行规模也超 100 亿元，产品规模达 103.15 亿元。应收账款资产证券化产品发行规模分布如图 9.29 所示。

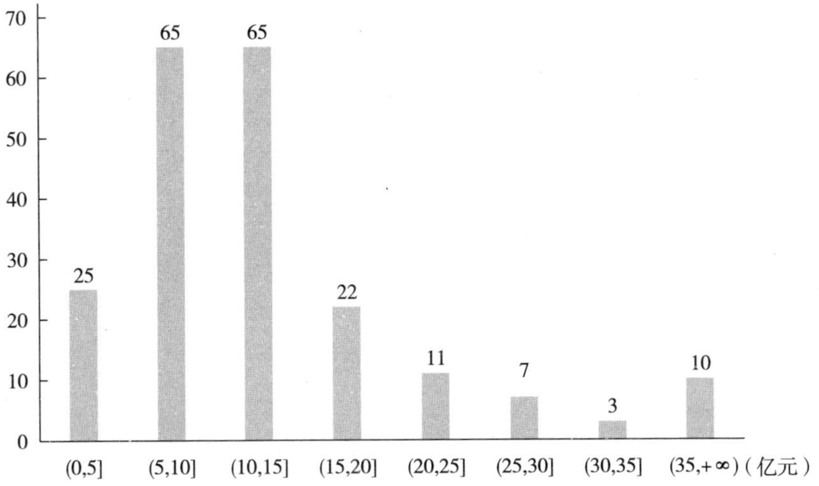

图 9.29　应收账款资产证券化产品发行规模分布

②产品期限。

根据市场公开信息统计，截至 2018 年年末，已发行应收账款资产证券化产品期限集中在 3 年以内，期限在 3 年以内的产品发行总量占本类型企业资产证券化产品发行总量的 89.90%，且超过 4 年期限的产品较少。较其他资产证券化产品而言，应收账款资产证券化产品期限偏短期，综合其基础资产特征与发起机构信用来看，可作为短久期产品的配置标的。应收账款资产证券化产品期限分布如图 9.30 所示。

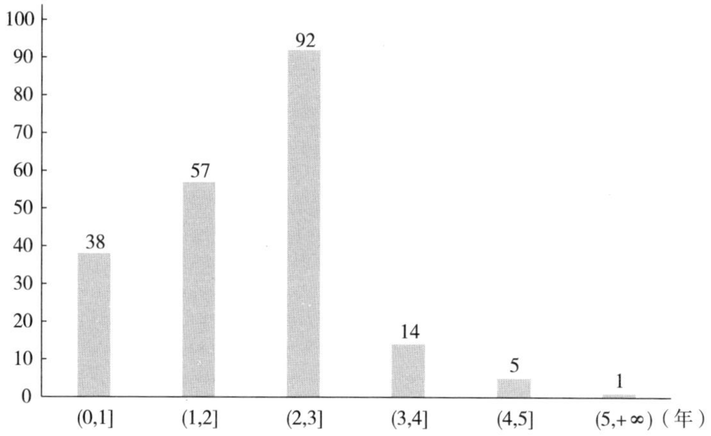

图 9.30　应收账款资产证券化产品期限分布

③信用评级及利率走势。

截至 2018 年年末，已发行应收账款资产证券化产品中，优先级评级最低为 AA，最高为 AAA，大多数应收账款资产证券化产品的信用级别在 AA+ 以上。在应收账款资产证券化产品中，优先级证券信用评级为 AAA 的证券数量占 92.47%，夹层级证券信用评级在 AA 及以上的占 91.78%。优先级和夹层级应收账款资产证券化产品的评级分布如图 9.31 和图 9.32 所示。

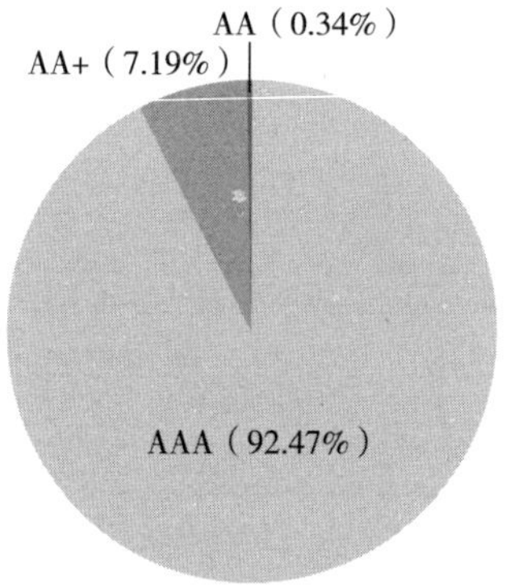

图 9.31　优先级应收账款资产证券化产品的评级分布

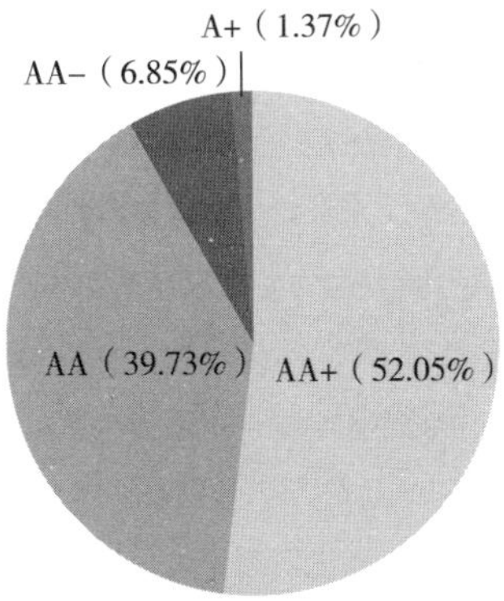

图 9.32 夹层级应收账款资产证券化产品的评级分布

各类评级证券发行时的利率基本与同期信用债的走势保持一致，与同期限同级别信用债的利差也基本保持稳定，优质主体的应收账款证券化产品资金的认可度较高。AAA 级与 AA+ 级应收账款资产证券化产品与公司债到期收益率的比较如图 9.33 和图 9.34 所示。

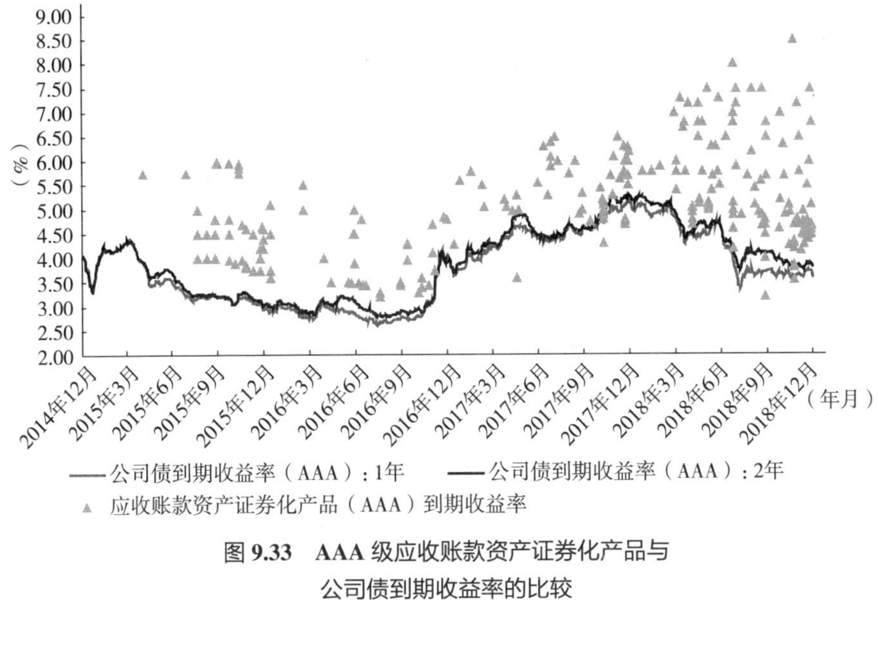

图 9.33 **AAA** 级应收账款资产证券化产品与公司债到期收益率的比较

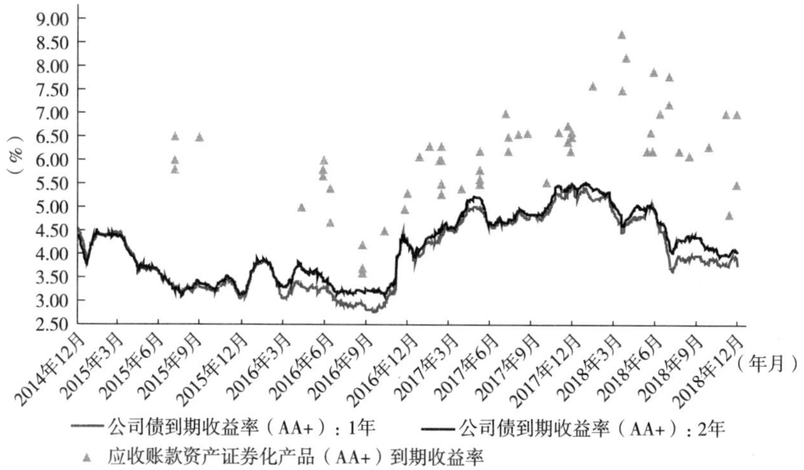

图 9.34　AA+ 级应收账款资产证券化产品与公司债到期收益率的比较

（2）原始权益人特征。

从原始权益人的行业来看，原始权益人的行业主要涉及金融业，批发和零售业，房地产业，建筑业，制造业，电力、热力、燃气及水生产和供应业，信息传输、软件和信息技术服务业，租赁和商务服务业，交通运输业和采矿业，具体分布见表 9.13。

表 9.13　应收账款资产证券化原始权益人行业分布统计

原始权益人行业	数量	规模（亿元）
建筑业	52	650.83
房地产业	50	751.90
金融业	28	234.86
租赁和商务服务业	26	848.04
制造业	26	327.31
批发和零售业	11	144.55
科学研究和技术服务业	6	31.73
信息传输、软件和信息技术服务业	5	136.91
交通运输、仓储和邮政业	2	21.51
电力、热力、燃气及水生产和供应业	1	10.25
采矿业	1	0.48
合计	208	3 158.37

（3）基础资产特征。

①基础资产的分散性。

分析市场可公开获取应收账款合同笔数数据的 116 单应收账款资产证券化产品，应收账款资产证券化产品的合同笔数统计见表 9.14。

表 9.14 应收账款资产证券化产品的合同笔数统计

笔数范围（笔）	数量	占比（%）
1~10	29	25.00
11~100	19	16.38
101~1000	27	23.28
1 000 以上	41	35.34
总计	116	100.00

应收账款合同笔数在 10 笔以下的 30 单产品中，有 20 单产品来自“广发资管 – 民生银行安驰 1~22 号汇富资产支持专项计划”系列，该系列产品的模式为民生银行作为多个不特定原始权益人（基础交易关系中的债权人）的代理人，代理原始权益人将应收账款债权转让给应收账款资产证券化产品，同时，银行作为资产服务机构和保理商，负责应收账款的日常管理并提供买方信用风险保理。除此以外，大部分应收账款资产证券化产品的基础资产分散性较高。

②应收账款的特殊性。

应收账款作为基础资产，与其他基础资产相比，具有以下较为显著的特点：

- 应收账款期限普遍较短。应收账款周转速度将直接影响企业流动资金的充裕度，进而影响企业的日常经营活动，表 9.15 列示了全国主要行业应收账款平均账期数据，其中电子工业、建筑业、食品制造、化学药品、化工行业相对较高，但均在半年以内。国内主要行业的应收账款平均账期见表 9.15。
- 应收账款产生于卖方基于真实、合法的交易活动而向买方提供的赊销，是基于客户的信誉形成的，一般不需要提供抵质押物担保，买方于约定日期前完成付款也无须支付利息。

表 9.15　国内主要行业的应收账款平均账期

行业	应收账款周转率	平均账期（月）	行业	应收账款周转率	平均账期（月）
电子工业	2.0	6.00	大旅游	9.0	1.33
建筑业	3.5	3.43	商业零售	9.7	1.24
食品制造业	5.3	2.26	电力工业	10.2	1.18
化学药品	5.5	2.18	餐饮业	10.4	1.15
化学工业	6.2	1.94	汽车制造业	11.1	1.08
计算机与软件服务业	7.3	1.64	家电制造业	12.0	1.00
仓储业	7.6	1.58	有色金属	12.2	0.98
电信业	8.0	1.50	石油石化工业	13.5	0.89

- 应收账款可能会存在一定的价值摊薄，如卖方对买方出具的贷项通知单或提供折扣等，将抵减部分应收账款，对基础资产的价值可能产生较大影响。
- 应收账款的形成与业务类型密切相关，不同种类的应收账款之间同质性不高，从而导致不同类型的应收账款资产证券化产品之间也会有较大的区别。例如，企业对个人买家或核心企业对下游小企业形成的应收账款，其金额通常较小，故而此类应收账款资产证券化产品的入池资产数量较多，基础资产分散性相对较强；而大型企业之间的应收账款金额通常较大，相应的入池资产笔数则较少。

应收账款资产证券化的风险特征

应收账款资产证券化是比较典型的债权类资产证券化产品，其面临的风险与债权类资产证券化的通用风险特征基本重合，面临的风险主要包括债务人信用风险、逾期风险、关联交易风险和集中度风险，为了规避上述风险，除了关注产品在结构设计中对投资人形成的实质保护力度，通过提高分散度和对重要债务人的资质审查，降低底层债务违约的风险，提高产品的安全度。

特殊类别的应收账款资产证券化

可以证券化的应收账款存在于各行各业，虽然从法律属性看具有同质性，但由于行业不同业务模式的差异，资产之间的差别很大。从目前已经发行的应收账款证券化产品来看，具有明显行业标识的包括购房尾款应收账款证券化产品、消费金融类应收账款证券化产品、医疗行业应收账款证券化产品等。接下来，我们以购房尾款为例，对这类证券化产品的基本特征进行概述。

购房尾款资产证券化产品的基础资产是房地产开发企业根据商品房买卖合同对购房人享有的应收购房尾款债权。一般情况下，以房地产公司作为原始权益人，由其下设的项目公司向原始权益人转让购房尾款应收账款，并以此应收账款作为基础资产。购房尾款可分为抵押贷款型购房尾款和非抵押贷款型购房尾款，两者均可以入池作为基础资产。

截至 2017 年 12 月 31 日，市场上已发行的购房尾款企业资产证券化产品共计 22 单。如博时资本 – 增城碧桂园购房尾款资产支持专项计划、融信集团购房尾款资产支持专项计划等。

购房尾款资产证券化产品具有债务人较为分散，单笔应收账款金额较小，基础资产笔数较多，发生系统性风险债务人违约概率较低，按揭型购房尾款的现金流回款受银行放款速度影响较大等特点。

对于购房尾款资产证券化产品，投资人应关注以下几点：

- 房地产企业资质。随房地产行业的逐步成熟，房地产企业分化加剧，行业集中度提高，房地产行业面临重塑的压力，在这样的背景下，后续是否能够有充足的资产供循环购买，保障证券化产品的持续运作，需要对房地产企业的经营状况及综合实力多加关注。

- 房地产项目所在区域。我国房地产行业城市分化格局明显，投资人需关注房地产项目所在区域的房地产政策，关注项目所在地住宅市场的政策引导趋势。

案例分析：五矿发展应收账款资产支持专项计划

产品结构

五矿发展应收账款资产支持专项计划产品的总规模为29.41亿元，其中优先档证券的规模为26.47亿元，占比为90%，发行利率为6.00%，评级为AAA；次级档证券的规模为2.94亿元，占比为10%，无评级，由原始权益人自持。五矿发展应收账款资产支持专项计划产品概况见表9.16。

表9.16　五矿发展应收账款资产支持专项计划产品概况

<table>
<tr><td colspan="2">产品名称</td><td colspan="4">五矿发展应收账款资产支持专项计划</td></tr>
<tr><td colspan="2">产品规模</td><td>29.41亿元</td><td>产品期限</td><td colspan="2">3年</td></tr>
<tr><td colspan="2">证券起息日</td><td>2014-12-24</td><td>还本付息方式</td><td colspan="2">半年付息，到期一次还本</td></tr>
<tr><td rowspan="3">证券名称</td><td></td><td>发行规模（万元）</td><td>预期年化收益率</td><td>预期到期日</td><td>评级</td></tr>
<tr><td>14五矿优</td><td>264 700.00</td><td>6.00%</td><td>2017-12-21</td><td>AAA</td></tr>
<tr><td>14五矿次</td><td>29 400.00</td><td>—</td><td>2017-12-21</td><td>无评级</td></tr>
<tr><td colspan="2">原始权益人</td><td>五矿发展股份有限公司</td><td>计划管理人</td><td colspan="2">中信证券股份有限公司</td></tr>
<tr><td colspan="2">差额支付承诺人</td><td>中国五矿集团</td><td>托管银行</td><td colspan="2">兴业银行股份有限公司</td></tr>
<tr><td colspan="2">增信措施</td><td colspan="4">优先/次级分层，五矿集团差额支付承诺，加速清偿和权利完善事件</td></tr>
<tr><td colspan="2">交易平台</td><td colspan="4">上海证券交易所</td></tr>
<tr><td colspan="2">登记托管机构/支付代理机构</td><td colspan="4">中国证券登记结算有限责任公司上海分公司</td></tr>
</table>

资料来源：五矿发展应收账款资产支持专项计划说明书。

交易结构

认购人与管理人签订认购协议并缴付认购资金，管理人设立并管理专项计划，认购人持有资产支持证券。管理人运用专项计划资金向原始权益人购买基础资产，即基础资产清单所列的由原始权益人在专项计划设立日、循环购买日转让给管理人的原始权益人依据销售合同及应收账款转让合同对买受人享有的应收账款及其附属担保权益。具体交易结构如图 9.35。

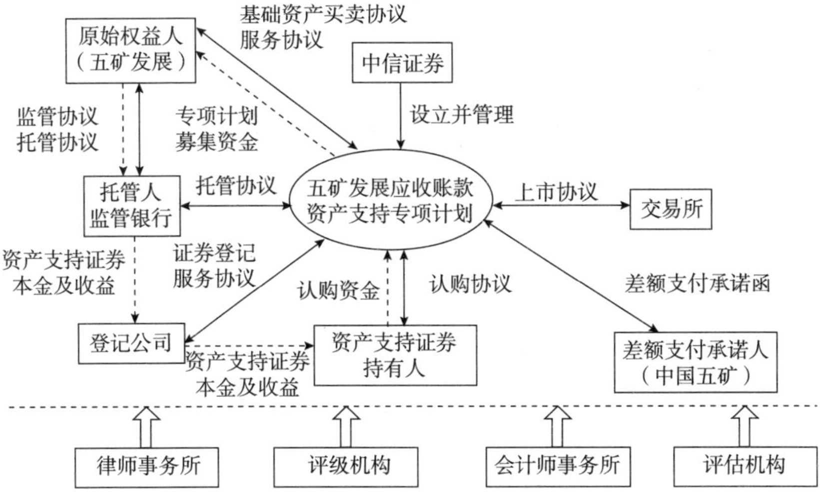

图 9.35　五矿发展应收账款资产支持专项计划交易结构

资料来源：五矿发展应收账款资产支持专项计划说明书。

注：图中实线表示各参与方之间的法律关系，虚线表示现金流划转。

基础资产及资产池

本案例的基础资产是由五矿钢铁及其 15 家分销公司、深圳进出口公司根据与买受人签订的销售合同等文件安排，在五矿钢铁及其分销公司、深圳进出口公司作为供货人履行并遵守了相关合同项下其所应当履行的义务后产生的对买受人的应收债权。

五矿钢铁及其 15 家分销公司、深圳进出口公司作为初始债权人，将其享有的应收债权通过应收账款转让合同内部转让给五矿发展，五矿发展为本专项计划的原始权益人，已经履行并遵守了基础资产所对应的应收账款转让合同项下其应当履行的义务。

初始资产池涉及原始权益人对194个买受人的11 464笔应收账款。截至初始基准日（2014年6月30日），初始资产池的应收账款余额为30.39亿元。从应收账款债务人的行业分布来看，涉及建筑业的占整个资产规模的一半以上，为72.24%。第二大集中行业为批发和零售业，占比为14.23%。第三大集中行业为制造业，占比为12.03%。从债务人所在区域分布情况来看，北京、湖北、四川三地债务人的应收账款占比分列前三位，分别占13.32%、10.42%、9.09%。整体上，债务人地区分布较为分散，共涉及全国30个省级单位。五矿发展应收账款资产支持专项计划初始资产池的基本情况见表9.17。

表9.17　五矿发展应收账款资产支持专项计划初始资产池的基本情况

基本情况	数额	基本情况	数额
未偿应收账款余额（万元）	303 929.45	单个买受人平均未偿应收账款余额（万元）	1 566.65
应收账款笔数（笔）	11 464	单个买受人最高未偿应收账款余额（万元）	41 429.63
买受人数量（户）	194	前五大买受人未偿应收账款余额占比（%）	33.19
合同份数（份）	310	前十大买受人未偿应收账款余额占比（%）	42.77
加权平均合同约定赊销期限（月）	3.30	有中信保保险的买受人数量占比（%）	85.57
加权平均账龄（月）	2.56	中信保保险额度覆盖率（%）	76.68
加权平均剩余期限（月）	1.89		

资料来源：五矿发展应收账款资产支持专项计划说明书。

基础资产入池筛选标准如下：

- 基础资产对应的全部销售合同和应收账款转让合同适用法律为

中国法律，且在中国法律项下均合法有效，并构成相关买受人合法、有效和有约束力的义务，原始权益人可根据其条款向买受人主张权利。

- 供货人已经履行并遵守了基础资产所对应的任一份销售合同项下其所应当履行的义务，且买受人未提出因供货人瑕疵履行而要求减少应收账款或者换货等主张。
- 原始权益人已经履行并遵守了基础资产所对应的任一份应收账款转让合同项下其所应当履行的义务。
- 基础资产不属于违约基础资产。
- 销售合同中的买受人是依据中国法律在中国境内设立且合法存续的企业法人、事业单位法人或其他组织，不应为政府或地方政府投融资平台。
- 销售合同中的买受人与五矿发展及供货人无正在进行的或将要进行的诉讼、仲裁或其他纠纷。
- 基础资产分布于单个省级行政区域的占比不应当超过 20%，单个买受人占比不应当超过 15%。
- 原始权益人合法拥有基础资产，且基础资产上未设定抵押权、质权或其他担保物权。
- 基础资产可以进行合法有效的转让，且在销售合同和应收账款转让合同对基础资产的转让有特别约定的情况下，应收账款转让已经满足了所约定的条件。
- 基础资产对应应收账款的预期付款日不得晚于循环期最后一个分配基准日后的 90 个自然日。
- 基础资产不涉及国防、军工或其他国家机密。
- 基础资产不涉及诉讼、仲裁、执行或破产程序。

循环购买安排

专项计划存续期为 3 年，共计发生 7 次循环购买。首次循环购买的基准日为 2014 年 11 月 30 日，第二次循环购买的基准日为 2015 年 2 月 28 日，后续循环购买的基准日为专项计划存续期间内每年的 5 月

31 日和 11 月 30 日，最后一次循环购买的基准日为 2017 年 5 月 31 日。循环购买的流程如下：

- 在应收账款回收计算日（即循环购买的基准日，R 日）后 6 个工作日前，卖方应向买方提供用于循环购买的基础资产信息表及相应基础资产文件。
- 在应收账款回收计算日后 9 个工作日前，买方根据基础资产回收款金额、基础资产审核情况提出初步选定的基础资产。
- 在应收账款回收计算日后 10 个工作日前，买方与卖方协商确定此次循环购买的基础资产。
- 在循环购买日（应收账款回收计算日后的第 12 个工作日及第 13 个工作日，即 R+12 日及 R+13 日）当日，双方按照本协议附件五的约定签署确认协议，并由买方向卖方支付购买价款。确认协议的签订视为双方就循环购买的基础资产买卖的交割确认。

案例特点

该案例为国内首单贸易类应收账款资产支持专项计划。基础资产为五矿发展下属全资子公司五矿钢铁有限责任公司及其 15 家分销公司、中国五矿深圳进出口有限责任公司（以下统称初始债权人）17 家主体的应收账款，首先通过签署应收账款转让合同将初始债权人持有的应收账款全部转让到五矿发展名下，此时五矿发展成为新的唯一的原始权益人，开展尽职调查、现金流管理的难度也因此降低。此外，入池资产中余额占比为 78.77% 的应收账款由中国出口信用保险公司提供保险服务，可以对应收账款逾期或违约后的回收提供较好的保障。

该案例的另一特色为会计出表。企业间应收账款可能存在债务人拖欠现象（不同项目情况不同），因此一般需要提供担保增信。该项目若由原始权益人五矿发展提供差额支付承诺，则无法实现会计出表，另外由于国内次级证券投资者基础薄弱，次级产品销售难度较大，若由原始权益人自持，也会影响出表。考虑到这些因素，该项目由原始权益人的母公司五矿集团为该项目提供差额支付承诺并认购次级产品，从而使基础资产在五矿发展层面实现了会计出表（五矿集团在合并报表层面无法出表）。

保理债权资产证券化

保理债权资产证券化概述

自2012年商务部开展部分地区的商业保理试点以来，我国的商业保理行业迅速发展，商业保理企业的注册数量、业务量和融资余额已连续4年翻倍增长。根据《中国商业保理行业发展报告2016》及中国服务贸易协会商业保理专业委员会统计数据，截至2017年年末，全国共有注册的商业保理法人企业及分公司8 261家，比2016年增长了48%，业务总额达到1万亿元，融资余额约为2 500亿元。

我国商业保理公司的主要资金来源包括注册资本、银行融资、股东借款、互联网金融平台借款等，由于发展时间短，自身的资产量级较低，通过传统融资方式可以获得的资金有限，资金来源往往是制约商业保理公司发展的重要问题。而保理债权资产证券化业务作为一种创新的融资方式，不仅有利于扩大保理公司的融资渠道，满足其中长期的资金需求，也可以让企业依靠优质的资产以及稳定的现金流，在融资过程中减少自身资信水平不足带来的不利影响。

保理业务包括保理关系和基础贸易关系两个合同关系，基础贸易合同中的债权人将应收账款转让给商业保理公司，供方企业既是基础交易合同当中的债权人，又是保理合同中的申请人，保理合同和基础合同同时存在。保理债权资产证券化的过程是商业保理公司将其从债权人处受让的应收账款债权，转让至资产证券化产品的过程。通常情况下，可以作为保理债权资产证券化基础资产的保理为明保理，证券化后，证券化产品的管理人应向基础贸易关系中的债务人发送债权变更的通知，以便后续资金的回收。在资产证券化的产品设计中，应收账款的债务人、应收账款的债权人、商业保理公司都可以作为信用提供方，为资产证券化产品提供信用增级，但我国商业保理公司一般信用水平较低，对资产证券化产品的信用增级作用较小。

保理债权资产证券化的发行情况

2015 年 5 月，我国发行首单保理债权资产证券化产品“摩山保理一期资产支持专项计划”，同年，“摩山保理二期资产支持专项计划”、“方正保理一期资产支持专项计划”发行。自 2016 年开始，我国保理债权资产证券化逐渐发展，截至 2018 年 12 月 31 日，保理债权资产证券化产品共发行 303 单，总规模达 2 224.07 亿元。保理债权资产证券化产品的发行情况如图 9.36 所示。

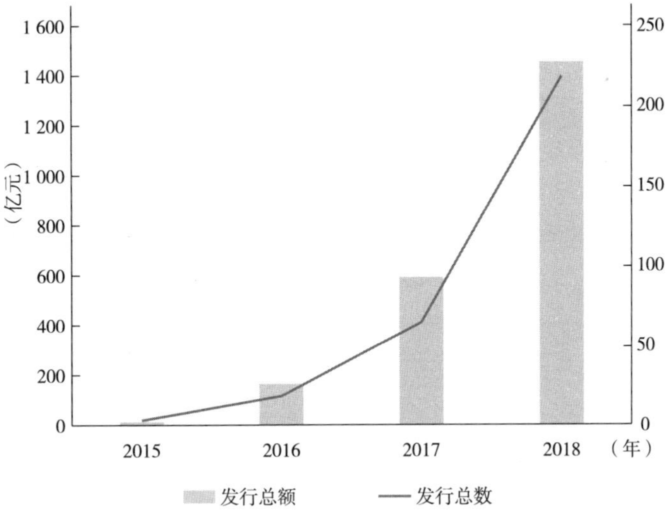

图 9.36　保理债权资产证券化产品的发行情况

保理债权资产证券化的基本特征

（1）产品特征。

①产品规模。

截至 2018 年年末，保理债权资产证券化产品的平均发行规模为 7.34 亿元，其中，发行规模为 5 亿 ~10 亿元的产品最多，占 51.49%，发行规模在 10 亿元以下的产品数量占保理债权资产证券化产品总数的 81.19%。发行规模最大的为“京东金融 – 华泰资管 2016 年第一期保理合同债权资产支持专项计划”和“京东金融 – 华泰资管 2018 年第四期供应链保理合同债权资产支持专项计划”，产品规模均为 20 亿元。保理债权资产证券化产品发行规模分布如图 9.37 所示。

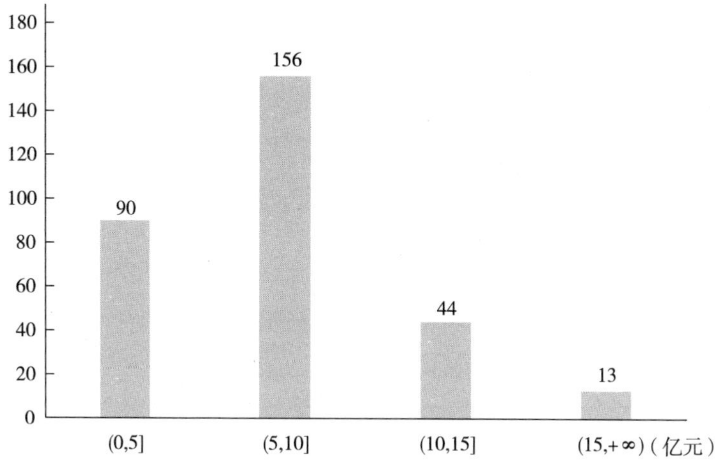

图 9.37　保理债权资产证券化产品发行规模分布

②产品期限。

截至 2018 年年末，已发行保理债权资产证券化产品期限集中于 1 年以内，期限在 1 年以内的产品发行总量占本类型企业资产证券化产品发行总量的 87.13%。在统计期间内，保理债权资产证券化产品最长的期限不超过 5 年，且超过 3 年期限的产品较少。较其他资产证券化产品而言，保理债权资产证券化产品的期限以短期为主。保理债权资产证券化产品期限分布如图 9.38 所示。

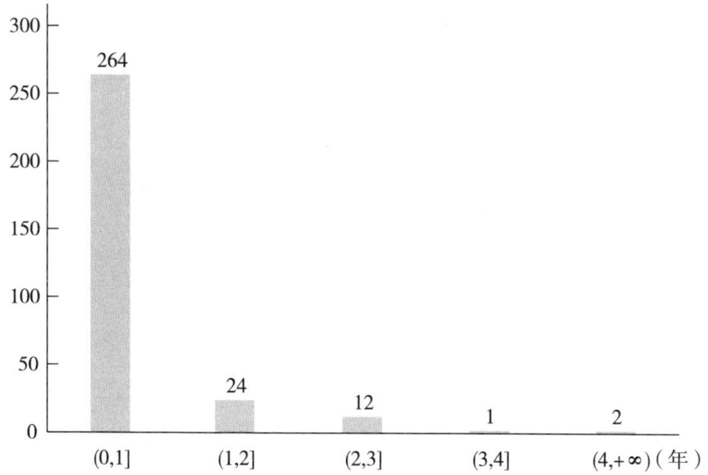

图 9.38　保理债权资产证券化产品期限分布

③信用评级及利率走势。

截至 2018 年年末，已发行保理债权资产证券化产品中，优先级的评级均为 AA+ 以上，优先级证券信用评级为 AAA 的证券数量占比为 91.07%，夹层级证券信用评级在 AA 及以上的占 87.50%。优先级和夹层级保理债权资产证券化产品的评级分布如图 9.39 和图 9.40 所示。

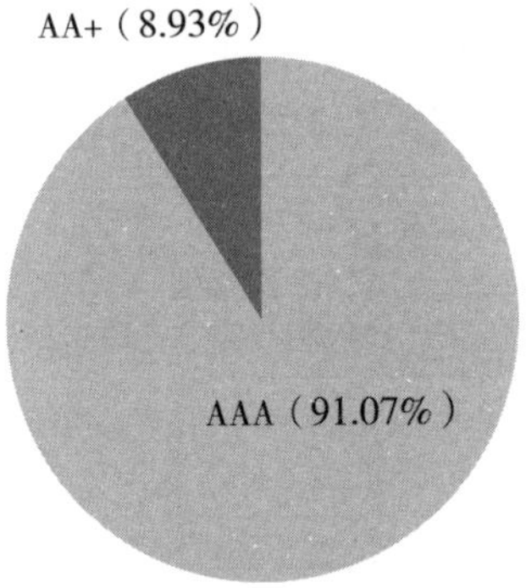

图 9.39　优先级保理债权资产证券化产品的评级分布

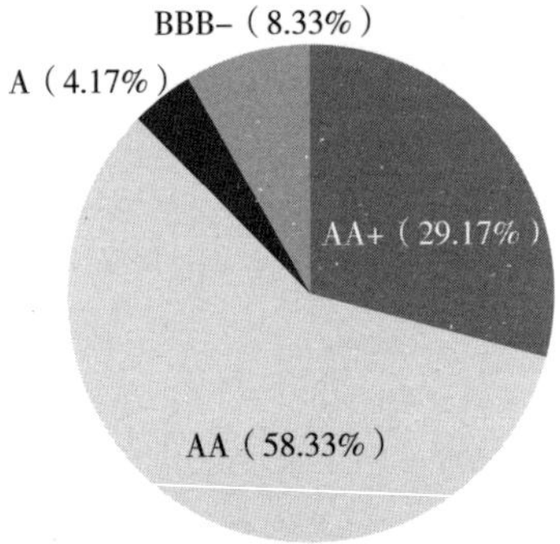

图 9.40　夹层级保理债权资产证券化产品的评级分布

AAA 级保理债权资产证券化产品与公司债到期收益率的比较如图 9.41 所示。

（2）原始权益人特征。

市场上发行的保理债权资产证券化产品的原始权益人均为保理公司。根据发起主体，我们可以将已经发行的保理债权资产证券化分成 3 类：传统商业保理、供应链金融保理和互联网金融保理。

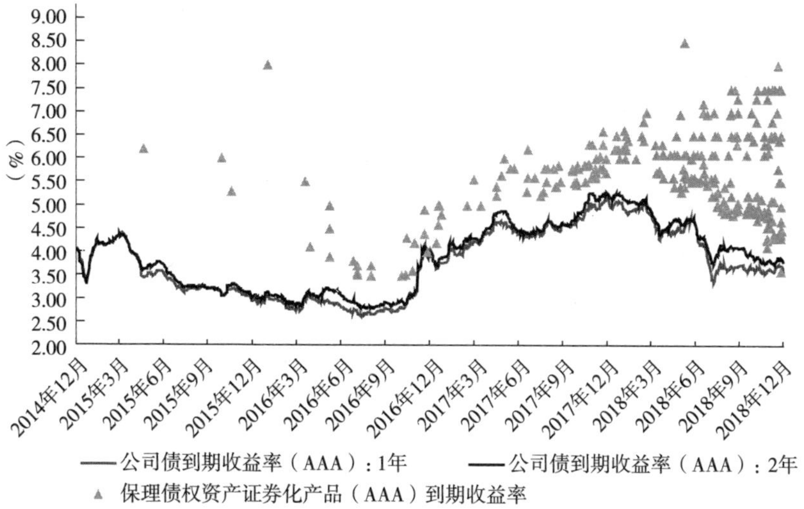

图 9.41　AAA 级保理债权资产证券化产品与公司债到期收益率的比较

传统商业保理资产支持证券共发行 30 单，规模为 186.68 亿元，发起人如摩山保理、瑞高保理等，都是依托保理公司原有的保理业务，从中筛选出符合条件的资产组成基础资产，从而进行证券化的包装。AA+ 级保理债权资产证券化产品与公司债到期收益率的比较如图 9.42 所示。

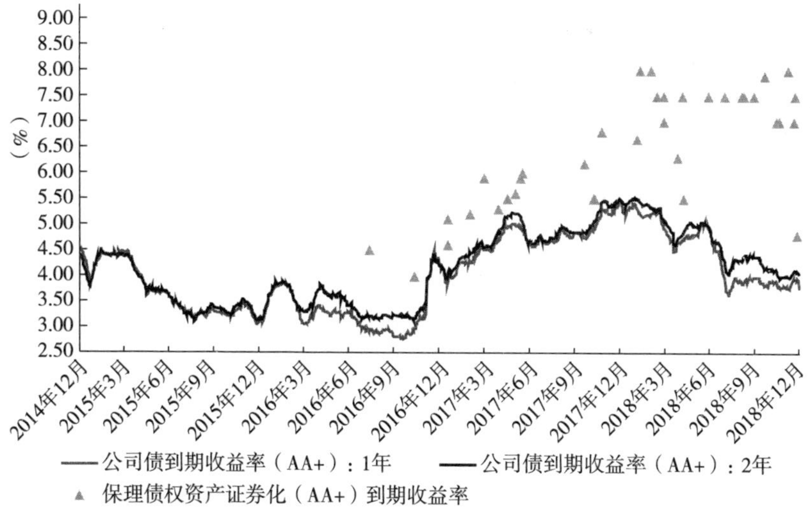

图 9.42　AA+ 级保理债权资产证券化产品与公司债到期收益率的比较

供应链金融保理资产支持证券共发行258单，规模为1 926.84亿元。供应链金融资产证化目前普遍的模式是通过一个优质信用主体，将其所有的应付账款转让至商业保理公司，通过保理公司的保理债权发行资产证券化产品。典型的如万科供应链金融，通过前海一方恒融商业保理公司转让万科的应付账款，并将其作为资产池发行资产证券化业务，项目凭借万科的主体信用，达到提升产品信用等级的作用。

互联网金融保理资产支持证券共发行15单，规模为110.55亿元，其中大部分为京东金融保理业务通过上海邦汇商业保理公司发行的资产证券化产品，其余也有类似于“读秒－去哪儿网‘拿去花’第一期消费分期资产支持专项计划”通过将保理作为通道转让由互联网消费分期业务产生的应收账款。

（3）基础资产特征。

因保理债权资产证券化基础资产的实质为应收账款，保理债权资产证券化产品的基础资产特点及结构特点与应收账款资产证券化产品类似。但由于保理债权证券化产品引入了保理商作为资产服务机构，产品结构的复杂性较应收账款证券化有所提高，各参与主体的法律关系需进一步明确。根据保理是否有权向原应收账款债权人追偿，保理债权可分为有追索权的保理和无追索权的保理，这两类保理债权关系对资产证券化产品的实质关注要点产生影响。

当入池基础资产为有追索权的保理债权时，若到期时债务人不能及时偿还款项，保理商可以向债权人反转让应收账款，要求债权人回购应收账款或归还融资，即当债务人无法还款时，债权人承担还款责任。在此类交易模式中，债务人和债权人同时作为专项计划的还款义务人，两者的还款能力都是判断专项计划兑付能力时需要考量的。

当入池基础资产为无追索权的保理债权时，无论债务人是否及时偿还应收账款，商业保理公司都无权向原债权人进行追偿。以这类无追索权的保理债权为资产证券化产品的基础资产可分为两种情形。

第一，商业保理公司在专项计划的整个结构中担任类通道角色，进行日常的资产服务、资金托收，但不以自身信用为产品提供担保，资产证券化产品的信用增级主要依赖债务人或担保人。在这种情况下，债务人及担保人的偿还能力是专项计划兑付的核心考量要素。相关案例有“招商资管－前海一方恒融第一期（1 号）资产支持专项计划”。

第二，商业保理公司以自身信用为资产证券化产品提供保障，通过设置资产回购或置换等安排，由商业保理公司作为原始权益人对未能按期兑付的保理债权进行回购，以此实现对资产证券化产品的信用增级。在这种情况下，除债务人的还款能力外，商业保理公司的资信水平和持续经营能力也是需要考核的内容。相关产品有“平安证券－万科供应链 1 号资产支持专项计划”。

保理债权资产证券化的风险特征

保理债权属于应收账款债权的一种，因此在风险特征的表现上与应收账款证券化类似，也面临债务人信用风险、逾期风险、关联交易风险和集中度风险。其中，由于保理公司业务发展通常有所专精，债务人属于同一行业或者上下游关联行业的较多，使专项计划面临债务人行业单一风险。除上述风险外，保理债权证券化产品还面临产品交易结构复杂导致的交易结构法律风险、资金混同风险以及保理商破产风险。

交易结构法律风险

保理债权证券化基础资产通常为由初始债权持有人转让给商业保理公司形成的保理债权资产或商业保理公司直接转让的底层应收账款资产，由于涉及两层债权债务关系，且参与主体众多，保理债权资产证券化的交易结构相对较为复杂。同时，在很多基础贸易中，结算方式可能为商业承兑汇票，在应收账款债权转让及保理债权转让的过程中，如何妥善处理商票，如何准确界定基础资产的属性和范畴，如何明确约定各参与人之间的权利义务关系等相对复杂的问题为保理资产证券化产品增加了法律风险。

应对措施：在实务操作中，首先需要厘清基础资产和各参与方的关系以及所有基础交易合同中的禁止性条款和强制义务，在证券化的过程中不能违背原有法律关系的约定，以免由于基础关系在先而后续约定不能履行的风险。其次，应联合专业律师团队对整个交易结构的法律关系和信用增级安排的实际效果进行评估，切实保障证券化产品投资人的利益。最后，加强对底层资产的筛选，提高资产池的整体信用质量。

资金混同风险

由于保理债权资产证券化的交易结构较为复杂，在现金流归集过程中通常要经过若干主体的若干账户才能回到专项计划账户内，容易发生入池资产组合的本息回收与资产服务机构的其他资金混同，导致资产支持证券预期收益不确定而引发风险。

应对措施：加强对资产服务机构资金归集的监督管理，可由资产服务机构在专项计划设立日后，就入池应收账款债权建立基础资产台账，并进行逐笔登记，与基础资产有关的基础资产文件也应与资产服务机构管理和/或持有的其他账簿、记录和文件分开存放和保管，并对资产服务机构计算机系统中的基础资产文件（如有）进行标识，从而使基础资产与资产服务机构的其他资产相区别，降低混同风险发生的可能。

保理商破产风险

保理商作为产品构建的重要一环，同时作为证券化产品的资产服务机构，需负责对应收账款债权的管理。在专项计划存续期内，如果保理商的自身经营发生困难甚至破产，那么应收账款债权的回收管理将受到影响，从而影响专项计划依约向资产支持证券持有人支付本金及预期收益。

应对措施：在专项计划设立时应做好债权变更的通知，保障初始债权债务人及增信机构对债权转让的确认。同时，管理人应确保在产品运作周期内对基础资产核查的路径通畅，并在产品设立时对专项计划资产服务机构的解任做出明确安排，缓解资产服务机构变更对专项计划产生的影响。

案例分析：招商资管－前海一方恒融第一期（2号）资产支持专项计划

产品结构

招商资管－前海一方恒融第一期（2号）资产支持专项计划产品总规模为9.35亿元，产品分为6档：最长为322天，最短为245天，各档期限差别1~3周。其中，优先级证券发行利率为3.70%，评级为AAA。招商资管－前海一方恒融第一期（2号）资产支持专项计划产品概况见表9.18。

表9.18　招商资管－前海一方恒融第一期（2号）资产支持专项计划产品概况

产品名称	招商资管–前海一方恒融第一期（2号）资产支持专项计划						
产品期限	0.89年	产品规模	9.35亿元	优先级收益率	3.70%	评级	AAA
基础资产	应收账款债权（“买断宝”）			计划管理人	招商证券资产管理有限公司		
原始权益人	深圳市前海一方恒融商业保险有限公司			托管银行	上海浦东发展股份有限公司深圳分公司		
债权人	不特定债权人						
债务人	万科企业股份有限公司子公司以及出具了付款确认及授权书的万科企业股份有限公司						
增信措施	优先/次级分层，现金流超额覆盖						
交易平台	深圳证券交易所						
登记托管机构/支付代理机构	中国证券登记结算有限责任公司深圳分公司						

资料来源：招商资管－前海一方恒融第一期（2号）资产支持专项计划说明书。

交易结构

管理人根据与原始权益人签订的基础资产买卖合同的约定，将专项计划资金用于向原始权益人购买基础资产，即由原始权益人转让予专项计划的标的应收账款债权，其债务人为签署了基础合同并接受了基础合同项下的产品或服务的万科企业股份有限公司子公司，以及出具了股款确认及授权书的万科企业股份有限公司。招商资管－前海一方恒融第一期（2号）资产支持专项计划交易结构如图9.43所示。

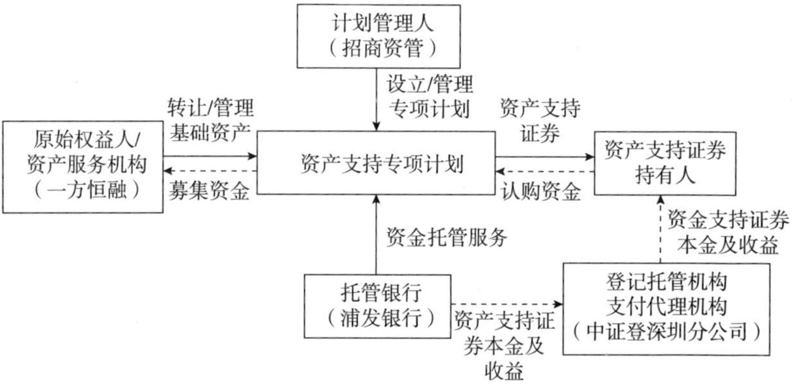

图9.43　招商资管－前海一方恒融第一期（2号）资产支持专项计划交易结构

资料来源：招商资管－前海一方恒融第一期（2号）资产支持专项计划说明书。

注：图中实线表示各参与方之间的法律关系，虚线表示现金流划转。

基础资产与资产池情况

基础资产共涉及541笔应收账款，资产池规模总计达9.65亿元，其入池标准如下：

- 债权人与债务人之间的交易及所签署的合同真实有效，原始权益人获得应收账款的过程合法有效。
- 应收账款债权上未设定抵押、质押等担保权利，亦无其他权利负担等。
- 基础资产不涉及任何未决诉讼、仲裁、执行或破产程序，未被采取任何查封、扣押、冻结等司法保全或强制措施。
- 基础合同中不存在债权不得转让的规定。
- 万科企业股份有限公司就应收账款的支付已出具《付款确认及授权书》，确定相应应收账款到期支付不附条件。
- 原始权益人已就应收账款转让事宜通知基础合同项下债务人。
- 原始权益人已向基础合同项下债权人支付应收账款债权转让对

价，即对基础合同项下债权人而言，其债权已得到全额偿付。

资金归集

在专项计划中，计划管理人与托收人（托管银行）之间签订了集中代收付业务合作协议，由托收人于每笔应收账款债权到期日将应收账款本金全额由债务人账户直接划转至专项计划托管账户。此时，专项计划涉及的所有基础资产现金流将通过系统实现自动扣划，不存在现金流不能锁定及资金混同的风险，以此实现了闭环。归集流程详见图 9.44。

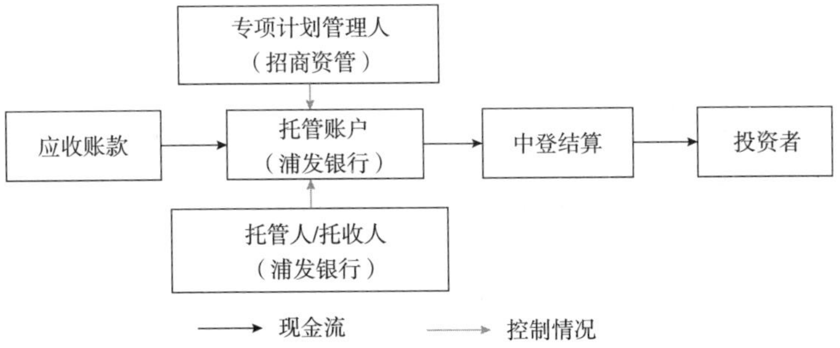

图 9.44　招商资管 – 前海一方恒融第一期（2 号）资产支持专项计划资金归集流程

资料来源：招商资管 – 前海一方恒融第一期（2 号）资产支持专项计划说明书。

托收人具体操作流程如下：

- 所有基础资产到期后均是由托收人保理系统进行放款的，系统有每笔基础资产的详细信息，托收人交易银行部系统操作人员将于每笔应收账款到期日前 2 个工作日，下发扣款指令至债务人结算账户开户网点，通知其账款到期日及扣款金额以及托管账户信息。
- 开户网点收到交易银行部指令后，于基础资产对应的应收账款到期日当天上午上传扣款指令至托收人集中代收付系统。
- 托收人集中代收付系统接收到网点上传的扣款指令后，实时地将基础资产对应的应收账款本金全额由债务人结算账户直接划转至专项计划托管账户。

案例特点

在本案例中，债权人与保理商签订的是无追索权的保理合同，保理商将该保理融资债权转让予专项计划，并通过将债务人母公司（万科）加入成为共同债务人的方法增强债务人的还款能力，使优先级证券能够获得较高评级。最终还款人仍为债务人，保理商仅作为通道，此案例中的信用增级主要依靠债务人的母公司——万科的信用。

第三节　收益权类资产证券化

收益权类资产证券化概述

收益权是基于所有者财产形成经济利益的权利，一般包括基础资产项下义务人履约形成的资金流入，通过出售或其他方式处置基础资产产生的资金流入，基础资产附属担保物或衍生的权利形成的资金流入等。在可证券化资产中，收益权为原始权益人通过提供产品或服务，依据合同和/或有关规定享有的取得相应收益的权利，包括收费权、收益权①、合同债权等。

收益权不同于债权，债权在财务上表现为应收账款，在报表上有明确的金额列示，而收益权属于企业未来收入，两者最大的区别在于前者为既有且确定，后者为预测且不稳定。也就是说，收益权类资产在证券化过程中依赖的未来现金流是依据历史表现和现有经营情况得出的预测值，受经济环境、行业发展和企业经营情况的影响很大，在做资产的筛选和判断时，需要综合考虑上述影响因素，采用与债权类资产不同的方法做出判断。一方面，由于经营实体或实物资产的运营情况受到较大的外部经济因素的影响，如经济周期、行业发展状况、竞争性行业的崛起等，因此在资产判断和现金流预测中要综合考虑外部因素的影响，确定合理的假设条件。另一方面，原始权益人的运营

① 此处指狭义的收益权，下文中提及的“收益权”非经特别说明均指广义的收益权。

管理水平对收益权类基础资产的未来现金流影响较大，因此收益权类证券化产品的原始权益人一般都为特定原始权益人且承担资产服务机构的职责，其运营状况、管理的稳定性和未来发展战略等都是需要考量的因素。

收益权类资产证券化的基础资产目前最主要的是基础设施收益权。基础设施收益权又进一步细分为能源、交通及城市基础设施建设等项目的未来收益权，包括供水、供电、供气、供热、电信、公共交通等行业。此类项目最大的特点是具有长期的、较为稳定的现金流，可形成证券化资产的有效供给，一般来说，此类项目融资期间的风险较稳定。

收益权资产证券化的发行情况

我国首单收益权资产证券化产品发行于2005年，2006年发行了3单，此后2007—2011年没有产品发行，2012年重启发行，自2015年以来，产品发行数量及规模迅速增长。截至2018年12月31日，国内共发行208单收益权资产证券化产品，发行金额为2 124.38亿元，占企业资产证券化产品发行总金额的8.08%，占比在全部产品分类中排名第六，是企业资产证券化产品的重要组成部分。收益权资产证券化产品发行情况如图9.45所示。

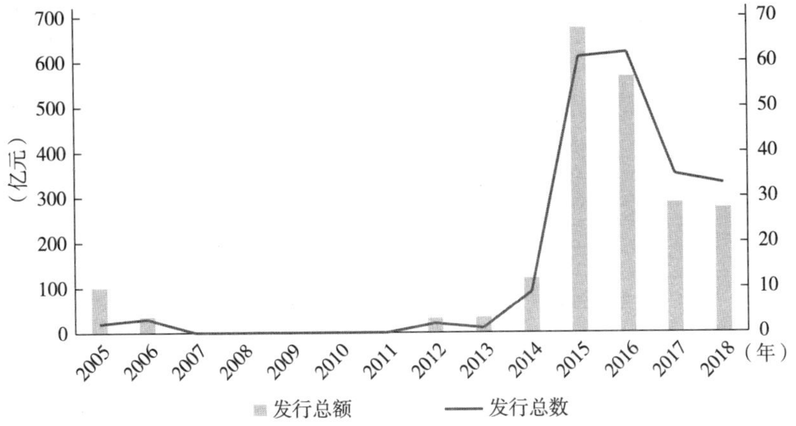

图9.45 收益权资产证券化产品发行情况

收益权资产证券化的基本特征

产品特征

产品规模

截至2018年年末，收益权资产证券化产品的平均发行规模为10.21亿元，其中，发行规模为5亿~10亿元的产品最多，占37.50%。发行规模在10亿元以下的产品数量占收益权资产证券化产品总数的69.71%。在统计期间，收益权资产证券化产品的发行规模最大的是"中国联通CDMA网络租赁费收益计划"，发行规模为95亿元，发行规模超过35亿元的还有"招商资管二号－云南公投曲胜高速公路车辆通行费收益权资产支持专项计划"和"广州机场高速路车辆通行费收益权资产支持专项计划"，发行规模分别为50亿元和44亿元。收益权资产证券化产品发行规模分布如图9.46所示。

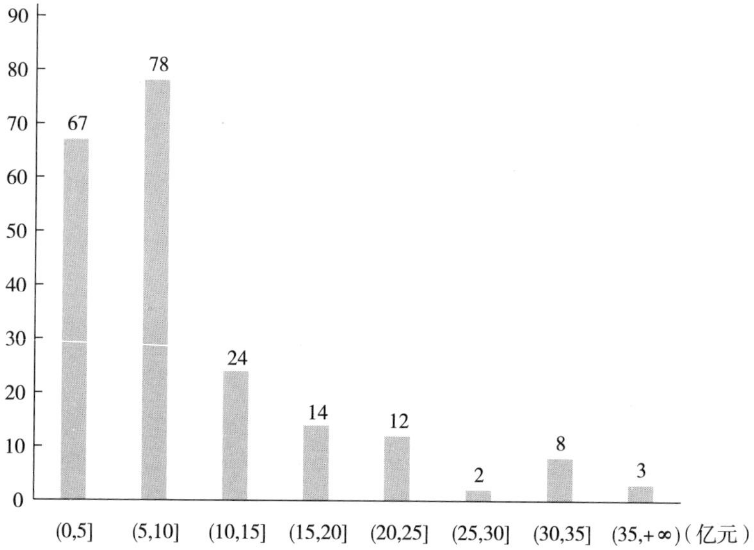

图9.46　收益权资产证券化产品发行规模分布

产品期限

根据市场公开信息统计，截至2018年年末，已发行收益权资产证券化产品的平均期限为5.76年，其中期限最长的为"渤海汇金-康达环保污水处理项目绿色资产支持专项计划"，期限长达14.86年，期限超过10年的产品有11单。期限最短的产品为"天富能源二期资产支持专项计划"，存续期仅0.88年。从发行期限来看，收益权类产品大多集中在4~6年，占本类型企业资产证券化产品发行总量的51.44%。较其他资产证券化产品而言，收益权资产证券化产品期限偏中长期，综合其基础资产特征与发起机构信用来看，可作为长久期产品的投资标的。

信用评级及利率走势

截至2018年年末，已发行的收益权资产证券化产品中，有47.47%的优先级证券信用评级达到AAA，48.86%的优先级证券信用评级达到AA+，由此可见，收益权类产品的总体评级较高。在收益权资产证券化产品中，优先级证券信用评级在AA+及以上的证券的数量占比为96.33%，夹层级证券信用评级在AA及以上的占89.47%。收益权资产证券化产品期限分布如图9.47所示。优先级和夹层级收益权资产证券化产品的评级数量统计如图9.48和图9.49所示。

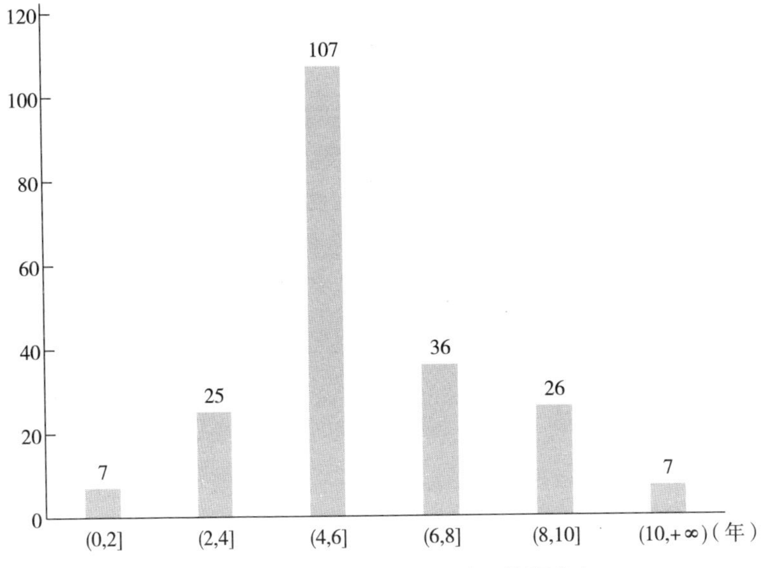

图9.47　收益权资产证券化产品期限分布

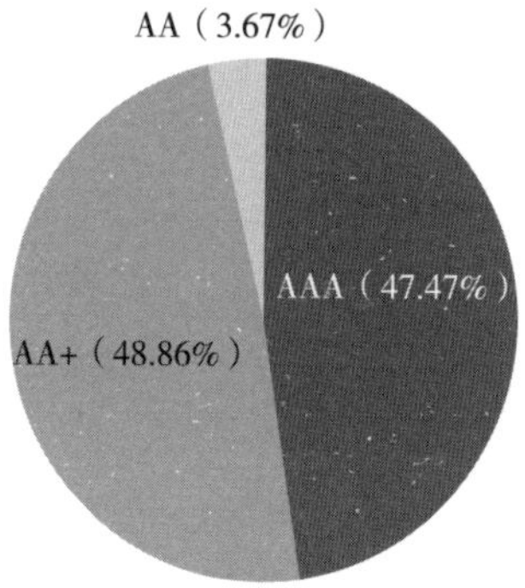

图 9.48　优先级收益权资产证券化产品的评级数量统计

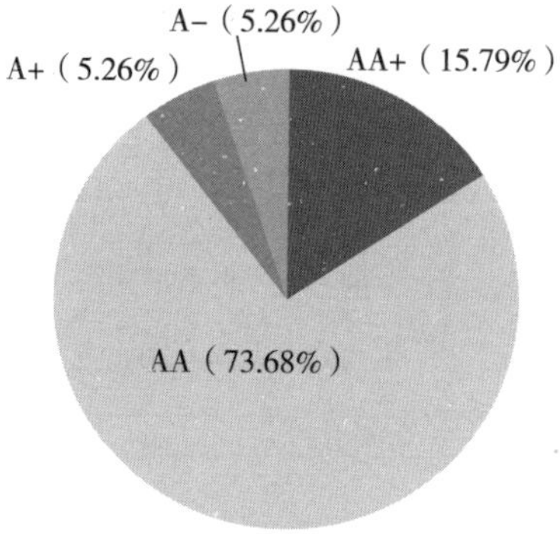

图 9.49　夹层级收益权资产证券化产品的评级数量统计

各类评级证券与同期同期限公司债到期收益率的比较详见图 9.50 和图 9.51。

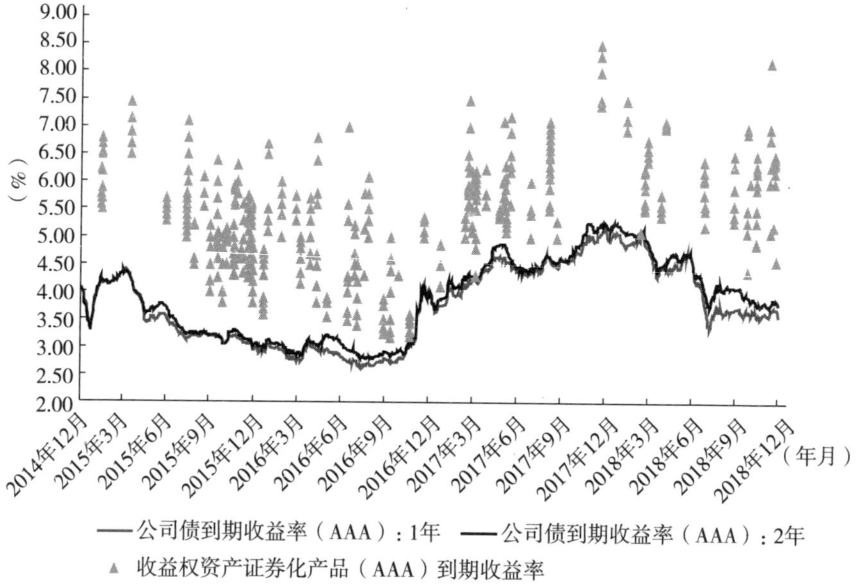

图 9.50　AAA 级收益权资产证券化产品与公司债到期收益率的比较

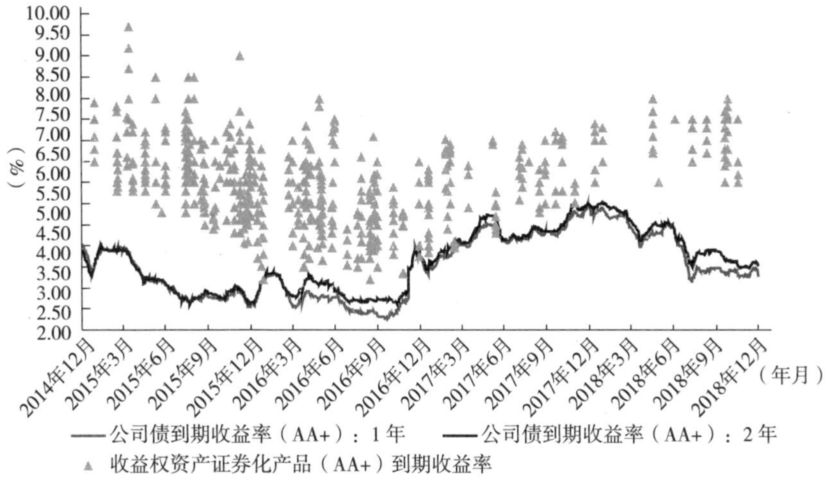

图 9.51　AA+ 级收益权资产证券化产品与公司债到期收益率的比较

基础资产特征

依据所属行业和基础资产属性的不同，收益权可以分为公共事业收益权、收费路桥收益权、物业收入收益权、航空票款收益权、公园景区收益权、绿色资源收益权、棚改 / 保障房收益权、学费收益权等类别。其中，发行金额占比最高的 3 类基础资产是公共事业收益权、收费路桥收益权、物业收入收益权，占比分别为 25.57%、24.06%、17.36%，合计占比达 66.99%，是收益权产品的主要组成部分。收益权资产证券化产品的基础资产类型见表 9.19。

表 9.19　收益权资产证券化产品的基础资产类型

基础资产类型	发行金额（亿元）	占比（%）
公共事业收益权	543.29	25.57
收费路桥收益权	511.08	24.06
物业收入收益权	368.84	17.36
热力供应收益权	250.82	11.81
航空票款收益权	111.50	5.25
公园景区收益权	111.33	5.24

续表

基础资产类型	发行金额（亿元）	占比（%）
上网收费收益权	98.00	4.61
绿色资源收益权	78.82	3.71
棚户/保障房收益权	34.00	1.60
学费收益权	16.70	0.79
总计	2 124.38	100.00

公共事业收益权

公共事业收益权是收益权资产证券化产品的主要品种，截至2018年12月31日，公共事业收益权类产品共发行64单，发行规模占本类型产品的25.57%，产品平均规模为8.49亿元，平均发行期限为4.96年。热力供应收益权在收益权资产证券化中占比排名第四，是另一大主要品种，截至2018年12月31日，热力供应收益权类产品共发行33单，发行规模占本类型产品的11.81%，产品平均规模为7.60亿元，平均发行期限为6.36年。两类产品的基础资产有较多相似之处，主要为原始权益人提供电力、热力、燃气及水产生的收益，上述行业属于城市建设的基础行业，带有自然垄断的性质，价格通常由政府部门提供指导，客户需求较为稳定，现金流的稳定性、可预测性较强。加之供电、供热、供气、供水行业在前期建设阶段投入较大，回收期长，通过发行资产支持证券将未来资产变现以减少经营压力，对发行人来说是具有特别吸引力的融资方式。然而，随着环境保护要求的提升，部分供电供热企业的设备和生产经营模式面临一些挑战，会在一定程度上改变既有格局，在资产挑选时需对政策导向的影响多加关注。

收费路桥收益权

收费路桥收益权证券化产品以车辆通行费收益权和公交经营收费收益权为基础资产，截至2018年12月31日，收费路桥收益权类产品共发行40单，平均发行规模较大，为12.78亿元，平均发行年限为6.68年。高速公路、公交经营一般具有相对稳定的现金流，符合目前标准的资产通常较为优质，但部分地方交通监管部门会对高速公路的权益转让设置限制性条款，对证券化形成障碍，因此目前成功发行的高速公路资产证券化产品较少。

物业收入收益权

物业收入收益权资产证券化是以商业物业的物业费、租金为基础资产的资产专项计划，截至2017年12月31日，物业收入收益权类产品共发行30单，平均发行金额为9.70亿元，平均发行年限为6.38年。通常情况下，物业管理公司采用轻资产模式运作，企业自身的资产规模小且较少持有可供抵押的固定资产，传统信贷融资难度较大，但其物业合约的期限通常较长，物业管理费、停车费等服务收费产生的现金流较稳定，是比较适合发行资产支持证券来进行融资的企业类型。以物业收入作为标的资产的证券化产品可以为商业物业持有机构提供稳定有效的融资方式，近年来稳定有产品发行，不过，商业地产抵押贷款支持证券和类REITs产品的引入，为商业物业持有人提供了新的更有吸引力的选择，受到更多青睐，关于商业地产抵押贷款支持证券和类REITs，我们将在下一节重点说明。

航空票款收益权

航空票款收益权产品以航空公司一定期限内销售开账与结算计划（Billing and Settlement Plan，简写为BSP）客票获得的现金流为基础资产，受益于中国经济的平稳较快增长和居民消费需求的提升，国内民航客运需求仍保持增长，截至2018年12月31日，航空票款收益权产品发行5单，平均发行金额达22.30亿元，其中海南航空开账与结算计划票款债权资产支持专项计划发行3期，共发行61.50亿元，发行规模相较于其他种类的收益权产品较大，平均发行期限为4.68年，短于其他收益权类品种。

公园景区收益权

截至2018年12月31日，公园景区收益权产品共发行11单，平均发行金额为10.12亿元，平均发行期限为5.30年。从已经发行的公园景区收益权产品来看，“农银穗盈－建投汇景－华山景区服务费资产支持专项计划”以其服务费收入为基础资产的现金流来源，其余均以入园凭证或景区内设施的收费凭证收入为基础资产的现金流来源。旅游产业作为我国消费升级的核心受益行业，近年来增长迅猛，且仍然保持着较高的增速。同时，旅游产业链覆盖面广、关联度高，消费带动系数大，对我国经济稳增长、调结构、保就业具有非常重要的意义，也是国家重点推进和鼓励的行业。但由于旅游行业具有季节波动性较为明显、无形资产占比较大、投资回收期相对较长等行业特殊性，银行信贷等传统融资方式渐渐无法满足旅游企业的融资需求，而对于一些热门景区，特别是国家旅游局发布的5A级景区，每年客流量较大且较为稳定，门票、设施等服务收费现金流较为稳定，是适合进行资产证券化的产品类型。

增信方式

收益权作为一种未来资产，与运营实体或能够产生现金流的资产密切相关，基础资产现金流的稳定性对运营实体或资产的运行状况依赖程度较高，运营主体是否对现金流有足够的信心，是否对资产后续运营给予足够的保障力度，对产品的安全性影响很大。除此之外，采取足够有效的增信措施，可以从客观上规避运营主体或资产发生的变化。目前收益权资产证券化产品常用的增信措施包括优先劣后结构设计、超额抵押担保、超额现金流覆盖、信用触发机制等内部增信措施和第三方担保、差额支付承诺等外部增信措施。其中，除信用触发机制外，我们在债权类资产证券化的增信措施中均有介绍，此处不再赘述。

信用触发机制是指在产品设计中加入信用变化触发产品运行机制变化的条款，以增加对发行人的约束和对投资人的保护力度，如原始权益人信用资质下降或参与机构履约能力下降等不利于资产支持证券还本付息的情况发生，将会触发信用触发机制，从而导致相应的加速清偿或现金流的重新安排。根据条款约定的不同安排，信用触发机制可进一步分为加速清偿机制、违约事件、止赎事件触发机制等，目的均是在发生信用变化时，可以在一定程度上保护优先级证券投资人的利益。

收益权资产证券化的风险特征

了解收益权类基础资产的特殊性，对分析和防范收益权类资产证券化产品的风险至关重要。从收益权类资产证券化产品的性质看来，主要存在道德风险、资金混同风险、运营成本变化的风险、外部风险等。在风险管理方面，需要了解其产品本身性质并做到对症下药，才能准确识别和评估风险，从而有效应对和控制风险。

道德风险

对收益权资产证券化产生最大影响的道德风险来自原始权益人，原始权益人往往是资产服务机构，其运营管理水平直接影响基础资产未来现金流的稳定性。因此，防范原始权益人的道德风险是整个资产发掘和产品设计的终章，除了对原始权益人信用风险进行全面评估外，应通过设计具有较强制约力的结构，保障原始权益人履行对基础资产和专项计划的责任和义务，确保产品的安全。

资金混同风险

为了便于资产的日常经营和管理，现有收益权资产证券化产品的资金很难做到与原始权益人的完全隔离，而同时作为资产服务机构的原始权益人，在生产经营过程中对资金的使用很容易导致基础资产收益与原始权益人资金的混同，而这种混同可能导致计划管理人代表的专项计划对基础资产失去控制，甚至造成专项计划的财产损失，从而损害投资者利益。

为保证专项计划对基础资产的绝对控制，成熟市场常聘请第三方服务机构对资产的日常运营进行管理，一方面避免资金混同风险，另一方面也可使基础资产与原始权益人更好地隔离。在国内目前仍由原始权益人担任资产服务机构的情况下，只能通过加强对监管账户的管理要求，提高资金归集频率，提升管理人在产品运作过程中的持续检查力度等规避混同风险。但因此类产品的基础资产类型众多，部分基础资产所涉及的现金流归集较为复杂，还需要逐步进行规范和统一。

运营成本变化的风险

收益权类基础资产的现金流依赖于原始权益人在某个领域的日常运营所得，且大多数情况下该运营所得占原始权益人总收入的比重较高，那么在专项计划设立后，如何维系原始权益人的日常经营，在确保专项计划的现金流归集正常进行的情况下，如何保障原始权益人的成本费用支出，且原始权益人仍然有足够的资金保障其继续发展，在产品设立时需对原始权益人的运营成本进行分析。若成本安排不当，则基础资产届时将无法正常运营，会影响专项计划收益的稳定性。

外部风险

收益权资产证券化的基础资产所属行业多数属于民生工程，受经济周期的波动较小，但消费升级、技术迭代等因素也会对收益权资产证券化的所在行业产生影响，在分析收益权证券化产品的风险时，不能忽视外部风险对专项计划的影响，在充分考虑外部风险影响的基础上，通过产品结构设计或增信措施来加以规避。比如，对于供热类收费收益权产品，环保政策的升级要求现有供热行业进行设备更新，那么在产品设计时就需要充分考虑该部分的成本和设备更换对资产提供能力和收入的影响，进而对产品的现金流做出正确的预测。

案例分析：怀化公运客运收费收益权资产支持专项计划

产品概况

怀化公运客运收费收益权资产支持专项计划发行于 2017 年 2 月 24 日，发行规模为 8.55 亿元，基础资产为怀化公运的客运收费收益权。其中优先级证券按照不同期限分为 7 档，各档期限递增 1 年，总计规模 8.25 亿元，占比为 96.49%，发行利率为 5.87%~7.02%，评级均为 AA+；次级档为 0.30 亿元，占比为 3.51%。产品详细信息见表 9.20。

表 9.20　怀化公运客运收费收益权资产支持专项计划产品概况

<table>
<tr><td colspan="2">产品名称</td><td colspan="4">怀化公运客运收费收益权资产支持专项计划</td></tr>
<tr><td colspan="2">产品规模</td><td>8.55亿元</td><td>产品期限</td><td colspan="2">7年</td></tr>
<tr><td colspan="2">证券起息日</td><td>2017-2-24</td><td>基础资产</td><td colspan="2">收费收益权
（收费路桥收益权）</td></tr>
<tr><td colspan="2">次级占比</td><td>3.51%</td><td>还本方式</td><td colspan="2">摊还型</td></tr>
<tr><td rowspan="9">证券名称</td><td></td><td>发行规模（万元）</td><td>发行利率</td><td>预期到期日</td><td>评级</td></tr>
<tr><td>怀运01</td><td>10 000.00</td><td>5.87%</td><td>2018-2-24</td><td>AA+</td></tr>
<tr><td>怀运02</td><td>10 500.00</td><td>6.30%</td><td>2019-2-24</td><td>AA+</td></tr>
<tr><td>怀运03</td><td>11 000.00</td><td>6.68%</td><td>2020-2-24</td><td>AA+</td></tr>
<tr><td>怀运04</td><td>11 500.00</td><td>6.72%</td><td>2021-2-24</td><td>AA+</td></tr>
<tr><td>怀运05</td><td>12 500.00</td><td>6.76%</td><td>2022-2-24</td><td>AA+</td></tr>
<tr><td>怀运06</td><td>13 000.00</td><td>7.02%</td><td>2023-2-24</td><td>AA+</td></tr>
<tr><td>怀运07</td><td>14 000.00</td><td>7.02%</td><td>2024-2-24</td><td>AA+</td></tr>
<tr><td>怀运次</td><td>3 000.00</td><td>—</td><td>2024-2-24</td><td>无评级</td></tr>
<tr><td colspan="2">原始权益人/差额支付承诺人/资产服务机构</td><td>湖南怀化公路运输集团有限责任公司</td><td>计划管理人/主承销商</td><td colspan="2">华创证券有限责任公司</td></tr>
<tr><td colspan="2">托管机构</td><td>宁波银行股份有限公司</td><td>监管银行</td><td colspan="2">长沙银行股份有限公司怀化分行</td></tr>
<tr><td colspan="2">律师事务所</td><td>湖南人和人律师事务所</td><td>会计师事务所</td><td colspan="2">中兴财光华会计师事务所（特殊普通合伙）</td></tr>
<tr><td colspan="2">评级机构</td><td>中诚信证券评估有限公司</td><td>评估机构</td><td colspan="2">中瑞国际资产评估（北京）有限公司</td></tr>
<tr><td colspan="2">担保人</td><td colspan="4">怀化市交通建设投资有限公司</td></tr>
<tr><td colspan="2">增信措施</td><td colspan="4">优先/次级分层结构、原始权益人差额支付承诺、股东担保</td></tr>
<tr><td colspan="2">交易平台</td><td colspan="4">上海证券交易所</td></tr>
<tr><td colspan="2">登记托管机构/支付代理机构</td><td colspan="4">中国证券登记结算有限责任公司上海分公司</td></tr>
</table>

资料来源：怀化公运客运收费收益权资产支持专项计划说明书。

交易结构

认购人通过与管理人签订认购协议并缴付认购资金，从而持有资产支持证券。管理人根据认购协议以及与原始权益人签订的基础资产买卖协议，将专项计划所募集的认购资金用于向原始权益人购买基础资产，即原始权益人在专项计划设立日转让给计划管理人的，原始权益人由于提供客运服务自专项计划设立日（不含该日）起未来七年内享有的特定期间内实现的客运收费收入所对应的收益权及其从权利。原始权益人与计划管理人签订质押协议，将怀化公运的客运收费权质押给专项计划，并于中国人民银行征信中心办理登记。根据基础资产买卖协议，原始权益人承诺在专项计划存续期内不转让基础资产所必需的载体（包括但不限于车辆等客运业务经营所必需的资产）。原始权益人根据与计划管理人签订的服务协议，负责自营车及承包车的持续运营，以及客运收费款项收取、车辆承包金催收，以保证基础资产不存在或受到任何重大损害。同时，原始权益人认购所有次级证券，将次级证券（占比为3.51%）的风险全部自留。具体交易结构如图9.52所示。

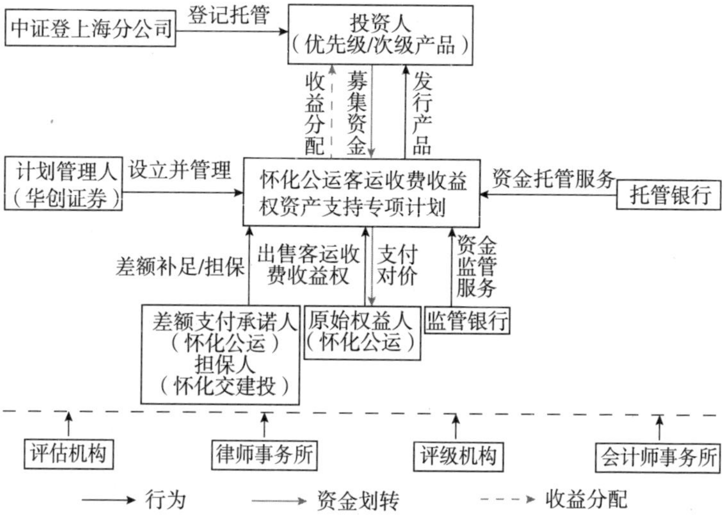

图 9.52　怀化公运客运收费收益权资产支持专项计划交易结构

资料来源：怀化公运客运收费收益权资产支持专项计划说明书。

基础资产

本案例中基础资产为原始权益人在专项计划设立日转让给计划管理人的，原始权益人由于提供客运服务自专项计划设立日（不含该日）起未来 7 年内享有的特定期间内实现的客运收费收入所对应的收益权及其从权利。其中，客运收费收益权是指客运收费权人基于政府部门授予的道路运输经营许可证，向不特定对象提供旅客运输服务，并依据政府部门的指导价格或按照市场价格向不特定对象收取费用的具有经济价值的权利，其从权利包括违约金等。本案例中的客运收费收益权具体包括怀化公运下属的客运分公司的基于道路运输经营许可运营县内班车客运、县际班车客运、市际班车客运、省际班车客运所产生的客运收费收益权，其从权利主要为因可能的旅客逃票、买短途票搭乘长途车以及其他延迟或少缴、拒缴运费而产生的违约金请求权。

在特许经营方面，怀化公运持有湖南省道路运输管理局授予的中华人民共和国道路运输经营许可证（湘交运管许可省字 430000000160 号），有效期为 2014 年 1 月 6 日至 2018 年 1 月 5 日。怀化公运的自营车业务具体由下属的汽车客运分公司运营，各家汽车客运分公司及所属汽车站均取得了道路运输经营许可证，各分公司车辆均取得了相应的道路运输经营许可证、道路客运班线经营许可证。我们可以发现，现行证照于 2018 年 1 月 5 日到期，无法覆盖产品存续期，产品存在存续期间原始权益人经营权灭失的风险。

从历史经营方面来看，原始权益人自 1992 年以来均可以顺利办理道路运输经营许可证的展期，实际无法续办的可能性较低。同时，原始权益人车辆相关证照道路运输经营许可证和道路客运班线经营许可证基本处于有效期内，除车辆本身是储备运力导致的无须办理以外，处于续办情形中的不超过车辆总数的 5%，风险可控性强。同时，该产品设计了一定的风险缓释措施，在原始权益人及其下属客运分公司的道路运输经营许可证到期后两个月内，除因登记主管部门导致的原因外，若原始权益人未完成许可权证的延期，则专项计划终止，原始权益人需无条件对资产支持证券进行提前回购。该约定在一定程度上防范了特许经营权灭失的风险。

现金流预测

收费收益权资产证券化的一大特点为，未来现金流无论是金额还是流入时间都是不确定的，因此，此类产品的现金流预测情况是投资者需要关注的一项重要内容。

该项目特地聘请中瑞国际资产评估有限公司出具《湖南怀化公路运输集团有限责任公司客运收费经营性现金流预测报告》，为怀化公运在预测期2016—2023年的客运收费经营性现金流进行预测评估。怀化公运的基础资产主要分为自营车与承包车两个板块，影响怀化公运自营车业务板块客运收入的主要因素为客运量及各客运班线票价，而影响承包车业务板块客运收入的主要因素为承包车管理费收入。在现金流的预测中，评估机构根据历史数据及近期政策和环境的变化，主要对3个变量进行了预测。

客运量

怀化公运近3年自营车客运量分别为537.30万人次、513.70万人次和589.23万人次，2014年比2013年略微下降4.39%，2015年比2014年增长14.70%。承包车客运量分别为932.55万人、992.81万人次和983.44万人次，2014年比2013年增长6.46%，2015年比2014年略微下降0.94%。

近年来，高铁的迅猛发展使公路运输在中短途距离旅客运输中受到不小的冲击。但从客运需求方面分析，2015年怀化市旅游登记景区（点）增加至34个，增长了17.2%，其中，4A级景区（点）5个，增长了25%，全年实现旅游总收入226.80亿元，增长28%。随着旅游业的发展，怀化周边有多条明星线路可以重点挖掘；区县“点到点、门到门”的交通难以替代，未来几年高铁的迅猛发展会带来协同效应；2015年怀化市人口自然增长率为5.64‰，常住人口城镇化率为42.75%，提高1.4个百分点，怀化市人口的增长和城镇化率的提高都会增加客运需求。中瑞国际根据客运需求预测，公营车客运量同比回落，增速减慢，但仍稳定维持，预计 2016 年公营车客运量增长率约为 2%，2017 年客运量增长率为 1%，2018 年客运量增长率为 1%，2018 年以后年度增长率为 0。

客运票价

自营车辆以及承包车辆具体运营的客运班线票价严格执行怀化市物价局与怀化市交通运输局关于各客运班线票价的批复性文件。根据《怀化市物价局、怀化市交通运输局关于核定会同、靖州等 13 家汽车站客运班线票价的批复》、《怀化市物价局、怀化市交通运输局关于核定沅陵、官庄汽车站客运班线票价的批复》，每一条客运班线票价由基本运价（每千米基本价 × 千米数）、站务费、高速公路通行费（如有）以及燃油附加费组成。根据客车类型不同，湖南省范围内每千米基本价分为 3 档（高级客车 0.29 元 / 千米，中级客车 0.21 元 / 千米，普通客车 0.16 元 / 千米）。以会同至绥宁国道普客班线为例，高级客车基本运价为每千米 0.29 元，基本运价 = 0.29 元 / 千米 ×120 千米 = 35 元；站务费 =1 元），票价合计 =36 元（不含燃油附加费）。

怀化公运客运票价构成情况见表 9.21。

表 9.21　怀化公运客运票价构成情况

客车类型	票价构成			
	基本运价（湖南省）	高速公路通行费（如有）	站务费	燃油附加费
高级车	0.29元/千米×千米数	客运班线如途经高速公路，需收取高速公路通行费	1元	根据湘价商〔2014〕61中规定的《湖南省道路客运燃油附加费标准》收取
中级车	0.21元/千米×千米数		1元	
普通车	0.16元/千米×千米数		1元	

资料来源：怀化公运客运收费收益权资产支持专项计划说明书。

由于目前客运仍属于公用事业行业，客运票价须执行物价主管部门制定的定价标准，考虑到怀化公运历年来各类班线客运票价保持稳定且目前客运票价维持在较低水平，未来下调的可能性较低，故假设票价预测期不发生变化。

承包车管理费收入

怀化公运 2013 年、2014 年及 2015 年，承包车业务实现的收入分别为 5 293.73 万元、5 704.37 万元及 5 501.03 万元，3 年复合年均增长率为 1.94%。承包车客运量分别为 932.55 万人次、992.81 万人次和 983.44 万人次，3 年复合年均增长率为 2.69%。

承包车管理费收入视各班线承包车的营运情况在月度 350 元和 16 000 元之间浮动，2015 年承包车管理费的收入有所降低，主要是受沪昆高铁怀化境内段通车运营的影响而出现暂时性下降。怀邵衡高铁、张吉怀高铁以及尚在规划中的渝怀高铁同时也将为怀化市带来巨大的客流量，怀化作为湖南省内旅游资源极其丰富的一座古城，必将受益于渝怀高铁开通带来的机遇。在充分考虑怀化公运承包车的影响因素后，中瑞国际预计 2016 年及以后年度承包车管理费收入保持在 2015 年的水平。

综上，怀化公运客运收费收益权资产支持专项计划现金流预测结果见表 9.22。

表 9.22 怀化公运客运收费收益权资产支持专项计划现金流预测结果

特定时间	评估预测金额（万元）
2016年8月【 】日至2017年8月【 】日	19 490.70
2017年8月【 】日至2018年8月【 】日	19 630.51
2018年8月【 】日至2019年8月【 】日	19 676.79
2019年8月【 】日至2020年8月【 】日	19 676.79
2020年8月【 】日至2021年8月【 】日	19 676.79
2021年8月【 】日至2022年8月【 】日	19 676.79
2022年8月【 】日至2023年8月【 】日	19 676.79

资料来源：怀化公运客运收费收益权资产支持专项计划说明书。

根据上述现金流预测结果，该产品在设计各档资产支持证券的分配方案时，对专项计划优先级资产支持证券本息的覆盖倍数均可保持在 1.31 倍以上。在压力测试中，当将自营车客运量增长率下调为 −5%，将承包车收入增幅下调为 −7.12% 时（不考虑票价上调因素），现金流对各期优先级证券本息的覆盖倍数可保持在 1.02~1.22 倍；当将预期收益率上调 100bp 时，现金流对各期优先级证券本息的覆盖倍数仍然均可保持在 1.01 倍以上。因此，优先级证券的本息偿付可以得到较好的保障。

案例特点

本案例的原始权益人怀化公运是怀化市唯一一家集县内、县际、市际、省际班车客运以及客运站经营于一体的道路旅客运输企业，形成以怀化市为中心，覆盖怀化市各主要区县和全省范围内主要城市，辐射西南、华南部分省市的客运网络。怀化公运作为怀化市范围内最大的从事公路旅客运输的国有企业，占据了怀化市公路客运行业 80% 以上的市场份额，基本垄断了怀化区域的公路客运服务市场。无论是作为原始权益人的持续经营能力，还是作为差额支付承诺人对未来现金流的保障作用，都为专项计划提供了一定程度的保障。此外，怀化公运的股东怀化市交通建设投资有限公司不仅为专项计划提供了担保，还出具了流动性支持承诺函，为原始权益人提供年均约 6 000 万元的流动性支持，该支持具有较强的可靠性与稳定性，对原始权益人的持续经营能力提供了进一步的保障。

由于未来现金流收入与原始权益人的运营密切相关，资金混同风险是收费收益权资产证券化产品中普遍存在的风险。在本案例中，为缓释资金混同风险，专项计划设置了客运收费账户、监管账户和专项计划账户，怀化公运收到基础资产所产生的现金流回款后，应当在当日将相等金额的款项缴存至收款银行的客运收费账户，并在专项计划存续期内按季度将收取的客运费款项存入监管账户，并于现金流划转日转付至专项计划账户。

第四节　不动产资产证券化

不动产资产证券化概述

近年来，随着我国市场经济的不断进步，房地产业的发展也极为迅速。经过近20年的迅猛发展，房地产业已经发展成为我国国民经济的重要支柱产业。作为资金密集型产业，房地产业具有项目投资周期长、投资规模大的特点，因而现金流被视为房地产业的生命线，融资一直是房地产开发企业的重中之重。经过多年发展，我国房地产业已然形成了富有行业特色的多元化融资体系，包含权益融资、开发贷款、非标融资、债券融资、资产证券化等，而伴随着投融资市场的变化和相关监管政策的出台，各种融资途径也经历了阶段性的变迁。房地产企业融资途径变迁见表9.23。

表9.23　房地产企业融资途径变迁

时间	背景	房地产业主流融资途径
2006—2009年	沪深股市经历爆发式的“牛市”行情	银行信贷、IPO、股票增发
2010—2013年	2009年年底至2010年年初，“国四条”、“国十条”等政策相继出台，房企权益融资受限	银行信贷、非标
2014—2015年	2014年3月，房企再融资重启。 2014年9月，允许部分上市房企在银行间债券市场发行中期票据。 2015年1月，证监会发布《公司债券发行与交易管理办法》，公司债大举扩容	银行信贷、非标、股票增发、债券
2016年至今	A股市场定增门槛整体抬高，作为被重点关注的行业，房企定增难度极大攀升。 银行对房地产企业的开发贷额度明显下降，审批和投放谨慎。 2016年10月，上海证券交易所发布《关于试行房地产、产能过剩行业公司债券分类监管的函》，房地产公司债发行监管严格，中小型地产公司融资受阻。 2017年3月至4月，银保监会集中发文整顿，银行表外融资业务受到影响，房地产融资业务更是首当其冲。 2017年5月，银保监会向各银监局下发《2017年信托公司现场检查要点》，其中违规开展房地产信托业务被列入现场检查要点	传统融资渠道全面受限，房地产企业急需开拓新的融资渠道

2016年下半年以来，随着房地产业“去杠杆”呼声渐起，行业调控保持高压态势，传统融资方式为房地产业“输血”的能力在不断减弱，随着银行、票据、信托、再融资、债券等渠道全面受限，房地产业急需开拓新的融资渠道。在此种背景下，资产证券化为房地产业提供了新的融资机遇，房地产业开发经营过程的多个环节都会形成具有稳定现金流的资产，即满足资产证券化业务要求的标的资产，超过万亿元的巨大市场，让众多资本机构竞相追逐。

不动产证券化，是将物业持有人对不动产的物权转变为投资人对证券性质权益凭证的投资的投融资形式，即将不动产投资转化为证券投资。不动产证券化的实现与发展，意味着可以将房地产和有价证券有机结合起来，对于传统房地产投融资而言，是一项重大变革。对于房地产企业，不动产证券化的优势主要包括以下几个方面：

- 解决融资难题。不动产证券化对于许多不满足发债条件但持有优质物业的项目公司而言，可以解决融资难的问题。对于项目周期长、投入大的棚改、保障房等项目，资产证券化有助于社会资本的引入。
- 降低融资成本。不动产证券化可以通过挑选优质基础资产以及设计结构化分层、现金流超额覆盖、目标物业抵押等多种信用增级措施来提升资产支持证券评级，使资产支持证券获得比物业持有人主体更高的信用评级，从而降低融资成本。
- 优化财务报表：不动产证券化发行规模不受净资产等财务指标限制，可使房地产企业获得更多资金；另一方面，不动产证券化可改善企业资产负债结构，盘活存量资产，将不具备流动性的物业资产转化为现金流，进而提高资金使用效率。

目前，国内证券化产品中与不动产相关的品种主要有物业收入资产支持证券、购房尾款资产支持证券、保障房资产支持证券、商业抵押支持证券及REITs。其中，物业收入资产支持证券、购房尾款资产支持证券和保障房资产支持证券在前面的章节中我们均有提及，本节重点以商业抵押支持证券和类REITs为例，为不动产资产证券化的投资提供思路和建议。不动产相关的资产证券化类别如图 9.53 所示。

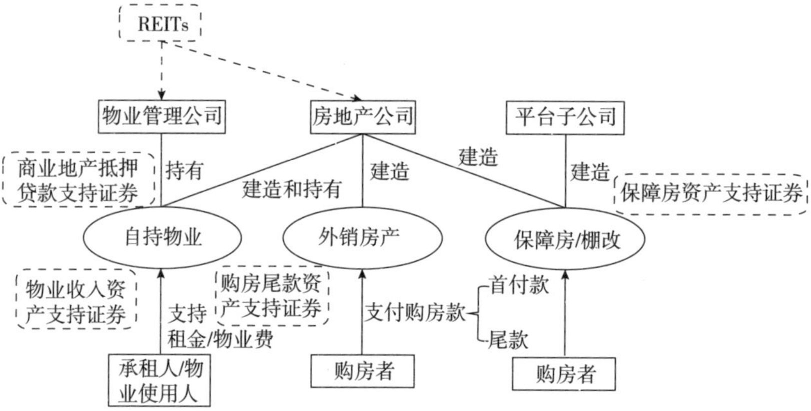

图 9.53　不动产相关的资产证券化类别

商业地产抵押贷款支持证券

商业地产抵押贷款支持证券概述

商业地产抵押贷款支持证券的起源和发展

商业地产抵押贷款支持证券，是指商业地产抵押贷款的债权人将符合一定条件的单个或多个商业地产物业的抵押贷款组成资产池，以商业地产未来的运营收入（如租金收入）为基础所设计的结构化产品。商业地产抵押贷款支持证券的基础资产是房地产抵押贷款，核心资产为商业物业，主要的收入来自租金收入和运营收入，物业收入是主要的还款来源。

1983 年，美国保险公司富达共同基金（Fidelity Mutual Funds）率先以 6 000 万美元商业不动产抵押贷款为基础资产发行证券化产品，商业地产抵押贷款支持证券登上历史舞台。至今，美国商业地产抵押贷款支持证券已发展 30 余年，近 3 年发行规模处在千亿美元的量级。1996—2016 年美国商业地产抵押贷款支持证券发行规模如图 9.54 所示。

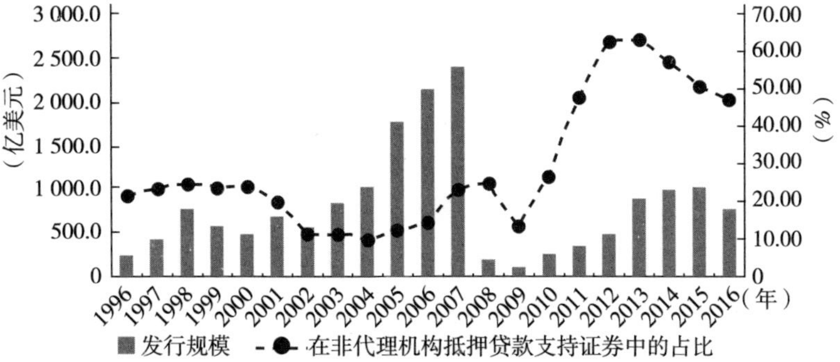

图 9.54　1996—2016 年美国商业地产抵押贷款支持证券发行规模

资料来源：美国证券业与金融市场协会、CIB Research。

商业地产抵押贷款支持证券的分类

国际市场的标准化商业地产抵押贷款支持证券交易根据抵押贷款的规模、借款人数量及分散化程度可以分为单一借款人交易、大额贷款交易及多个借款人融合交易，这 3 种模式最主要的区别在于单个借款人的金额占比水平。

单一借款人交易有两种形式，一种为以一座大型地产为抵押的单笔贷款，另一种为归属于单一地产企业持有的多个地产交叉抵押的多笔贷款（也称交差担保或交差违约）。在第二种情形下，若其中一项地产未能按时还款，所造成的损失可由其他表现较好的地产产生的现金流弥补。但与此同时，一笔贷款的违约也可能会构成整个资产池的违约，抵押权人可行使对所有资产的抵押权。

大额贷款交易由数个不同借款人发起的多笔（通常为 10~25 笔）大额贷款构成。

融合交易也称混合交易，资产池中的贷款一般由不同信用水平的借款人构成，数量可达 30 笔以上，主要包括几笔信用水平较高、投资级别以上的大额贷款或巨额贷款，并与多笔分散的信用水平较低、金额较小的渠道交易相结合。

国内商业地产抵押贷款支持证券发展概况

2016 年 6 月 15 日，由中国民生银行主导的“汇富富华金宝大厦资产支持专项计划”成功发行，标志着全国首单商业地产抵押贷款资产支持证券落地。此后，以资产支持专项计划或信托计划为载体，嵌套信托贷款或委托贷款的商业地产抵押贷款支持证券 / 商业地产抵押贷款支持票据（Commercial Mortgage Backed Nots，简写为 CMBN）在我国蓬勃发展。目前在交易所市场发行的商业地产抵押贷款支持证券与类 REITs 产品相比，主要区别在于，类 REITs 的特殊目的载体同时持有项目公司的股权和债权，通过这样的交易结构设计，特殊目的载体可以间接持有和最终控制标的物业资产，同时达到股权收购和债权投资的目的，同时为未来 REITs 公募化退出做铺垫，但总体而言，目前 REITs 在国内缺乏法律和制度层面的支持。相较而言，国内商业地产抵押贷款支持证券的运作模式为向房地产企业直接发放抵押贷款，其法律环境和税收环境更成熟。

国内商业地产抵押贷款支持证券的发行情况

截至 2018 年 12 月 31 日，国内共发行 51 单商业地产抵押贷款支持证券，发行规模总计 1 382.68 亿元。其中，发行规模最大和发行期限最长的均为“国金－金光金虹桥国际中心资产支持专项计划”，产品存续期为 24 年，规模达 78 亿元。国内商业地产抵押贷款支持证券的发行情况如图 9.55 所示。

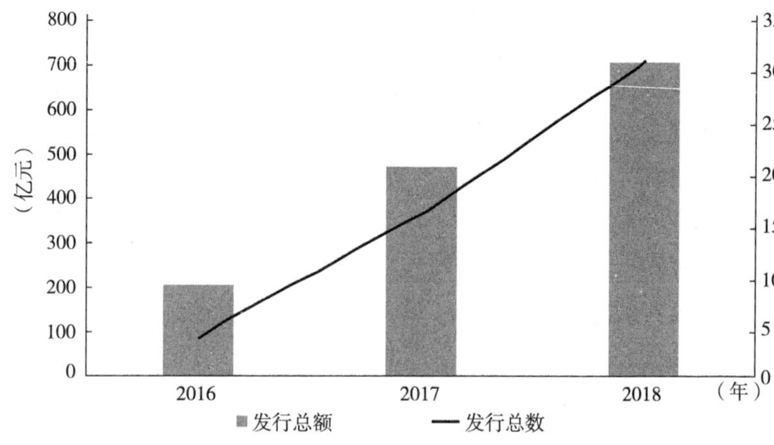

图 9.55 国内商业地产抵押贷款支持证券的发行情况

商业地产抵押贷款支持证券的基本特征

产品规模

目前国内商业地产抵押贷款支持证券的发行规模普遍较大，平均发行规模为 27.11 亿元，其中，“北京银泰中心资产支持专项计划”“国金－金光金虹桥国际中心资产支持专项计划”“金融街（一期）资产支持专项计划”“广发恒进－正佳企业集团正佳广场资产支持专项计划”的发行规模均超 60 亿元。商业地产抵押贷款支持证券的发行规模分布如图 9.56 所示。

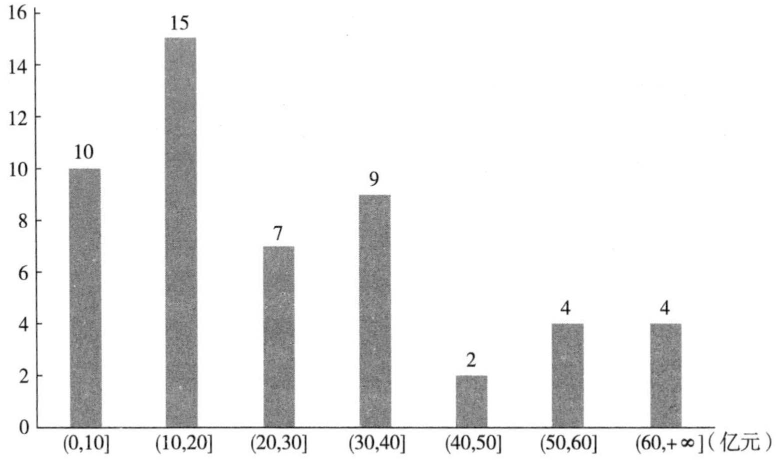

图 9.56　商业地产抵押贷款支持证券的发行规模分布

产品期限

目前已发行商业地产抵押贷款支持证券的期限普遍采用 3*N 的模式，除“高和招商－金茂凯晨资产支持专项计划”（采用产品到期后续发新的专项计划的方式对接）外，产品期限均在 7 年及以上。已发行商业地产抵押贷款支持证券的平均期限为 15.74 年，最长的为“国金－金光金虹桥国际中心资产支持专项计划”，发行期限长达 24 年。产品通常会在期限中附加数次票面利率调整选择权和投资者回售选择权，为投资人和资产持有人的双向选择预留了空间，后期操作较为灵活。商业地产抵押贷款支持证券的期限分布如图 9.57 所示。

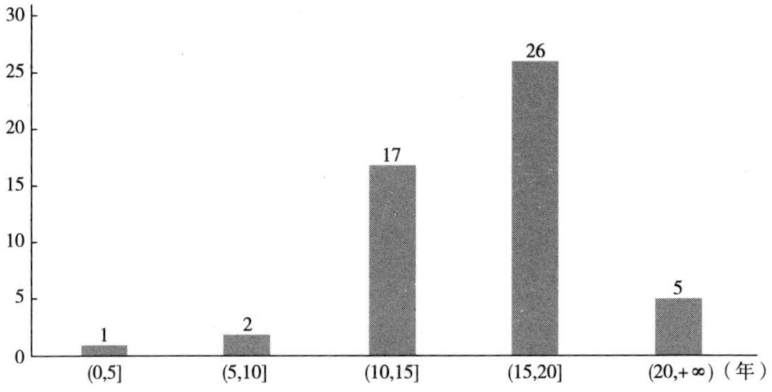

图 9.57　商业地产抵押贷款支持证券的期限分布

通用交易结构分析

目前我国商业地产抵押贷款支持证券产品多采用双特殊目的载体的交易结构，通过信托贷款的形式放款给物业持有人，以目标物业的未来经营收入作为信托贷款的还款来源，同时以商业房地产抵押、商业房地产未来收入质押等增信方式，以信托受益权作为基础资产设立资产支持专项计划。中国商业地产抵押贷款支持证券的交易结构如图 9.58 所示。

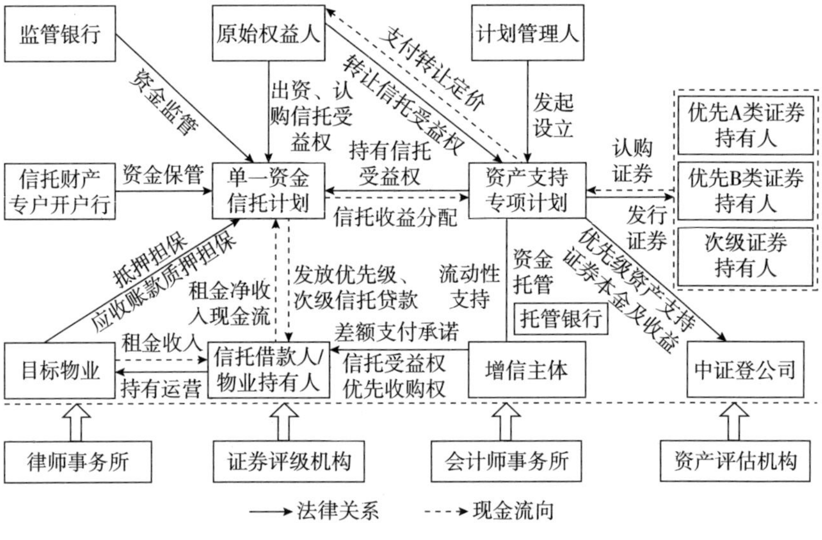

图 9.58　中国商业地产抵押贷款支持证券的交易结构

信用评级

商业地产抵押贷款支持证券的信用评级较高。目前已发行的51个商业地产抵押贷款支持证券中，有38只产品共计68个优先级资产支持证券的信用评级达到AAA级；有22只产品设立了夹层级资产支持证券，信用评级全部在AA级以上。优先级和夹层级商业地产抵押贷款支持证券的评级数量统计如图9.59和图9.60所示。

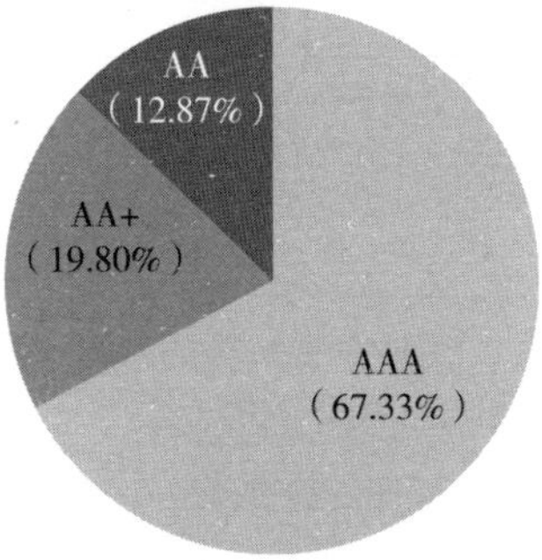

图9.59　优先级商业地产抵押贷款支持证券的评级数量统计

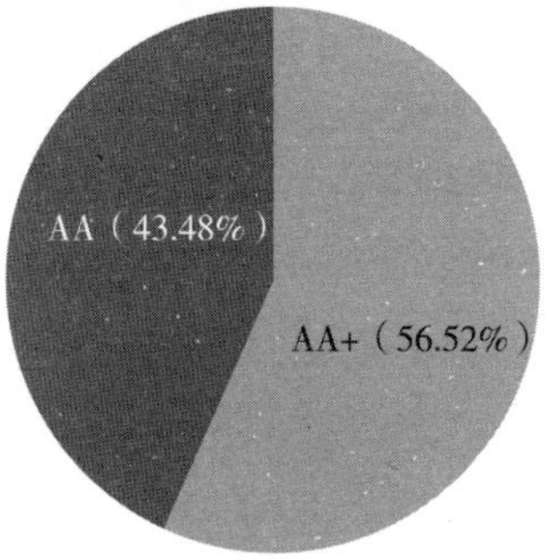

9.60　夹层级商业地产抵押贷款支持证券的评级数量统计

利率走势

目前已发行的商业地产抵押贷款支持证券的利率相较同级别其他类型资产证券化产品而言更低，主要原因是商业地产抵押贷款支持证券本身的信用评级较高，且目前已发行项目的主体信用及物业资质都较好。

各类评级证券与同期同期限公司债到期收益率的比较见图9.61和

图 9.62 所示。

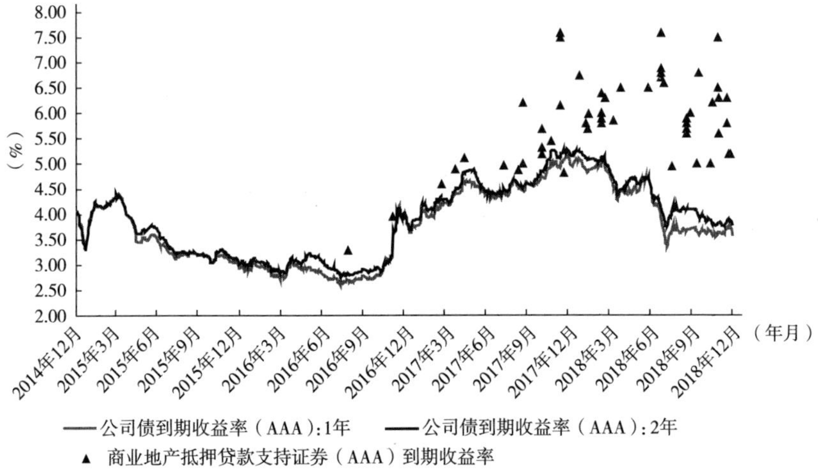

图 9.61　AAA 级商业地产抵押贷款支持证券与公司债到期收益率的比较

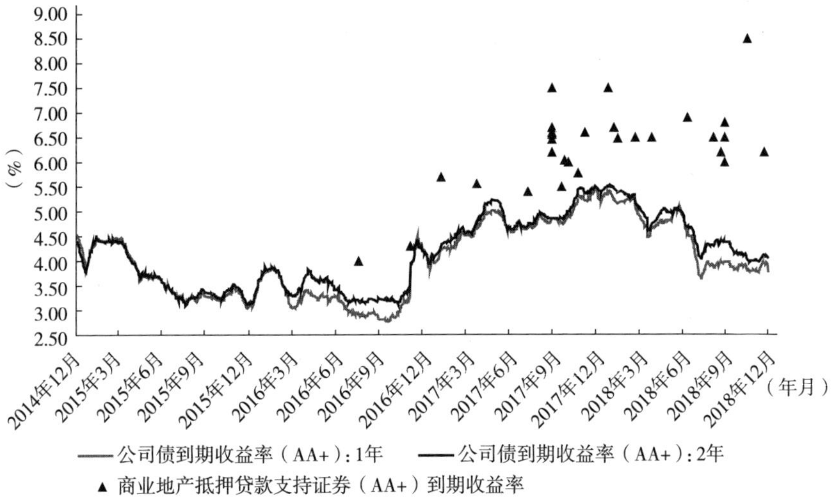

图 9.62　AA+ 级商业地产抵押贷款支持证券与公司债到期收益率的比较

商业地产抵押贷款支持证券的投资价值

国内商业地产抵押贷款支持证券的安全性较高，这与现阶段商业地产抵押贷款支持证券的基础资产筛选及交易结构设计相关，通过已发行商业地产抵押贷款支持证券的利率表现来看，也可以看出目前已发行商业地产抵押贷款支持证券受到市场的认可，利率水平处于同期同级别产品之下。通常来说，目前国内市场发行的商业地产抵押贷款支持证券具有以下共同特征：

- 目标物业位于一线城市核心地段或有特色的地段，或二线城市的核心地段。
- 物业及其所有者为“强资产+强主体”或“强资产+中强主体”模式。
- 标的资产需抵押给专项计划，且资产抵押率原则上不得超过70%。
- 在预测未来现金流时，需以物业的税息折旧及摊销前利润（EBITDA）进行测算，且税息折旧及摊销前利润对当期优先A类资产支持证券应付本息形成超额覆盖。
- 设置现金流补足、流动性支持等多重增信措施，为优先级资产支持证券本息偿付提供保障。

这些特征从发行主体资质、标的物业选择、产品兑付保障多方面对产品进行限制，实质保障了产品的安全性。

商业地产抵押贷款支持证券的投资风险

由于国内商业地产抵押贷款支持证券具有前述的各类特点，在商业地产抵押贷款支持证券的投资过程中有一系列风险值得关注，具体包括标的物业的经营风险、参与主体信用风险、现金流混同风险、基础资产较为单一的风险等。

标的物业的经营风险

商业地产抵押贷款支持证券基础资产的现金流主要来源于标的资产的运营收入，标的物业的经营情况直接影响专项计划的现金流回收情况。在专项计划存续期内，若出现承租人拖欠租金或违约拒付，承租人到期退租，或者物业所处区域整体租金价格下降等情况，则均会对底层资产现金流产生较大影响，从而可能影响专项计划现金流的归集，导致优先级资产支持证券的预期收益无法按期兑付。

风险控制建议：

首先，投资者应从多方面关注标的物业相关情况，判断未来现金流的稳定性。

- 物业区位，一线城市优质地段和二线城市核心优质地段的物业为佳。
- 物业业态，综合业态相较单一业态而言更优，各业态中写字楼现金流稳定性最优，购物中心次之。
- 物业基本情况，硬件设施良好、设计装修优质的物业为佳。
- 物业出租情况，出租率较高、主力租户发展前景良好、主力租户租期长且租赁面积较大的物业为佳。
- 物业管理运营，由专业房地产开发管理团队打造及运营的物业为佳。

其次，为了进一步缓释现金流不确定性对资产支持证券本息兑付的不利影响，投资者应关注产品交易结构中的信用增级措施，了解各信用增级措施的具体内容及触发顺序，判断在物业运营现金流不足的情况下，信用增级措施是否能够有效为资产支持证券本息偿付提供保障。

参与主体信用风险

在专项计划存续期内，原始权益人、信用增级机构等相关参与主体需要根据约定履行各种义务，如现金流补足、连带责任保证担保等。若相关参与主体的资信下降，拒绝履行或者延迟履行相关义务，则可能影响基础资产未来现金流。

风险控制建议：

投资者应在投资决策时关注原始权益人、信用增级机构等相关参与主体的经营情况、财务情况及资信水平。

现金流混同风险

目前国内发行商业地产抵押贷款支持证券一般以资产支持专项计划为特殊目的载体，破产隔离效力不如信托，一旦原始权益人或计划管理人破产，基础资产存在无法对抗第三方的风险。另外，国内的专项计划一般以物业持有人或物业实际运营方担任资产服务机构，未采用独立的第三方服务机构。在项目进行的过程中，投资者往往无法及时获取第一手准确的数据信息，若出现原始权益人信用状况恶化、丧失清偿能力甚至破产等情形，基础资产的收益可能和原始权益人的其他资金混同，从而给专项计划资产造成损失。

风险控制建议：

可通过加强监管银行的监管，增强计划管理人及资产服务机构的监督和检查的方式，对现金流的归集情况做到实时监控，并尽可能在商业地产抵押贷款支持证券的交易文件中对现金流的分配做出明确规定，以最大限度保护优先级资产支持证券本金及收益的安全。

基础资产较为单一的风险

国内发行商业地产抵押贷款支持证券的标的物业大多为单一物业或单一借款人持有的同区域同类物业，容易受当地区域租金波动、商业环境变化、市场风险、消费等要素的影响，对物业持有人的经营能力也有较高的要求，风险较大。同时，我国商业地产项目还存在商业地产租售比较低、评估价值虚高等不利因素。

风险控制建议：

应加大对基础资产现金流的关注力度，且对现金流进行细化。除计算税息折旧及摊销前利润外，还应综合考虑物业管理过程中的损耗、维修支出及若干周期内的重新装修成本等。对基础资产现金流的理解是投资商业地产抵押贷款支持证券的起点，除现金流外，偿债备付率和债券收益率都是在投资角度可以关注的关键指标。

除了基础资产现金流外，也应对物业估值的基本逻辑进行考察。在物业估值公允的基础上，抵押率越低的产品，安全性越高。

案例分析：高和招商 – 金茂凯晨资产支持专项计划

产品概况

高和招商 – 金茂凯晨资产支持专项计划发行于 2016 年 8 月 29 日，发行规模为 40.01 亿元。产品存续期限为 3 年，优先级证券规模为 40 亿元，发行利率为 3.30%，评级为 AAA；次级证券的规模仅 100 万元。该产品以较低的利率成功发行，使商业地产抵押贷款支持证券这一品种引起了市场的关注。高和招商 – 金茂凯晨资产支持专项计划产品概况见表 9.24。

表 9.24　高和招商 – 金茂凯晨资产支持专项计划产品概况

产品名称		高和招商–金茂凯晨资产支持专项计划			
产品规模		40.01亿元	产品期限	3年	
证券起息日		2016-8-29	基础资产	信托受益权	
证券名称		发行规模（万元）	预期年化收益率	预期到期日	评级
	金凯优先	400 000.00	3.30%	2019-9-16	AAA
	金凯次	100.00	—	2019-9-16	无评级
实际融资人		北京凯晨置业有限公司	计划管理人	北京方正富邦创融资产管理有限公司	
信托受托人		方正东亚信托有限公司	资产服务机构	高和金贸	
物业评估机构		北京首佳房地产评估有限公司	财务顾问	深圳前海高和证金私募基金管理有限公司	
代理推广机构		招商证券股份有限公司	托管银行	广发银行股份有限公司	
预期还本方式		每年归还本金5 000元，最后一年偿还剩余全部本金			
增信措施		信托计划层面：上海金茂及中国金茂担保，资产抵押担保，租金监管；专项计划层面：优先/次级分层			
交易平台		上海证券交易所			
登记托管机构/支付代理机构		中国证券登记结算有限责任公司上海分公司			

资料来源：高和招商 – 金茂凯晨资产支持专项计划说明书。

交易结构

高和招商－金茂凯晨资产支持专项计划的交易结构如图 9.63 所示。

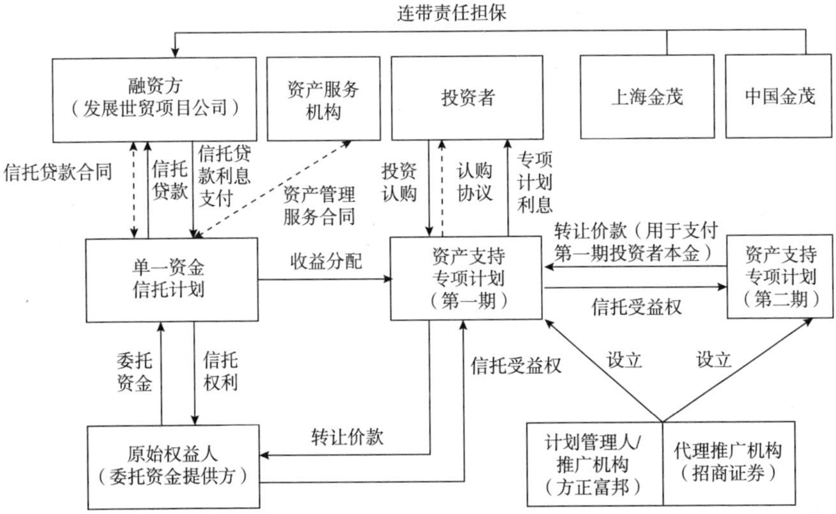

图 9.63　高和招商－金茂凯晨资产支持专项计划的交易结构

资料来源：高和招商－金茂凯晨资产支持专项计划说明书。

注：图中实线表示各参与方之间的法律关系，虚线表示现金流划转。

交易结构概述：

原始权益人将 40.01 亿元货币资金委托给方正东亚，设立单一资金信托计划，从而拥有信托计划的信托受益权。方正东亚向凯晨置业发放信托贷款，贷款总额为 40.01 亿元，存续期为 216 个月（18 年），按年付息，每 3 年年末由借款人和受托人重新协商确定贷款利率，预期还本方式为存续期间每年归还本金 5 000 万元，存续期间最后一年偿还全部本金。贷款人有权在存续期第 3、6、9、12、15 年届满日通知借款人，要求借款人提前偿还全部本金，借款人无法偿还的，由担保人偿还。借款人有权在存续期第 3、6、9、12、15 年届满日通知贷款人，要求提前偿还本金。

管理人设立专项计划，本期专项计划的期限为 3 年，用认购人的认购资金受让原始权益人持有的信托受益权，成为方正东亚单一资金信托的受益人；方正东亚在每个信托分配日，将收到的凯晨置业的信托贷款本息扣除费用后分配给专项计划，专项计划按照合同约定向认购人分配收益。

借款人未行使提前还本权利的，专项计划管理人应在存续期第3、6、9、12、15年届满日前将新一期专项计划募集款项划付至本专项计划的托管银行。若新一期专项计划无法续发成功，则计划管理人应向借款人、保证人和方正东亚发送书面通知，要求借款人在强制还本日偿还全部本息。

底层商业物业情况

高和招商–金茂凯晨资产支持专项计划的底层商业物业情况见表9.25。

表9.25 高和招商–金茂凯晨资产支持专项计划的底层商业物业情况

物业情况	具体情况
物业名称	凯晨世贸中心
地理位置	北京市西城区复兴门内大街26、28、30号
房屋用途	办公用房、车位、会议室、自行车库
面积	抵押部分的房屋建筑面积为128 687.49平方米，分摊国有出让土地使用权面积为14 328.65平方米
物业估值	129亿元（截至2016年4月18日）
物业管理	中化金茂物业管理（北京）有限公司
出租率	96.15%
租约期限	主要以3年期租约为主，租户到期日集中分布于2017年12月31日或2018年下半年
平均月租金	444.52元/平方米
主要承租人	中化集团（凯晨置业控股股东），承租面积占42.90%，租赁合同于2017年12月31日到期，固定租金，按季支付，月平均租金为364.16元/平方米。 中国进出口银行，承租面积占47.11%，租赁合同于2017年2月28日到期；固定租金，按半年支付，月平均租金为481.28元/平方米

资料来源：高和招商–金茂凯晨资产支持专项计划说明书。

现金流归集与分配流程

商业地产抵押贷款支持证券的现金流来源主要是物业的未来收益，包括租金、物业费、商业管理费等，现金流首先归集于借款人的收款账户，经过监管账户、信托账户等一系列账户的流转，最后进入计划管理人开立的专项计划账户中。专项计划的交易文件中明确约定现金流分配流程的各个时点，从而保证专项计划能在兑付日向资产支持证券持有人分配收益。高和招商－金茂凯晨资产支持专项计划现金流归集分配流程如图 9.64 所示。

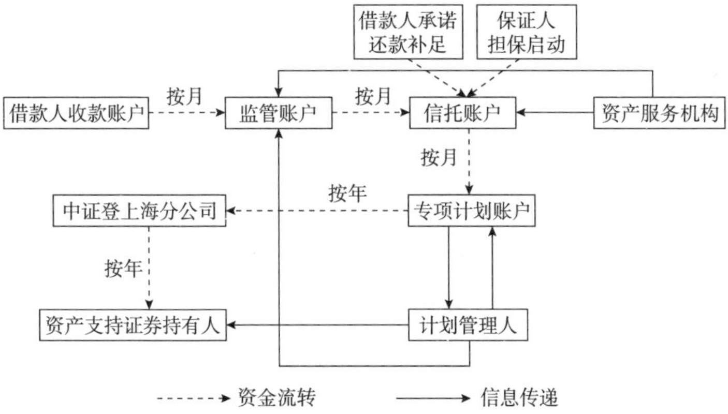

图 9.64　高和招商－金茂凯晨资产支持专项计划现金流归集分配流程

资料来源：高和招商－金茂凯晨资产支持专项计划说明书。

现金流归集流程：

自本专项计划基准日起，实际融资人按月向监管账户归集租金收入。监管银行将相应特定期间的监管租金收入持续划付至信托账户，直至该特定期间的累计划付至信托账户的金额达到必备金额为止。每一个信托分配日，方正东亚应根据信托合同的相关约定将信托利益转入专项计划账户。高和招商－金茂凯晨资产支持专项计划现金流分配流程见表 9.26。

表 9.26　高和招商－金茂凯晨资产支持专项计划现金流分配流程

正常分配流程		贷款提前到期事件发生或整体转让基础资产后的分配流程	
S+5日	信托分配日	S日	专项计划终止日

续表

正常分配流程		贷款提前到期事件发生或整体转让基础资产后的分配流程	
S+8日	计划管理人分配日	S+8日	计划管理人分配日
S+9日	托管银行划款日	S+9日	托管银行划款日
S+11日	兑付日	S+11日	兑付日

资料来源：高和招商 – 金茂凯晨资产支持专项计划说明书。

案例特点

本案例是基金管理公司子公司资产证券化业务资产支持专项计划，底层物业为凯晨世茂中心，物业估值 129 亿元，优先级证券规模为 40 亿元，抵押率为 31.01%，对产品的保障程度极高。该写字楼的承租人集中度较高，中化集团关联企业承租面积占总面积的 42.90%，进出口银行承租面积占比为 47.11%，合计超过 90%，租约到期日集中分布在 2017 年 12 月 31 日或 2018 年下半年，无法覆盖专项计划存续期，可能存在到期续租的风险，但两家主要租户均为国内知名企业，资信水平较高。

在现金流设置方面，产品发行规模为 40.01 亿元，优先级证券为 40 亿元，每年还本 5 000 万元，最后一年偿还剩余全部本金；次级证券仅为 100 万元，对优先级证券的支持力度较弱。该产品采用滚动发行的方式，每 3 年设立一期专项计划，第二期于第三年年末发行，募集资金用于偿还第一期专项计划的本金，由此滚动存续至 18 年年末。对于凯晨置业来说，每 3 年将面临下一期产品的续发风险，若届时无法继续发行，则其剩余本金偿还的资金流动性压力较大。

该案例是国内目前唯一采用独立第三方资产服务机构的商业地产抵押贷款支持证券。其资产服务机构由中国金茂和高和资本合作组建，主要提供财务顾问服务、基础资产管理服务和风险控制服务等。金茂高和的团队由多名具有商业地产投资运营、投资银行、法律服务和商业银行从业经验的风控专家组成，其风险管理制度由以下制度构成：现场、非现场检查流程和标准，审核授权制度，报告制度，风险预警制度，文档管理制度，对部分项目要求团队成员进行风险跟投制度，因而对于项目的风险管理具有较高的专业性。

REITs

REITs 概述

REITs 的起源和发展

REITs 即房地产信托投资基金，是一种依照专门的法律程序，通过发行股份或受益凭证的方式汇集众多投资者的资金，由专门的基金托管机构进行托管，并委托专门的投资机构进行房地产的投资开发与经营管理，将投资综合收益按出资比例分配给投资者的信托组织。REITs 通过集中投资于可带来稳定收入的不动产项目，如购物中心、写字楼、酒店及服务式公寓，同时从物业运营收入和资产升值这两个途径为投资者提供收益。

REITs 起源于 19 世纪的美国，其前身是马萨诸塞商业信托。经过几十年的发展，REITs 已在全球资本市场占据重要地位，有 30 多个国家和地区相继推出了 REITs 产品，且规模逐年上升。截至 2017 年，全球 REITs 市值达到 1.84 万亿美元，其中美国、欧盟、澳大利亚、日本、新西兰、中国香港是主要市场，市场规模总计占比超过全球 REITs 市值的 90%。1971—2016 年美国 REITs 总数量和总市值发展情况如图 9.65 所示。全球主要 REITs 市场所占份额如图 9.66 所示。

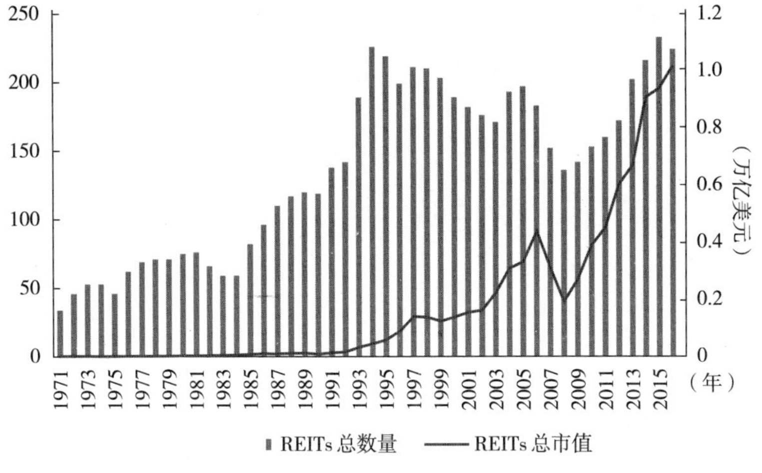

图 9.65　1971—2016 年美国 REITs 总数量和总市值发展情况

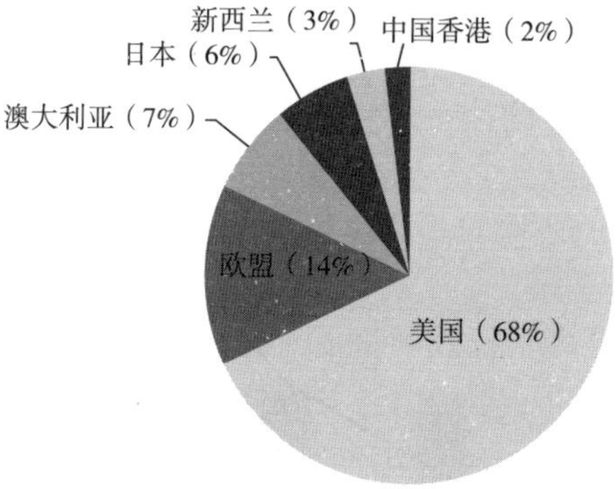

图 9.66 全球主要 REITs 市场所占份额

资料来源：Bloomberg，民生证券研究院。

国内 REITs 的发展现状

在我国，随着房地产行业转型呼声渐起，REITs 对于房地产行业盘活存量、转型升级的作用越来越为大众所期待。限于相关法规和制度瓶颈，我国市场尚无严格意义上类似于国际成熟市场 REITs 的产品诞生，但也不断有结合国际市场经验和我国实际国情进行结构化设计的类 REITs 产品试水。

自 2014 年“中信启航专项资产管理计划”开始，我国类 REITs 产品蓬勃发展，已然形成初具规模的产品线，其中绝大多数为以资产支持专项计划为载体、在交易所市场面向合格投资者私募发行的产品，2017 年 2 月 16 日发行的“兴业皖新阅嘉一期房地产投资信托基金（REIT）”为首单以信托计划为特殊目的载体在银行间市场公募发行的类 REITs 产品。

国内 REITs 产品的发行情况

截至 2018 年 12 月 31 日，国内企业资产证券化产品中，共有类 REITs 产品 44 只，发行规模总计 921.56 亿元，均以资产支持专项计划形式私募发行，在上海证券交易所、深圳证券交易所或机构间私募产品报价与服务系统挂牌转让。此外，信贷资产证券化产品中也有一单“兴业皖新阅嘉一期房地产投资信托基金（REIT）”，为银行间市场公募产品，本小节在讨论 REITs 产品时将其一同纳入统计范畴。具体产品发行情况如图 9.67 所示。

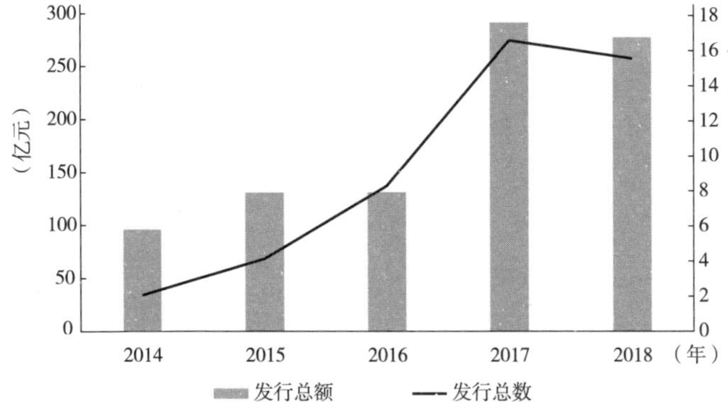

图 9.67　类 REITs 产品发行情况

国内 REITs 产品的基本特征

产品规模

截至 2018 年 12 月末，类 REITs 产品平均发行规模为 20.60 亿元，由于标的资产通常规模较大，类 REITs 产品的发行规模相对其他类型的资产证券化产品而言较大。其中，发行规模为 10 亿 ~ 20 亿元的产品数量最多，占 35.55%，发行规模在 40 亿元以下的产品数量占类 REITs 产品总数的 91.11%。在统计期间内，“恒泰浩睿 – 彩云之南酒店资产支持专项计划”发行规模最大，为 58 亿元。另外，“中信启航专项资产管理计划”、“中信华夏苏宁云创资产支持专项计划”和“深创投中金 – 苏宁云创资产支持专项计划”的发行规模也在 40 亿元以上。类 REITs 产品发行规模分布如图 9.68 所示。

产品期限

截至 2018 年 12 月末，类 REITs 产品的发行期限通常也采用 3*N 的模式，期限较长。其中，发行期限在 10 年以上的产品有 25 只，占比达 55.56%。期限为 18 年的产品最多，共有 18 只，占本类资产证券化产品发行总量的 40.00%。类 REITs 产品期限分布如图 9.69 所示。

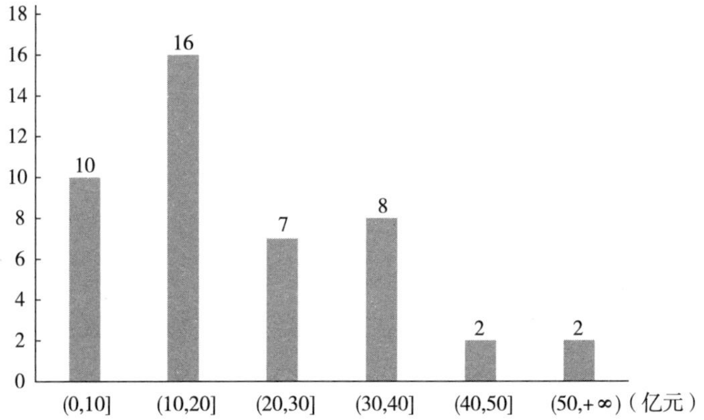

图 9.68　类 REITs 产品发行规模分布

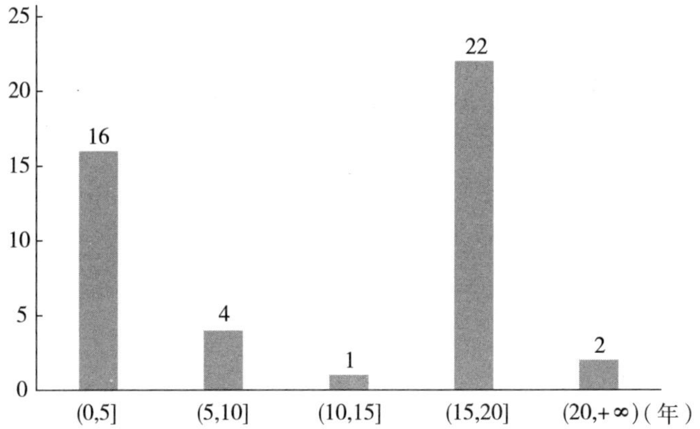

图 9.69　类 REITs 产品期限分布

交易结构

目前国内市场类 REITs 产品以资产支持专项计划或信托计划为载体，通过搭建双特殊目的载体结构、嵌套私募基金等方式，向投资者募集资金，直接或间接投资于不动产资产，以标的资产未来产生的经营净现金流（EBITDA）、标的资产增值表现收益、增信主体差额补足等为资产支持证券本息偿付的主要来源，基本交易结构根据标的资产是否真实出售而有所区别。目前，国内大部分类 REITs 产品在次级别设置了优先回购条款。类 REITs 交易结构——真实出售如图 9.70 所示。类 REITs 交易结构——明股实债如图 9.71 所示。

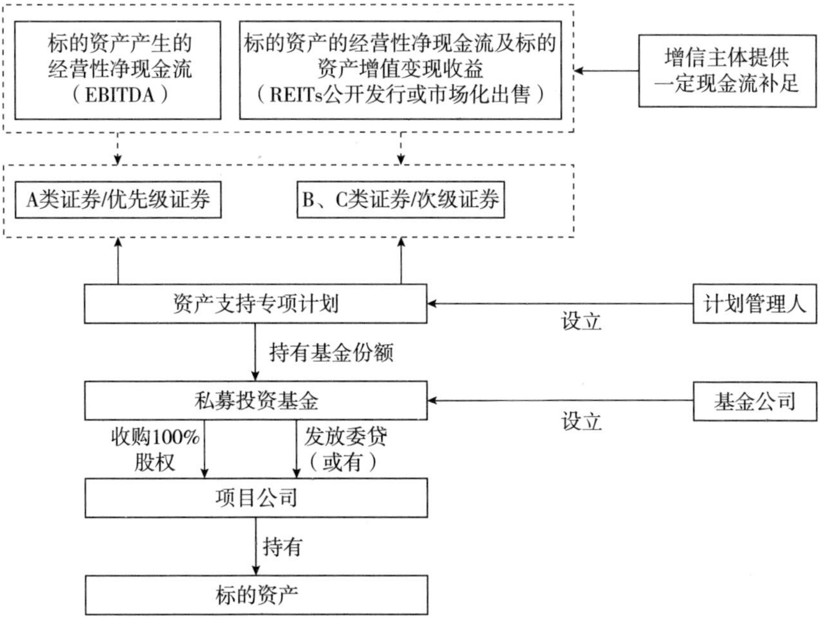

图 9.70　类 REITs 交易结构——真实出售

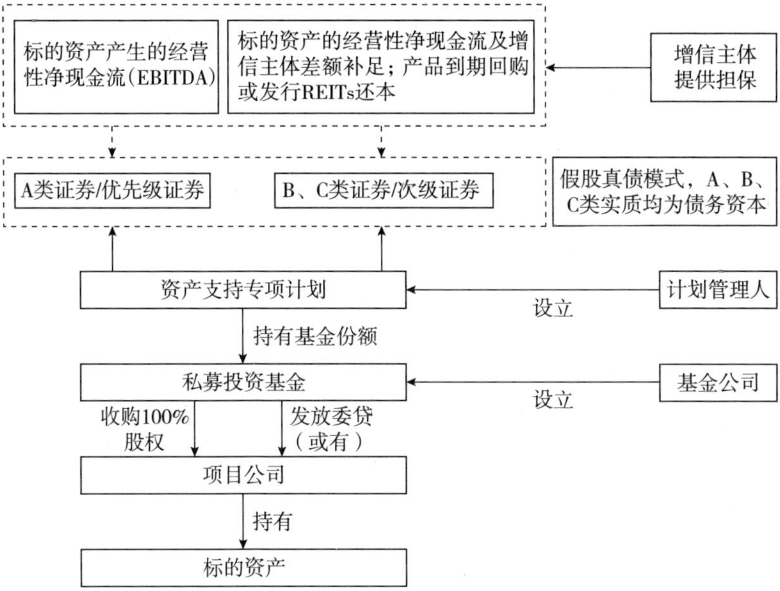

图 9.71　类 REITs 交易结构——明股实债

信用评级

类 REITs 产品的信用评级通常较高，目前已发行的 44 只产品中，有 41 只产品共计 48 个优先级资产支持证券的信用评级达到 AAA 级；有 28 只产品设置了夹层级资产支持证券，共有 33 个夹层级资产支持证券，信用评级全部在 AA 级以上。优先级和夹层级类 REITs 产品评级数量统计如图 9.72 和图 9.73 所示。

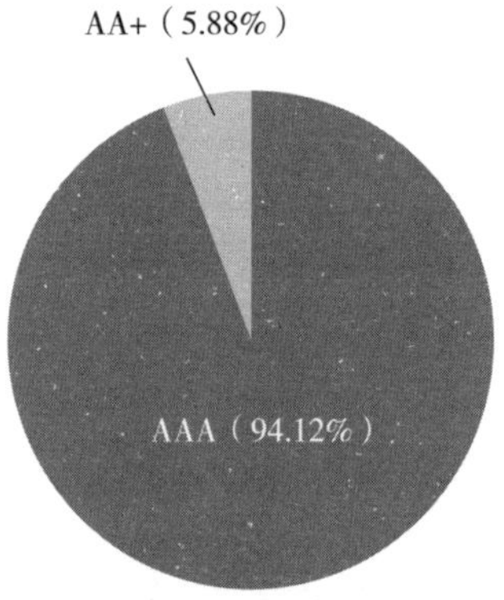

图 9.72　优先级类 REITs 产品评级数量统计

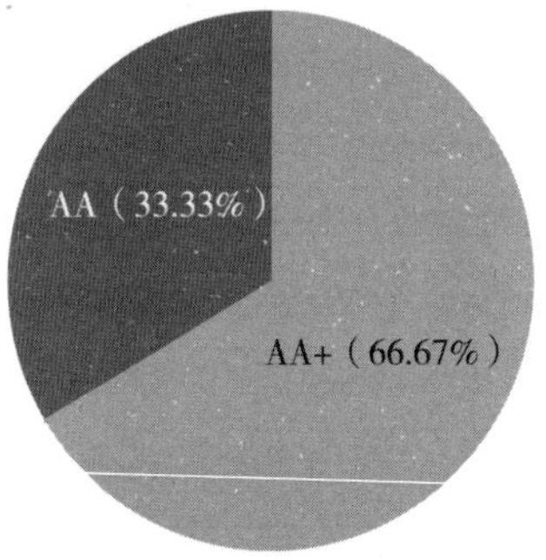

9.73　夹层级类 REITs 产品评级数量统计

利率走势

目前国内市场类 REITs 产品的优先级资产支持证券和夹层级资产支持证券通常设固定利率，发行利率与产品信用评级、实时市场利率水平等因素相关。从图 9.74 中的统计分析可以得出，自 2014 年 4 月首单类 REITs 产品“中信启航专项资产管理计划”发行以来，优先级资产支持证券由于信用评级相近，发行利率基本与市场整体利率走势保持一致。夹层级证券则由于受不同产品信用评级影响，即使在同一时间段内发行，其利率也相差甚远。次级资产支持证券不设固定利率，在保证优先级资产支持证券本息偿付后进行分配，获取超额收益。

各类评级证券与同期同期限公司债到期收益率的比较如图 9.74 和图 9.75 所示。

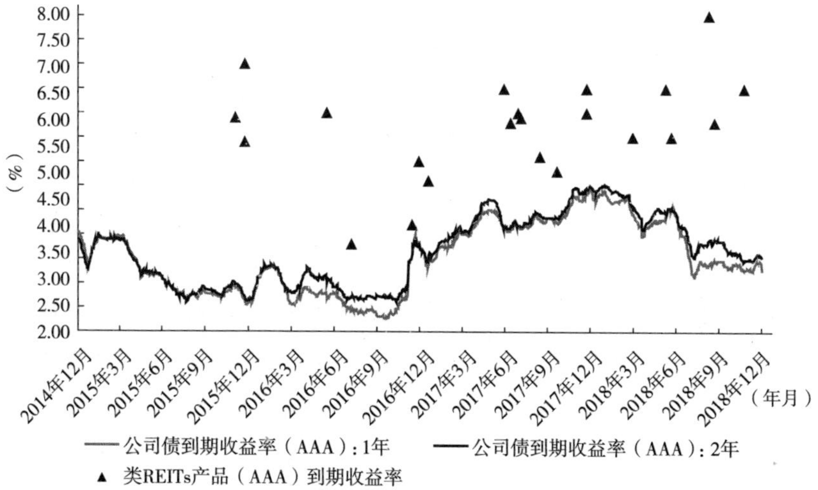

图 9.74　AAA 级类 REITs 产品与公司债到期收益率的比较

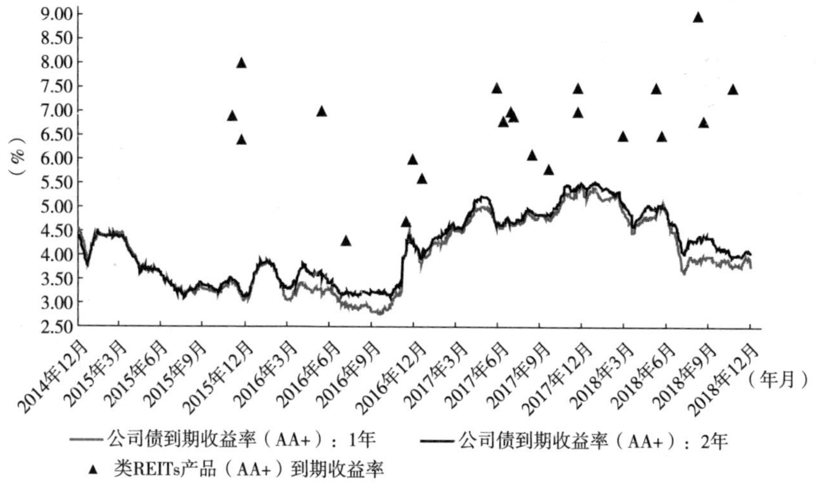

图 9.75　AA+ 级类 REITs 产品与公司债到期收益率的比较

国内类 REITs 产品的投资价值

目前国内类 REITs 产品的发展呈现两大派系。其一是以主体信用为保障的，实质为固定收益产品的类 REITs 产品，这类产品通常由次级证券投资人提供差额支付或担保承诺，并通过缴纳权利维持费实现次级证券投资人的优先回购权，这类产品的本质与商业地产抵押贷款支持证券相似，只是通过项目公司股权的转让，对投资人形成双重保护，且在后期的处置方式上多几重选择，处置流程也更简便。这类产品的投资价值与商业地产抵押贷款支持证券相似，依靠主体的高信用、资产的优质属性、产品设计的保障来实现产品投资的安全性。其二是脱离主体信用的，真正以投资标的物业为目的（对于发行人来说真正实现退出）的类 REITs 产品，这类产品通常不依赖任何主体的信用，发行人即使有差额支付承诺也只是保障优先级证券投资人在持有期间的利息收入，对优先级证券的本金和次级证券投资人的本金及收益不形成保护，投资人的退出依赖产品的实质处置。这类产品虽然在安全性上的确定性较差，但这类产品的推出弥补了我国不动产投资产品领域的空白，对于真正能够承担投资风险的投资人来说，是风险和收益中等的投资品种。

国内类 REITs 产品的投资风险

类 REITs 产品的投资价值明显，但由于产品自身特性及目前所处的历史阶段，对类 REITs 产品的投资也存在一定的风险，除了与商业地产抵押贷款支持证券相似的标的物业经营风险、参与主体信用风险、现金流混同风险、单一标的物业风险外，类 REITs 产品还承担着标的物业处置价格波动风险、退出形式不确定风险、期限不确定风险和流动性风险。

标的物业处置价格波动风险

如在类 REITs 产品到期时，需通过出售标的资产或项目公司股权的方式实现退出，则专项计划的到期现金流受届时标的资产公允价值的影响极大，由于标的资产的公允价值受到当时不动产市场景气程度的影响，具有极大的不确定性，可能导致资产支持证券未偿还本金余额和预期收益的损失。

风险控制建议：

类 REITs 产品的投资标的包括写字楼、零售类、工业类、住宿/度假、自用仓储等物业类型，每一物业类型都有其优势、风险和周期。投资者在投资决策时可考察各方面因素，综合判断不动产未来收益趋势，尽量选择标的资产区位优势明显、运营成熟、出租率较高且未来租金增长水平较为稳定的类 REITs 产品。不同类型物业的收益影响因素、风险和特点见表 9.27。

表 9.27 不同类型物业的收益影响因素、风险和特点

	主要影响因素	主要风险	特点		
			租约	现金流	抵抗经济衰退能力
写字楼	新场所供给和需求、当地经济状况、交通便利性	空置率和租金价格变化；商业活动中心迁移；竞争地产的开发	长期	稳定	弱
零售	消费品零售增速、商区人口和平均收入水平、停车和交通便利性	依赖于零售业的发展及零售物业租户所处的零售周期；专业管理和运营能力不足；竞争地产的开发	长期	稳定	弱
工业	消费品零售增速、人口增速	当地及全国工业基地和贸易变化	—	—	弱
住宿/度假	当地旅游资源、新场所供给和需求	商业周期影响；商务和休闲旅游方式的改变	不稳定	不稳定	弱
自用仓储	新增就业情况、行业活动水平、交通便利性	进入门槛较低，资产容易过剩；仓库不能适应货物处理过程的转变	—	—	强

退出形式不确定风险

目前，大多数类 REITs 产品在计划说明书中均约定，若在类 REITs 产品的存续期间，我国公募 REITs 得以推出，则可能通过公募 REITs 份额的形式向专项计划资产支持证券持有人进行分配。但也存在这样一种可能，如果监管部门规定原始持有人持有的全部或部分公募 REITs 份额在一定期限（锁定期）内不能转让，那么资产支持证券持有人在锁定期内持有的 REITs 份额可能面临 REITs 份额价值下降的风险。

风险控制建议：

投资者如偏好以现金形式实现全部收益，那么在投资决策时应慎重考察类 REITs 产品的交易结构设计，尤其是信用增级方式，尽量选择投资者有较高可能性以现金形式实现本金和收益的产品，例如 A 类资产支持证券的投资者可在回收行权日实现回售，B 类资产支持证券可由优先收购权人全额回购，两类证券均可在一定情形下由专项计划管理人决定提前终止。

期限不确定风险

由于类 REITs 产品通常在期限中间会设置数次票面利率调整选择权、投资者回售选择权和优先收购权等，资产支持证券可能会提前终止。若专项计划约定在触发评级下调等情形下资产支持证券提前清偿，或约定专项计划可在存续期间任意时刻择机公开发行，则产品也可能提前终止。因而，投资者可能会面临投资期限不确定的风险。

风险控制建议：

投资者在投资决策时应全面了解在何种情况下资产支持证券可能会提前清偿，专项计划可能会提前结束，以及发生上述情况时的通知和处理流程，做好预期，以便在投资提前结束的情形下顺利实现再投资，提高资金使用效率。

流动性风险

若在类 REITs 产品到期时，需要通过处置物业实现退出，考虑到国家政策及房地产行业发展的不可预测性，在极端情况下，私募投资基金有可能无法在专项计划未实现公开发行的情况下出售全部特定权益或目标资产，从而导致专项计划无法如期退出，进而对资产支持证券持有人尽快取得处置收益带来影响。

风险控制建议：

若产品交易结构设计中包含标的资产处置相关的差额补足承诺或发行人的回购承诺等，则可在一定程度上规避标的物业无法出售的风险。

案例分析：越秀房地产投资信托基金

越秀房地产投资信托基金（简称越秀房托）于 2005 年 12 月在香港联交所上市，是首只以中国内地资产为标的的标准化公募 REITs。越秀房托体现了 REITs 可持续发展的特点，通过不断收购优质物业并进行运营优化来获取租金收益的增长，资产组合数量从最初的 4 个增加到 2017 年的 8 个，资产价值从 40 多亿元增长到 2017 年的 300 多亿元。

组织结构

越秀房托采用体外循环架构，在每一家 BVI 公司持有一个项目的基础上，成立了基金资产的管理人越秀房托资产管理有限公司，同时越秀投资选择汇丰机构信托服务（亚洲）有限公司作为越秀房托的受托人，由汇丰机构信托服务公司在香港设立全资子公司越秀房地产投资信托基金有限公司。此外，专门设立资产管理公司和物业管理公司，负责物业管理并收取物业管理费。越秀房托的组织结构如图 9.76 所示。

标的物业

截至 2017 年 12 月 31 日，越秀房托物业组合共有 8 项，分布于广州、上海和武汉，物业类型包括甲级写字楼、批发商场、零售商场和综合商业体等，合计产权面积达 991 300.4 平方米，可出租面积为 660 317.6 平方米。越秀房托的物业组合见表 9.28。

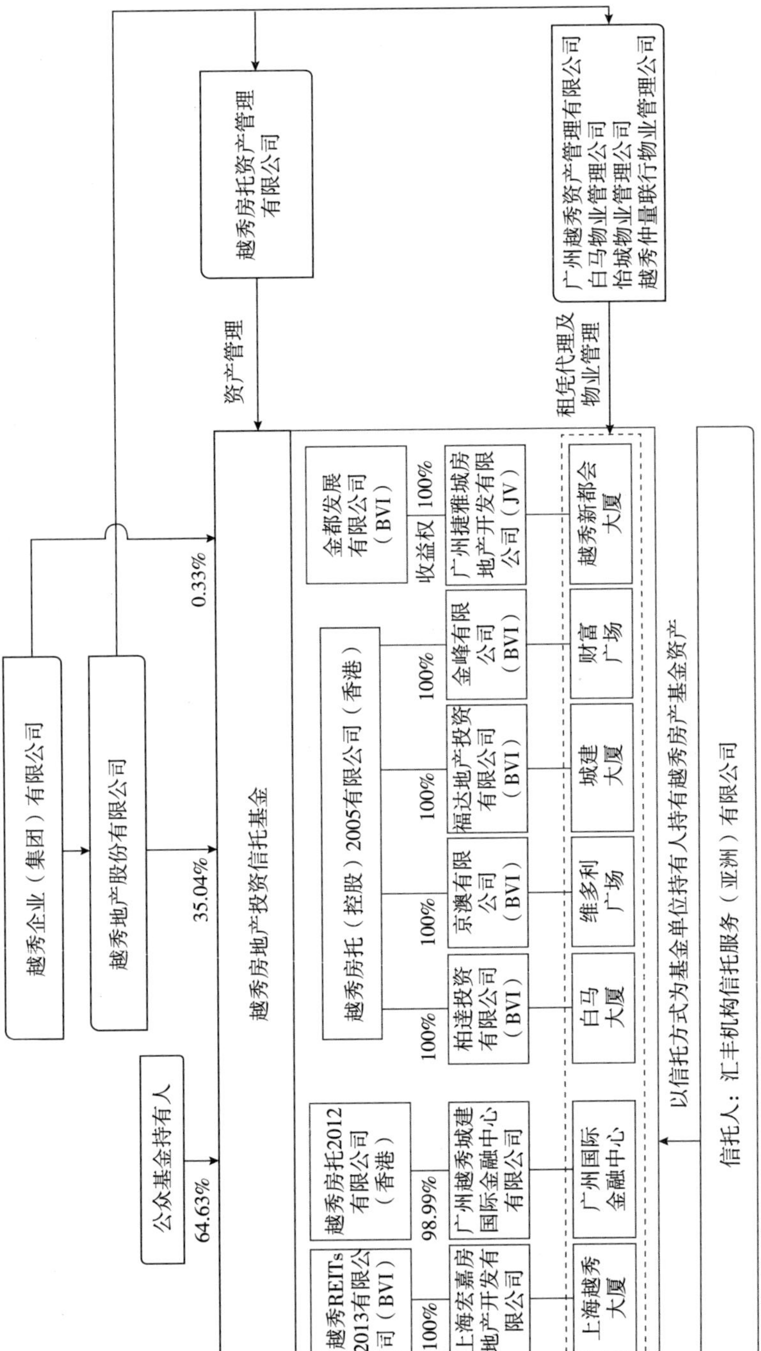

图 9.76　越秀房托的组织结构

资料来源：越秀房托网站。

表 9.28　越秀房托的物业组合

物业名称	类型	区位	产权面积（平方米）	可出租总面积（平方米）	出租率（%）
白马大厦	批发商场	广州越秀区	50 199.3	50 128.9	99.9
财富广场	甲级写字楼	广州天河区	41 355.2	41 355.2	99.6
城建大厦	甲级写字楼	广州天河区	42 397.4	42 397.4	94.8
维多利广场	零售商场	广州天河区	27 698.1	27 262.3	100
越秀新都会	综合商务楼	广州越秀区	61 960.0	49 887.3	99.2
国金中心	商业综合体	广州天河区	457 356.8	230 266.9	98.0
其中：	甲级写字楼		267 804.4	183 539.6	98.3
	零售商场		46 989.2	46 727.3	96.7
	酒店		91 460.9	不适用	不适用
	服务式公寓		51 102.3	不适用	不适用
越秀大厦	综合商务楼	上海浦东新区	62 139.4	46 026.3	97.5
武汉物业	商业综合体	武汉硚口区	248 194.2	172 993.3	51.0
其中：	甲级写字楼		139 937.1	129 446.7	40.5
	零售商场		45 471.4	43 546.6	82.1
	商用泊车位		47 182.9	不适用	不适用
	住宅泊车位		15 602.8	不适用	不适用
合计			1 696 851.4	1 063 577.8	85.9

资料来源：越秀房托网站。

主要财务指标

越秀房托上市之后，一直维持较高的股息分红率，截至 2017 年，连续 12 年分派均不少于可分派收入总额的 100%。越秀房托 2017 财年每个基金单位分派约 0.333 5 港元（2016 年为 0.326 1 港元），归属于资本化金额约 0.070 4 港元（2016 年为 0.186 5 港元），根据基金单位 2017 年 12 月 31 日的收市价 5.12 港元（2016 年为 4.09 港元）计算，2017 年每个基金单位分派的收益率约为 6.5%（2016 年为 8.0%）。越秀房托的主要财务指标见表 9.29。

表 9.29 越秀房托的主要财务指标

财务指标	2017 年	2016 年	变化（%）
收入总额（元）	1 853 899 000	1 837 579 000	0.9
物业收入净额（元）	1 314 095 000	1 268 104 000	3.6
税后净利润（元）	1 437 095 000	712 144 000	101.8
每个单位的税后净利润 - 基本	0.49	0.25	96.0
物业组合估值（元）	33 356 000 000	28 658 000 000	16.4
每基金单位资产净值（元）	4.75	4.63	2.6
已发行基金单位（个）	3 014 285 896	2 921 780 484	3.2
分派总额（元）	826 381 000	824 717 000	0.2
每单位分派总额（港元）	0.333 5	0.326 1	2.3

资料来源：越秀房托网站。

越秀房托作为一个投资标的，自成立以来因其自身高分红的特性吸引了大量投资者，这为其不断收购新物业提供了充分的资金支持。

第十章

我国资产证券化投资市场的主要问题与发展建议

从风险收益特征来看，具有固定付息日和期限的资产支持证券和债券同属于固定收益证券，但其复杂程度远高于一般债券。我国资产证券化市场尚属于发展初期，投资者群体相对单一，信息披露有待完善，国内中介机构的公信力和透明度有限，产品期限太短，难以脱离主体信用等原因造成了当前资产支持证券交易清淡的投资困局。但我们始终相信，我国资产证化市场的发展前景是非常广阔的，为我国的实体经济服务还有很长的路要走，而且发展的潜力非常大。如果能做大做好，它也会成为我国实体经济最重要的融资渠道之一，同时能够给实体经济提供高效率、低成本的创新资本。把资产证券化做好离不开监管，也离不开系统性金融风险的控制，活跃有序的资产证券化市场是控制金融系统性风险的非常有效的一个工具。

本章分为两部分。第一节指出我国资产证券化投资交易表现不佳的现状，并分析困局形成的主要原因。第二节则针对现状提出具体的对策和建议，希望能够促进市场长远健康发展。

第一节　我国资产证券化投资市场困局

交易表现不活跃

从目前资产证券化产品投资的市场表现来看，相较于产品的一级市场发行量，二级市场的交易量极少。通过统计 2005—2017 年上半年资产证券化的投资情况可以看出，银行间债券市场的二级市场交易量仅为信贷资产证券化发行量的 0.12%，交易所市场的二级市场交易量仅为企业资产证券化发行量的 0.18%，虽然自 2015 年以来，资产证券化产品二级市场的成交数量与成交笔数已经显著上升，活跃度已有所改善，但与信用债相比，存在三方面的显著不足。一是成交仍然较为惨淡，如 2016 年银行间市场资产证券化不超过 650 亿元的交易额，与同期银行间市场现券交易量 132.2 万亿元相比，占比不足 0.05%。二是在二级市场交易的证券化产品的到期收益率依然偏高，反映了绝大多数投资者均采用持有至到期模式进行投资。三是市场对资产的认可目前仍建立在融资主体的基础上，未来投资者的投资模式与投资目的有待转变。

主要原因分析

目前二级市场交易不活跃的原因主要有 5 点。

第一，资产证券化产品的存量规模依然不足。

截至 2019 年 3 月 31 日，我国资产证券化产品的存量规模为 2.9 万亿元，相较于债券市场 70 万亿元的总规模，占比仅为 3.54%，而且在这 2.9 万亿元的规模中，还有较大一部分为不流通的非挂牌类资产支持证券，未在任何交易场所挂牌，其本身就限制了交易的可能性。

第二，资产证券化产品在国内尚属于创新产品，且产品种类繁多，投资者对于这类产品还不熟悉，投资需求不足。

相对于普通的信用债券，资产支持证券的风险与投资价值分析更具复杂性。这种复杂性一方面体现为资产支持证券具有比一般债券更为复杂的交易结构和基础资产类型，加大了信用风险分析的难度；另一方面体现为资产支持证券具有基础资产早偿风险，贷款服务机构与受托机构混同风险等特有风险，需要评估资产支持证券违约前后各层现金流的分布、各层级的违约概率与回收率等因素，这使投资者必须具备更完善的投资分析能力。另外，我国的信用违约事件出现较少且历史较短，尚无公开的信用违约数据库，从而导致投资者难以建立市场化的定价估值体系，难以较准确地预测资产支持证券未来现金流的分布，为资产支持证券的投资分析增加了难度。

第三，资产证券化产品交易结构较为复杂，标准化程度低，信息披露不完善。

尤其是企业资产证券化产品，因基础资产种类繁多，每单产品的资产均有一定的自身特色，产品同质性不高。投资者，尤其是不在银行体系内的保险机构、证券机构、投资基金等，由于没有风险信息的抓手，再加上法律、会计、税收等方面的不确定性，均处于信息不对称的劣势地位。当前，我国监管部门没有明确要求披露基础资产池各笔资产具体借款人的财务报表、行业等基本信息（单一借款人的入池本金额比例超过 15% 或者与关联方合计的入池本金余额比例超过 20% 时需要披露），后续受托机构报告中也并未披露有关基础资产的详细信息以及各类风险资产的数据。由于我国信贷市场的数据对除银行以外的投资者不透明，债券市场信用事件缺失，使得外部投资者很难获得充足数据以从定量的角度分析每笔基础资产的违约概率，只能依靠发行说明书和评级报告等材料披露的基础资产大类数据来定性判断基础资产的违约风险。基础资产早偿率数据与中介费用等信息缺失将直接导致外部投资者难以有效进行分析判断。投资者如何对复杂的资产证券化产品进行有效的风险识别，取决于投资者自身具有的尽职调查能力和风险管理能力，而在对产品进行选择和研究的过程中，较高的投资成本也将影响资产证券化市场二级交易的活跃度。不管是银行间市场还是交易所市场，我国到目前还没有专门配套的交易细则出台，这进一步抑制了投资人的需求。

第四，投资者群体相对单一，缺乏风险收益的层次性。

我国资产支持证券的投资者群体相对单一，高收益份额投资者相对匮乏。商业银行是我国优先级资产支持证券的最大投资类群，银行自有资金和理财资金在资产支持证券领域的投资占比接近七成，这既包括信贷资产支持证券的银行互持，也包括银行自有资金和理财资金在 2015 年对资产支持证券的大额度主动配置。由于各家银行对证券投资的风险收益偏好具有较高的同质性，单一投资群体占比过大不利于风险从银行体系分散，这也在一定程度上制约了资产支持证券基础资产和份额的多样化。以银行为主体的市场投资者的投资目的大多为持有至到期。另外，正如第五章中所提及的那样，二级市场的投资者往往缺乏专业的资产评估和风险管理能力，相较于资产证券化产品多样化的底层资产和复杂的交易结构，他们可能更愿意去投资一些简单明了的产品。若要发展资产证券化产品的二级市场交易，未来可能需要引入或者培养一批专业的二级市场投资者。这反映了我国高收益档证券的机构投资者群体还有待成熟。尽管以证券公司资产管理和信托公司、私募基金为代表的高收益资产支持证券投资群体在 2015 年逐渐显现，但其仍集中在次优级或中低评级优先级份额的投资上，很少开展次级份额的投资，市场影响力及配置实力仍有待提升。造成这种局面的一个原因是，除银行外的国内投资者难以有效获取信贷资产的历史数据，更难以搭建有效的违约率与回收率模型，加之基础资产池信息披露的不完善，外部投资者几乎无法对次级资产支持证券的内在价值进行评估。

第五，市场中介机构公信力与透明度有待提高。

相对于信用债券等其他固定收益产品，资产支持证券具有交易结构复杂、风险收益特征不清晰的特征，参考国际经验，具有高度公信力的评级机构的评级以及中介机构服务是投资者进行投资的有力依据。而在我国资产证券化公开信息披露相对有限的背景下，一级交易市场投资主体尚可通过承销商路演来了解产品，而二级交易市场则缺少投资评估信息源，在这种情况下，评级机构及会计师、律师的意见就显得尤为关键。公正、公平的信用评级可以为资产证券化提供充分的市场信息，增加交易透明度，增强投资者信心，促进资产证券化市场的发展。然而，目前我国的证券评级业公信度和信用评级透明度还有待提高，而资产证券化的中介机构，如会计师事务所、律师事务所、资产评估事务所等，也缺乏统一的组织形式和运作规范，能力参差不齐。

市场存在的其他重要问题

除了从投资角度看到的上述问题外，还有一些有待解决的其他问题造成了我国资产证券化市场的发展困境。这些问题有些是局限于资产证券化市场的，有些实际上是整个信用债市场本身存在的，它们在很大程度上阻碍了市场的进一步发展。

第一个问题是，我国目前的产品期限太短。

因为实体经济的融资都需要长期的资本，如果发行的债券期限非常短，企业需要经常去融资，就会形成一个系统性的风险。图 10.1（a）是资产支持证券的剩余期限分布，可以看到很多资产支持证券的期限是一年甚至一年以内的，整体平均期限不到两年。这和很多的信用债的发行规律接近，也与我国整个融资渠道中投资者要求的期限相近。投资者希望债券是一年期或两年期的，所以目前长期的资本非常少。图 10.1（b）是 2015—2018 年资产证券化市场各季度发行情况，可以看出它有非常强的季节性。一季度发行量低，二季度、三季度逐步走高，四季度的发行量达到顶峰。这个问题不局限于资产证券化，是整个债券市场都存在的，很多信用债的发行都存在这样一个规律。如果债券的期限短，每年又都集中在一个季度，那么就非常容易形成流动性风险。所以，使资产期限逐渐变长，季节性逐渐变弱是有必要的。我国资产证券化市场从 2015 年到现在，产品期限是在逐渐变长的，这是一个非常好的发展趋势。

第二个问题是，我国资产证券化产品和主体难以脱离。

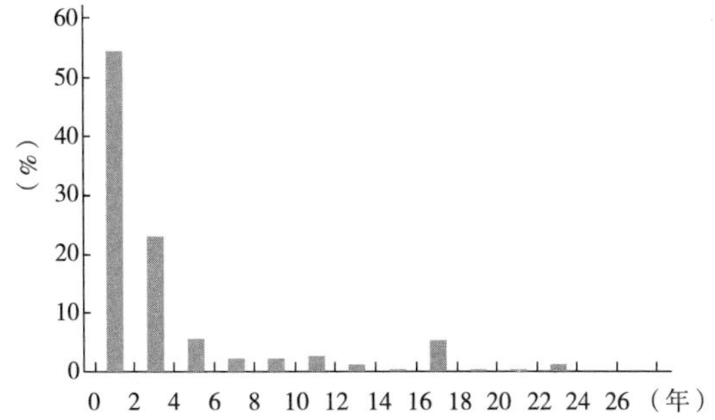

（a）资产支持证券的剩余期限分布

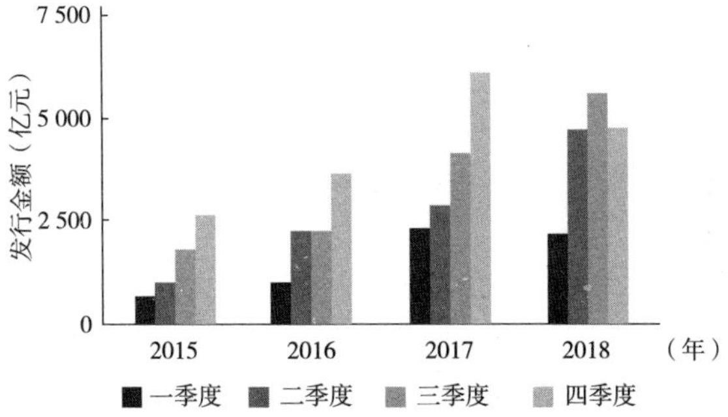

（b）资产支持证券的发行规模

图 10.1　我国资产支持证券的剩余期限分布与发行规模

我们注意到，国内很多资产证券化产品需要由发行主体信用或担保方来增信，才能实现产品的顺利发行和交易。总体而言，在 2014 年年底推行产品注册制以前的试点阶段，发起人主体资质相对优良，同时发起人选择了优质的基础资产进行打包发行（故投资者在购买到这些优质资产后不愿意进行转让，更有意愿持有至到期）。2015 年以来，我国的资产证券化与主体信用仍难以脱离，我们观察到，市场发行的很多产品，都由融资人的关联方提供保证担保，一定程度上仍依赖主体信用支持，未完全形成以资产信用支撑产品的局面。以地产证券化为例，高和金茂商业地产抵押贷款支持证券项目、国金商业地产抵押贷款支持证券项目等商业地产抵押贷款支持证券，除商业物业抵押担保外，还需要借助母公司或外部机构担保。具体而言，无论是评级机构对商业地产抵押贷款支持证券进行评级，还是投资人决定是否投资购买商业地产抵押贷款支持证券，均将融资人的关联方（一般情况下为融资人的母公司）提供的保证担保作为提升产品评级或决定是否购买的重要参考因素。主管部门在处理有关商业地产抵押贷款支持证券项目的申请时，也相对偏好母公司主体信用高且愿意为产品提供保证担保的项目。融资人母公司的资信评级将影响商业地产抵押贷款支持证券本身的评级，导致很多主体信用一般，但资产优良的商业物业在进行商业地产抵押贷款支持证券的结构设计、信用评级以及发行时遇到难题，进而影响了优质商业物业依靠自身信用融资并进行轻资产转化的效率，使商业地产抵押贷款支持证券这一优质的商业物业证券化产品本身孵化优质商业物业、支持实体经济的功效未得到充分发挥。

同时，发行人和投资人常常将资产证券化视为“不出表的债券”（如第九章内容所示，这在收益权资产证券化产品中表现尤为突出）。出表的会计处理决定了资产证券化产品不同于债券，如果资产证券化出表，资产的风险和报酬转移，那么应当终止确认该信贷资产，并将该信贷资产的账面价值与因转让而收到的对价之间的差额确认为当前损益，如果不出表，那么实际以资产为担保或抵押所发行的债券，得到的款项名义上是对价，实际上是一项负债。如果发行人和投资者都不更新理念，继续将其当作不出表的债券来看，但资产证券化的复杂程度和涉及的综合成本均比债券要高，那么将会大大提升发行人的利率成本和投资者的投资回报率要求。

资产证券化的核心理念是以基础资产所产生的现金流为资产支持证券的偿付支持，为融资人提供一种以资产信用为基础的融资方式。资产证券化产品与主体信用脱离，可以使其与以主体信用为基础的公司债券、企业债、中票等融资工具相区别，突出自身的特点和优势。反之，如果资产证券化产品无法摆脱对主体信用的依赖，将与信用债同质化。此时，监管部门还需要考虑我们在第一章中提到的系统性风险。如第一章中所述，有效地利用资产证券化可以用来形成一个新的风险隔离机制，可以控制、预防系统性风险的形成。风险隔离是指将基础资产的风险隔离开。

图 10.2 是按发行总额统计的企业类个人消费资产支持证券原始权益人市场占有率排名情况。可以看出，第一名占发行量的 90%，几乎

占据整个市场。图 10.3 是供应链资产支持证券基础债务人市场占有率排名情况，可以看到第一名占比接近 60%，第二名占比接近 30%，意味着第一名和第二名几乎占据整个供应链资产支持证券市场。

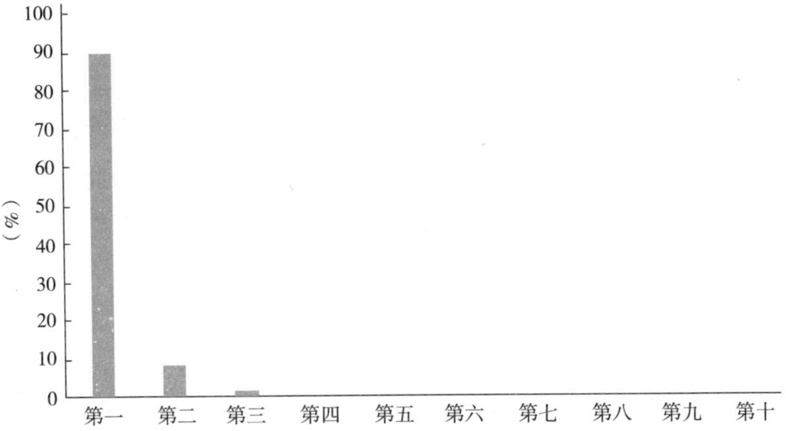

图 10.2　企业类个人消费资产支持证券原始权益人市场占有率排名情况

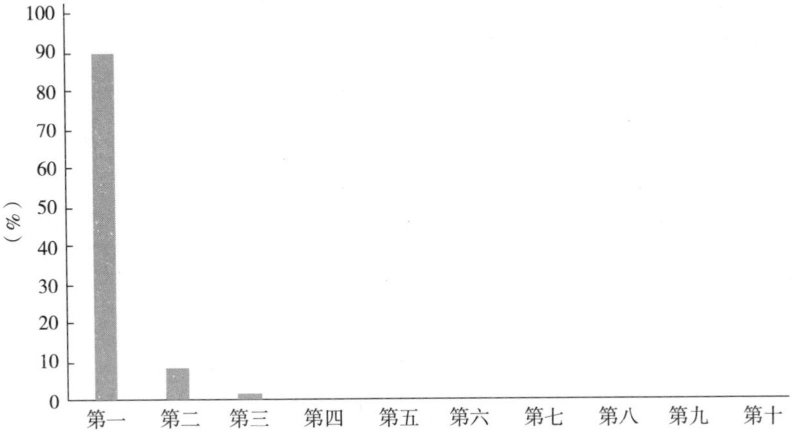

图 10.3　供应链资产支持证券基础债务人市场占有率排名情况

这样过于集中的发行主体，就是一个潜在的系统性风险。从监管的角度来说，应当对这些发行量非常大的机构提出更高的监管要求，例如对发行量非常大的机构的信息披露要有更高的要求。因为如果发行量大，信息披露又低，那么就是一个潜在的系统性风险，就如我们上文讲的次贷，虽然次贷的信息是有的，但是没人看。信息不披露与信息披露了没人看，两者的结果是相同的。在我国企业资产证券化市场，有些信息是非常缺失的。个人消费贷显然是整个市场非常重要的一部分，也是实体经济的一个刚性需求，因此我们要避免太多的风险集中于少量的发行主体。如果因为市场的机制或别的原因，某些机构在个人消费贷里确实占有很大的市场份额，那么必须要求这些机构的信息披露详细程度更高。只有这样，大家才能够有效地利用信息来对这些资产做合理的定价，否则就会形成由这些主体凝聚的信用风险，而且在信用风险不透明的情况下，结果就会与次贷危机类似。因为信息的不透明，风险在最后集中爆发。所以，为了降低主体风险的集中度，要让市场占有率非常高的主体的透明度远高于市场平均值。

第二节　发展资产证券化投资市场的政策建议

我国资产证化市场过去几年的发展是非常健康的，给我国的实体经济提供了一个非常重要的融资渠道，在今年又给我国的民营企业提供了非常急需的一个融资渠道。因此，资产证券化对整个实体经济的发展，甚至对我国整个经济的发展与转型起到了非常积极的作用。针对上述问题和困境，对于如何破局来把我国资产证券化市场做大做好，如何改进和提高我国资产证券化投资市场，专家们给出了 9 条建议。

第一，打破主体信用的过度依赖，回归资产支持证券的本质。

需要逐渐从主体信用转向资产信用，这样才能更有效地实现风险隔离。由于主体自身资产及债务情况难以做出清晰判断，其自身可能存在资产虚增或含大量隐性债务等情形，此时，资产信用往往比主体信用更可靠。我们在第一章中强调过，全球的资产证券化在早期通常会经历两个阶段：第一个阶段是以主体信用为主的；第二个阶段会有外部增信银行把外部增信慢慢撤掉，变成完全基于资产的资产信用。目前，我国资产证化正在沿着这个过程发展。

我们建议，在资产证券化产品结构设计中，不论是主管部门还是投资者，要更加关注基础资产的质量，关注项目公司（融资人）的资产、债务情况，以及基于基础资产信用的产品结构。借鉴美国等成熟市场的发行和信息披露规则，逐渐打破产品对主体信用的过度依赖，回归资产支持证券的本质。

第二，在《证券法》的框架下，实现银行间市场和交易所市场互联互通，发挥两个市场的比较优势。

无论是债券还是资产支持证券，都属于证券，未来都应该纳入《证券法》范畴，在统一的法律规则下，使它们在政府认可的交易场所挂牌、交易与流通。目前，我国银行间市场和交易所市场相对独立，具体表现在：首先，两者的监管主体不一样，银行间市场为央行主管，交易所市场为证监会主管，涉及的监管规则不同；其次，两市场交易主体不同，银行间市场的交易主体包括各类银行、非银行金融机构、企业和事业单位（委托代理行进入市场）。虽然近几年保险机构、券商、基金的投资规模有所加大，但商业银行仍是银行间债券市场最大的投资主体，交易所市场的投资者包括非银行金融机构、非金融机构和个人投资者，虽然部分上市银行获得了交易所市场的许可证，但由于交易所市场本身的容量有限，以及机构监管、人为限制而引起的市场分割，商业银行的参与仍较少；最后，两个市场的交易方式不同，银行间市场采用国际债市主流的询价方式进行报价，实行全额结算，更适宜大宗交易，而交易所市场多采用与股市相同的集中撮合方式报价，实行净额结算，更适合中小投资者，另外，标准券质押回购更为便利。总体而言，我国银行间市场和交易所市场具有不同优势、不同的交易主体和互补的交易机制。允许跨市场发行交易，对于提升企业债的流动性、扩大发行规模、降低融资利率都起到很好的支持作用。建议借鉴企业债的做法，允许证券化产品进行跨市场发行，可以让两个市场的优势互补，为资产证券化的发展提供更大的空间。

第三，进一步扩展资产证券化的交易平台。

建议证券交易所将资产支持证券纳入质押式协议回购标的范畴，这将有效地丰富交易所资产支持证券的投资交易策略并增加资产支持证券的交易活跃程度。交易所市场的集中竞价系统相比固定收益平台、大宗交易系统/综合协议平台，投资者范围更广、交易更活跃，建议借鉴公司债的分类管理方式，为资产证券化产品设置一定标准

（如要求债项评级达到 AA 级以上），对于符合这些标准的产品，可以通过在交易所集中竞价系统、固定收益平台、大宗交易系统/综合协议平台进行交易。达不到标准的，不能进入集中竞价系统交易。若不希望风险承受能力弱的个人投资者通过集中竞价系统购买资产证券化产品，可以通过只允许机构证券账户参与投资的方式来实现这一限制。除了在银行间市场、证券交易所上市交易外，还可以让市场主体根据自身条件自主选择，依据规则在全国中小企业股份转让系统、机构间私募产品报价与服务系统、证券公司柜台市场等交易场所与平台挂牌、转让。

第四，建立权威的第三方估值体系及适当的资产支持证券收益率曲线。

对应于资产证券化二级市场的定价，我们需要建立适当的收益率曲线。建立权威的第三方估值体系，有助于为投资者的交易和定价提供参考，提升产品流动性，同时，也为投资者提供债券投资的可参照收益标准。由于资产支持证券的流动性较差、交易量很少，市场上能够提供的估值数据较少，目前资产支持证券收益率曲线的构建主要基于资产支持证券的发行价格及可比信用债的收益率曲线。一般是在可比信用债的收益率曲线上加一定的流动性点差（双评级、信用状况较好的情况下没有信用点差），同时根据市场上资产支持证券的发行利率进行修正。中央国债登记结算有限责任公司根据市场的数据，构造并公布了 AAA、AA+、A 三个信用等级的中债收益率曲线，未来随着信贷资产证券化的快速发展，产品种类不断增多，期限不断丰富，规模不断加大，信贷资产证券化产品的收益率曲线必然会逐步获得市场的认可，成为产品发行价格的重要参考。

第五，通过做市商制度等多种方式提升资产支持证券的流动性。

除了设计合适的回购、做市商制度，银行间与交易所互联互通，第三方流动性支持等交易制度以提升市场流动性外，还可以吸取美国“两房”中的合理成分，借鉴美国资产证券化发行机构中的政府支持以保证公信力，如央行可以联合系统中重要的金融机构作为第三方流动性支持，作为最终贷款人，为市场稳定投资人信心。做市商制度是一种市场交易制度，由具备一定实力和信誉的法人充当做市商，不断地向投资者提供买卖价格，并按其提供的价格接受投资者的买卖要求，以其自有资金和证券与投资者进行交易，从而为市场提供即时性和流动性。2000年年初，中国人民银行提出了双边报价的概念。2007年2月1日，中国人民银行指定并公布了《全国银行间债券市场做市商管理规定》，做市商机制正式建立。2014年6月，银行间同业拆借中心发布《银行间债券市场尝试做市业务规程》，银行间债券市场将通过尝试做市制度进行公开连续竞价。但信贷资产支持证券多为持有至到期，其针对性的做市商机制还没有建立起来，银行间市场做市商制度的逐步完善和运营，对以后的信贷资产支持证券的发行与交易具有重要作用。对于企业资产证券化产品，做市商机制已具备大的法规基础。2014年11月19日，我国证券监督管理委员会公布《证券公司及基金管理公司子公司资产证券化业务管理规定》，允许券商为资产支持证券转让提供双边报价服务，即券商可以成为资产支持证券的做市商，按照交易场所的规则为产品提供流动性服务。根据证券交易场所相关规则，资产支持证券持有人可以通过回购进行融资。

第六，提升债券以及资产证券化二级市场的信息披露和透明度。

大量研究表明，债券市场信息透明度的提高，有利于打击价格操纵，提高定价效率，降低交易成本和更好地保护投资者。美国的交易买卖报告及合规系统（TRACE）的发展经验表明，提升透明度对流行性的影响非常大，能够直接降低5个基点以上的买卖利差。金融危机后，美国金融监管机构采取的两项措施扩大了披露交易信息债券的种类，进一步提高美国债券市场交易信息的透明度。从2010年3月起，美国金融监管机构规定美国政府的机构债、政府企业和政府援助企业发行的债券的交易与发行信息都必须对外公开披露。美国证交会制定相关规定，推动资产支持证券和抵押贷款支持证券交易信息的对外披露。这两项措施将美国对外公开交易信息的债券的比例从28%提高到70%。我们应该借鉴国际债券市场电子化交易平台的做法，包括纳斯达克市场在内的美国典型的现代场外交易市场也采取所谓的混合模式，形成一套多层次市场体系，为投资者提供更多的包括数据信息、交易分析与管理等在内的服务，提高二级市场透明度，完善定价机制及交易效率。

第七，丰富投资者结构，尤其是壮大非银行金融机构。

在美国债券市场，只有在市场发展初期，债券作为配置型产品主要为银行等信贷机构所持有。20 世纪 80 年代以来，随着以投资基金、养老基金和保险公司为代表的机构投资者蓬勃兴起，多元化的机构投资者逐渐成为债券市场的主导力量，尤其是养老基金和保险资金，在为市场提供长期资本的同时拉长了资产证券化产品的期限。我们也需要思考如何吸引保险公司、资产管理公司、包括养老金和社保基金在内的各类基金，以及希望通过资产证券化实现套利的交易型金融机构（如国外投资银行、对冲基金）作为我国债券和资产证券化市场的投资者。

与此同时，美国有大量成熟的对冲基金和专业的私募基金等投资机构，专注于某个行业的资产，投资于对应产品的次级，大大活跃了市场的发展并提升了市场的风险分散能力。我国资产证券化市场还没有形成更多独立的次级证券投资者。目前，次级资产支持证券还是由原始权益人自持，或互相持有，或由关联机构持有。但是，随着市场的进一步发展，应当会有独立的投资者出现，这些次级证券投资者会给整个市场带来非常正面且积极的推动作用。因为独立的次级证券投资群体的形成，对结构的设计、循环池的管理、资产的服务以及信息的披露都会有更高的要求。此外，对于一个二级市场交易的资产证券化产品而言，它不是一个持有至到期的产品，它的价值要通过二级市场交易来体现。例如夹层级证券，因为我国夹层级资产支持证券的评级，平均有一个上升的趋势。原来发行的时候可能是 A 级，过了一段时间（如两个月），最后变成 AAA 级。这对于二级市场卖出夹层级证券的投资者来说，不但能够获取票面利率，还可获取一个评级上调的溢价，收益率也可以更高。对于二级市场买入夹层级证券的投资者来说，其比在一级市场买入 AAA 级资产更好。虽然目前还没有一个多样化的次级投资主体，但随着二级市场的活跃度越来越高，最终会形成这样一个多样化的夹层级证券投资者群体，也会形成一个多样化的次级证券投资者群体。

第八，可以借助金融科技的手段来实现我国资产证券化产品的创新。

目前有不少应用区块链的案例，以新的方法构建一个新的资产服务流程。一个成熟的资产证化市场的资产证券化产品与银行的资产类似，需要真实出售，它与原始权益人之间有一个破产隔离，与其他所有的机构之间都有一个破产隔离，通过一个独立的资产服务商专门为基础资产进行企业资产证券化服务。虽然这在企业资产证券化中很难做到，但并不意味着不能把企业资产支持证券的基础资产信息做得更透明、更及时，有些技术手段可以用来实现资产服务商的作用，让基础资产的信息更透明、更及时，如在我国资产证券化中引入一个虚拟的资产服务商。我国现在让原始权益人继续做资产服务商的机制不一定不好。实际上，美国很多资产支持证券利益的冲突是由破产隔离与真实出售引发的，因为原始权益人不能把资产 100% 卖出去，要在发行的产品里从上到下持有 5%，还要自持一部分产品的最终风险，这不仅限制了原始权益人的融资杠杆率，也使原始权益人未完全脱离基础资产的风险。这些风险是一个负反馈机制，使原始权益人不能不顾基础资产的质量肆意发行，这就对底层资产质量有了很好的控制和反馈。所以，我国原始权益人继续做服务资产商本身不一定不好，但是必须要保证基础资产的真实性、唯一性。

第九，机构化运营大类基础资产，发展权益型 REITs。

要想改变国内企业资产证券化业务呈现的零零散散、难成体系、难成规模的现状，有必要思考批量化、标准化打包大类资产。未来将会有一个更具发展潜力的工具，即权益类的 REITs，其中公募权益类的 REITs，尤其有助于实现这一目标。通过基础设施、商业地产、绿色资产等大类基础资产 REITs 运营，不但可以提高资产证券化市场的规模、效率，降低企业信用主体的融资成本，还可以使市场的基础资产结构得到优化。具体而言，REITs 通过与商业地产和 PPP 项目的结合，有望获得较大发展，成为机构投资者重要的投资品种，也为原始资本提供新的退出机制。比如，住房租赁市场潜力巨大（有人测算一线城市未来 10 年可以形成的房屋租赁现金流将超过万亿元规模），如果创建新的租房体制，组建商业代租房公司，如借鉴美国、日本经验成立专门的住房机构等来运营（业主把房子租给代租房公司，承租人通过代租房公司租房，集中收取房租），这样形成的稳定的应收账款作为证券化的背景资产会有很多益处，能够稳定出租和承租人行为；能够降低租金违约/损失风险；能够提高租房业务透明度；租房公司在取得证券化融资后，可以发展壮大自身业务；同时对政府也有好处——便于征税，提高税收保障等，便于管理，有助于居民安居乐业和市场稳定。

REITs 还有利于我国资本市场走向理性，转变投资者行为。发展 REITs 市场尤其是未来推出公募型 REITs，可以使中小投资者通过资本市场参与投资普通居民或个人难以单独投资的商场、工业园区、仓储基地、医疗保健用房等，疏导大众资金进入多元化的地产投资领域，追求长期限、稳定的租金回报收益，而非短期的价值提升。美国房地产投资信托基金协会统计显示，美国有超过 8 000 万（占总人数的约 1/4）的居民通过养老金储蓄或其他投资基金持有 REITs，分享城市基础设施和房地产等不动产资产收益。所以，未来可以借助具备专业能力的资产管理机构，发展我国的公募 REITs 市场，吸引公众投资者离开股市，以减少短期投资的过度投机行为。按照国际经验，政府可以通过税收政策改革进行推动。

继续以住房租赁（包括长租公寓在内）REITs 为例，我们可以看到，房地产市场的投机者也可以转移投资，有助于间接稳定房地产市场。REITs 产品的价格应该与房子的价格成正比，且每年的收益应该与房租成正比。这样的长租公寓 REITs 产品，对很多到一线城市来工作的年轻人而言是非常好的投资产品。届时大家不会急于买房子，因为买入 REITs，其价格会与房价成正比，同时收到的钱也与房租成正比。所以，投资者可以用这个 REITs 产品的收益来付房租，等条件成熟的时候，再使用所持有的 REITs 产品买房子。这就避免了“今年不买明年就买不起，明年不买后年更买不起”的尴尬，也避免市场投资者因为这个因素而产生恐慌，最终形成一个非理性的泡沫。如果市场存在这样的资产，那么它可以很好地给市场一个理性的反馈。需要指出的是，目前在中国市场发行的 REITs 都属于类 REITs，还不是真正的 REITs，因为它并不满足上述两个条件。REITs 在住房租赁、商业地产、基础设施这些方面有非常好的发展前景，如果把该基础设施的收益拿出来，在证券交易所市场发行 REITs，那么它的交易原则符合以下条件：价格就是该资产的价格，收益就是该资产产生的现金流。

REITs 是一个很大的话题。值得一提的是，如果真正意义上的公募权益类 REITs 的规模足够大，那么它可以有效地控制房地产泡沫，使整个资产的价格回归理性。

作者简介

刘蕾蕾

四川大学法学硕士。混沌天成资产管理有限公司总经理。12年证券公司从业经验，历任同信证券上海区域市场总监，华创证券上海分公司总经理，华创证券资产证券化业务委员会主任。深入了解资产证券化市场的行业生态，在ABS产品风险评估、法律结构设计等领域深耕多年。

许余洁

中国人民大学数量经济学博士，清华大学五道口金融学院和中国证监会联合培养博士后。中国人民大学经济学院、对外经贸大学金融学院和国际商学院三院校外导师。北京鼎诺投资管理有限公司总经理。曾任联合信用评级公司研究总监，2013年7月至2016年3月供职于证监会研究中心（2015年改称为中证金融研究院）。

尚海金

上海财经大学经济学硕士。混沌天成资产管理有限公司副总经理。8年证券公司从业经验，曾在多家国内知名上市券商任职，曾任华创证券资产证券化业务中心副总经理，对资产证券化的全生命周期管理及投资研究具有独到见解。

毛惠中

西安交通大学理学学士，英国约克大学金融数学专业硕士。现就职于和逸金融信息服务有限公司，从事量化研究工作。参与中国资产证券化分析网的平台搭建，建立了证券化产品估值定价方法论体系以及相应的计算模型，参与构建了德邦 -CNABS 消费金融指数。

吴飞龙

中山大学学士，复旦大学博士。现就职于中国资产证券化分析网，担任高级研究经理，负责量化分析工作，主攻机器学习、深度学习在资产支持证券和信用债中的应用。

郁冰峰

上海交通大学会计学士，加州大学戴维斯分校工商管理硕士。特许金融分析师和中国注册会计师（非执业）。现任加拿大皇家银行（RBC）旗下的美国城市国家银行（CNB）高级副总裁和评估部经理，主要负责该银行各类资产和负债的市价研究和估算，信贷会计研究和建模及购并项目的分析、评估和会计处理等工作。曾先后供职于毕马威华振会计师事务所、通用电气（中国）公司、加州 CalPERS 基金固定收益部。2006—2010 年任美国毕马威结构金融部经理，主要从事资产证券化的构架、建模、审核、评估、风险管理和会计处理等咨询工作。

陈文婧

对外经济贸易大学金融学硕士。CPA 持证人，已通过 FRM 考试。混沌天成资产管理有限公司风控负责人。6 年金融行业从业经验，曾任职于四大会计师事务所、上市券商等知名机构，擅长资产证券化业务的审核与全流程质量控制管理。

陈芸璐

上海财经大学国际会计专业。ACCA 会员。就职于混沌天成资产管理有限公司。曾先后任职于四大会计师事务所、国内知名上市券商。在华创证券资产证券化业务中心任研究支持岗时，对资产证券化市场的发展历程、产品设计和项目投资均有较为深入的研究。

许楠

加州大学尔湾分校工商管理硕士。特许金融分析师。现任天风证券资产证券化总部总经理助理，有超过 10 年的金融行业从业经验，曾就职于远东国际租赁担任区域总监。对资产证券化、融资租赁的产品设计、风险控制、收益分析、资产管理具有丰富经验。

蒋莉薇

中国人民大学财政金融学学士，瑞典林奈大学校际交换生，中国人民大学经济学院国际商务硕士。2016 年 7 月至 2018 年 7 月在成都市成华区财政局工作，主要工作内容包括债务管理与融资、政府购买服务、PPP 项目、产业基金、银行贷款、公司债券等。期间一直承担全区企业财务年报汇总工作，并参与了国企薪酬改革、产业政策编写等事项。